东北亚研究论丛

第11辑

郑春颖　主编

商务印书馆
创于1897 The Commercial Press
2019年·北京

图书在版编目（CIP）数据

东北亚研究论丛. 第11辑 / 郑春颖主编. — 北京：商务印书馆，2019
ISBN 978-7-100-16660-7

Ⅰ. ①东… Ⅱ. ①郑… Ⅲ. ①东亚—历史—丛刊
Ⅳ. ①K310.07-55

中国版本图书馆CIP数据核字（2018）第217821号

东北亚研究论丛
（第11辑）
郑春颖　主编

商　务　印　书　馆　出　版
（北京王府井大街36号　邮政编码 100710）
商　务　印　书　馆　发　行
三河市尚艺印装有限公司印刷
ISBN 978-7-100-16660-7

2019年2月第1版　　开本 787×1092　1/16
2019年2月第1次印刷　　印张 19

定价：68.00元

主　编：郑春颖

副主编：李晓光

编委（按姓氏笔画排序）：

毕元辉　刘海洋　刘喜涛　李　威　姜维东

黄为放　潘博星

学术顾问（按姓氏笔画排序）：

刁书仁　刘　炬　刘晓东　李乐营　李德山

朴灿奎　杨　军　宋玉彬　张鹤泉　张晓刚

苗　威　尚永琪　范恩实　赵永春　拜根兴

姜维公　耿铁华　高福顺　程妮娜　魏存成

目　录

海外译介

东北亚历史与考古研究

朝鲜德兴里壁画墓墨书铭记再探讨*

刘　军**

摘　要：朝鲜德兴里幽州刺史壁画墓是研究中古东北亚民族关系和政治形势的重要资料。墓壁上记载墓主仕途履历与属僚拜谒场景的墨书铭记蕴含非常丰富的历史信息。结合魏晋职官典制和相关史实，足可一探究竟。墓主镇或许出自长乐信都首望冯氏家族，最可能于396—407年间相继担任辽东太守和幽州刺史，跨越后燕和北燕两朝。他在辽东太守任上曾以个人名义接受高句丽“小大兄”封号，意在协作共管郡中事务。高句丽势力一度抵达辽东，却远未能覆盖幽州全境，故他晋升刺史后自动解除该职。墓主因在魏燕战争中重挫对手，慑于外交压迫无奈徙居异邦，成为政治流亡者。其颠沛流离的一生是十六国动荡纷争的真实写照和必然结果。

关键词：德兴里壁画墓；墨书铭记；墓主冯镇；幽州刺史；高句丽

关于1976年朝鲜民主主义人民共和国平安南道德兴里出土幽州刺史壁画墓的问题，东亚学界已经热议了30余年，围绕墓葬的形制、墓主的身份、壁画呈现的社会生活、铭记反映的职官典制，乃至中国东北地区的民族形势和政治格局都展开了激烈的争论，它犹如破解当时中原王朝与高句丽关系的钥匙，激发了人们持久不衰的兴趣，因而著述甚多。[①] 笔者的关注点主要集中在墓葬前室北壁中央记载墓主生平履历和北

---

*　本文系国家社会科学基金项目（14BZS059）和（17VGB014）的阶段性成果。

**　刘军，吉林大学古籍研究所副教授。

①　本文选题及相关信息资料承蒙长春师范大学东北亚研究所所长郑春颖教授慷慨提供，特此致谢！这些资料主要有：云铎、铭学：《朝鲜德兴里高句丽壁画墓》，《东北考古与历史》1982年第1辑；刘永智：《幽州刺史墓考略》，《历史研究》1983年第2期；康捷：《朝鲜德兴里壁画墓及其有关问题》，《博物馆学研究》1986年第1期；鸿鹄：《朝鲜德兴里壁画墓之我见》，《北方民族》1999年第2期；〔日〕武田幸男：《德兴里壁画古坟被葬者的出自和经历》，《历史与考古信息·东北亚》2002年第2期；孙玉良、孙文范：《简明高句丽史》，吉林人民出版社2008年版；孙泓：《幽州刺史墓墓主身份再考证》，《社会科学战线》2015年第1期。另外还有翔实的图表、照片若干，对笔者帮助极大。

壁西侧幽州十三郡太守拜谒图的墨书铭记上，试结合魏晋南北朝的官制传统和地方行政变迁，从硬性的制度视角对其重新诠释，以期获得更加接近历史真实的结论。当然，由于资料的限制，论证过程难免存在推测的环节，以符合逻辑与史实平衡的原则。至于具体论断和分析方法是否妥当，还望专家批评指教。为方便研读，现将作为研究对象的两段铭记按新解句读附录文末，以备查考。

一、墓主的身份问题

德兴里壁画墓的主人究竟是谁？这是无法回避的首要问题。因墓壁墨书铭记年深日久、漫漶难识，现在只知道他的名字叫“镇”。其实，我们不妨另辟蹊径，在清晰完整的故籍郡望上做番文章，间接迂回地探寻其族姓。铭记明言他出自信都县都乡，前面空缺的郡名似应为“长乐”，而非学者普遍推测的“安平”。《魏书》卷106《地形志上》：“长乐郡，汉高帝置，为信都郡，景帝二年为广川国，明帝更名乐成，安帝改曰安平，晋改。”①《宋书》卷36《州郡志二》记载更详：“广川太守，本县名，属信都，《地理志》不言始立。景帝二年，以为广川国，宣帝甘露三年复。明帝更名乐安，安帝延光中，改曰安平，晋武帝太康五年，又改为长乐。”②综上可知，安平乃汉魏旧称，西晋初期就已改为长乐，其故地现为河北省衡水市冀州区（曾先后设冀县、冀州市）。民国版《冀县志》确证：“长乐国盖自晋太康五年改名，下至后燕皆因之。”③墓主在世的年代（332—408）无疑应以长乐郡为准。

当然，安平、长乐指同一地，名称前后更迭无关大碍。关键是对“都乡”内涵的理解。寇克红先生细致梳理古今各家学说，归纳概括其要点：“都乡之都乃凡共、统辖之义。……都乡设置的初衷并非是在县治内（或附近）设了一个乡那样简单，与其说它是一个乡级行政机构，还不如把它看作是代行全县乡里事务的一个部门，或者是主管该县移民事务的部门，户口达到相当数量的都乡由郡委派有秩等官吏。”④他还提供了一条重要信息：魏晋南北朝居住都乡者必为当地名流首望，如江左侨姓琅琊王氏故籍“临沂县都乡”，兰陵萧氏故籍“兰陵县都乡”，下邳皮氏故籍“下邳县都乡”，高平檀氏故籍“平阳县都乡”；关陇著姓陇西李氏故籍“狄道县都乡”；山东著姓上谷寇氏故籍“沮阳县都乡”，河内司马氏故籍“温县都乡”；代人虏姓拓跋（元）氏故籍“洛阳

① （北齐）魏收：《魏书》卷106《地形志上》，中华书局1974年版，第2464页。

② （萧梁）沈约：《宋书》卷36《州郡志二》，中华书局1974年版，第1098页。

③ 王树枏：《冀县志》卷1，1929年刻本，第20页。

④ 寇克红：《“都乡”考略——以河西郡县为例》，《敦煌研究》2014年第4期。

县都乡”等。毋庸置疑，在门阀士族支配的中古社会，唯有家世背景深厚的甲第高门才有资格和能力接受官府的委托，统筹乡里共同体的事务。[①]从这个意义上说，出身都乡既是一方望族非凡等第的象征，也是其履行基层管理职责的需要，二者是相辅相成的关系。话题再回到信都，遍检史籍，当地首望非冯氏莫属。《冀县志》云：“燕魏齐周之时，信都大族，惟冯氏最盛。……其后信都冯氏在唐书颇有著者，其族之盛亦可谓蕃且衍矣。”[②]笔者据此推断，居于信都都乡的只能是冯氏家族，这里没有其他任何家族的影响力堪与之比肩，墓主的姓名也许就是“冯镇”。孙泓先生提示，题记中表示姓名的“氏镇”前一字在图版中残存右侧，笔画是竖，与“冯”的字形正合。[③]然而，上述毕竟不是坚实的直接证据，我们期待详细记录故籍郡县乡里的冯氏家族碑志的陆续发现，以使拙论不断获得检验的机会。

令人遗憾的是，墓主单姓的结论恐怕很难被一些学者接受，因为铭记说他为“某某氏”，给人的直观感觉像是慕容、慕舆之类的复姓。实际上，原文不排除写作“姓冯氏”的可能，从现代汉语的角度看似累赘，但它实乃中古石刻碑志惯用的词组搭配，用例不胜枚举。例如，《魏瑶光寺尼慈义墓志》：“尼讳英，姓高氏。”《大魏元宗正夫人司马氏志铭》：“夫人姓司马氏。”《魏故比丘尼统慈庆墓志铭》：“尼俗姓王氏。”《魏故赵氏姜夫人墓志铭》：“夫人姓姜氏。”《魏故侍中司空公吴郡王墓志》：“君讳正表，字公仪，姓萧氏。”《魏故太原太守穆公墓志》：“公讳子岩，姓穆氏。”《云门寺法勤禅师墓志》：“俗姓张氏。”《齐故乐陵王妃斛律氏墓志铭》：“妃姓斛律氏。”《邵州使君寇公妻薛志》：“夫人姓薛氏。”《魏故昭玄沙门都维那法师惠猛之墓志铭》：“法门缘姓阴氏。”[④]所以，墓主单姓还是讲得通的。另外，无论铭记还是壁画都彰显墓主是虔诚的佛教徒，他自诩“释加文佛弟子”，举办“七宝供养”法事，这与长乐信都冯氏长久积淀的家学门风完全相符。众所周知，长乐冯氏后人北魏文明太后弘扬家族信仰，推动佛教在帝国辖境的广泛传播，不仅在北燕故都龙城营建气势恢宏的思燕佛图，光耀先祖，还在平城北郊方山永固陵规划思远灵图，开创中国古代帝后陵寝设塔立寺、超度亡灵之先河。[⑤]当然，这仅是墓主出自冯氏的佐证而已，还算不上充分的证明要件。不过，史学研究中的假设能够提供更多接近事实的可能性路径，自有其价值和意义。

---

① 〔日〕谷川道雄著，马彪译：《中国中世社会与共同体》，上海古籍出版社 2013 年版，第 76 页。

② 王树枏：《冀县志》卷 7，第 9、17 页。

③ 孙泓：《幽州刺史墓墓主身份再考证》，《社会科学战线》2015 年第 1 期。

④ 几方志文分见赵超：《汉魏南北朝墓志汇编》，天津古籍出版社 2008 年版，第 102、136、146、317、378、381、413、419、490、506 页。

⑤ 宿白：《魏晋南北朝唐宋考古文稿辑丛》，文物出版社 2011 年版，第 233—234 页。

二、墓主官职搭配的奥秘

首先必须明确，墓主为中原王朝官员，绝不会是高句丽的官僚，其立场向背通过十三郡太守参拜图题记中幽州州治以中原王朝政治中心洛阳为基准定位、测距就能看出。而还原墓主的政治生涯不可或缺的基本技术前提是，十六国乃至北朝的职官政体近乎晋制的翻版。因此，应以晋朝典章故事作为分析的参照。墨书铭记罗列墓主仕宦职位的方式较为特殊，却很有规律，就中原晋系官制而言，明显分成两套序列：前为属于武散阶的三项将军军号，即建威将军、左将军和龙骧将军，它们起到衡量秩级、提升威望的作用，同时赋予外镇长官开幕府、置僚佐、统兵马的权力；后为两项实职地方官，即辽东太守和幽州刺史。值得注意的是，魏晋南北朝的幽州（包括时而分出的平、营二州）与北边民族接壤，担负监领羁縻之重任，故刺史、州牧例加"东夷校尉"衔，如西晋崔毖任平州刺史、东夷校尉①，前赵刘聪委任石勒幽州牧、东夷校尉②，北魏东平王拓跋浑领护东夷校尉、平州刺史③，乐陵王拓跋思誉领护东夷校尉、营州刺史④，太武帝遥拜冯崇领护东夷校尉、幽平二州牧⑤。又因幽州远离中央，形势瞬息万变，长官遇到紧急事态无暇呈报，故特授代表最高军事裁判权的"使持节"⑥，准许先斩后奏、便宜处置。所以说，铭记中的使持节和东夷校尉是幽州刺史行使职权的附属物，三者是紧密连带的固定组合，不应分开看待。

必须强调的是，墓主的散号军阶和地方实职绝非各自孤立地散乱排列，而是按次第和比例相互搭配。众所周知，魏晋南北朝长期处于战乱环境，州郡长官往往军政合一，牧守本职之外另除将军军号，此乃常态；否则便称"单车"，只管民政，不问军事，实属罕见。军号、牧守双授遵循一定的规则，主要是前者的品级要比后者略高，以充分发挥调节职权之功效。据此分析，墓主的建威将军，晋制位列四品，通常与五品郡太守搭配。⑦两晋时期，阳平太守李志，吴兴太守周玘、王献之，南平太守陶称，上党太守温峤，寻阳太守庾统，西阳太守庾翼，新野、义成二郡太守桓豁，历阳太守

---

① （唐）房玄龄等：《晋书》卷6《元帝纪》，中华书局1974年版，第152—153页。

② （唐）房玄龄等：《晋书》卷104《石勒载记上》，第2718页。

③ （北齐）魏收：《魏书》卷16《道武七王・广平王连附浑传》，第400页。

④ （北齐）魏收：《魏书》卷19《景穆十二王下・乐陵王胡儿附思誉传》，第516页。

⑤ （北齐）魏收：《魏书》卷97《海夷冯跋附冯文通传》，第2127页。

⑥ （唐）房玄龄等《晋书》卷24《职官志》载晋制持节三等："使持节得杀二千石以下；持节杀无官位人，若军事，得与使持节同；假节唯军事得杀犯军令者。"（第729页）

⑦ 晋制将军军号、太守、刺史的品级参见（唐）杜佑：《通典》卷37《职官・秩品二》，中华书局1988年版，第1003—1004页。

桓伊、袁耽，西海太守张肃，会稽太守庾琛皆加建威将军衔。[①] 所以，铭记中建威将军应与辽东太守并授。至于墓主的左将军、龙骧将军位列晋制三品，通常与四品州刺史搭配。两晋时期，豫州刺史刘乔、庾楷，江州刺史徐宁、王凝之，雍州刺史范晷，兖州刺史褚裒，徐州刺史王蕴，扬州刺史王敦皆加左将军衔[②]；益州刺史周虓、袁乔，兖州刺史郗鉴，冀州刺史应诞，荆州刺史桓修，秦州刺史毛德祖，豫州刺史朱序，雍州刺史丁穆，广州刺史吴隐之皆加龙骧将军衔[③]。所以，铭记中左将军、龙骧将军应先后与幽州刺史并授。这种对应关系是不容忽略的，它直接决定后面结论的推导。

显而易见，墨书铭记保存墓主的七个中原官衔，可归并实际职务两项：一项是建威将军、辽东太守，另一项是左将军、龙骧将军、使持节、东夷校尉、幽州刺史。记录方式根据官职散实清晰分类，且严格按照迁转的先后顺序。明乎于此，我们才能探讨墓主履历中存在的高句丽官号——“小大兄”的问题。它的存在着实蹊跷，是引发诸多分歧的焦点，如何进行合理的解释呢？首先，该职既置于散号序列，说明它在高句丽官僚体系内属代表身份地位的荣誉头衔，并不执掌实权。罗新先生综合运用历史比较语言学的方法，在阿尔泰语系中找寻高句丽“兄系”官职的对译语汇，深刻挖掘其内亚文化渊源，揭示它本为“哥”的雅译，与拓跋鲜卑的“内行阿干”同义，专指君主的侍卫随从。[④] 笔者认为，无论高句丽的兄系官职，还是北魏前期的内行阿干，都类似中国古代的侍中、给事黄门侍郎、散骑常侍、散骑侍郎、给事中、奉朝请等门下官[⑤]，可以以散官的形式灵活加授朝臣、国宾，昭示朝廷赐予的无上恩典。进而言之，墓主身为中原王朝的封疆大吏，荣获高句丽王近信侍臣的封号，彰显双方的亲密关系，但此系个人行为，不能证明他是异邦授权统治的附庸。其次，从晋升次第来看，小大兄在幽州刺史对应的军号之前，说明墓主接受该职时仍在辽东太守任上。那么，为何

---

① 以上事例分见（唐）房玄龄等：《晋书》卷 44《李胤传》，第 1254 页；卷 58《周处附周玘传》，第 1573 页；卷 80《王羲之附王献之传》，第 2105 页；卷 66《陶侃附陶称传》，第 1780 页；卷 67《温峤传》，第 1785 页；卷 73《庾亮附庾怿传》，第 1927 页；卷 73《庾翼传》，第 1932 页；卷 74《桓彝附桓豁传》，第 1941 页；卷 81《桓宣附桓伊传》，第 2118 页；卷 83《袁瑰附袁耽传》，第 2170 页；卷 86《张轨附张寔传》，第 2228 页；卷 93《外戚・庾琛传》，第 2414 页。

② 以上事例分见（唐）房玄龄等：《晋书》卷 61《刘乔传》，第 1673 页；卷 84《庾楷传》，第 2187 页；卷 74《桓彝附徐宁传》，第 1956 页；卷 80《王羲之附王凝之传》，第 2102 页；卷 90《良吏・范晷传》，第 2336 页；卷 93《外戚・褚裒传》，第 2415 页；卷 93《外戚・王蕴传》，第 2421 页；卷 98《王敦传》，第 2554 页。

③ 以上事例分见（唐）房玄龄等：《晋书》卷 58《周访附周虓传》，第 1585 页；卷 83《袁瑰附袁乔传》，第 2169 页；卷 67《郗鉴传》，第 1797 页；卷 70《应詹传》，第 1861 页；卷 74《桓彝附桓修传》，第 1955 页；卷 81《毛宝附毛德祖传》，第 2129 页；卷 81《朱序传》，第 2133 页；卷 89《忠义・丁穆传》，第 2321 页；卷 90《良吏・吴隐之传》，第 2341 页。

④ 罗新：《中古北族名号研究》，北京大学出版社 2009 年版，第 188—189 页。

⑤ （北齐）魏收《魏书》卷 113《官氏志》：“（昭成帝）建国二年，初置左右近侍之职，无常员，或至百数，侍直禁中，传宣诏命。皆取诸部大人及豪族良家子弟仪貌端严，机辩才干者应选。又置内侍长四人，主顾问，拾遗应对，若今之侍中、散骑常侍也。”（第 2971 页）

主政辽东需对高句丽屈尊臣服，统辖幽州便无此必要？笔者愚见，当时的辽东郡是双方对峙的缓冲区和过渡带，彼此相互渗透、犬牙交错，形成你中有我、我中有你的混杂局面，高句丽单方面的军事优势无法彻底荡涤此处中原历史文化固有的深厚根基[①]，难以维持长治久安，必定寻求与当地旧官署的合作，于是逐渐形成二元重叠政权结构，仿佛中世纪十字军与穆斯林和平共处下的圣城耶路撒冷[②]。如此说来，辽东太守加授小大兄既是双方友好互助的生动体现，也是协调复杂局势的客观需要。同时侧面也流露出，中古高句丽的势力顶多扩张到辽东，远未覆盖整个幽州，这与文献记载和考古发现基本一致，墓主升任幽州刺史自动卸任小大兄也就顺理成章了。

历史在此时此地惊奇地发生颠倒。遥想汉朝，边陲重镇辽东郡代表中央全权处置朝鲜事务。台湾学者甘怀真先生指出："汉朝与朝鲜的政治关系是以辽东郡守为媒介。故直接的政治关系（君臣）是发生在辽东郡与卫氏朝鲜间，更具体地说是辽东太守与卫氏朝鲜君主间。这明显是延续了战国时的燕国与边境之外诸政权的君臣关系。辽东郡是朝鲜朝贡的直接对象，而汉朝是第二次与间接的对象。故朝鲜是汉朝的'外臣'。……汉朝利用亲汉的卫氏政权以控制朝鲜半岛。卫氏朝鲜也利用辽东郡所代表的汉朝势力以征服其当地既有的聚落组织。"[③]这说明辽东郡自古就是与朝鲜交涉的前沿和主体，其独特的二元身份结构具有深刻的历史传统和现实背景。只不过，这时辽东太守的地位由象征中原的"君"变成附从高句丽的"臣"。时过境迁，一切归根于双方力量对比的根本逆转，但目的都是相互利用，以实现自身在中间地带利益的最大化。换言之，辽东太守与朝鲜之间的身份转换是双方关系最真实的写照。

至于小大兄前空缺的字，目前有"国"与"同"之争，在字形尚未完全辨清的情况下，笔者据常理赞成前者，它是高句丽人站在自己立场上的表述，等同国朝、皇朝、本朝之义，书写逻辑与铭记标注高句丽好太王永乐年号一脉相承。若为后者，难免存在问题。诚如前述，高句丽的小大兄类似北魏早期的内行阿干，汉制的黄门散骑，是皇帝的内侍扈从，尽管亦可充当散官，但与将军军号文武分途，存在天壤之别。即便铭记的本意想说诸将军或刺史与小大兄地位相仿，也应将"同小大兄"一语移到龙骧将军或幽州刺史之后，以收总结归纳之效，万不该生硬地插在军号中间。还应当指出的是，学界先前的成果大多对墓主官职进行简单、孤立的考释，忽视彼此间的归类、

---

① （唐）姚思廉《梁书》卷54《东夷·高句骊传》："（东晋）孝武太元十年，句骊攻辽东、玄菟郡，后燕慕容垂遣弟农伐句骊，复二郡。垂死，子宝立，以句骊王安为平州牧，封辽东、带方二国王。安始置长史、司马、参军官，后略有辽东郡。"（中华书局1973年版，第803页）

② 〔英〕西蒙·蒙蒂菲奥里著，张倩红、马丹静译：《耶路撒冷三千年》，民主与建设出版社2015年版，第291、298页。

③ 甘怀真：《东亚古代册封体制中的将军号》，载徐兴庆主编：《东亚文化交流与经典诠释》，台湾大学出版中心2009年版，第38页。

次序和关联，以致湮没了历史真相。个中原委是学者知识结构专门化，不大熟悉中古官制，对极具蓝本意义的魏晋典故也缺乏深入了解。

三、墓主幽州刺史的任职时间

关于墓主担任辽东太守和幽州刺史的时间，“前燕说”和“后燕说”两派相持不下，各自提出自我支持的证据。实际上，十三郡太守拜谒图及铭记隐含了多条重要线索，细致搜索其逻辑交叉点就能比较精确地定位墓主的任期。首先，在墓主任上，幽州曾下辖十三郡七十五县。日本学者武田幸男考证，墓主在世期间仅370—380年符合该条件。[①] 孙泓先生建议把起点向前延伸至359年。[②] 康捷先生统计清人洪亮吉《十六国疆域志》所列幽州建置，指出前燕（十二郡七十二县）和前秦（十一郡六十七县）均与之有明显出入，唯后燕数值恰好与之吻合。[③] 这些结论划定了大致断限，各有贡献，虽相互抵牾，但在缺少更确切资料的情况下，只好暂且阙疑存异，留待后续补证。其次，墓主见证了幽州州治的迁移。依照惯例，领衔拜谒君长者必为群僚之首，壁画里燕郡太守位列首席，且只有他拥有将军军号，尽显凌驾之势，推知州治起初必在燕郡。下文所载“州治广蓟”，实乃蓟县（今北京附近）别名，亦为燕郡郡治，不是“广阳郡蓟县”之简称。如此一以贯之，足证上述观点。铭记又说“今治燕国”，这绝不会是燕郡及邻近地带的旧称，否则无须画蛇添足，它应指墓主去职或离世时所属的后燕或北燕国号，因其领土已经收缩至幽州北隅，州治便与国都重叠，俱在龙城（今辽宁朝阳）。测量两地到洛阳的直线距离，蓟县不过700公里，而龙城刚好1000多公里，契合铭记。总之，墓主任上，幽州州治从华北蓟县迁往东北龙城，这是判定他任期的关键基准。再次，壁画里十三郡太守分列两厢，燕郡、范阳、渔阳、上谷、广宁、代郡居上，北平、辽西、昌黎、辽东、玄菟、乐浪、带方在下，两者中间绘有一条粗线边界，其含义尚无见解。若对照谭其骧先生主编的《中国历史地图集》第四册后燕、北燕两图，不难发现，粗线上面的六郡是于396—398年的魏燕战争中沦陷的全部失地，只有粗线下面的七郡尚在燕手中。[④] 壁画的创作者似乎想通过这种曲折隐晦的方式暗示墓主亲历幽州版图的萎缩，毕竟失地辱国有损逝者颜面，这与幽州州治的北迁是完全

---

① 〔日〕武田幸男：《德兴里壁画古坟被葬者的出自和经历》，《历史与考古信息·东北亚》2002年第2期。此文原载《朝鲜学报》1989年总第130期。笔者参考的是李运铎先生的汉译文本。

② 孙泓：《幽州刺史墓墓主身份再考证》，《社会科学战线》2015年第1期。

③ 康捷：《朝鲜德兴里壁画墓及其有关问题》，《博物馆学研究》1986年第1期。

④ 谭其骧主编：《中国历史地图集》（第四册），中国地图出版社1982年版，第14、16页。

同步的过程。综上，墓主担任幽州刺史期间，必定遭遇魏燕战争，因丧失半壁疆土被迫迁移州治，这无疑发生在后燕晚期至北燕初期，即 396—407 年之间。

这样就会遇到新的难题。孙泓先生爬梳史料，仔细排查十六国诸政权幽州刺史任职名单，处于上述时段者分别是后燕慕容会（396 年）、慕容熙（397 年）、慕容豪（398 年）、留志（399 年）、卢溥（399 年）、慕容拔（402 年）、慕容懿（407 年），北燕冯万泥（408 年），他们前后衔接，绝无安插墓主的余地。[①] 这又该作何解释呢？我们知道，十六国大都为中国北方的异族政权，他们重用汉人，但并不放心，故刺史等强力要职在汉人之外另设族人席位予以监督制衡，一如元朝的达鲁花赤制度。北魏早期沿袭十六国遗制，“制诸州置三刺史，刺史用品第六者，宗室一人，异姓二人，比古之上中下三大夫也”[②]。严耀中先生对此评述道：“‘三刺史’制作为少数族统治汉地方式一种，是符合上述北魏前期统治者的治国方略和当时总的行政体制。……实行的范围主要在缘边和战略要地等驻扎内朝禁军的地方，其领兵之将兼任当地刺史，一个州才会有了所谓‘三刺史’。”[③] 北魏与慕容燕原本是联结紧密的姻戚之国，三刺史或许就仿自燕制。幽州既是慕容龙兴故地，又地处东北边境，战略意义重大，先后委派慕容会等五位宗室与墓主对治是合乎情理的。至于留志和卢溥，可能是三刺史格局中除去宗室、墓主以外的那位。降至北燕，冯氏掌权，墓主才有机会独当一面，直至 408 年左右被冯万泥接替，这可视作墓主幽州任期的终点。

难度较大的是确定墓主幽州任期的上限，在此不揣鄙陋，冒昧阐述自己不太成熟的想法。前文已述，墓主源自长乐信都冯氏，与后来成为北燕国主的冯跋同宗。史载，西晋永嘉之乱，冯氏举族避居山西上党；前秦经淝水之战瓦解后，他们又辗转投靠西燕慕容永；一个重要的时间节点，394 年，西燕被后燕攻灭，冯氏东归且复振家业，特别是冯跋深蒙器重，历慕容宝中卫将军，慕容熙殿中左监、卫中郎将，总揽台省卫戍，跻身权力中枢。[④] 估计墓主冯镇就是趁此良机飞黄腾达，成为后燕战略后方的最高行政长官。[⑤] 据此推知，墓主冯镇就任辽东太守、幽州刺史不会早于 394 年，最可能出现在慕容宝即位的 396 年前后，因为慕容宝丢掉辽东控制权与冯镇接受高句丽封号应是同步事件。此刻恰逢北魏扫荡中原，后燕节节败退，冯镇虽阅历丰富，但已回天乏术，徒叹奈何。

---

① 孙泓：《幽州刺史墓墓主身份再考证》，《社会科学战线》2015 年第 1 期。

② （北齐）魏收：《魏书》卷 113《官氏志》，第 2974 页。

③ 严耀中：《关于北魏“三刺史”制度的若干诠释》，《学习与探索》2009 年第 5 期。

④ （唐）房玄龄等：《晋书》卷 125《冯跋载记》，第 3127 页；（北齐）魏收：《魏书》卷 97《海夷冯跋传》，第 2126 页。

⑤ 作为慕容鲜卑龙兴之地的幽州对后燕的意义不言而喻，墓葬前室东壁出行卤簿图中有“御史导从”，表现朝廷委派宪台御史坐镇督察之事实，反衬出统治者对幽州的高度重视。御史监临方镇之制延续到北魏，实现体制化、规范化的情况参见刘军：《北魏军司考论》，《军事历史研究》2016 年第 4 期；《拓跋魏军事监察体制研究》，《孙子研究》2017 年第 3 期。这样的强藩要镇，往往非亲贵勿居，墓主能够应选，足证地位的尊显。

四、墓主徙居高句丽的原因

墓主冯镇既在后燕晚期和北燕为官，理应留守帝都龙城，何以最终流落异邦，客死他乡？笔者认可他政治流亡者的身份，但要搞清楚出逃的原因。安志敏先生把墓主亡命高句丽归结为冯跋的叛乱。[①] 史载："（慕容熙）密欲诛跋兄弟。其后跋又犯熙禁，惧祸，乃与其诸弟逃于山泽。……遂与万泥等二十二人结谋。跋与二弟乘车，使妇人御，潜入龙城，匿于北部司马孙护之室。遂杀熙，立高云为主。"[②] 虽可自圆其说，却以预设墓主是"慕容镇"为前提。冯跋改朝换代，前朝宗室后人自然远遁避祸。然而，墓主是"冯镇"的可能性更大，身为冯跋亲族，他应是举事骨干，荣膺"开国二十二功臣"美誉，何不坐享富贵，又怎会潜逃？因此，必须勾连史料，探微索隐，另觅缘由。

墓主冯镇仕途遭逢最严峻的危机莫过魏燕战争，这场重大变故是否也为他日后的坎坷命运埋下伏笔，是颇值得思索的话题。史载，北魏道武帝皇始元年（396）大举伐燕，当时兵分两路："帝亲勒六军四十余万，南出马邑，逾于句注，旌旗骆驿二千余里，鼓行而前，民屋皆震。别诏将军封真等三军，从东道出袭幽州，围蓟。"[③] 皇帝行在乃主力，兵锋直指河北腹地；封真为别部，行动目标有二：一是迂回牵制，二是断敌归路。但次年就发生了意想不到的事件，"并州守将封真率其种族与徒何为逆，将攻刺史元延，延讨平之"[④]。河北战事正酣，封真不会无故调防，他一定在幽州前线遭遇挫败，方才撤守邻近的并州，身为主将首战失利，罪责难逃，严厉制裁势所不免，因而心怀愤懑，才给宿敌徒何（即慕容鲜卑）策反通谋之机。我想，阵前重创封真者只能是时任后燕幽州刺史的墓主冯镇，他扰乱了北魏的战略部署，致使道武帝聚歼后燕于河北的意图彻底破产，慕容残余赖以安然退归龙城，引发日后东北边患等一系列连锁反应。因此，他理所当然地变成北魏必欲铲除而后快的头号仇敌。北魏日后与北燕停战，索要并惩办冯镇恐怕也是谈判的先决条件之一。须知，北燕、高句丽等东北政权与北魏相比强弱立判，妥协自保是外交的基本方针。北燕迫于无奈，只得交出对方指定的人物任由处置，牺牲个人换取所属政权的偏安。典型事例如日后顽抗北魏的北燕国主冯文通潜逃高句丽，"世祖又征文通于高丽，高丽乃杀之于北丰，子孙同时死者十余

① 安志敏：《朝鲜德兴里壁画墓的墓主人考略》，《历史与考古信息·东北亚》2002 年第 2 期。

② （唐）房玄龄等：《晋书》卷 125《冯跋载记》，第 3127 页。

③ （北齐）魏收：《魏书》卷 2《道武帝纪》，第 27 页。

④ （北齐）魏收：《魏书》卷 2《道武帝纪》，第 29 页。

人”[①]。贵为君王尚且如此，又何况普通臣僚。墓主冯镇正是慑于沦为龌龊交易的筹码，才审时度势、急流勇退，主动选择避居异邦。虑及他在接受小大兄封号的辽东太守任上的亲善佳绩，高句丽王积极提供庇护，并授予墓穴后室东壁奉佛图铭记的“中里都督”之高位予以表彰，才使其得以善终。足见，墓主 77 年的人生涉及前燕、前秦、西燕、后燕、北燕、北魏和高句丽诸政权，饱受战火动荡的洗礼。正是五胡十六国的旷古乱世，造成了他漂泊流离的悲剧生涯。

五、结语

朝鲜德兴里幽州刺史壁画墓是研判中古时期东北亚民族关系和政治形势的重要资料。东亚学者基于不同的知识架构和意识倾向建构各自的话语平台，这是再正常不过的。但我们应当回归学术本位，秉持实事求是的科学精神，充分结合具体的历史背景，予以客观公正的分析，避免带有功利目的和偏激心态的过度解读和选择性误读。通过系统研究，我们得出以下若干结论：第一，故籍郡县乡里是士族标榜门第的标志，据此推知墓主出自长乐信都首望冯氏家族，姓冯名镇，绝不可能是鲜卑慕容氏或慕舆氏，因为塞外胡族根本没有清晰明确的郡望观念，相应地，中古史籍并无慕容氏祖出长乐信都的提法。第二，墓主冯镇担任辽东太守、幽州刺史的时段约在 396—407 年，跨越后燕和北燕两大政权。第三，墓主冯镇接受幽州十三郡太守谒见定在 398 年之前，地点在旧州治燕郡广蓟，这是他一生中最后的，恐怕也是仅有的高光时刻。第四，墓主冯镇任上经历魏燕战争，虽击溃北魏封真所部，粉碎道武帝的合围企图，为慕容开辟退却通道，但无力阻止幽州六郡领土的沦丧，幽州州治随之从蓟县北迁龙城。第五，作为冯氏族人，墓主冯镇可能参与了冯跋篡权的军事政变，北燕建立后，开始独掌实际成为京畿直隶的幽州残部，直到 408 年左右被冯万泥取代。第六，墓主冯镇曾使北魏遭遇重大挫折，是北魏憎恨的头号死敌，估计自己未来会在两国捭阖中被交易，主动逃往高句丽避难，是不折不扣的政治流亡者。[②]第七，墓主冯镇自始至终是中原王朝的臣僚，并非凭借高句丽的授权统治幽州，小大兄是他担任辽东太守时为协调复杂局势，以个人名义接受的荣誉称号，乃权宜之计。高句丽的势力进抵辽东，但未能染指整个幽州，故该封号在他晋升幽州刺史时自动解除。第八，墓主冯镇与高句丽人私谊甚厚，他的身份立场、文化取向和生活习惯均得到充分尊重，诸多中原元素被精巧

① （北齐）魏收：《魏书》卷 97《海夷冯跋附冯文通传》，第 2128—2129 页。

② 因与北燕保持密切关系，高句丽成为冯氏族人避险逃难之首选，墓主冯镇可能首开先河，继踵者有冯丕。（唐）房玄龄等：《晋书》卷 125《冯跋载记》：“跋弟丕，先是，因乱投于高句丽，跋迎致之，至龙城。”（第 3132 页）

细腻地融入墓葬，使之呈现鲜明的汉系文化风格。最后必须澄清的是，古人以逝者为大，事死如事生，墓葬铭记对生前的功劳业绩可以渲染夸大，但仕途履历却绝不容掺假，否则无异于轻慢地亵渎。故日本学者武田幸男所谓幽州刺史臆想说是站不住脚的，以此规避复杂问题的办法断不可取。[①] 总之，墓主颠沛流离的一生与十六国动荡扰攘、纷乱复杂的形势紧密相关。临终前得以远离战乱和阴谋，宁静地走完生命最后的旅程，算是对这位历史亲历者最好的慰藉。

附录：

墓室北壁中央墓主生平履历铭记：□□郡信都县都乡中甘里，释加文佛弟子□□氏镇，仕位建威将军、□小大兄，左将军、龙骧将军；辽东太守，使持节、东夷校尉、幽州刺史镇。年七十七薨焉，以永乐十八年，太岁在戊申十二月辛酉朔廿五日乙酉成迁移玉柩周公相地……。

墓室北壁西侧幽州十三郡太守参见图铭记：奋威将军、燕郡太守来朝时，范阳内史来论州时，渔阳太守来论州时，上谷太守来朝贺时，广宁太守来朝贺时，代郡内史来朝贺时；北平太守来论州时，辽西太……，昌黎太守来论州时，辽东太守来朝贺时，玄菟太守……，乐浪太守……，带方太守……。此十三郡属幽州部，县七十五，州治广蓟，今治燕国，去洛阳二千三百里，都尉一部，并十三郡。

注：释文参考刘永智：《幽州刺史墓考略》，《历史研究》1983年第2期；孙泓：《幽州刺史墓墓主身份再考证》，《社会科学战线》2015年第1期。

（责任编辑：郑春颖）

① 〔日〕武田幸男：《德兴里壁画古坟被葬者的出自和经历》，《历史与考古信息·东北亚》2002年第2期。

中国好太王碑研究初期史详考*

赵宇然**

摘　要：本文对高句丽好太王碑发现初期的研究情况进行了系统梳理。首先详细整理了初期论著，在此基础上检讨了初期研究者获取资料（拓本）的经过与相关人物之间的人际关系，继而探讨了好太王碑发现时间以及拓本制作经过等，分析了以往学界有所分歧的议题，并总结了初期好太王碑研究的几个特点。

关键词：高句丽；好太王碑；研究史；初期研究；拓本

一、引言

好太王（391—412 年在位）是高句丽第十九代国王，他以开疆扩土而闻名，故得谥“国岗上广开土境平安好太王”，亦称广开土王。好太王为 5—6 世纪高句丽的鼎盛奠定了坚实的军事、社会基础，此时期可谓是高句丽史上承前启后之时代。因此好太王研究对于梳理整个高句丽史具有非常重要的学术意义。

高句丽研究最大的难点无非是文献资料的极度缺乏，好太王时期亦是如此。但幸运的是 19 世纪末在集安地区发现了刻有 1770 多字的好太王碑，它为研究好太王时期的高句丽史提供了丰富的文字资料，对研究高句丽对外关系、社会制度、神话、思想、文化等必不可缺。

立于 414 年的好太王碑，可以说是现存最古（或稍晚于集安高句丽碑）、最完整的高句丽时代碑刻资料，其学术价值不可估量。因此其发现早期中国学界就进行了详细的研究，以至今日成果丰硕，相关研究史的整理也有过数次（参阅表 1），特别是 2014 年为纪念好太王碑建立 1600 周年，学界再次详细整理了以往的成果。①

诸多研究当中，本文所关注的是“初期史”，即在好太王碑发现不久的那一段时间内，近代文人、官僚所撰写的相关论著。好太王碑的史料价值集中体现在其长篇的碑

---

* 本文系延边大学人文社会科学基金项目（YB2016009）阶段性成果。

** 赵宇然，延边大学朝鲜半岛研究院专职研究员。

① 耿铁华：《好太王碑研究 130 年 —— 纪念好太王碑建立 1600 年》，载《通化师范学院历史与地理学院好太王碑 1600 周年纪念发表会》，2014 年；〔韩〕郑好燮等：《广开土王碑研究成果与课题（专题）》，《东北亚历史论丛》第 49 辑，2015 年。

文，只可惜，因年代久远、自然风化使得很多碑文已辨别不清，近代的几次劫难（火烧、涂抹石灰等）更是加重了其损毁程度，以致引发了碑文释读上的争议。而且此碑发现已过百余年，有关它准确的发现年代以及初期拓本制作的诸多事宜，学界看法不一，众说纷纭。其主要原因是初期相关人物所留下的论著内容相当混乱。因此我们要追溯到好太王碑发现当初，一一分析并梳理当时事情进展的前前后后，特别是相关文人、官僚、拓工等人物的人际关系及行迹。详细厘清是碑发现早期的情况，探究被毁之前的蛛丝马迹，这对整个好太王碑的研究非常重要。

以往的好太王碑研究史整理中，大多提及好太王碑初期史，代表论著举例如下：

表 1　好太王碑研究史整理论著

序号	作者	论著	主要内容
1	李进熙	《广开土王陵研究史上的问题点：一九一〇年代之前中国的研究为中心》，《考古学杂志》第 58 辑第 1 号，1972 年	发现初期拓本制作与研究史
2	王健群	“我国学术界的调查、著录和研究”，《好太王碑研究》第三章 第一节，吉林人民出版社 1984 年版	发现初期拓本制作与研究史
3	高明士	《高句丽好太王碑研究的近况与展望》，《邪马台国》第 26 辑，1985 年冬季号	综合整理（简述）
4	李德山	《好太王碑研究综述》，《古籍整理研究学刊》1989 年第 5 期	综合整理（简述）
5	徐建新	《高句丽好太王碑研究史概述》，《世界史研究动态》1993 年第 10 期	至 20 世纪 90 年代初的研究史
6	耿铁华	《中国学者对好太王碑的研究》，《KOREA 学研究》1994 年第 1 期	至 20 世纪 90 年代初的研究史
7	徐建新	《中国学界对高句丽好太王碑碑文及拓本的研究》，载《广开土好太王碑研究 100 年》，学研文化社 1996 年版	20 世纪 80—90 年代中期研究史及拓本检讨
8	高明士	《台湾的好太王碑拓本以及碑文研究》，载《广开土好太王碑研究 100 年》，学研文化社 1996 年版	台湾所藏拓本检讨
9	耿铁华	《近年来好太王碑研究现状》，《东北工程通讯》2003 年第 2 期	20 世纪 80 年代至 21 世纪初研究史
10	耿铁华	《我国学者研究的新成果》，载《好太王碑一千五百八十年祭》，中国社会科学出版社 2003 年版	介绍王健群、朴真奭、耿铁华等的相关专著；以研究者为中心检讨研究史
11	高光仪	《中国学界的广开土王碑研究现状 —— 以 1980 年之后为中心》，载《中国高句丽史研究动态分析》，高句丽研究财团，2004 年	20 世纪 80 年代至 21 世纪初研究史
12	高光仪	《中国的广开土王碑释文研究现状与检讨》，载《中国的韩国古代文化研究分析》，高句丽研究财团，2005 年	碑文释文研究现状

续表

序号	作者	论著	主要内容
13	耿铁华	《中国好太王碑研究现状与趋势》，载《广开土太王与东亚世界》，高句丽研究会，2005 年	研究史综合检讨
14	徐建新	《中国的好太王碑研究》，载《好太王碑拓本的研究》，东京堂出版社 2006 年版	研究史综合检讨
15	耿铁华 李乐营	《好太王碑发现与研究：高句丽研究的开端》，载《高句丽研究史》，吉林大学出版社 2012 年版	发现初期史
16	耿铁华	《高句丽好太王碑研究综述》，载《高句丽好太王碑》，吉林大学出版社 2012 年版	20 世纪 80 年代至 2010 年，研究史综述
17	耿铁华	《好太王碑研究 130 年：纪念好太王碑建立 1600 年》，《通化师范学院历史与地理学院好太王碑 1600 周年纪念发表会》，2014 年	研究史概况及 21 世纪初的研究现状
18	耿铁华	《好太王碑发现初期的捶拓与研究》，载《高句丽遗产现状与利用及展望》，高句丽渤海学会，2014 年	发现初期拓本制作及研究史
19	赵宇然	《中国学界的广开土王碑研究成果检讨》，《东北亚历史论丛》49，2015 年	研究史综述

如表 1 所列，以往对好太王碑研究史进行整理的论文有 19 篇。其中比较详细谈及好太王碑发现初期史的，有李进熙（1972 年）、王健群（1984 年）、耿铁华和李乐营（2012 年）的论文，还有耿铁华（2014b）、赵宇然（2015 年）的论文中亦有涉及。此外的研究史整理中，涉及初期史的内容一般比较简略，未厘清脉络。

除以上列举的几篇之外，还有朴时亨的《广开土王陵碑》（社会科学院出版社 1966 年版）、佐伯有清的《研究史广开土王碑》（吉川弘文馆 1974 年版）等好太王碑研究专著中亦提到有关初期拓本制作过程。而且 20 世纪 80 年代以来中国学界对初期史中的特定课题，例如好太王碑发现时间、火焚除苔时间、捶拓等，已发表了相当多的文章。①

如上所示，以往有过不少初期史整理。尽管如此，与好太王碑发现以及初期捶拓相关的人物繁多，他们所留下的主张也很复杂，且多为略述，实难从中清楚地看出初期史的来龙去脉。因此，至今对好太王碑的发现经过和时间还没定论，也没能梳理出

---

① 王健群：《好太王碑的发现和捶拓》，《社会科学战线》1983 年第 4 期；刘永智：《好太王碑的发现及其它》，《社会科学战线》1985 年第 1 期；吴琦幸：《叶昌炽与好太王碑研究》，《社会科学战线》1985 年第 4 期；耿铁华：《好太王碑火前无完整拓本》，《考古与文物》1988 年第 1 期；耿铁华：《好太王碑发现时间新探》，《市民的古代》1988 年第 10 集；刘永智：《好太王碑之发现与释文研究》，载《广开土好太王碑研究 100 年》，学研文化社 1996 年版；范犁、杨春吉：《初氏父子与好太王碑》，《新文化报》1997 年 9 月 25 日；范犁、杨春吉：《王志修〈高句丽永乐太王古碑歌〉注释与说明》，《通化师范学院学报》1998 年第 2 期；〔韩〕朴真奭：《关于好太王碑拓本的初期编年性质》，载《韩国春史卞麟锡教授停年纪念论丛》，2000 年；徐建新：《高句丽好太王碑早期拓本制作者李云从考》，《中国学术》2004 年第 3—4 期；徐建新：《清末北京的碑帖商人和好太王碑塬石拓本》，《亚洲文化交流研究》第 2 号，2007 年。

捶拓的过程及相关人物。

二、初期研究

自19世纪70—80年代发现好太王碑以来，其研究就非常活跃。[①]起初，以金石爱好者为主，进行了现场调查、捶拓以及碑文释读等基础研究。在传统时代，金文研究颇受文人们的关注，特别是清代文人们为了避免牵涉到文字狱，多以古文字考证作为日常消遣。

魏晋时期颁布禁碑令[②]，以致该时期中原地区碑碣存留无多[③]，因此发现好太王碑的消息足以吸引诸多金文爱好者。

（一）初期著述整理

提及好太王碑相关事宜的初期著述有如下30余篇[④]：

表2　初期著述目录

序号	作者	著述
1	李超琼	《辽左日记》（1882年1—6月）
2	叶昌炽	《高句骊王墓碑跋》（1884年；附于2003年前后发现的初期拓本中）
3	吴大徵	《钟鼎拓本释文》（《皇华纪程》卷上，1886年）
4	杨颐	《好太王碑考订》（1887年）
5	盛昱	《好太王碑释文》（1889年）
6	徐树钧	《高句丽好太王碑释文》（《宝鸭斋题跋》卷上，1890年）

① 关于好太王碑发现时间，有诸多学说，有学者认为朝鲜时代文献已有提及，或有人认为当时误以为是金国皇陵，因此不是真正意义上的"发现"，进而主张其真正发现时间应为19世纪末。而且关于具体发现时间亦是众说纷纭，有"同治末年说"、"光绪元年说"、"光绪六年说"、"光绪初年说"、"光绪三年说"等。20世纪80年代之后，逐渐压缩为"光绪初年说"，即1875年前后（王健群：《好太王碑的发现和捶拓》，《社会科学战线》1983年第4期）、"光绪六年说"（刘永智：《好太王碑的发现及其它》，《社会科学战线》1985年第1期）及"光绪三年说"（耿铁华：《好太王碑发现时间新探》，《市民的古代》1988年第10集）等三种学说，且近年来"光绪三年说"得到颇多支持。

② 赵超：《墓志考考古通论》，紫禁城出版社2003年版，第49页。

③ 王靖宪主编：《中国碑刻全集1·战国、秦、汉》，人民美术出版社2009年版，第12页。

④ 本文将初期界定为自好太王碑的发现至20世纪30年代，而且参阅王健群的《好太王碑研究》，吉林人民出版社1984年版，第44—73页所整理出的21篇，以及韩国学者李亨求、朴鲁姬的《广开土大王陵碑新研究》，同和出版社1986年版，结尾部分收录的《广开土大王陵碑研究百年史（1884—1995）》，加上部分遗漏著述，按发表时序整理于表2。

续表

序号	作者	著述
7	杨同桂	《高丽墓碑》（《沈故》卷1，推测其写作年代在1890—1896年之间，内容相当部分与荣禧的著述一致）
8	王孝廉	《跋文》释文（1891年，发现于任昌淳所藏初期拓本青溟本中）
9	王志修	《高句丽永乐太王古碑歌》、《高句丽永乐太王碑考》（均收录于《高句丽永乐太王碑歌考》，1895年）
10	傅云龙	《跋》（1897年前后；收录于《长白汇征录》，1910年）
11	陆心源	《高句丽广开土好太王谈德纪勋碑跋》（1897年前后；收录于《仪顾堂续跋》）
12	郑文焯	《高丽国永乐好太王碑释文纂考》跋（1898年；现存1900年平湖朱氏经注经斋刻本）
13	吴重熹	《高丽永乐好太王碑释文纂考后跋》（1900年；附于郑文焯的著述）
14	丁少山	《好太王碑考释》（1900年）
15	叶昌炽	《奉天一则》（《语石》卷2，1901年）
16	王彦庄	《高句丽王碑文》（《奉天省辑安古迹》1902年？）
17	荣禧	《高句丽永乐太王墓碑文》、《高句丽永乐太王墓碑谰言》（均收录于《古高句丽永乐太王墓碑文考》，1903年，后又被朴殷植所编《西北学会月报》［第1卷第9号，1909年］和《辽东文献征略》［1927年］转载）
18	罗振玉	《高句丽好太王碑跋》（《唐风楼碑录》，1907年）；《好太王陵碑》（《俑庐日札》，1908年；又收录于《神州国光集》第9辑，1909年）
19	吴光国	《高句丽古碑文》（1907年前后；收录于《辑安县乡土志》，1915年）
20	吴椒甫	《旧拓好太王碑》（有正书局，1909年）
21	杨守敬	《高句丽好太王碑释文》、《高句丽好太王碑》、《高句丽广开土好太王谈德碑跋》（均收录于《寰宇贞石图》，1909年）
22	张凤台	《释高句丽碑文》、《按说》（均收录于《长白汇征录》卷8，1910年）
23	傅云龙	《勾丽好大王碑跋》（《长白汇征录》卷8，1910年）
24	吴光国	《高句丽古碑文》（《辑安县乡土志》，1915年）
25	顾燮光	《高丽好太王碑》（《梦碧簃石言》，1918年）
26	刘承干	《晋高句丽好大王碑》[1]、《后跋》（均收录于《海东金石苑补遗》，1922年）
27	欧阳辅	《高丽好大王碑》（《集古求真》，1923年）
28	张延厚	《跋》（1925年前后；收录于《辽东文献征略》卷3《金石上》，1927年）
29	谈国桓	《手札》（1925年前后，与金毓黻的信件）；《跋》（1929年，附于辽宁省博物馆所藏拓本）
30	金毓黻	《高句骊好大王碑》及按语（1925年；收录于《辽东文献征略》卷3《金石上》，1927年）
31	刘节	《好大王碑考释》（1928年；收录于《国学论丛》第2卷第1号，1929年）
32	于云峰	《高句丽好太王碑文》（收录于《辑安县志》，1930年）
33	未详	《高句丽小志》、《高句丽统系表》、《高句丽迁都经过和高句丽亡国小序》（均收录于《高句丽好太王碑铭志》，辑安县玉奎升印刷所，1931年）
34	罗福颐	《高丽好太王碑》（《满洲金石志》，1937年）

[1]《海东金石苑补遗》目录写作“晋高句丽好大王碑”，而本文则写作“好太王碑”。

如上表2所示，初期著述主要提及好太王碑发现时间、人物、位置、外形（比如大小、焚苔烧毁事宜等）、捶拓过程以及相关人物等内容。因此以往学界通过检讨这些初期著述，从中确认有关好太王碑发现初期的一些蛛丝马迹，以此作为各自学说的根据。

尽管如此，这些初期著述作者多数并未亲临现场，而是通过传闻得知相关事宜，将其按主观认识叙述而已。因此各自描述，莫衷一是。比如，关于发现时间问题，就有七种不同的说法，而且也出现不少荒谬的内容。

因此，我们应先梳理清楚初期著述时间、参阅底本等信息来源、拓本资料来源以及各著述者之间的人际关系等，还原当时的基本情况。

（二）发现时间

关月山是首次发现碑的人，对此学界无大异议，但关于其具体发现时间，众说不一，因为初期论述里就有多种说法。

关于发现时间，初期论述里有七种不同的叙述，可整理如下：

表3　好太王碑发现时间诸说

序号	主张	依据及出处	支持学者
1	光绪六年（1880）	“光绪六年，边民斩山刊木始搜得之。”（见叶昌炽：《高句骊王墓碑跋》拓本，1884年） “光绪六年，边民斩山刊木始得之。”（见叶昌炽：《奉天一则》，1901年） “光绪六年，边民斩山刊木始得发现。”（见欧阳辅：《高丽好大王碑》，载《集古求真》1923年）	金毓黻[1] 刘永智[2] 徐建新[3]
2	光绪三年（1877）	“我皇驭宇之三载，衽席黎首开边疆”，“光绪三年开边禁，以通沟设巡检。”（见王志修：《高句丽永乐太王古碑歌》、《高句丽永乐太王碑考》，均载《高句丽永乐太王碑歌考》，1895年）	耿铁华[4]
3	庚子年（甲午）[5]（1894）	“或云是庚子中日之役寻得。”（见杨守敬：《高句丽广开土好太王谈德碑跋》，载《寰宇贞石图》，1909年）	
4	光绪元年（1875）	“光绪元年开垦东边荒地始发见”（见顾燮光：《高丽好太王碑》，载《梦碧簃石言》1918年）	
5	同治末年（1870年代）	“此碑同治末年始传入京师，吴县潘文勤公祖荫先得之。”（见刘承干：《海东金石苑补遗》，1922年）	
6	光绪初年（1）	“当在光绪初叶时所拓”（见谈国桓：《手札》，1925年）；“胜清光绪初，吴县潘郑安尚书始访得之”（见张延厚：《跋》，1925年）；“按此碑于清光绪初年为怀仁县……所发现。”（见金毓黻：《高句骊好大王碑》注文，1925年）	王健群[6]（1875、1876年）
7	光绪初年（2）（光绪八、九年，1882—1883之前）	“回首前尘，恍如梦寐。按章君宰怀仁，在光绪八、九年。关君即发现此碑之人。”（见谈国桓：《跋》，1929年）	

[1] 金毓黻的早期研究称“光绪初年”，而在《东北通史》（1941年）则写作“光绪六年”。（《东北通史》，五十年代出版社1944年版［1981年再版］，第147页）

[2] 刘永智：《好太王碑的发现及其它》，《社会科学战线》1985年第1期；《好太王碑之发现与释文研究》，载《广开上好太王碑研究100年》，学研文化社1996年版。

[3] 徐建新：《高句丽好太王碑早期墨本的新发现——对1884年潘祖荫藏本的初步调查》，《中国史研究》2005年第1期。
[4] 耿铁华：《好太王碑发现时间新探》，《市民的古代》1988年第10集；《好太王碑发现初期的捶拓与研究》，载《高句丽遗产现状与利用及展望》，高句丽渤海学会，2014年。
[5] 原文写作"庚子"，但中日战争发生于1894年，即"甲午"。因此后来刘节引杨守敬的文章时，将其改作"甲午中日之役"。见《好大王碑考释》，载《古史考存》，人民出版社1958年版，第16页。
[6] 王健群：《好太王碑的发现和捶拓》，《社会科学战线》1983年第4期。

以上七种说法中，现在学界意见归结为"光绪六年说"、"光绪三年说"、"光绪初年说"三种。其依据为叶昌炽、王志修、谈国桓等留下的相关叙述。本文前面也提到过应关注此三人。其中，谈国桓曾见过发现石碑的关月山，也从他那里得到过拓片，又，其父安排制作拓本，因此他的叙述可信度较高。他但称"光绪初叶"，或章樾离开怀仁县的"光绪八、九年"①，叙述并不明了。但他回忆，设怀仁县，章樾任首任知县期间（1877—1882），其书启关月山发现了好太王碑。

其次，需要关注的是王志修的相关叙述，因他曾亲临现场。他在文中写到"手剔霉苔索点画"，说明当时碑面覆盖着苔藓。关于火烧除苔，张延厚的《跋》写道："又闻寅卯间，碑下截毁于火。"据此，可推知是光绪四年（戊寅）或五年（己卯），即1878—1879年间。因此王志修到访的时间估计是1877—1878年间。那么其所述发现时间可信度比较高，而且并不与谈国桓的叙述矛盾。但文章中的"我皇驭宇之三载，衽席黎首开边疆"一语，则说的是光绪三年开始解禁，设巡检，而不是指发现时间。

"光绪六年说"的根据是叶昌炽1884年所撰《高句骊王墓碑跋》，但其内容并不是据他直接所闻，而是通过章樾→李超琼→李鸿裔→潘祖荫→叶昌炽等环节得知的。因此相对谈国桓、王志修的相关叙述，其信息或有部分歪曲。

因此，按现有的材料只能判断好太王碑的发现年代为光绪初年，再具体说是光绪三年（1877）到光绪六年（1880）之间。

（三）拓本制作经过

好太王碑最初发现者为关月山，而且虽然只是几个字，但他也是最初的捶拓人。②初期拓本制作具体时间，或有或无相关叙述，可大体整理如下：

（1）1878—1881年间，怀仁县知县命当地村民初天富除苔并制作拓片。（火烧除

---

① 谈国桓在1929年的《跋》中写道："回首前尘，恍如梦寐。按章君宰怀仁，在光绪八、九年。关发现此碑之人"，对发现碑的时间叙述相当模糊。即对章樾任怀仁县知县的时间说是"光绪八、九年"。实章樾自设怀仁县的光绪三年到任，光绪八年离任，其间关月山发现了好太王碑。

② 谈国桓《手札》："幕中关君月山……手拓数字，分赠同好"；《跋》："关君月山，赠余手拓碑字数枚，每纸一字。"

苔具体时间为1878—1879年间）

提及火烧石碑事宜的初期论著仅3篇，而且叙述含糊，或写作“光绪初年”[①]，或写作“寅卯间”[②]，或说是“（1913年的）三十年前”[③]。通过怀仁县初设时间，石碑最初发现时间等相关线索，可推知，1878—1879年间当地村民初天富奉怀仁县知县之命，火烧碑面除苔。

据关野贞的实地调查，初鹏度（即初天富）大概自1883年便开始制作拓本，但其提到的所谓“（1913年的）三十年前”并不能视为很准确的时间。相比之下，2003年前后，在拍卖行发现的潘祖荫所藏初期拓本，其题跋中就有1881年之前制作之语。1881年（光绪辛巳）怀仁县知县章樾的故交李超琼曾访凤凰城，当时章樾亲自将两部拓本赠予他。[④]

1881年章樾所赠，那么其拓本可能是1878—1879年间火烧除苔之后制作的，而且可能是知县章樾（或其书启关月山）命村民初天富制作的。[⑤]

（2）1882年，荣禧派遣亓丹山到当地制作拓本。

荣禧为辽沈一带的名宦，曾任安东县知县。因此对邻近怀仁县发现巨大石碑之事，应有所耳闻，有可能较早对其进行捶拓。他所著相关文章提到，委托山东人亓丹山制作拓本一事。[⑥]但他制作的拓本还未曾发现，因此有人也提出过质疑。[⑦]但山东地区确有“亓”姓[⑧]，而且据最近研究，亓丹山为在沈阳地区从事书画、碑帖买卖的商人（或民间画家）[⑨]，因此荣禧所述内容应属实。

（3）1884—1889年间[⑩]，潘祖荫派遣李云从到当地制作拓本。

---

① 《辑安县志》：“光绪初年，拓者因石上多苔藓，用牛粪敷其上烧之。”

② 张延厚《跋》：“寅卯间，碑下截毁于火。”

③ 〔日〕关野贞：《满洲辑安县及平壤附近关于高句丽时代的遗迹（二）》，《考古学杂志》第五卷第4号，1914年。

④ “是碑余以光绪辛巳（1881）客凤凰城时得之。”（徐建新：《高句丽好太王碑早期墨本的新发现——对1884年潘祖荫藏本的初步调查》，《中国史研究》2005年第1期，第164页）

⑤ 对此，徐建新主张，可能是章樾、关月山等怀仁县官吏们所拓。（徐建新：《高句丽好太王碑早期墨本的新发现——对1884年潘祖荫藏本的初步调查》，《中国史研究》2005年第1期）而耿铁华认为，当时怀仁县的官吏们不可能参与到此等危险的捶拓工作，应是村民初天富受其指使所作。（《潘祖荫藏好太王碑早期拓本刍议》，《东北史地》2006年第4期）

⑥ 荣禧《高句丽永乐太王墓碑谰言》：“余于光绪八年壬午，曾倩山东布衣亓丹山往拓，得获完壁。”

⑦ 刘永智认为“亓丹山”此人并不存在，其应是“关月山”。日本人抄写荣禧的文章时将繁体“關”字误写为简体“关”字，而且“月”字与“丹”字也相像。（《好太王碑之发现与释文研究》，载《广开土好太王碑研究100年》，学研文化社1996年版，第257页）

⑧ 王健群：《好太王碑研究》，第13页。

⑨ 耿铁华：《好太王碑发现初期的捶拓与研究》，载《高句丽遗产现状与利用及展望》，高句丽渤海学会，2014年，第154页。

⑩ 耿铁华认为，潘祖荫派遣李云从的时间应为光绪六年至十年间（1880—1884）（《好太王碑发现初期的捶拓与研究》，载《高句丽遗产现状与利用及展望》，高句丽渤海学会，2014年，第151页），但因1885年李鸿裔所赠本字迹模糊，才托李云从前往当地的，因此其时间应是1885年之后。

1884年，潘祖荫把李鸿裔（李眉生）赠送的三四十张拓片交给学生叶昌炽，让他将拓片按序排列，但未能完成。[①] 因此于光绪初年（1885年之后），委托北京的碑估李云从，前往当地制作拓本50部，此后好太王碑拓本便流传开来。[②]

李鸿裔赠予潘祖荫的三四十张拓片，得自李超琼。李超琼是李鸿裔同乡晚辈，将章樾1881年赠送的拓本两部送与李鸿裔。[③] 因此该拓本可能是初天富奉怀仁县知县之命所拓。该拓本，据潘祖荫的学生吴重熹的叙述，是为“就石上墨钩本”[④]，即双钩加墨本。

该本子字迹不清，且文字排列也成问题，因此潘祖荫托捶拓水平较高的北京碑估李云从往拓。但此次拓得之本也不是“精拓本”，据叶昌炽所述，“再往返”才能得“精拓本”。[⑤] 而据吴重熹所述，于1889年，盛昱派遣李云从前往精拓。[⑥]

（4）1887年前后，谈广庆受杨颐（杨蓉浦）之托，派遣拓工到当地制作拓本6部。

杨颐曾任中央官职，估计与潘祖荫也有过往来。他闻知好太王碑一事后，便于1887年前后，托当时任金州海防同知、宁远知州等奉天地方官的谈广庆，求得拓本。于是谈广庆派拓工到当地进行捶拓。后来，其子谈国桓叙述了当时的情况。[⑦] 此次捶拓共制作6部拓本，其中2部由谈国桓收藏，但于甲午中日战争时期丢失。[⑧] 对该本子的情况，谈国桓回忆，因碑面不平坦，且无善拓良工，加之纸墨拙劣，拓本不甚美善，只是字划清晰而已。[⑨] 王健群认为，水谷悌二郎藏本有可能是谈国桓所丢失之本，但又评价其制作人精于捶拓，制作得相当细密。[⑩]

（5）1887年之后，谈广庆受吴大澂之托，派遣拓工到当地以高丽纸制作拓本。

吴大澂为潘祖荫的学生。1886年，为了处理与俄罗斯的国境问题，前往珲春。他把途中所闻以日记形式记录了下来，即《皇华纪程》。据此，他抵达铁岭时，县令陈士芸

---

① 叶昌炽《奉天一则》：“乙酉年（1885）中江李眉生丈得两本，以其一曾潘文勤师，其三四十纸。嘱余为排比考释，竭旬日之力，未能联缀。”按此资料，李鸿裔赠拓本时间为乙酉年即1885年。但叶昌炽的《缘督庐日记钞》的1884年8月2日条中称“作高句丽碑跋一首”，而且2003年发现的潘祖荫所藏本有叶昌炽所作《高句骊王墓碑跋》，文中则称甲申（1884）。《奉天一则》为事过十年后的1901年所著，因此拓本题跋中提到的年度，即1884年更为准确。

② 张延厚《跋》：“胜清光绪初，吴县潘郑盦……命京师李大龙裹粮往拓，历尽艰险，得五十本，一时贵游，争相购玩。”

③ 徐建新：《高句丽好太王碑早期墨本的新发现——对1884年潘祖荫藏本的初步调查》，《中国史研究》2005年第1期，第164—166页。

④ 吴重熹《高丽永乐好太王碑释文纂考后跋》：“只潘文勤师有一就石上墨钩本。”

⑤ 叶昌炽《奉天一则》：“再往返始得精拓本。”

⑥ 吴重熹《高丽永乐好太王碑释文纂考后跋》：“岁己丑（1889）伯羲祭酒盛昱鸠资遣工往精拓。”

⑦ 谈国桓《手札》：“光绪十三年间（1887），学使杨蓉浦颐……闻此碑，属家君觅人往拓，约得六本。”

⑧ 谈国桓《手札》：“家藏两本，失于甲午之役。”

⑨ 谈国桓《手札》：“维时仓卒之间，既无良工，又乏佳墨，而碑因岁久剥蚀，石齿嶙峋，非精于此道，不能求其美善，故当时所拓者，仅字划清楚而已。”

⑩ 王健群：《好太王碑研究》，第21页。与之不同，徐建新则认为，“水谷本”是1889年李云从所拓之本。（《中国学界对高句丽好太王碑碑文及拓本的研究》，载《广开土好太王碑研究100年》，学研文化社1996年版，第80页）

（陈鹤舟）来访，赠予好太王碑拓本。其本与潘祖荫所藏本纸墨相同，亦是“墨水廓填之本”①，且“文理不甚贯”。据此，该本估计与1881年章樾赠李超琼的三四十张本相同。②即陈士芸与李超琼同样，从章樾那里得到初天富所捶拓的拓片，又将其转交与吴大澂。

因此，该本不甚美善，于是1887年之后，吴大澂托谈广庆制作拓本。此次与前一次受杨颐之托时不同，以高丽纸制作了拓本。③

（6）1889年，盛昱派李云从再度前往当地制作拓本。

1885—1889年间，潘祖荫派李云从到当地制作拓本50部，金文爱好者争相购买，致使渐稀少。④于是，1889年，盛昱筹备资金，雇李云从再次前往捶拓。⑤

叶昌炽的《奉天一则》提到“再往返始得精拓本”，但并没确切指明派遣人，但称李云从“再往返”。因此此次往拓一事指使人，并不是潘祖荫，而是与其交往甚密的盛昱。如前述，李云从第一次往拓的50部是“双钩本”，再往返才始得“精拓本”，只是此次拓得多少部就不得而知。但据吴重熹的记载，此后拓本流传于北京地区，他本人也是在北京购得⑥，那么此次捶拓本也应不少。

据推测，现北京大学图书馆所藏“北京大学A本”就是1889年制作的“精拓本”。但其题笺写到“潘伯寅丈倩工李龙精搨者”，即潘祖荫托李云从制作了该拓本。因此徐建新认为，1889年，潘祖荫与盛昱共同出资，雇李云从再次往拓。⑦即李云从并不是两次往拓，而是仅1889年一回而已。

但是，潘祖荫的学生叶昌炽提到了“再往返”一事，而且吴重熹并没提及潘祖荫，但述“岁己丑，伯羲祭酒盛昱鸠资遣工往精拓”，又，杨守敬亦写道，潘祖荫首先派遣拓工，而后盛昱也派遣了拓工⑧，因此该问题至今难下定论。⑨

按现掌握的资料推测，潘祖荫委托李云从首次往拓，而后又参与筹备第二次往拓

---

① 吴大澂《皇华纪程》：“（光绪十二年/1886）至铁岭县城外宿。县令陈鹤舟士芸来见……鹤舟赠余拓本一分，字多清朗，文理不甚贯，盖以墨水廓填之本，与潘伯寅师所藏拓册纸墨皆同。”

② 王健群认为，该本是陈士芸所捶拓的。（《好太王碑研究》，第231页）但当时任县令的陈士芸亲自制作拓本的可能性不大；又因为该本与潘祖荫所藏本“纸墨皆同”，因此估计它亦是初天富所拓之本。

③ 谈国桓《手札》：“吴清卿中丞亦属家君再拓……纸即破碎，乃用单高丽纸拓得数本。”

④ 张延厚《跋》：“一时贵游，争相购玩……因是流传日寡。”

⑤ 王孝廉《跋文》：“光绪乙丑厂肆博古齐遣工往拓经数月之久得十数本。”叶昌炽《奉天一则》：“其后碑估李云从裹粮挟纸墨，跋涉数千里，再往返始得精拓本。”吴重熹《高丽永乐好太王碑释文纂考后跋》：“岁己丑（1889）伯羲祭酒盛昱鸠资遣工往精拓。”刘承干《跋》：“光绪己丑，宗室伯羲祭酒盛昱始集资，令厂肆碑估李云从裹粮往拓。”

⑥ 吴重熹《高丽永乐好太王碑释文纂考后跋》：“岁己丑……始散见于京师，重熹是年在都获焉。”

⑦ 徐建新：《关于北京大学图书馆所藏好太王碑原石拓本》，《世界历史》1995年第2期。

⑧ “潘祖荫遣北京拓工□大龙往拓……不数年，荣禧，盛昱亦遣人往拓。”（《高句丽好太王碑》，载《杨守敬集》9，湖北人民出版社1988年版，第201页）

⑨ 王健群认为，李云从第一次往拓时间为1876年，第二次往拓（受盛昱委托）时间为1889年（《好太王碑研究》，第231—232页），但并没明确提及有关第一次受托的根据材料。吴琦幸也主张李云从两度往拓。（《叶昌炽与好太王碑研究》，《社会科学战线》1985年第4期）

之事，但因本人于1890年故去，所以1889年第二次派遣拓工一事，很可能是由盛昱主持的。

（7）此外还有王志修制作拓本一说，但无人亲睹，详情实难确认①，或有人主张是1876年左右。②

（四）资料（底本）获取经过与相关人物人际关系

初期相关论述，大多基于传闻撰写，而且其内容有相当的差异，因此首先有必要厘清其作者之间的人际关系。

初期论述者主要有叶昌炽、杨颐（杨蓉浦）、盛昱（盛伯羲）、杨同桂、王孝廉、王志修（王少庐）、傅云龙、陆心源、郑文焯、吴重熹、荣禧、罗振玉、吴光国、吴椒甫、杨守敬、张凤台、顾燮光、刘承干、欧阳辅、张延厚、谈国桓、金毓黻、刘节、于云峰、罗福颐等人。此外相关人物还有怀仁县初任知县章樾、被认为是第一个发现碑的怀仁县书启关月山、与初期拓本有密切关联的李超琼以及官僚背景的潘祖荫（潘文勤、潘郑盦）、李鸿裔（李眉生）、吴大澂（吴清卿）、王廉生（王懿荣）、谈广庆等。此外还有北京的碑估李云从（李大龙）、沈阳的山东碑估亓丹山、居好太王碑附近并大量制作拓本的初天富（初鹏渡）③、初均德（初大碑、老初头）父子等。

表4　初期论述相关人物关系

序号	人物	关系	相关事宜
1	叶昌炽	潘祖荫的学生	1884年潘祖荫将李鸿裔赠送的拓片顺序排列一事托付给叶昌炽。（叶昌炽：《奉天一则》）
2	杨颐	谈广庆之故交	1887年前后，杨颐委托谈广庆制作拓本；谈广庆派遣拓工到当地，制作拓本6部。（谈国桓：《手札》）
3	盛昱	王廉生之故交	1889年派遣北京碑估李云从（李大龙）到当地。（王孝廉：《跋文》；吴重熹：《跋》；刘承干：《海东金石苑补遗》）
4	杨同桂		
5	王志修	王廉生的远房亲戚	曾任奉天府军粮署同知；到当地亲睹好太王碑。
6	傅云龙		1886年出访日本，可能参阅了《会余录》第5集所载《高句丽碑出土记》。
7	陆心源		

① 谈国桓《手札》："王观察少庐所拓者，则未经寓目，亦不得其详。"

② 王健群：《好太王碑研究》，第231页。

③ 〔日〕关野贞的《满洲辑安县及平壤附近关于高句丽时代的遗迹》（1914）称"初鹏渡"，但经王健群的实地考察，已确认这是日本人错记了"初天富"的名字。而"鹏渡"很可能是关月山的号。（王健群：《好太王碑的发现和捶拓》，《社会科学战线》1983年第4期）最近，耿铁华亦主张这是语言沟通上的误会引起的错误。参见《好太王碑发现初期的捶拓与研究》，载《高句丽遗产现状与应用及展望》，高句丽渤海学会，2014年。

续表

序号	人物	关系	相关事宜
8	郑文焯	与王廉生有来往；吴重熹之故交	以潘祖荫所藏初期双钩本为研究底本，吴重熹作其跋文。
9	吴重熹	潘祖荫的学生；郑文焯之故交	
10	荣禧		1882年，派遣沈阳的山东碑估亓丹山到当地，制作拓本，得完整拓本。（荣禧：《高句丽永乐太王墓碑谰言》）
11	罗振玉	罗福颐之父	
12	吴光国		曾任辑安县知事。
13	吴椒甫		
14	杨守敬		在北京购得一个本子（字迹模糊），与日本人的释文作比较，参阅缪筱珊（缪荃孙）所藏本。之后通过曹廷杰得初拓本两部进行研究。（罗振玉：《高句丽广开土好太王谈德碑跋》）
15	张凤台		参阅张金波（光绪初年通化县知县）藏本。（据说是1884年所拓）
16	顾燮光		从奉天省官僚戴葵甫（戴裕忱）口述中得知相关内容。
17	刘承干		
18	欧阳辅		以高丽纸拓本为研究底本。（谈广庆派遣拓工，用高丽纸制作过拓本。但此本是否是谈广庆所得本，就无从确认了。）
19	张延厚		
20	谈国桓	谈广庆之子；与关月山见过面；与金毓黻有通信往来	父亲谈广庆为章樾的前任官员；谈国桓曾见过章樾属下书启关月山，即幼年时关月山曾赠送过拓片，后丢失；谈广庆受杨颐之托，派遣拓工到当地制作拓本，谈国桓收藏其中两部，于1894年丢失；与金毓黻通信。（谈国桓：《手札》）
21	金毓黻	与谈国桓通信	
22	刘节		郑文焯、刘承干、杨守敬以及法国人沙畹（E. Chavannes）留有相关记录。
23	于云峰		
24	罗福颐	罗振玉之子	
25	章樾	关月山之上官；谈广庆之后任官员	
26	关月山	章樾之书启；曾见过谈国桓	
27	李超琼	李鸿裔之故交；与章樾有往来	1881年从章樾那里得拓本两部，于1885年转送李鸿裔，李鸿裔将其中一部转赠给潘祖荫。
28	潘祖荫	李鸿裔之故交；吴大澂、吴重熹、叶昌炽之师	1884年，将李鸿裔赠予的拓片三四十枚托于弟子叶昌炽，排列碑文顺序，但终未能正确排列。光绪初年（1885年之后）派遣北京碑估李云从到当地制作拓本50部。（张延厚：《跋》）
29	李鸿裔	潘祖荫之故交	李鸿裔为曾国藩之幕僚，与中央官僚出身的潘祖荫关系甚密。1884年得皮纸拓本两部，将其中一部赠予潘祖荫。
30	吴大澂	潘祖荫的学生；与谈广庆有往来；与王廉生有往来	1886年，铁岭县令陈士芸（曾任怀仁县官吏）赠拓本（与潘祖荫所藏本相同）（吴大澂：《皇华纪程》）；吴大澂托谈广庆求拓本；谈广庆派拓工到当地，用高丽纸制作拓本。（谈国桓：《手札》）

续表

序号	人物	关系	相关事宜
31	王廉生	王志修远房亲戚；与吴大澂、郑文焯有往来	估计曾到过当地，求得相关资料。
32	谈广庆	谈国桓之父；章樾的前任；杨颐之故交；与吴大澂有往来	1887 年前后，受杨颐之托，派遣拓工到当地拓得 6 本。（谈国桓：《手札》） 1887 年之后，再受吴大澂之托，派遣拓工去当地，用高丽纸制作拓本。
33	李云从	与潘祖荫、盛昱有往来	光绪初年（1870 年代）潘祖荫派他去当地，制作拓本 50 部。1889 年盛昱再次派他去制作拓本。
34	亓丹山		1882 年受荣禧派遣，到当地制作完整版拓本。
35	初天富	初均德之父	奉怀仁县令之命，除去碑身苔藓，制作拓本。
36	初均德	初天富之子	与父一同制作拓本。

根据以上表 4 的内容，可绘制如下主要相关人物关系图。

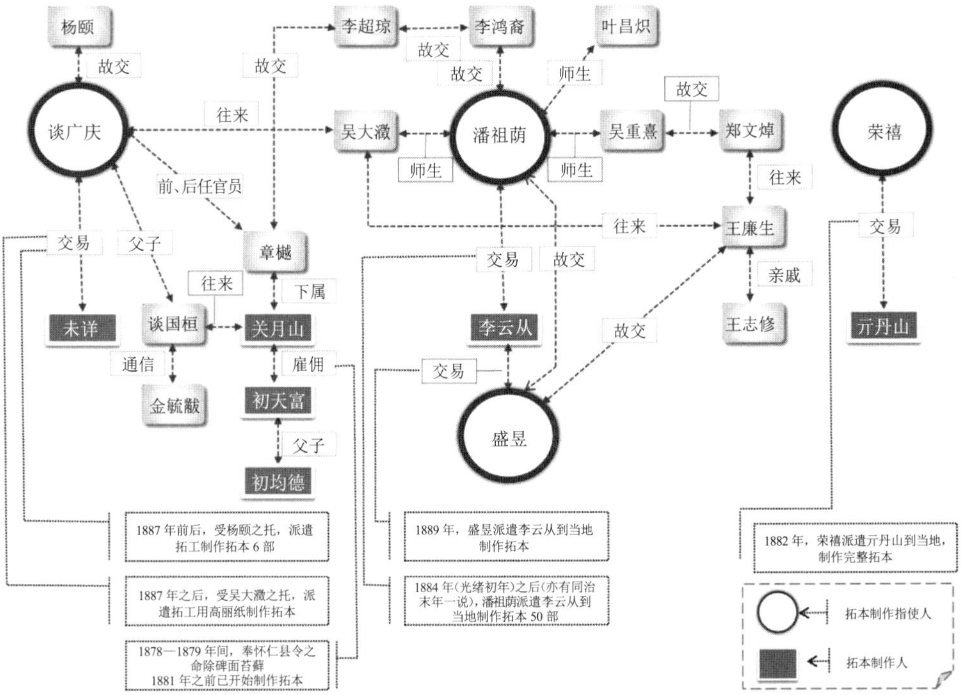

图 1　好太王碑初期研究者之间的关系

图 1 所示初期研究者之间人际关系中，除潘祖荫与盛昱之间的关系，其他只是按照初期著述里的描述推测的，因此难免有遗漏，他们之间存在其他关系，也无不可能。

从图1来看，好太王碑拓本制作，由荣禧、潘祖荫、谈广庆、盛昱等四人主导，到当地制作拓本的拓工有亓丹山、李云从、未知名的拓工，还有初天富父子等人。①

正如图1所示，好太王碑拓本制作，以其主导人物为中心，可分为三大群。一群以谈广庆为中心，谈国桓、章樾、关月山、杨颐、吴大澂等人物相互关联。二群以潘祖荫为中心，吴大澂、叶昌炽、吴重熹、郑文焯、王廉生、王志修、李超琼、李鸿裔、盛昱、李云从等人物相互关联。一、二两群通过吴大澂形成联系，因为他既是潘祖荫的学生，又与谈广庆有往来。三群则由荣禧与亓丹山组成，与前两群并无联系。荣禧为长白府出身，曾任地方官②，与中央官僚有某种联系的可能性不大。

据以上人际关系，可推知如下几个人物所留相关叙述的可信度相对较高。首先是谈国桓。其父谈广庆两次派遣拓工到当地制作拓本，因此他很可能比较清楚地了解当时的来龙去脉。而且最初发现此碑的关月山也曾赠送过他拓片。其次是吴大澂。他既是潘祖荫的学生，又曾委托谈广庆制作拓本，因此可能对一、二两群的信息都比较了解。第三是叶昌炽。他是潘祖荫的学生，初期便接触到了拓本。其师曾将李鸿裔赠送的拓本③交付于他，让他将碑文正确排列。第四是王志修。他曾任奉天府军粮署同知④，因此虽然资料上并无提及，但很有可能与奉天府属下的怀仁县官吏们有往来。还有，与别的叙述人不同，据推测王志修曾亲临现场。⑤而在此基础上撰写出的相关文章，通过其远房亲戚王廉生，可能影响到了郑文焯、盛昱、吴大澂等人。

因此，有关好太王碑发现初期的诸多叙述当中，有必要关注谈国桓、吴大澂、叶昌炽、王志修所提及的内容。

三、初期研究的特点

关于初期著述的特点，以往研究归纳如下：

---

① 关月山也制作过部分拓片，因此图1亦将他表为拓本制作人。

② 耿铁华：《高句丽研究史》，吉林大学出版社2012年版，第34页。

③ 1881年李超琼自章樾处得拓本两部，于1884年前后将其转赠予李鸿裔，李鸿裔再转赠潘祖荫。但李超琼的《辽左日记》1881年度记录里并无好太王碑的叙述，因此这可能是1882年发生的事情。载许建新：《关于好太王碑发现和早期拓本制作的新史料——以李超琼的〈辽左日记〉为中心》，《广开土王碑建立1600周年纪念国际学术会议》，东北亚历史财团，2014年。

④ 王健群：《好太王碑研究》，吉林人民出版社1984年版，第48页。

⑤ 王健群：《好太王碑研究》，第49页；范犁、杨春吉：《王志修〈高句丽永乐太王古碑歌〉注释与说明》，《通化师范学院学报》1998年第2期；耿铁华：《好太王碑发现初期的捶拓与研究》，《高句丽遗产现状与利用及展望》，高句丽渤海学会，2014年，第159页。

第一，将碑文视为高句丽史料，结合中、日、韩相关资料进行考证。

第二，初期研究者多属金文爱好者，访当地亲睹者不多，因此所述内容很多是基于传闻，有不少途说，这便造成了后来研究的混乱。

第三，并无严格拓本版本区分，没能关注原石拓本，大多以石灰涂抹之后的本子做研究，使得很多碑文解释无多大意义。①

尽管如此，初期研究试着去释读碑文，包括被毁部分的解释，考证立碑年代及墓主，进而去考释高句丽君王谱系以及略史，为后来的相关研究奠定了学术基础。其内容可归纳为如下几点。

（一）碑文释读

王孝廉、王志修、郑文焯、荣禧、杨守敬、罗振玉、刘承干、刘节、金毓黻等初期研究者们大多试着去释读碑文。② 其中，刘节的《好大王碑考释》（1928年）参考前人的释文，对碑文进行详细考证，至今值得关注。因此1958年③、2004年④ 两次载于其再版专著中。他特别关注碑文所见古地名，推论其现在位置，值得注意。

此外，罗振玉（《高句丽好太王碑跋》[1907年]、《好太王陵碑》[1908年]）与杨守敬（《高句丽好太王碑》[1909年]）对碑文进行较高水平的释读，其释文成为后来相关研究的基础。特别是，之前对碑的主人公以及立碑年代众说纷纭，但罗振玉通过详细考证，确认为东晋义熙十年（414），从此终结了相关争议。

王孝廉的释文并不为学界普遍接受，但他以初期拓本为释读底本，而且未受其他释文的影响⑤，因此有较高的参考价值。

但，初期研究者并未能充分搜集多种版本拓本资料互相做比较，并在此基础上进行碑文释读，而且多数人都没有亲临现场实观碑文。⑥ 他们只依据少数版本拓本进行碑文释读，使得不少文字解读出现错误。还有，初期研究者并不是高句丽史专家，其掌握的相关历史知识有限，史料也只征引几部文献而已，因此解读出的碑文难以摆脱其局限性。

---

① 徐建新：《中国学界对高句丽好太王碑碑文及拓本的研究》，《广开土好太王碑研究100年》，学研文化社1996年版，第72页。

② 相关论著，可参阅表2所列初期论著目录。

③ 刘节：《好大王碑考释》，载《古史考存》，人民出版社1958年版。

④ 刘节：《好大王碑考释》，载《刘节文集》，中山大学出版社2004年版。

⑤ 高光仪：《中国的广开土王碑释文研究现状与检讨》，载《中国的韩国古代文化研究分析》，高句丽研究财团，2005年，第53—54页。

⑥ 初期研究者当中，到现场进行实地调查的只有金毓黻一人。但他发表释文的时间为1925年，到访当地的时间则为1935年。相关内容收于《静晤室日记》第5卷。

（二）好太王碑性质问题

关于好太王碑的性质，早在初期金文学者之间就已有不同的看法。或有人认为是“墓碑（陵碑）”，如王志修的《高句丽永乐太王碑考》（1895年）提到“此碑当即句丽王安墓碑”；荣禧的《高句丽永乐太王墓碑文》（1903年），罗振玉的《好太王陵碑》（1908年），将标题直接写作“墓碑”、“陵碑”。或有人认为是“纪功碑”，如陆心源的《高句丽广开土好太王谈德纪勋碑跋》（1897年），不但标题写作“纪勋碑”，文中也提到“此碑应题为高句丽广开土王谈德纪勋碑”；郑文焯的著述（1898年）亦称“此高丽好太王墓上纪功碑也”。

（三）碑文书体

早期研究者们特别关注的是好太王碑碑文书体，郑文焯、王志修、荣禧、顾燮光、叶昌炽、欧阳辅等初期拓本研究者认为是所谓“八分汉隶体”，或认为是隶书与楷书之间的形态，或认为是真书（楷书）。①

（四）地名考证

刘节在早期便关注碑文所见古地名，他在《好大王碑考释》（1928年）中结合古音学与历史地理文献，以及津田左右吉等近代日本学者的相关研究，对其做了比较详细的考证，至今仍值得参考。

四、结语

本文确认的好太王碑初期著述共有34篇。这些初期著述主要提及好太王碑发现时间、人物、位置、外形、捶拓过程以及相关人物等内容。初期好太王碑拓本制作由荣禧、潘祖荫、谈广庆、盛昱等四人主导，到当地制作拓本的拓工有亓丹山、李云从、未知名的拓工以及初天富父子等人。分析其相关人物关系，初期的诸多叙述当中，有必要关注谈国桓、吴大澂、叶昌炽、王志修所提及的相关内容。而关于好太王碑发现年代，按现有的材料，可视为光绪初年，具体说是光绪三年（1877）到光绪六年（1880）之间。初期有七次重要的拓本制作，即1878—1881年间（怀仁县知县命初天富制作）、1882年（荣禧派亓丹山制作）、1884—1889年间（潘祖荫派李云从制作）、

① 据以往研究，关于好太王碑碑文书体，已有19种说法。（《中国学界的广开土王碑研究现状 —— 以1980年之后为中心》，载《中国高句丽史研究动态分析》，高句丽研究财团，2004年，第231页）

1887年前后（谈广庆受杨颐之托制作）、1887年之后（谈广庆受吴大澂之托制作）、1889年（盛昱派李云从制作）、年代不详（王志修）。

初期研究虽然大多粗浅，但其碑文释读、碑的性质、书体、古地名考证等方面的成果，至今仍值得关注。

（责任编辑：潘博星）

东北亚西部地区新石器时代的社会形态*

富宝财**

摘　要：本文以已经确立的新石器时代考古学文化谱系为基础，通过对各考古学文化的聚落遗址分布、聚落形态、居住单位等方面的分析，参考同时期的墓葬以及与周边地区考古学文化的交流情况，综合讨论这一地区的社会组织方式，得出社会形态从氏族社会发展到部族社会的结论。此外，在这一变化过程中，居住单位和社会结构也随之发生变化。

关键词：遗址分布；聚落形态；居住单位；氏族社会；部族社会

一、序言

在新石器时代考古中，东北亚地区一直是一个具有自身文化特点的区域。关于这方面的认识以俄罗斯和日本的学者为代表，他们从考古学文化区和生业形态等角度提出了有意思的观点。俄罗斯学者奥克拉德尼科夫[①]很早就注意到东西伯利亚和远东的不同，并将俄罗斯的远东地区和中国东北地区划入同一个平底筒形罐文化区。日本学者大贯静夫[②]从生业形态方面提出西伯利亚属于流动的食物采集社会，中国中原地区属于定居的农业生产社会，位于两者之间的东北亚地区属于定居的食物采集社会，并将东北亚地区细分为以黑龙江下游和三江平原为中心的东部、以黑龙江中游和嫩江流域为中心的北部和以西拉木伦河为中心的西部三个小区。由于东北亚内部地区之间发展不平衡，目前可以通过聚落研究来分析社会组织的仅有西部。这一地区又与我国考古学者常说的辽西地区相一致。

这一地区从地域范围上来讲，南端为燕山山脉，北端为西拉木伦河，东端为医巫闾山脉，西端为大兴安岭南麓。这一地区的考古调查始于20世纪20年代，至今已发现新石器时代的遗址数百处。通过以往的研究已经建立起小河西、兴隆洼、赵宝沟、红山、小河沿等的考古学文化谱系。[③]本文主要按照时代顺序，以考古学文化为单位依

---

*　本文得到中国国家留学基金管理委员会奖学金资助。

**　富宝财，齐齐哈尔大学讲师，日本九州大学在读博士。

①　冯恩学：《俄国东西伯利亚与远东考古》，吉林大学出版社2002年版。

②〔日〕大贯静夫：《环日本海文化的独特性和多样性》，《考古学研究》（九），文物出版社2012年版，第69—82页。

③　陈国庆：《辽西地区新石器时代考古学文化的形成与发展》，吉林大学博士学位论文，2006年。

和红山文化间的过渡类型。①

关于居住单位的研究，我国学者关注较少，日本学者却较早开始进行研究。大贯静夫通过对兴隆洼文化、赵宝沟文化、新乐文化的房址和居住面所出遗物的分布进行分析，认为单座房址的居住单位有核心家族和复数的核心家族两种情况，并且房址的居住空间可按照性别划分为男性、女性空间，其中男性、女性居住空间分别代表神圣和世俗两种精神世界。②

关于社会形态的研究，索秀芬将小河西文化划分为小家族、扩大家族、氏族三个层级，兴隆洼文化划分为小家族、大家族、氏族、胞族、部族五个层级。③朱延平将赵宝沟文化和新乐文化划分为核心家族、扩大家族、氏族三个层级。④宫本一夫通过对辽西地区各个考古学文化的聚落和墓地的研究，指出兴隆洼文化、赵宝沟文化、红山文化分别对应平等社会、氏族社会和阶层社会。⑤朱永刚认为红山文化的西台遗址是通过婚姻关系缔结的双体聚落。⑥

三、以往研究存在的问题及本文的解决方法

关于遗址分布的研究，以往研究主要偏重于聚落选址与自然环境之间的关系，对于遗址间关系的研究比较少。中国社会科学院考古研究所对于半支箭河的研究提供了比较好的范例，但是所研究的区域有限，尚未达到解析一个考古学文化的聚落遗址分布模式的程度。本文主要以《中国文物地图集》之《内蒙古分册》和《辽宁分册》所载资料为基础，对各个考古学文化的聚落遗址分布及遗址间的规模差进行分析研究。⑦

关于聚落形态的研究，最重要的问题就是房址的共存，通过考古学方法解决这一问题并非易事。因为只有通过类型学的方法对聚落遗址的陶器进行全面的分期研究，并由此确定房址居住面上所出陶器年代，才能判断房址间的年代早晚关系。在明确房址间早晚关系的基础上，通过分析同时期的房址间关系，才能进一步解析聚落形态。以往的研究往往将聚落遗址与聚落相对应，实际上一个聚落遗址很可能分为几个不同

---

① 刘国祥：《赵宝沟文化聚落形态及相关问题研究》，《文物》2001年第9期。
② 〔日〕大贯静夫：『東北アジアの考古学』，同成社1998年版，第56—63頁。
③ 索秀芬、李少兵：《小河西文化聚落形态》，《内蒙古文物考古》2008年第1期。
④ 朱延平：「新乐・赵宝沟集落の考察」，『住の考古学』，同成社1997年版，第111—125頁。
⑤ 〔日〕宫本一夫：『中国の歴史01-神話から歴史へ』，講談社2005年版，第182—189頁。
⑥ 朱永刚：《中国东北先史环壕聚落的演变与传播》，《华夏考古》2003年第1期。
⑦ 国家文物局：《中国文物地图集：辽宁分册》（上、下），西安地图出版社2009年版，第56页；国家文物局：《中国文物地图集：内蒙古自治区分册》（上、下），西安地图出版社2003年版，第53、54页。

时期的聚落，并且聚落形态会因为时期不同而发生变化。朱延平对赵宝沟遗址和新乐遗址的聚落形态研究就是一个很好的范例，只是他仅对一个阶段的聚落形态进行研究，未能建立起整个地区新石器时代聚落形态的变化模式图。

关于居住单位的研究，以往只是关注所谓的主要房址或说是大型房址，未能全面解析一个聚落的居住形态。

关于社会形态的研究，主要是对家族形态和社会集团的研究。家族形态仅依据房址面积的大小来划分，社会集团规模仅依据聚落房址的排列来划分。相较于根据房址面积大小判断家族形态来说，前面介绍的居住单位的分析方法为家族形态的研究提供了一个较好的视角。关于社会集团的构成和阶层化问题，在了解聚落形态的基础上结合墓地的情况进行综合判断，可以说是可行的方法。

四、材料和方法

本文主要从遗址分布、聚落形态、居住单位三个方面进行研究，其中遗址分布的材料主要是考古调查所发现的聚落遗址；聚落形态和居住单位所涉及的材料是考古发掘的材料。以上材料如表 1 所示。

表 1　材料统计表

年代（BP）	考古学文化	遗址（处）	发掘遗址	房址（座）
8000 以上	小河西文化	11	查海	4
			白音长汗	3
8000—7000	兴隆洼文化	15	查海	53
			白音长汗	56
7000—6500	赵宝沟文化	21	赵宝沟	89
6500—5000	红山文化	285	西台	15
			白音长汗	17
			老牛槽沟	6
5000—4000	小河沿文化	17		

遗址分布研究，是对年代、规模、功能明确的遗址进行统计，并以考古学文化为单位制作分布图，考察各个文化遗址的分布状况。聚落形态研究，是在陶器类型学研究的基础上判断房址间早晚关系，进而考察同时期房址的排列方式和房址间异同。居住单位研究，是通过房址中遗构和居住面遗物的种类和分布来判断居住单位的构成和

居住空间的划分，进而考察家族形态。

五、聚落遗址分布

西部地区新石器时代的聚落遗址已发现数百处，第一类是仅发现陶器或石器等遗物的遗址，第二类是同时发现遗物和遗迹的遗址。由于本文是对聚落遗址的研究，首先要明确遗址的年代、规模、功能，所以主要以第二类遗址为研究对象。各个考古学文化聚落遗址的数量如下：小河西文化11处、兴隆洼文化15处、赵宝沟文化21处、红山文化285处，小河沿文化17处。

（一）小河西文化

小河西文化的遗址11处（图2），其中相距最远的遗址8（查海）和10（白音长汗）间的距离为316.58千米，面积分别是1050平方米和600平方米。遗址3（榆树山）的碳十四测年数据为BP6000—5000年，晚于小河西文化。可确认的早于兴隆洼文化的遗址有8、10、11，遗址11（小河西）的面积为600平方米，通过面积来看这些遗址均属于小型聚落，且遗址间距离较远，即遗址的分布比较分散（图3）。

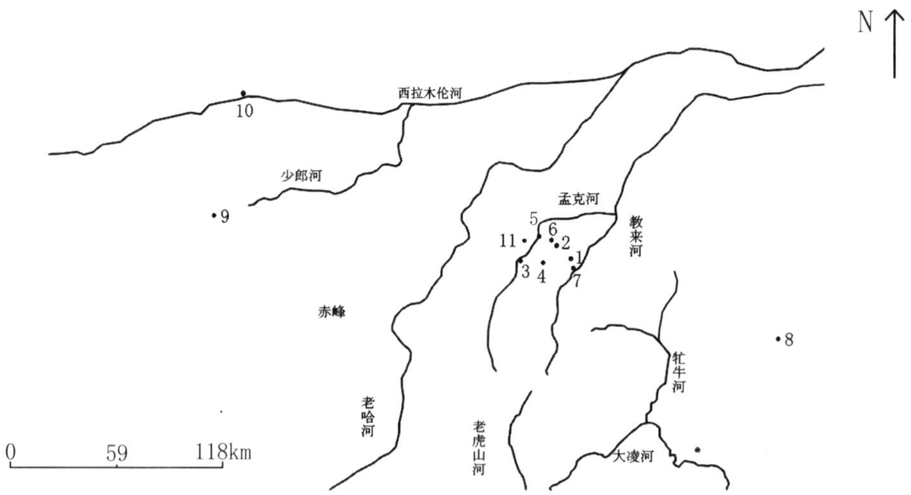

图2　小河西文化聚落遗址分布图

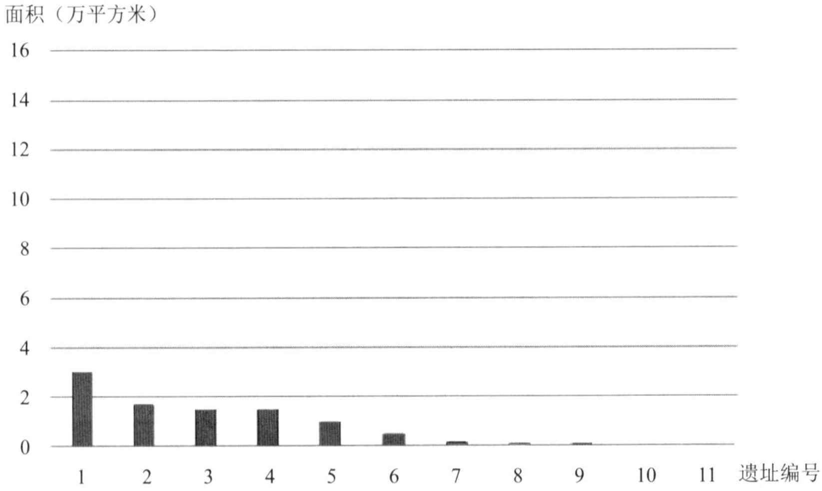

图 3　小河西文化聚落遗址面积

（二）兴隆洼文化

兴隆洼文化的遗址共 15 处（图 4），其中相距最远的遗址 8（查海）和 11（南台子）间的距离为 368.42 千米。属于兴隆洼文化早期的遗址有 11、1（白音长汗）、6（兴隆洼）、4（兴隆沟）、8，从遗址的规模和分布来看与小河西文化相似，小规模的遗址分散化分布（图 5）。晚期遗址在以西拉木伦河、少郎河、老哈河、孟克河、教来河流域为中心的区域内分别发现 2 到 3 处，其中教来河流域有 5 处。各个流域的最大面积遗址间的规模差较小，但是遗址的分布较早期和小河西文化相对集中。

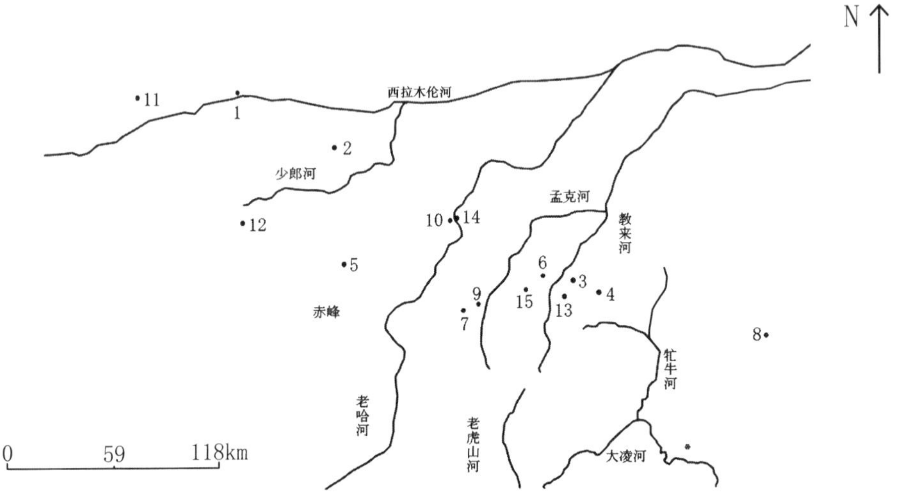

图 4　兴隆洼文化聚落遗址分布图

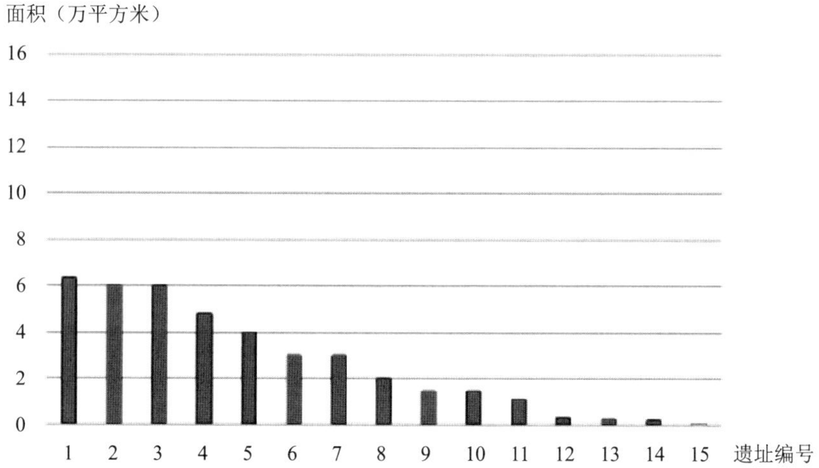

图5　兴隆洼文化聚落遗址面积

（三）赵宝沟文化

赵宝沟文化的遗址21处（图6），其中相距最远的遗址4（高家店）和5（水泉）间的距离为259.38千米。孟克河、教来河、牤牛河流域共发现遗址14处，与兴隆洼文化相比遗址分布更加集中化。最大规模遗址1的面积为16.2万平方米，以遗址1为中心周围可分为三个遗址群。一群有遗址2、10、13、19，二群有遗址3、12、15、21，三群有遗址4、11、14、17、20。各个遗址群的最大规模遗址2、3、4的面积分别是9万平方米、6.5万平方米、6万平方米。老哈河和西拉木伦河流域分别有遗址3处，遗址的面积均为1万—4万平方米（图7）。以上分析可以看出，赵宝沟文化遗址分布集中化的同时遗址间的规模差也更加明显。

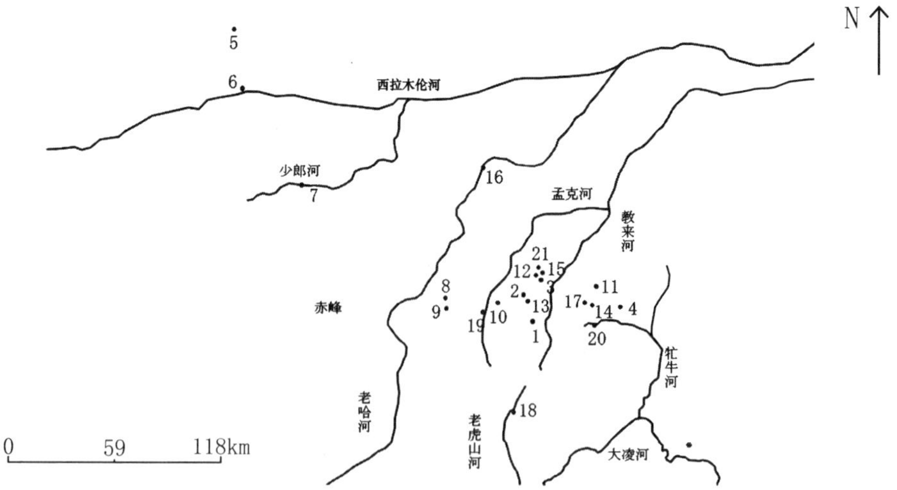

图6　赵宝沟文化聚落遗址分布图

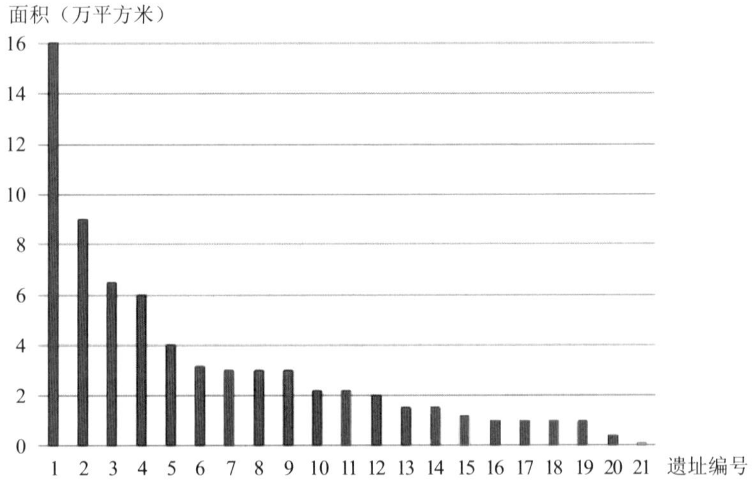

图 7　赵宝沟文化聚落遗址面积

（四）红山文化

红山文化遗址 285 处，其中 254 处分布于敖汉旗境内，敖汉旗面积为 8294 平方千米，遗址间的最大距离分别是南北向 135.84 千米、东西向 106.97 千米，本部分以敖汉旗境内遗址为对象进行分析。依据遗址面积的大小划分为五类：a 类 15 万平方米以上，2 处；b 类 10 到 15 万平方米，8 处；c 类 6 到 10 万平方米，16 处；d 类 3 到 6 万平方米，42 处；e 类 3 万平方米以下，186 处。

图 8　红山文化敖汉旗聚落遗址分布图

首先，通过分布来看，遗址主要位于河流附近，因此依据河流可划分为五区，分别对应五条河流，即老哈河、孟克河、教来河、牤牛河、老虎山河，各条河流的遗址数量分别为 69 处、43 处、84 处、41 处、17 处，其中牤牛河、老虎山河属于大凌河水系，老哈河、孟克河、教来河属于西拉木伦河水系（图 8）。

以上文面积分类为基础，通过统计可见每条河流区各类面积遗址的数量情况，其中老哈河和教来河、孟克河和牤牛河比较接近（图 9）。

从老哈河流域 a、b、c 类遗址的分布情况来看，可将其划分为遗址数大致相等的南、北两部分，各部分均有 a、b、c 类遗址各 1 处；其中南部以 a、b、c 类为中心，北部以 a、b 类遗址为中心，一共可分为五个小群。

从教来河流域 b、c 类遗址的分布情况来看，以上游的汇流处为界可划分为南、北两部分，南部 b 类遗址 2 处、c 类遗址 4 处，北部 b 类遗址 3 处，南、北两部分遗址数量接近。南部又可按照支流划分为两个小群，这一点与老哈河情况相似。

根据孟克河流域 c 类遗址的分布，并结合河流的流向可将其划分为南、北两部分，南部 c 类遗址 3 处、北部 c 类遗址 1 处，南部的遗址数量比北部多。

根据牤牛河流域 b、c 类遗址的分布，并结合河流的情况可将其划分为东、西两部分，东部 c 类遗址 1 处，西部 b 类遗址 1 处、c 类遗址 5 处，西部的遗址数量比东部多。

老虎山河流域遗址的最大面积为 3 万平方米，属于 d 类，其他均为 e 类，d 类遗址 1 处，位于最南端。

通过以上分析可以看出，除了老虎山河，各河流的遗址均可划分为两个部分，其中老哈河、教来河流域中两部分的遗址数量相近，并且各部分又可进一步划分小群。孟克河、牤牛河流域中两部分的遗址数量差别明显，并且不可进一步分群。因此五个流域的遗址情况可划归为三类，老哈河、教来河流属于第一类、孟克河、牤牛河属于

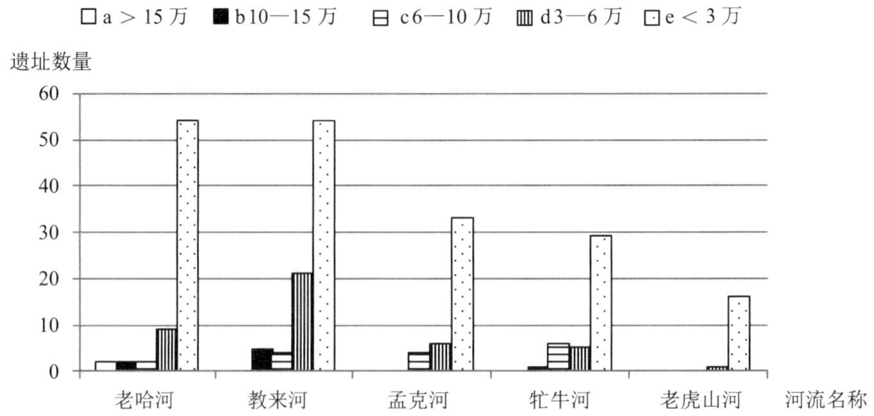

图 9　红山文化各河流聚落遗址分类图

第二类、老虎山河属于第三类，各类的遗址数量依次变小。

（五）小河沿文化

小河沿文化的遗址 17 处（图 10），其中相距最远的遗址 13（水泉南）和 15（长力哈达北坡）间的距离为 191.2 千米。遗址的分布情况与赵宝沟文化相似，17 处中的 12 处分布于孟克河、教来河流域，最大的两处遗址 2（2 万平方米）和 3（1.2 万平方米）位于两条河流之间，其他的遗址又可分为孟克河西侧和教来河东侧两个遗址群，各群的最大面积遗址均为 1 万平方米（图 11）。此外，少郎河流域遗址 3 处，遗址 1 的面积 6 万平方米，为本文化最大面积的遗址。

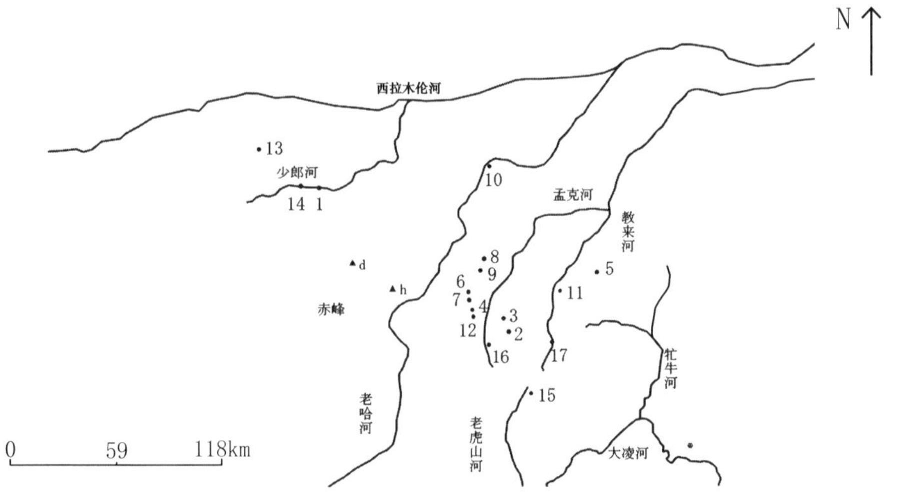

图 10　小河沿文化聚落遗址分布图

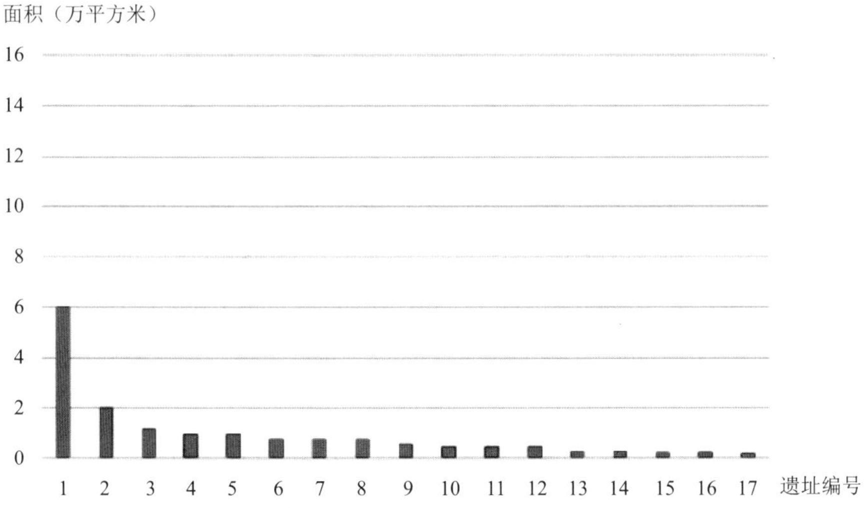

图 11　小河沿文化聚落遗址面积

（六）小结

首先，以红山文化的遗址面积划分标准为基础，对所有考古学文化遗址进行统计分类（图 12）。如图所示，小河西文化、小河沿文化遗址主要为 e 类小型遗址，兴隆洼文化主要为 c、d、e 类中小型遗址，赵宝沟文化、红山文化遗址种类较多，大、中、小型遗址均有。

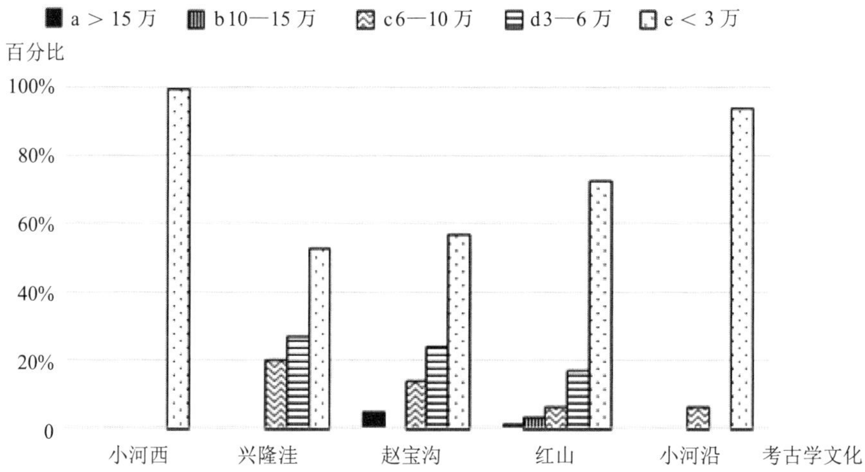

图 12　各考古学文化聚落遗址分类图

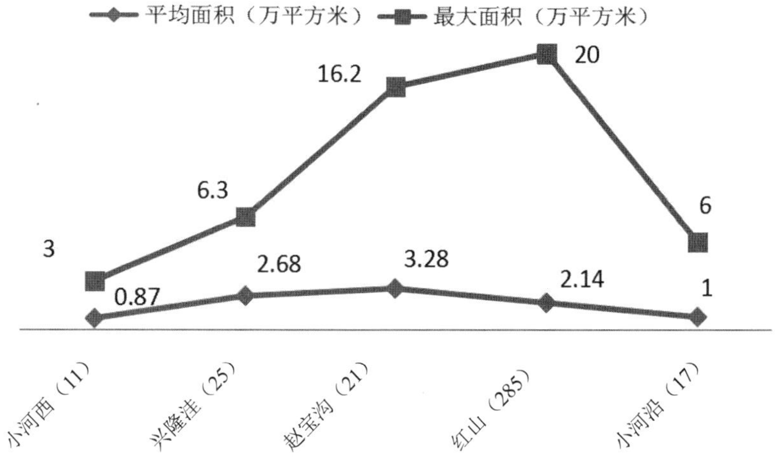

图 13　各考古学文化聚落遗址平均、最大面积

其次，如各个考古学文化中平均和最大面积遗址统计图所示（图 13）。从遗址数量来看，小河西文化到红山文化遗址数量逐渐变多。从最大面积来看，小河西文化到红山文化面积逐渐变大。从平均面积来看，小河西文化到赵宝沟文化面积逐渐变大。从遗址分布来看，小河西文化、兴隆洼文化分散化，赵宝沟文化、红山文化、小河沿文化集中化。

最后，关于各考古学文化遗址的分群现象在赵宝沟文化、红山文化、小河沿文化中均有发现，且遗址间的面积差明显。

六、聚落形态

前面主要是以考古学文化为单位对聚落遗址分布进行分析，可以说是对考古学文化聚落发展结果的分析。对于各个考古学文化的聚落形态尚未明晰，本部分主要是对聚落形态进行分析，所涉及材料均为已发掘遗址。

（一）小河西文化

小河西文化发掘的聚落遗址为查海和白音长汗遗址（图 14、15）。[①] 通过陶器分期可以看出查海遗址的 4 座房址和白音长汗遗址的 3 座房址均为同一时期。[②] 查海遗址发现 4 座房址，分为两列，第一列为房址 3 座，东北—西南向排列，第二列为房址 1 座，两列之间有 9 个作为公共储藏设施的灰坑，东北—西南向排列，与聚落同时期的墓葬有 6 座，位于聚落的东南部。可将查海遗址作为具有居住、储藏、埋葬三种功能的聚落。白音长汗遗址仅见 3 座房址，F42、

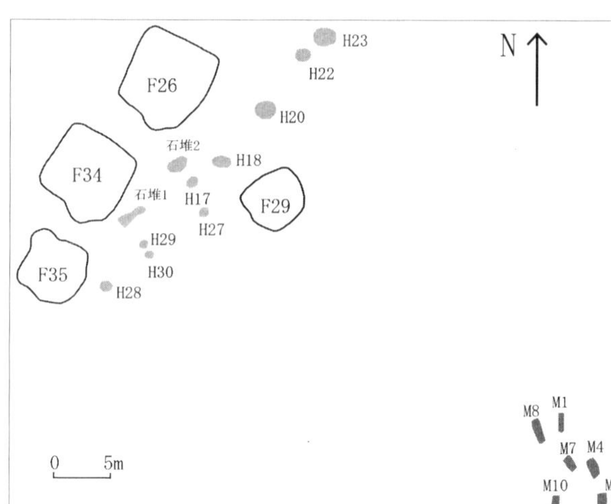

图 14 查海遗址平面图

① 辽宁省文物考古研究所：《查海——新石器时代聚落遗址发掘简报》，文物出版社 2012 年版，第 58—219 页；内蒙古自治区文物考古研究所：《白音长汗——新石器时代遗址发掘简报》，科学出版社 2004 年版，第 18—319 页。

② 索秀芬：《小河西文化初论》，《考古与文物》2005 年第 1 期。

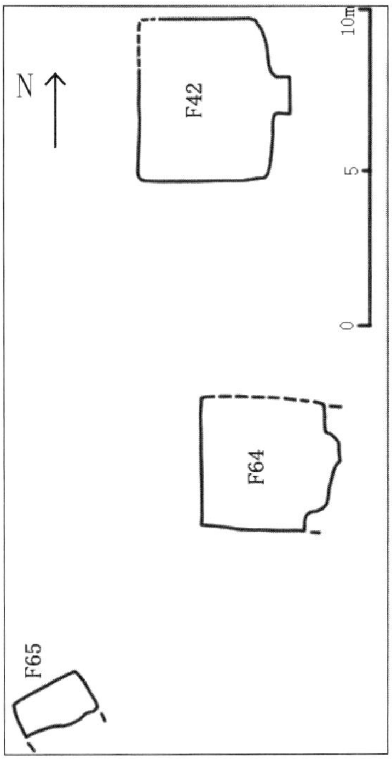

图 15　白音长汗遗址平面

F64 南北向排列，门道东向，F65 门道为东南向。

（二）兴隆洼文化

兴隆洼文化发掘的聚落遗址与小河西文化相同，亦为查海、白音长汗遗址。兴隆洼文化的陶器种类单一，90% 为筒形罐，纹饰为颈部、肩部、腹部的三段式。由于器形简单，故容积可算，且通过容积可推测其功能。如图 16 所示，容积 3 升以下、3 升到 10 升、10 升以上分别对应饮食器、炊煮器、储藏器，其中小于 3 升的饮食器多为手工捏制，纹饰多为单一纹样，其他两类为泥条盘筑，多为三段式纹饰。本文以 3 升以上的筒形罐为对象进行类型学分析，分为三期：一期腹部为斜线纹的三段式纹样；二期腹部为之字纹的三段式纹样；三期肩部纹饰带消失，腹部有之字纹的二段式纹样。根据陶器分期，查海和白音长汗遗址的房址也可分为三期。

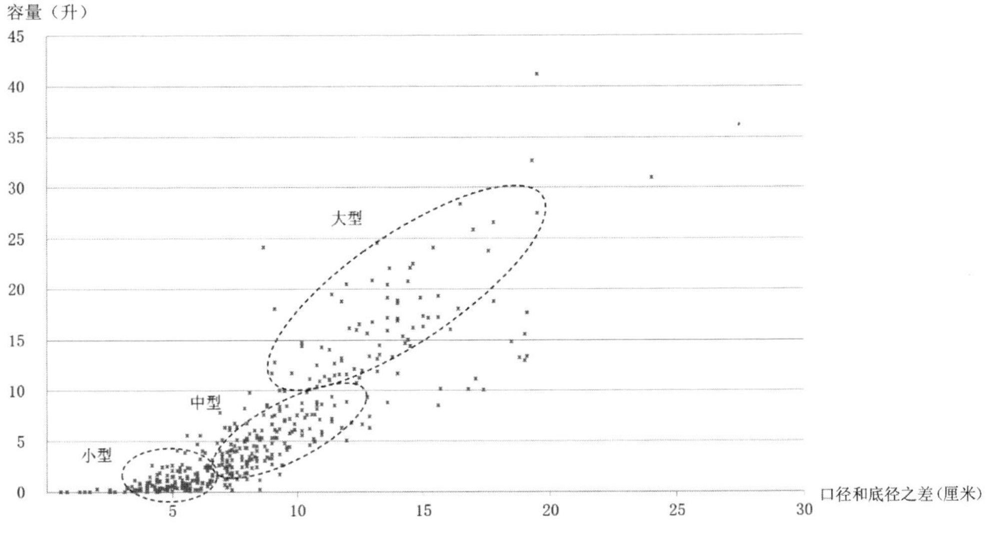

图 16　兴隆洼文化筒形罐容积分类图

1. 查海遗址

查海遗址可分为三期，其中一期房址与二、三期房址间有打破关系，但是二、三期房址间没有打破关系，同时结合前面陶器的分期来看，二、三期间的关系比较紧密。

查海一期有房址 15 座、墓葬 4 座，墓地位于聚落中心，墓地东北侧有两座房址

F43、F49，西南侧有两个陶器堆D3、D4。通过一期聚落的平面图可以看出，聚落是以墓地为中心的两周同心圆式结构（图17）。圆心为墓地，内周为房址F43、F49和陶器堆D3、D4，外周为13座房址，根据房址的分布可划分为四组：一组为F50、F51，二组为F28、F25、F24、F38、F32、F33、F40、F42，三组为F9、F12，四组为F19。其中内周的F43有室内墓葬一座，且随葬品丰富，同时F43是距离中心墓地最近的一座房址，可能预示它具有特殊的功能。此外，内周的陶器堆有多个叠放在一起的未见使用痕迹的陶器，可能是地面堆烧陶器的场所。

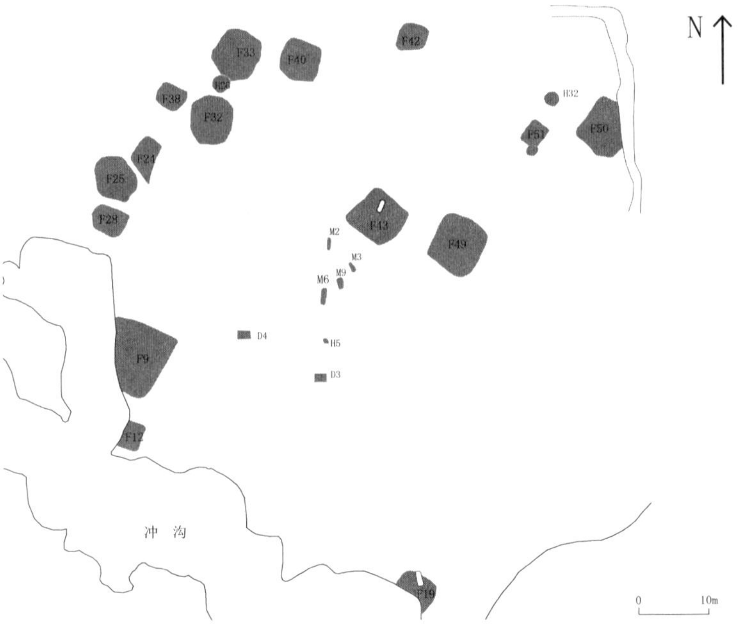

图17　查海遗址一期平面图

查海二期有房址18座、环壕一段，但不能确定是否属于环壕聚落（图18）。二期聚落没有发现墓地，但中心处有一座用石块堆砌的龙形石堆。通过房址的分布可以看出，均为西北—东南向排列的房排，一排为F41、F44，二排为F39、F54、F47、F52，三排为F30、F31，四排为F23、F22、F20、F8，五排为F11、F1、F3、F6、F17、F14。五个房排以龙形石堆为界可分为南、北两区，一、二、三排位于北区，四、五排位于南区，如果这一时期也存在两个墓地的话，应属于二分制社会。

查海三期有房址17座，排列方式与二期相似（图19）。其中F21、F18、F16、F7均为含有室内墓葬的房址，且南北排列，因此属于同一房排。其他房址可分为四排：一排为F46、F45、F53，二排为F36、F48、F55，三排为F2、F5、F15，四排为F13、F10、F4。F27未能划入以上房排中。同样以龙形石堆为界可分为南、北两区，

图18　查海遗址二期平面图

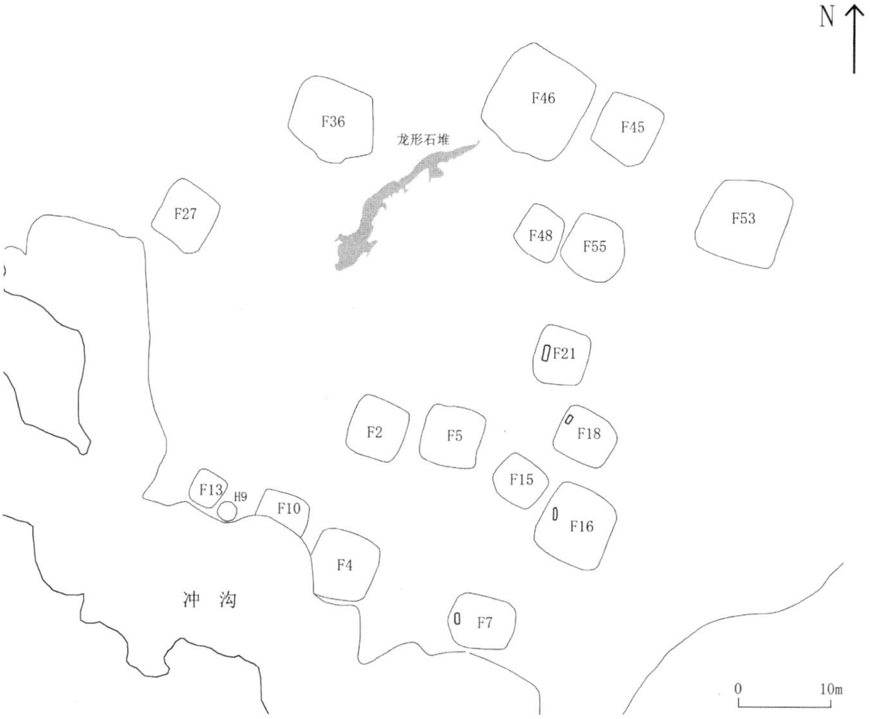

图19　查海遗址三期平面图

一、二排属于北区且靠近龙形石堆，以大中型房址为主；三、四排和含有室内墓葬房排属于南区，以中小型房址为主；全聚落最大面积房址 F46（157.32 平方米）正对龙形石堆的尾部。通过最大面积房址位置和南北区房址的面积差来看，北区重要性更高。

2. 白音长汗遗址

白音长汗遗址亦属于兴隆洼文化，如前所述依据陶器可以分为三期。一期聚落有房址 2 座、墓葬 3 座。二期为 A、B 两个环壕聚落，A 区有房址 13 座、B 区有房址 10 座，墓地亦分 Ⅰ、Ⅱ 号两个，各有墓葬 3 座。三期聚落接续二期的环壕聚落和墓地，A 区有房址 9 座、B 区有房址 2 座，Ⅰ、Ⅱ 号墓地各有墓葬 4 座。其他以“×”号标记的为年代不明房址（图 20）。

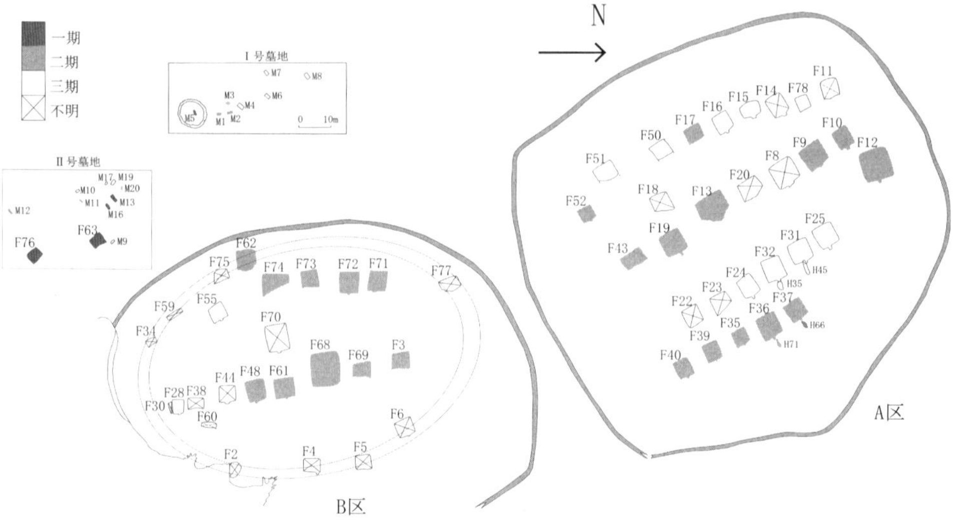

图 20　白音长汗遗址分期图

一期聚落形态与小河西文化的查海聚落相似，均为具有居住和埋葬功能的聚落，房址 F63 面积 20.58 平方米，门道东向，F76 被破坏，面积和门向不明。

A 区二期的房址可分为三排，一排为 F40、F39、F35、F36、F37，二排为 F43、F19、F13、F9、F10、F12，三排为 F52、F17。其中 F20、F8 位于二排中间位置，房址结构与同排房址相近，可能也属于二排。一排最大房址 F36（48.48 平方米），也是唯一一座部分居住面抹泥的房址。二排最大房址为 F13（86.49 平方米），A 区最大房址 F13 位于环壕范围的中心位置，居住面亦部分抹泥。三排均为小型房址。

三期房址可分为两排，一排为 F24、F32、F31、F25，二排为 F51、F50、F16、F15、F78。房址 F22 的部分居住面抹泥，与一排的房址相似，可能也属于一排。一、二排中最大房址 F25、F50 的面积分别为 49 平方米、40.32 平方米，且 F50 是二排中唯一一座居住部分面抹泥房址。

B区二期的房址可分为两排，一排为F48、F61、F68、F69、F3，二排为F62、F74、F73、F72、F71。F44的结构与一排的房址相似，可能属于一排。二排最大房址F74（72.25平方米），部分居住面抹泥。一排房址F68（91.46平方米），居住面全部抹泥，B区最大房址位于环壕范围的中心位置。

三期房址仅有2座，聚落衰落了。

二、三期聚落均由A、B两个环壕构成，并且存在与A、B两个环壕相对应的Ⅰ、Ⅱ号墓地，为典型的二分制社会。二期A、B区间的规模差较小，三期B区衰落了。

B区年代不明的房址均为原生居住面，有地面灶或无灶，房址结构与二期相比更具原始性，且门向与一期F63相似，均为东北向。因此，这些房址（F70、F75、F59、F34、F30、F38、F60、F2、F4、F5、F6、F77）应该介于一、二期之间，最大房址F70面积为47.12平方米，位于中心位置，其他房址呈椭圆形排列，聚落形态与查海一期相似，但是与环壕之间的关系不明。一期的3座墓葬均为石板墓，M13、M16位于Ⅱ号墓地、M5位于Ⅰ号墓地，其中M5地面的石围圈较Ⅱ号墓地年代晚，与一、二期间的椭圆形聚落同时期。

3. 小结

通过以上分析可以看出，兴隆洼文化的聚落数量较多，如表2所示共有七个聚落，且聚落形态随时期变化而变化。

表2　兴隆洼文化聚落统计

遗址 / 分期	白音长汗遗址		查海遗址
一期	白音长汗一期聚落		查海一期聚落
一、二期之间	白音长汗一、二期之间的聚落		
二期	白音长汗二期A区聚落	白音长汗二期B区聚落	查海二期聚落
三期	白音长汗三期A区聚落	白音长汗三期B区聚落	查海三期聚落

一期的白音长汗聚落与小河西文化聚落相似，可以说是基本功能完善的小型聚落，未见明显的房址排列规律，属于不规则形。查海聚落与之相反，为以墓地为中心的圆形结构。

一、二期之间的白音长汗聚落形态与一期的查海聚落相似，并且两个聚落均存在与中心房址相对应的墓葬。

两处遗址二、三期的聚落形态均为房排式聚落，且查海以龙形石堆、白音长汗以环壕为界，均由两部分构成，即二分制社会，三期的白音长汗聚落两部分间的规模区别明显。

（三）赵宝沟文化

赵宝沟文化发掘、调查的聚落遗址分别是赵宝沟遗址、南台地遗址，由于仅对其进行调查，因此南台地遗址不具备分期的条件。[①]

1. 赵宝沟遗址

赵宝沟遗址位于内蒙古自治区赤峰市敖汉旗，面积9万平方米，分为一、二两区，分别发现灰土圈82个、7个，通过考古发掘，证实一个灰土圈就是一座房址（图21）。这些房址基本按照山坡的等高线排列，一区已发掘房址11座、灰坑4座，二区发掘房址7座、灰坑1座。此外，在遗址的东南部发现石构建筑1座，发掘者认为它属于祭祀类建筑。本文采信报告的分期方式，即二区为早期，一区为晚期。[②]

二区发掘房址7座，F10以外的房址以两个房排的形式排列，一排为F106、F104、F105，二排为F103、F102、F101。一排的F106和二排的F103分别是各排中最大房址。

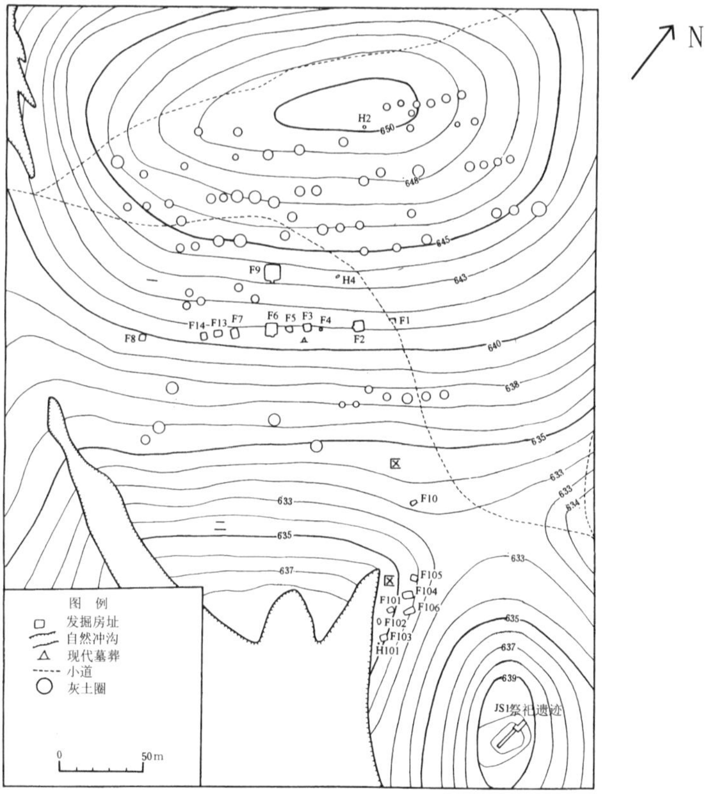

图21　赵宝沟遗址平面图

① 邵国田：《内蒙古南台地赵宝沟文化遗址调查》，《内蒙古文物考古》1991年第1期。

② 中国社会科学院考古研究所：《敖汉赵宝沟——新石器时代聚落》，中国大百科全书出版社1997年版，第6—128页。

一区发掘房址11座，F9以外的10座房址排列成东北—西南向的房排，依据房址间距离房排又可细分为房组，一组为F2、F1，二组为F6、F5、F3、F4，三组为F7、F13、F14，四组为F8。F6、F2、F7、F8分别是各房组的最大房址，面积分别为68.09平方米、49.66平方米、27.68平方米、16.99平方米，并且F6、F2与F9结构相似，均为阶梯式，可见房组间并非均等关系。F9面积为87.8平方米，位于房排之外，为整个遗址中最大面积的房址。

2. 南台地遗址

南台地遗址位于内蒙古自治区赤峰市敖汉旗，面积1.5万平方米（图22）。在一个山坡的斜面上沿着等高线分布着40个灰土圈，每个房排包含数个房址，最高处仅发现1座房址F1。F1被破坏，居住面上采集陶器15件，其中陶尊9件，饰动物纹的4件饰几何纹2件饰菱形纹尊的3件，与陶尊纹饰相同的器盖各发现1件。这些纹饰复杂的陶器和器盖，当是具有特殊功能的非实用器。

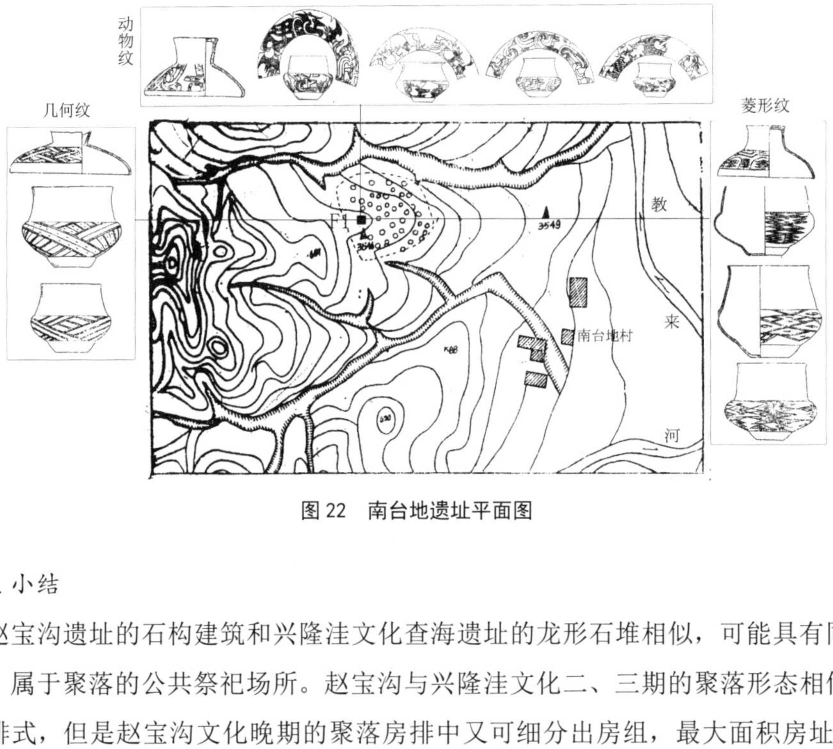

图22　南台地遗址平面图

3. 小结

赵宝沟遗址的石构建筑和兴隆洼文化查海遗址的龙形石堆相似，可能具有同样的功能，属于聚落的公共祭祀场所。赵宝沟与兴隆洼文化二、三期的聚落形态相似，均为房排式，但是赵宝沟文化晚期的聚落房排中又可细分出房组，最大面积房址（F9）位于房排之外，这些都可认为是在兴隆洼文化聚落形态的基础上，随着时代变化发展而出现的现象。

（四）红山文化

红山文化发掘的聚落遗址有西台、白音长汗、七家、魏家窝铺、柳树林、老牛槽沟、元宝山。其中，西台遗址由两个环壕居住区构成；白音长汗、七家、魏家窝铺、柳树林遗址均由门向或结构不同的两类房址构成，或者说均可划分为两部分；老牛槽沟、元宝山遗址为单一种类房址构成，或者说不可再分的单一聚落。① 本部分以西台遗址、白音长汗遗址、老牛槽沟遗址为以上三类聚落的代表，分别进行分析。

1. 西台遗址

西台遗址位于内蒙古自治区赤峰市敖汉旗王家营子乡，由两个相连的长方形环壕居住区构成的聚落（图 23）。大环壕居住区周长 600 米，东南侧有 3 个出入口，内有 8 座房址。小环壕居住区的一边借用大环壕居住区西北侧壕沟，其他三边壕沟全长 280 米，内有 6 座房址。②

由于仅发表简报，不能通过陶器对房址进行详细的分析，但是通过房址间的打破关系和形制的差别可略作分期。小环壕居住区的 F3 打破 F4，大环壕居住区的 F2 打破

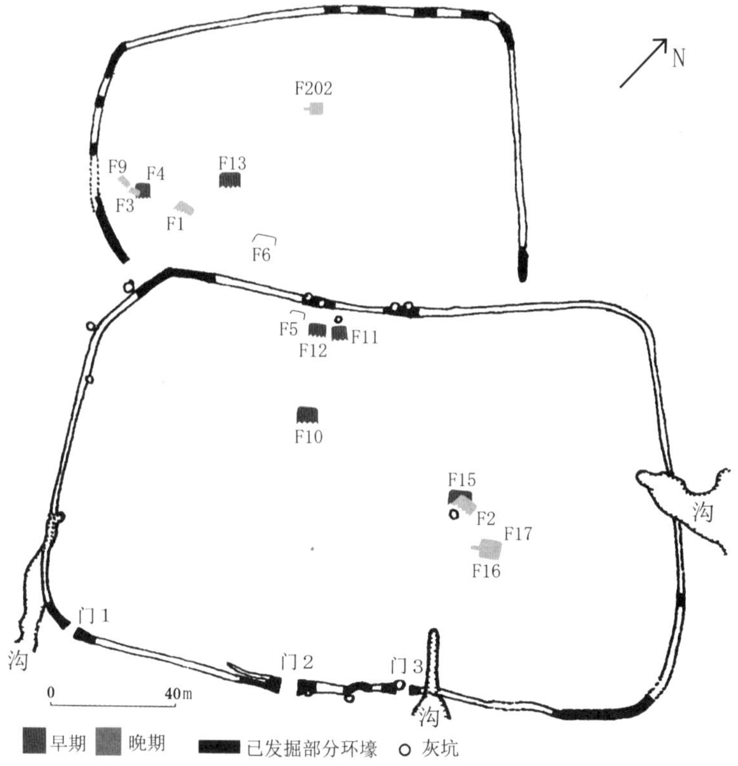

图 23 西台遗址分期图

① 马凤磊等：《赤峰市敖汉旗七家红山文化遗址发掘报告》，《草原文物》2015 年第 1 期；党郁等：《赤峰市林西县柳树林红山文化遗址发掘简报》，《草原文物》2015 年第 1 期。

② 杨虎、林秀贞：《内蒙古敖汉旗红山文化西台类型遗址简述》，《北方文物》2010 年第 3 期。

F15、F16打破F17。关于门向，F4、F15为东南向，F2、F3为南向，F16为西南向，F17门向不明。结合打破关系和门向来看，南向房址早于东南向房址，依此类推，小环壕居住区的F4、F13和大环壕居住区的F12、F11、F10、F15为早期房址，小环壕居住区的F9、F3、F1和大环壕居住区的F2为晚期房址。F6、F5的门向不明。F16、F202为西南向，如前所述F16打破F17，由于是完全打破，所以F17门向不明，如为南向则房址F16、F202亦为晚期房址。

F4、F202和壕沟内发现制铜用的陶范，并且F4还发现精致的女性人偶。

2. 白音长汗遗址

白音长汗遗址四期遗存属于红山文化，有房址、灰坑、墓葬等遗迹（图24）。依据陶器分期来看，房址和灰坑均属于同一时期，墓葬少见随葬品，但M22、M23分别打破F85、H96，应该属于二期。因此，一期有房址17座、灰坑34座、墓葬4座。①

依据房址等遗迹的分布，可将遗址划分为南、北两区，北区房址7座、门向东南向、瓢形灶，南区房址9座、门向东向、圆形灶。房址F7位于两区中间、未能划入以上两区。墓地位于两区中部西侧，主要为石板墓。

北区房址以F26为中心，半圆形排列，最大房址F26面积52.5平方米，圆周处房址面积为20到30平方米，灰坑均位于圆周和中心房址之间。南区房址主要为南北向的房排式，F67、F1为西、东两侧的单座房址房排，最大房址F67面积为24.13平方米，是唯一部分居住面抹泥的房址，其他均为不到20平方米的房址。北区房址的面积普遍大于南区。

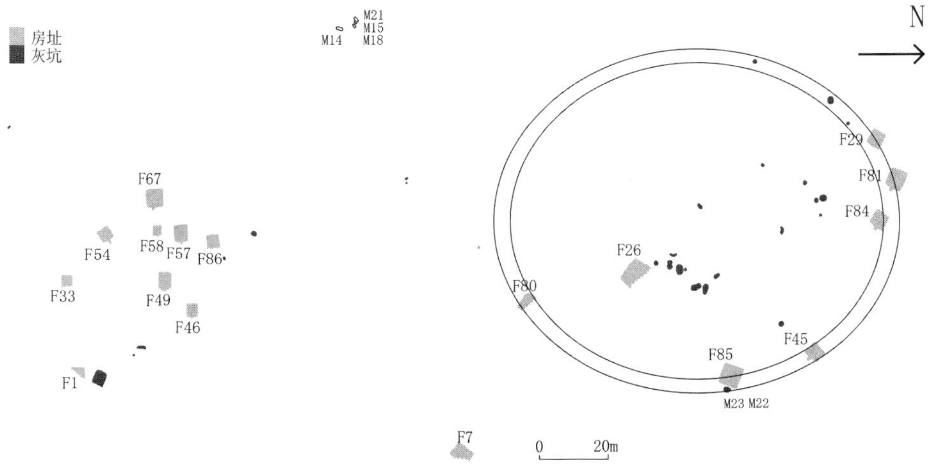

图24　白音长汗遗址平面图

① 内蒙古自治区文物考古研究所：《白音长汗——新石器时代遗址发掘简报》，第378—475页。

3. 老牛槽沟遗址

老牛槽沟遗址位于内蒙古自治区翁牛特旗老牛槽沟村，为部分发掘遗址，清理房址7座、灰坑42座（图25）。房址为南北向的房排式，门向西南。最大房址F1面积为21.5平方米，其他房址面积为10到15平方米。每座房址附近均有几座灰坑，H1、H2属于F6，H4、H5、H20、H21、H24属于F1，H6、H7、H8、H9、H10、H25属于F5，H11、H12、H13、H14、H15、H22、H23属于F4，H16、H17、H18属于F3。①

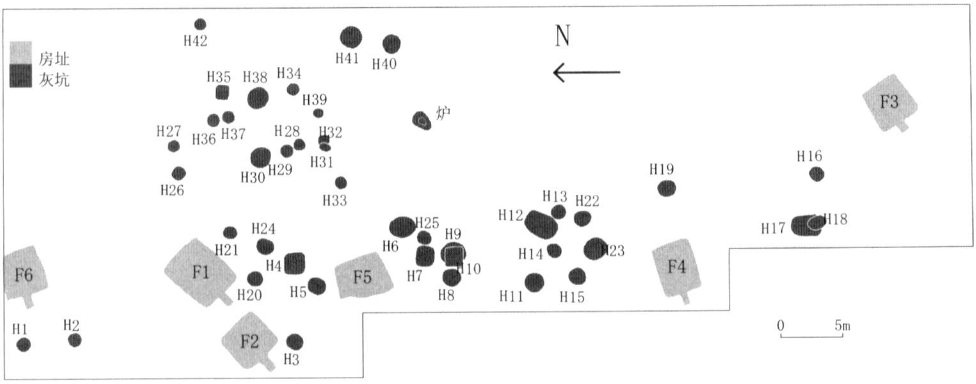

图25 老牛槽沟遗址平面图

4. 小结

红山文化的半圆形聚落与兴隆洼文化的圆形聚落相似，其中房排式聚落形态在兴隆洼、赵宝沟文化中亦有发现，双环壕式聚落形态与兴隆洼文化的白音长汗遗址相似，可见各形态聚落均非红山文化所独有。

（五）聚落形态模型图

以上所涉及各聚落房址以长宽为基准的二维象限图（图26），依据面积分为四类，一类80平方米以上、二类50平方米到80平方米、三类20平方米到50平方米、四类20平方米以下。

小河西文化遗存主要为二、三类房址，房址的排列方式不规则（图27）。

兴隆洼文化遗存早期为二、三、四类房址，与小河西文化相比出现了小型的四类房址（图28）。其形态是以最大的二类房址为中心的圆形聚落。晚期各类房址均有出现，聚落形态为房排式，最大的一类房址位于房排中间（图29）。

---

① 内蒙古自治区文物考古研究所：《翁牛特旗老牛槽沟红山文化遗址发掘简报》，《内蒙古文物考古文集》（第四辑），科学出版社2013年版，第129—171页。

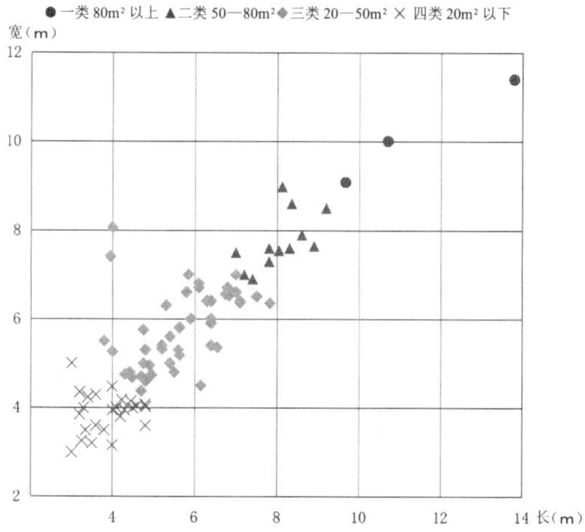

图 26　辽西地区房址面积分类图

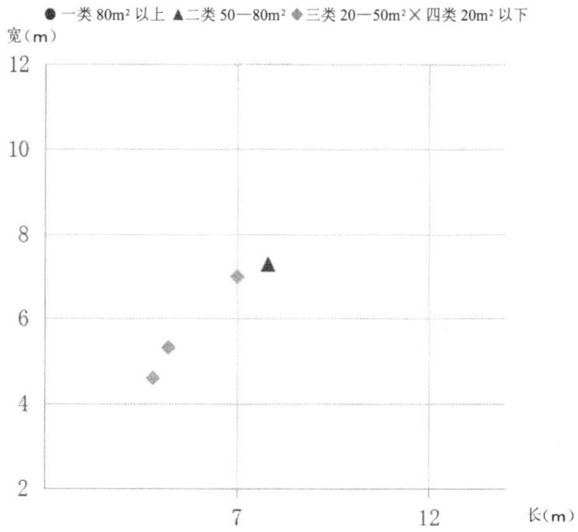

图 27　小河西文化房址分类图

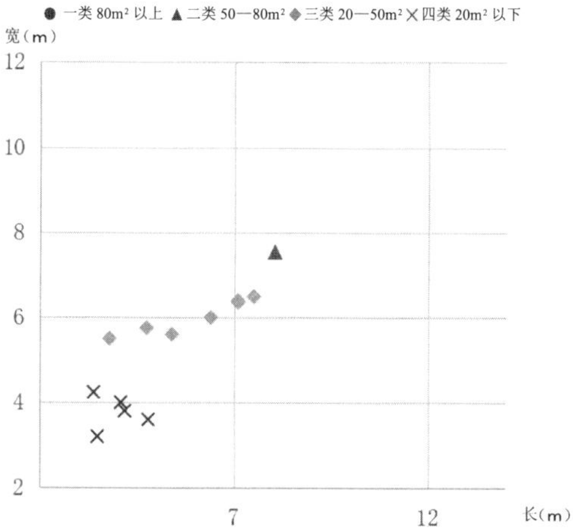

图 28　兴隆洼文化早期房址分类图

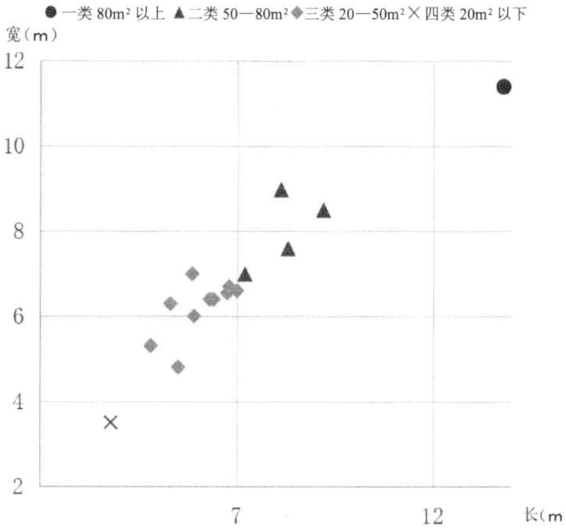

图 29　兴隆洼文化晚期房址分类图

赵宝沟文化与兴隆洼文化晚期的聚落形态相似，均为房排式聚落。早期为三、四类房址，最大的三类房址位于房排一端。晚期各类房址均有出现，最大的一类房址位于房排之外，房排中又可划分为房组（图 30）。

红山文化遗存为二、三、四类房址，其中四类房址所占比例较高。聚落形态呈多样化，白音长汗遗址为半圆形和房排式两种形态房址群构成的聚落；西台遗址为双环壕聚落、但房址排列不规则；老牛槽沟遗址为房排式，最大房址位于房排中间，与兴隆洼文化晚期相似，但是房址与灰坑成组出现的现象为其特有（图 31）。

通过以上分析，绘制出新石器时代聚落形态的模型图。辽西地区新石器时代的聚落，随着时代的发展，房址的面积和房排的规模逐渐变小，聚落形态逐渐多样化（图 32）。

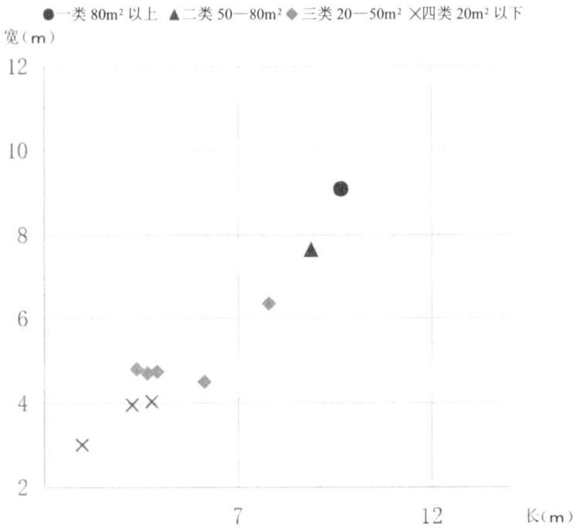

图 30 赵宝沟文化房址分类图

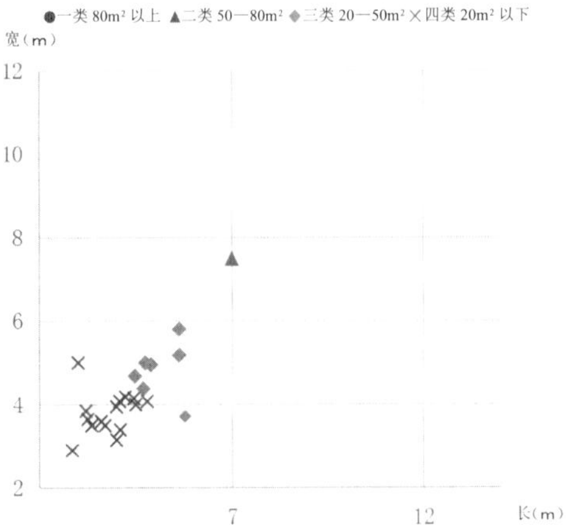

图 31 红山文化房址分类图

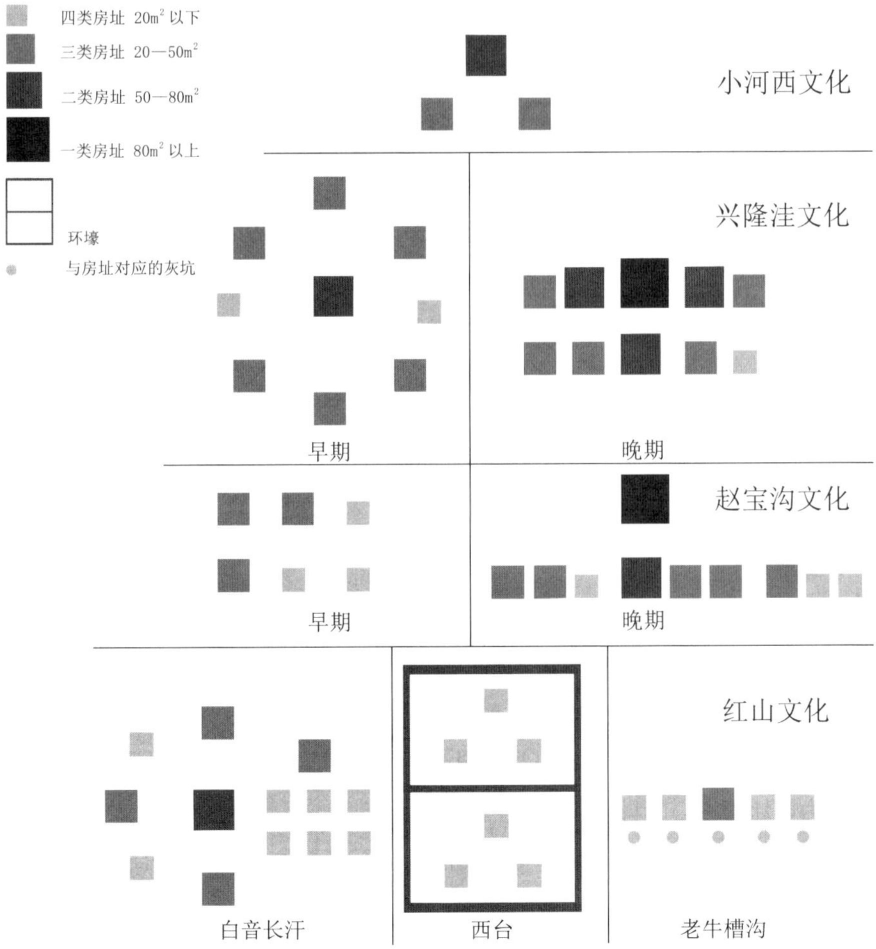

图 32 辽西地区聚落形态模型图

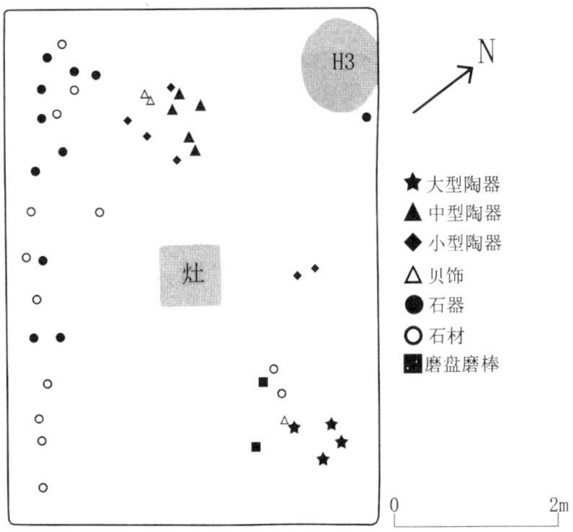

图43 赵宝沟遗址F7

是单个家庭消费的。尽管F9居住面遗物的分布情况没有介绍，但其出土陶器18件、石器8件（其中细石器3件），与F104发现陶器20件、石器18件的情况加以对比，可判断其属于小家庭即A型居住单位的可能性较大。

晚期房址F7面积为27.68平方米，属于三类房址（图43）。东部有大型陶器4件、石磨盘、磨棒1套，属于食物加工、贮藏间。南部有石材11件、石器11件、骨器1件，属于石器工具加工、放置场所。灶的西侧有中型陶器5件、小型陶器4件，属于餐饮场所。通过各类遗物的分布来看，此房址是一个具有生产、生活、贮藏活动的单个消费单位，即A型。

赵宝沟遗址有早期7座房址，除了F10、F101、F102三座被破坏之外，其他居住单位均为B型，晚期居住单位均为A型。

（四）红山文化

红山文化房址居住面的遗物分布情况很少被介绍，本文以西台遗址为例进行分析。西台遗址早、晚期房址F4、F202居住面均出土有制作铜器用的陶范，且F4中出有精致的女性人偶。房址F202面积15.12平方米，属于四类房址，灶的周围分布有陶器6件、石器2件、陶范3件（图44）。通过房址面积遗物种类、数量、分布来看，属于A型。以此类推，红山文化房址的居住单位多为A型。

通过以上对各个考古学文化居住单位的分析，并集合聚落形态的研究，本文建立了辽西地区新石器时代各考古学文化的居住单位模型图（图45）。

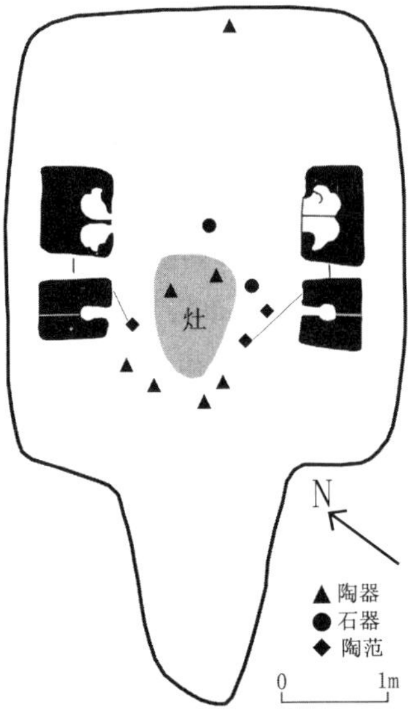

图44 红山文化西台遗址F202

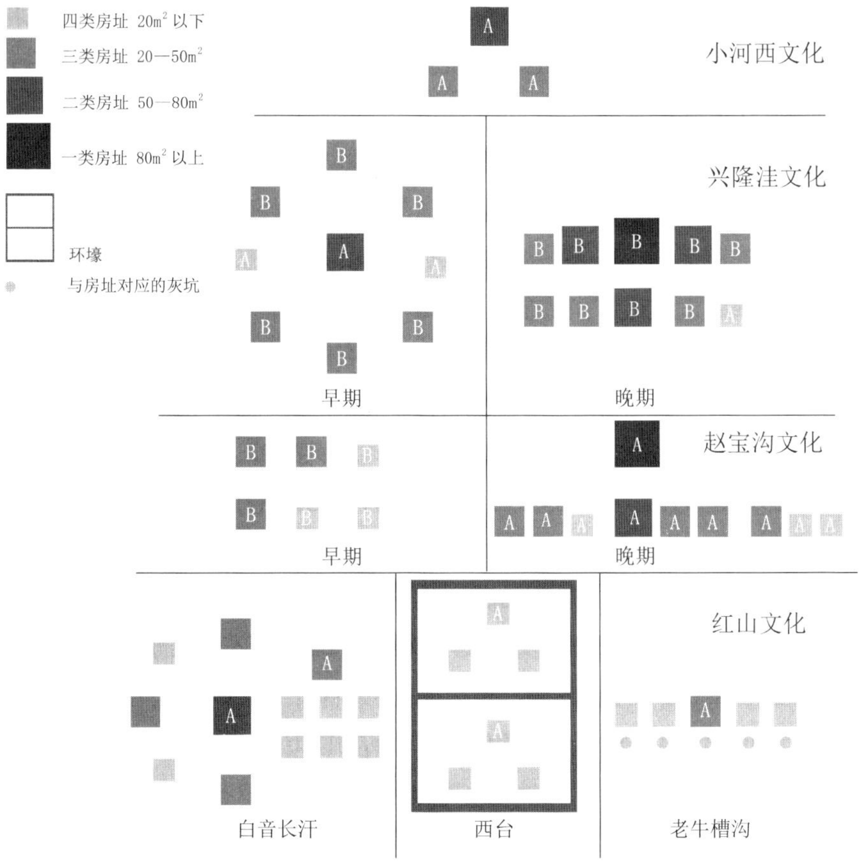

图 45　辽西地区居住单位模型图

八、考察

（一）小河西文化

小河西文化聚落遗址均为小型遗址，遗址间距离较远，分散分布。聚落形态方面，查海遗址为具有居住、贮藏、埋葬功能的聚落，白音长汗遗址仅具有居住功能，两个遗址的房址排列方式均为不规则式。居住单位均为 A 型。

（二）兴隆洼文化

聚落遗址分布方面，早期遗址分布与小河西文化相似，均为小型聚落遗址，分散化分布，晚期遗址以河流为中心并出现分群现象，聚落间的规模差也较小河西文化更加明显。

聚落形态方面，查海和白音长汗遗址均经历了从圆形聚落到房排式聚落的变化过

续表

考古学文化	遗址名称	房址	所属分期	面积（平方米）	出土遗物				聚落布局	备注
					陶器	石器	石磨盘	石磨棒		
赵宝沟	赵宝沟	F1	晚期	9	2	3	1		一组	残
赵宝沟	赵宝沟	F6	晚期	68.09	5	1			二组	
赵宝沟	赵宝沟	F5	晚期	22.08	4	3			二组	残
赵宝沟	赵宝沟	F3	晚期	23.46	0	0			二组	
赵宝沟	赵宝沟	F4	晚期		0	0			二组	残
赵宝沟	赵宝沟	F7	晚期	27.68	16	13	1	1	三组	
赵宝沟	赵宝沟	F13	晚期	21.22	2	1			三组	
赵宝沟	赵宝沟	F14	晚期	19.38	1	7			三组	
赵宝沟	赵宝沟	F8	晚期	16.99	2	3	1		四组	
红山	白音长汗	北F26		52.5	0	0				残
红山	白音长汗	北F29		20.59	0	0				
红山	白音长汗	北F81		29.11	0	3				
红山	白音长汗	北F84		20.92	4	3		1		
红山	白音长汗	北F45		17.64	2	3				
红山	白音长汗	北F85		32.65	0	0				
红山	白音长汗	北F80		15—25	0	0				残
红山	白音长汗	南F67		24.13	2	7		2	一排	
红山	白音长汗	南F54		18	0	0			二排	
红山	白音长汗	南F58		15.7	1	0			二排	
红山	白音长汗	南F57		19.56	1	2			二排	
红山	白音长汗	南F86		12.32	0	0			二排	
红山	白音长汗	南F33		11.73	0	0			三排	
红山	白音长汗	南F49		18.47	0	0			三排	
红山	白音长汗	南F46		12.36	0	0			三排	
红山	白音长汗	南F1		19.8	0	0			四排	残
红山	白音长汗	F7		23.75	0	0				
红山	老牛槽沟	F1		21.5	4	68				
红山	老牛槽沟	F2		11.86	2					
红山	老牛槽沟	F3		12.95	有	有				
红山	老牛槽沟	F4		13.94	有	有				
红山	老牛槽沟	F5		16.6	有					残
红山	老牛槽沟	F6		8.27	0	0				残
红山	老牛槽沟	F7			0	0				残

欧亚草原东部初期骑马游牧文化的动态
——以公元前一千纪的青铜短剑为中心的检讨

戴 玥*

摘 要：本文将公元前一千纪的青铜短剑作为研究对象，在分类和编年等研究的基础上，依照各类型的分布状况考察米努辛斯克、图瓦、阿尔泰、新疆北部等南西伯利亚草原与长城地带的关系，及公元前一千纪整个欧亚草原东部的文化系统的动态。本文根据剑格部分的形态，将欧亚草原东部的青铜短剑分为两大类，即剑格与剑柄不区分的甲类铜剑，以及剑格与剑柄相区分的乙类铜剑；并依照各自的文化属性及流行的年代，将公元前3世纪以前欧亚草原东部的初期骑马游牧文化分为两期。在公元前9—前7世纪，游牧文化渐渐摆脱卡拉苏克文化的影响，南西伯利亚草原与长城地带的地域性特征逐渐显现；在公元前6—前3世纪，南西伯利亚草原的游牧文化从米努辛斯克、图瓦、阿尔泰向内蒙古中南部以及甘肃东部、宁夏南部扩张，长城地带内部的考古学文化呈现出东西差异。

关键词：欧亚草原东部；骑马游牧文化；文化动态；青铜短剑

伴随寒冷湿润化的气候变迁，整个欧亚草原的经济生业、政治组织及其文化面貌都发生了巨大的改变。至公元前一千纪初，游牧文化基于青铜时代晚期以来的畜牧经济，在欧亚草原各地以不同的形式呈现①，并通过骑马这一快速移动的手段，实现了涵盖整个欧亚草原的情报交换。其中，长城地带作为欧亚草原东部的一部分，亦曾经历了相同的转变。长城地带内部以各自区域单位作为核心，分别建立起与米努辛斯克、图瓦、阿尔泰等南西伯利亚草原的联系，进而形成横跨南西伯利亚草原与长城地带的文化性的情报网络。②

青铜短剑肇始自公元前两千纪，分布在南西伯利亚草原和长城地带。各国学者亦承袭各自学术传统、研究资料及研究方法对青铜短剑进行研究。作为时代性和地域性的重要指标，青铜短剑形制的演变是窥视欧亚草原东部文化动态的关键。譬如，有的研究通过曲柄剑与卡拉苏克型青铜短剑的形制关系，考察南西伯利亚与长城地

---

* 戴玥，日本九州大学在读博士。

① Koryakova and Epimakhov, *The Urals and Western Siberia in the Bronze and Iron Ages*, New York: Cambridge University Press, 2007, pp. 203-250.

② 宫本一夫：『中国の歴史：神話から歴史へ－神話時代夏王朝－』，講談社 2005 年版，第 209 頁。

带的文化动态[①]，指出公元前两千纪末卡拉苏克文化从南西伯利亚扩展至长城地带。[②]及至公元前一千纪初，长城地带的地域性特征在保有卡拉苏克文化要素的基础上逐渐显现。[③]

本文承袭上述欧亚草原研究的背景及框架，以公元前一千纪欧亚草原东部的青铜短剑作为研究对象（图 1），按照同一标准设定青铜短剑的类型，根据共存关系确定青铜短剑的年代，按年代顺序观察类型的分布，并以此作为切入点窥视欧亚草原东部骑马游牧文化的动态。

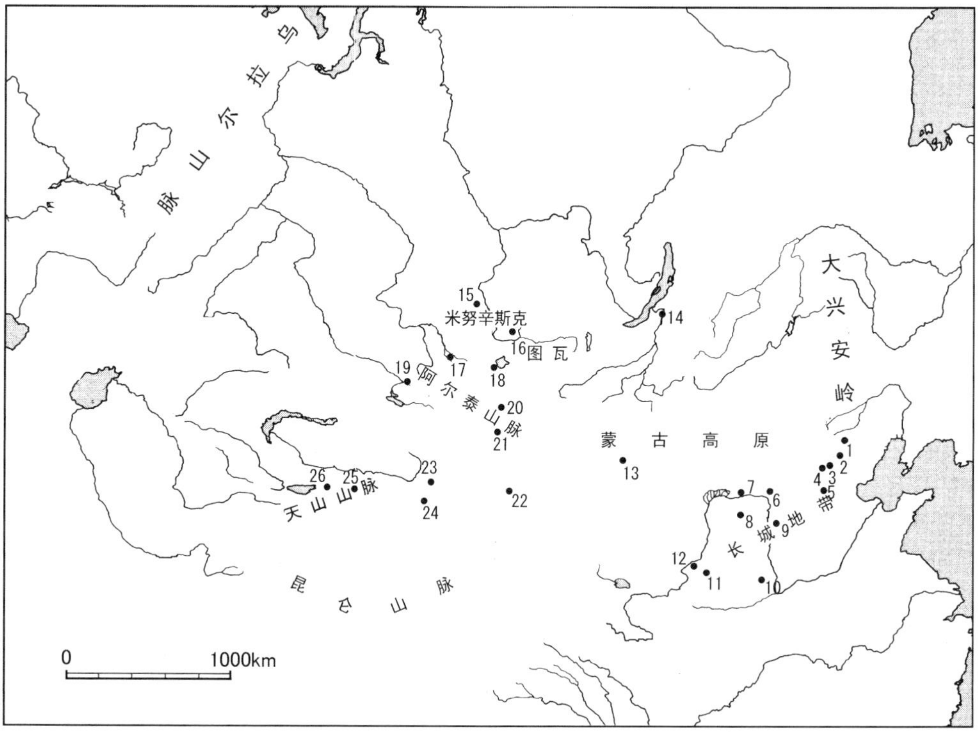

图 1　欧亚草原东部出土青铜短剑的地点

1. 内蒙古宁城；2. 河北承德；3. 北京延庆；4. 河北张家口；5. 河北石家庄；6. 内蒙古乌兰察布；7. 内蒙古包头；8. 内蒙古鄂尔多斯；9. 山西原平；10. 陕西延安；11. 宁夏固原；12. 宁夏中卫；13. 南戈壁省；14. 外贝加尔地区；15. 米努辛斯克；16. 图瓦；17. 巴泽雷克；18. 乌兰固木；19. 麦耶米尔；20. 巴彦乌列盖省；21. 新疆清河；22. 新疆哈密；23. 新疆昌吉；24. 新疆和静；25. 新疆伊犁；26. 七河地区。

① 杨建华、邵会秋：《商文化对中国北方以及欧亚草原东部地区的影响》，《考古与文物》2014 年第 3 期。

② 松本圭太：「カラスク式短剣の成立と展開」，『古代文化』2009 年第 61 卷第 1 号。

③ 松本圭太：『ユーラシア草原地帯東部における青銅器文化の研究』，九州大学大学院比較社会文化学府博士学位論文，2013 年。

一、欧亚草原东部青铜短剑的研究史及存在的问题

（一）研究史

青铜短剑是欧亚草原东部游牧文化的代表性器物，在草原青铜器的研究中举足轻重。然而，以往有关青铜短剑的研究，多将公元前两千纪以来的青铜短剑进行整体分类，重点关注公元前一千纪初的游牧文化的兴起，忽略了公元前一千纪以来的变化。

Н. Л. Членова 曾将米努辛斯克盆地包含青铜短剑在内的塔加尔文化的遗物划分为四期。[①] 然而其中青铜短剑多属收集或采集品，并未严格按照类型学的方法进行分类。就中国的青铜短剑而言，町田章的整理不仅包含北方的青铜短剑，还包含中原及其周边地域的青铜短剑。虽然可以说是将当时全部的青铜短剑按照地域进行了整理，但并未按照统一标准进行分类。本文有关青铜短剑类型学研究的整理，皆以中国北方为主，包括青铜短剑的类型和类型间的谱系关系。

1. 青铜短剑的类型

青铜短剑的分类方法若简单归纳，主要有两种：一是将某一属性作为分类标准，二是将某些显著特征作为分类标准。表 1 整理了长城地带青铜短剑的分类方案。表格左侧是将某一属性作为标准的分类，该方法是以青铜短剑的剑首作为分类的标准，例如江上波夫、水野清一[②]，田广金、郭素新[③]，乌恩[④]，李刚[⑤] 等。表格右侧是将剑首、剑格、剑柄等某些显著特征作为标准进行的分类，例如罗越[⑥]、高滨秀[⑦]、八木聪[⑧] 等。

---

① Н. Л. Членова, *Происхождение и ранняя история племён тагарской культуры*, Москва: Наука, 1967, p. 4.

② 江上波夫、水野清一：「綏遠青銅器」，载東亜考古学会编：『内蒙古・長城地帯』，東亜考古学会，1935 年，第 24—38 頁。

③ 田广金、郭素新：《鄂尔多斯式青铜器》，文物出版社 1986 年版，第 3—15 页。

④ 乌恩：《北方草原考古学文化比较研究 —— 青铜时代至早期匈奴时期》，科学出版社 2008 年版，第 139—155 页。

⑤ 李刚：《中国北方青铜器的欧亚草原文化因素》，文物出版社 2011 年版，第 44—60 页。

⑥ Max Loehr, Ordos Daggers and Knives New Material, Classification and Chronology First Part: Daggers, *Artibus Asiae*, Vol. 12, 1949, pp. 23-83.

⑦ 高浜秀：「オルドス青銅短剣の型式分類」，『東京国立博物館紀要』1982 年第 18 号。

⑧ 八木聡：「中国北方系青銅短剣の編年と地域間交流」，载高濱秀先生退職紀念論文集編集委員会编：『ユーラシアの考古学ー高濱秀先生退職記念論文集』，六一書房 2014 年版，第 129—143 頁。

表1 以往研究中青铜短剑的类型划分

<table>
<tr><td></td><td colspan="3">依据某一属性因素（剑首）</td><td colspan="3">依据显著特征的属性因素</td></tr>
<tr><td rowspan="11">类型</td><td>江上、水野（1935）</td><td>田、郭（1986）</td><td>李（2011）</td><td>Loehr（1949）</td><td>高滨（1982）</td><td>八木（2014）</td></tr>
<tr><td></td><td></td><td></td><td></td><td>C型（突起形剑格）</td><td>B型（卡拉苏克式）</td></tr>
<tr><td rowspan="2">触角形</td><td>C型（触角形）</td><td rowspan="2">甲C型（鸟首型）</td><td>双鸟首形剑首</td><td rowspan="2">F型（鸟首型剑首）</td><td rowspan="2">I型（触角形剑首）</td></tr>
<tr><td rowspan="3">D型（变形触角形）</td><td>触角形剑首</td></tr>
<tr><td>兽形</td><td>甲B型（兽形）</td><td rowspan="3">复杂装饰</td><td>H型（兽首形剑首）</td><td rowspan="2"></td></tr>
<tr><td>棒状形</td><td>甲F型（T字形）</td><td rowspan="3">G型（八字形剑格）</td></tr>
<tr><td>蛇形</td><td rowspan="2"></td><td rowspan="2"></td><td>C型（同心圆剑首）</td></tr>
<tr><td></td><td></td><td>H型（八字形剑格）</td></tr>
<tr><td>环形</td><td>E型（环首）</td><td rowspan="3"></td><td rowspan="3"></td><td rowspan="2"></td><td rowspan="3"></td></tr>
<tr><td rowspan="2"></td><td>G型（三角形环首）</td></tr>
<tr><td>F型（扁环首）</td><td>I型（环形剑首）</td></tr>
</table>

说明：此表单元格有横向的对应关系。空白的单元格表示该学者的分类方案中没有涉及横向对应的其他作者的分类方案中的材料。单元格大小不同，表示横向的对应关系并不完全一致。例如田、郭（1986）的分类方案中，D型（变形触角形）相当于江上、水野（1935）分类方案中的触角形的一部分以及兽形和棒状形的材料。

2. 类型间的谱系关系

类型间的谱系关系主要围绕两个方面：夏家店上层文化短剑与卡拉苏克型短剑的关系、夏家店上层文化短剑与玉皇庙文化短剑的关系。有关夏家店上层文化短剑与卡拉苏克型短剑的关系，高滨秀将卡拉苏克型短剑划分为剑柄管状中空的BI型以及剑柄扁平状的BII型，指出存在从BI型向BII型的变化趋势，认为夏家店上层文化的短剑受到了卡拉苏克型短剑BII型的影响。[①] 有关夏家店上层文化短剑与玉皇庙文化短剑的关系，八木聪将玉皇庙文化短剑分为两型，即剑首并列两同心圆的C型和剑格呈八字形的H型，再根据剑首装饰将八字形剑格的短剑细分为双蛇和双兽两亚型。依照剑柄表面的纹饰指出双兽型短剑受到夏家店上层文化的影响，依照剑格的形状指出八字形剑格短剑受到米努辛斯克盆地的影响。[②]

① 高浜秀：「オルドス青銅短剣の型式分類」，『東京国立博物館紀要』1982年第18号。

② 八木聡：「中国北方系青銅短剣の編年と地域間交流」，载高濱秀先生退職紀念論文集編集委員会編：『ユーラシアの考古学—髙濱秀先生退職記念論文集』，六一書房2014年版，第129—143頁。

（二）以往研究中存在的问题

器物分类的标准并非一成不变，需要在精准度方面不断精益求精。因此，将剑首装饰作为青铜短剑分类标准的有效性是值得商榷的。尤其是将兽头形或鸟首形等延续时间较长的剑首作为分类标准，很难在编年中把握各个类型间年代消长的变化趋势。且在兽头形或鸟首形剑首的范畴内，个体性的差异非常大。再者，另一类青铜短剑的分类方法根据短剑的显著特征进行，譬如八木聪将同心圆状剑首设定为C型，将八字形剑格设定为H型。由于同心圆状剑首的短剑很有可能同时具有八字形的剑格，故而此分类结果容易造成类型内容的重复。

另外，在谱系关系方面，检讨过多地集中在卡拉苏克型短剑与夏家店上层文化短剑之间，其他类型的青铜短剑之间的关系仍需进一步说明。尤其是米努辛斯克盆地青铜短剑与长城地带青铜短剑的关联性，虽早有人指出它们形态相似，然而却没有按照同一的标准进行类型学分类。

二、青铜短剑的类型及其分期

（一）青铜短剑的类型

欧亚草原东部的青铜短剑个体中包含剑首、剑柄、剑格、剑身及纹饰等各种属性。其中，剑身与青铜短剑武器的机能相关，各种青铜短剑的剑身趋于一致。剑首、剑柄及纹饰与装饰有相关，变化多样，难以捕捉共通的特征。剑身、剑首、剑柄都很难成为分类的标准。因此，在本文中，青铜短剑的分类按照剑格的形态进行。首先，按照剑格的一般特征，区分青铜短剑的类；其次，根据剑格的细部特征，区分青铜短剑的型；最后，根据随时间变化的特征，提出青铜短剑器型演变的倾向，并通过墓葬单位中的共存关系进行验证。

1. 甲类

剑格作为剑柄的延续，与剑柄不区分。根据剑格的形状，可分出A、B两型。

A型　剑格形状有如两翼（图2：2—3）。剑柄断面呈长方形。根据剑格宽窄的变化，将A型青铜短剑划分成I式和II式。

I式：剑格较窄（图2：2）。延续自卡拉苏克型青铜短剑。典型的卡拉苏克型短剑剑柄中空呈管状，表面有长方形的孔，剑格下方有向内切入的缺口。该式的剑格，相较典型的卡拉苏克型短剑，向外突出明显。米努辛斯克盆地采集到一件青铜短剑可以作为典型的卡拉苏克型短剑与该式短剑过渡的形态（图2：1）。该件青铜短剑具有典型卡拉苏克型短剑的中空剑柄，以及I式短剑的向外突出的剑格。据此可知，A型短剑和卡拉苏克型短剑具有某种联系。

II式：剑格变得更加宽大（图2：3）。I式、II式短剑的剑首皆呈蘑菇状，与典型的卡拉苏克型短剑一致。假设A型短剑有从剑格较窄的I式向剑格较宽的II式演变的趋势。

B型　剑格下有向内切入的缺口。剑柄断面呈长方形或椭圆形。依照剑格形状的细部特征，可以将该型细分为a、b两亚型。

a型：剑格形状有如"一"字，下方有小孔。剑格下方有向内的较大缺口。剑柄饰连续的马、鸟等动物纹。剑脊和典型的卡拉苏克型短剑相似，在剑身中央呈柱状（图2：5）。根据剑格下方的缺口和柱状的剑脊（图2：4），可以认为该型和典型的卡拉苏克型短剑存在关联。①

b型：剑格在剑身基部形成小突起，剑格下方有小而不明显的缺口（图2：6），和典型的卡拉苏克型短剑存在联系（图2：4）。剑首装饰有站立的野兽，或并列的同心圆。

2. 乙类

剑格突出于剑柄，与剑柄相区分。根据剑格的形状，可分出C、D两型。

C型　剑格形状有如八字形或心形（图2：7—10）。根据剑格形状的变化，可将C型短剑划分成三式。

I式：剑格呈八字形（图2：7—8）。剑柄断面呈长方形，也有中空插入锥状剑首装饰的情况。剑首装饰棒状物或站立的野猪。棒状的剑首与Ba型短剑类似，只是下方没有小孔。野猪四肢伸直且垂直于地面，用脚尖站立。

II式：剑格呈心形，较为肥大（图2：9）。剑柄表面饰1—3条凹槽或长方形镂空的孔。该式也被称Acinaces型短剑。

III式：剑格呈倒三角形，轮廓模糊，呈现II式的退化形态（图2：10）。剑首有棒状、环形或鸟形。C型短剑有从八字形剑格的I式向心形剑格的II式，以及退化剑格的III式演变的趋势。

D型　剑格也呈八字形，相较C型短剑，八字形剑格的两端上翘（图2：11—12）。依照剑首形状的变化，可将D型短剑分成I式和II式。

I式：剑首呈两并列的同心圆，边缘突起，内有小孔（图2：11）。剑柄断面呈扁椭圆形。有的剑柄饰有之字纹和连珠纹的组合纹饰。DI式短剑与Bb型短剑存在联系，

---

① 八木聡：「中国北方系青銅短剣の編年と地域間交流」，载高濱秀先生退職紀念論文集編集委員会編：『ユーラシアの考古学―高濱秀先生退職記念論文集』，六一書房2014年版，第129—143頁。

两者过渡形态的证据有玉皇庙 M22 的短剑。[①] 该件短剑的剑首，是并列的同心圆，与 Bb 型短剑和 DI 式短剑相同。剑柄断面呈长方形，与 Bb 型短剑相同，剑柄饰有之字纹，与 DI 式短剑相同。再者，DI 式短剑与 CI 式短剑也存在联系，两者都具有相似的八字形剑格。[②]

II 式：柄首呈两并列的圆环，有的两环间饰有蛇头（图 2：12）。剑柄断面呈长方形或工字形。有的剑柄表面饰 S 形双首夔龙纹或鹿等四肢折叠的食草动物。D 型短剑有从 I 式剑首两同心圆中的小孔扩大发展成为 II 式双环状剑首的发展趋势。

（二）青铜短剑的年代及其分期

判断欧亚草原东部青铜短剑的年代绝非易事。不同类型的青铜短剑并不共存，无法通过类型间的共存关系验证变化的方向。再者，共存关系明确的器物数量也不多，其中大部分都集中在长城地带。表 2 整理了欧亚草原东部与青铜短剑诸型式共存的器物及其墓葬 ^{14}C 测年的结果。其中，青铜短剑在南西伯利亚和长城地带分别与各自系统的器物共存。只是草原系器物的编年研究并不充分，故而年代主要依靠 ^{14}C 测年的结果。在长城地带，青铜短剑与年代明确的中原系青铜容器及武器并存。本文中，青铜容器的年代主要参考朱凤瀚的编年 [③]，青铜武器的编年主要参考林巳奈夫的研究成果 [④]。

有关 A 型短剑，I 式和 II 式间存在年代差异。AI 式短剑在新疆莫呼查汗 IM101 与长柄短刃的青铜刀共存 [⑤]，AII 式短剑在新疆石门子 M4 与有銎两翼铜镞共存 [⑥]。相似的长柄短刃铜刀还出现在图瓦 Казановка-2 墓地 5 号墓中。根据 ^{14}C 年代测定的结果，Казановка-2 墓地 5 号墓的年代被判定为 900—790BC。[⑦] 乌拉尔南部的 Гумарово 墓地 1 号坟 3 号墓中附葬有成组的有銎两翼镞，其墓葬的年代被认为是前 7 世纪左右。[⑧]

Bb 型短剑在南山根 M101 与鼎、簋、戈、矛等中原系器物共存。[⑨] 其中，鼎、簋

---

① 北京市文物研究所：《军都山墓地：玉皇庙》，文物出版社 2007 年版，第 916 页。

② 八木聡：「中国北方系青銅短剣の編年と地域間交流」，载高滨秀先生退職紀念論文集編集委員会編：『ユーラシアの考古学—髙濱秀先生退職記念論文集』，六一書房 2014 年版，第 129—143 頁。

③ 朱凤瀚：《古代中国青铜器》，南开大学出版社 1995 年版，第 124—125 页。

④ 林巳奈夫：『中国殷周時代の武器』，京都大学人文科学研究所，1972 年，第 14—96 頁。

⑤ 新疆维吾尔自治区文物考古研究所编：《新疆莫呼查汗墓地》，科学出版社 2016 年版，第 126—127 页。

⑥ 新疆文物考古研究所：《呼图壁县石门子墓地考古发掘简报》，《新疆文物》2013 年第 2 期。

⑦ Г. И. Зайцевой, Н. А. Боковенко, А. Ю. Алексеева, К. В. Чугунова, Е. М. Скотт, *Евразия в скифскую эпоху Радиоуглеродная и археологическая хронология*, Москва: ТЕЗА Санкт-Петербург, 2005, pp. 114-116.

⑧ Исмагилов, Погребение Большого Гумаровского кургана в Южном Приуралье и проблема происхождения скифской культуры, *Археологический сборник*, 29, 1988, pp. 29-47.

⑨ 辽宁省昭乌达盟文物工作站、中国科学院考古研究所东北工作队：《宁城县南山根的石椁墓》，《考古学报》1973 年第 2 期。

的形制特征，与三门峡虢国墓地M1612、M1657、M1052、M1820等[①]，西周晚期至春秋早期的器物一致。Ba型短剑在平泉东南沟M6[②]和瓦房中M791[③]与戈共存。这两件戈的援部较长，援锋呈三角形，符合西周晚期至春秋早期的形态特征。故而，B型短剑的年代属于西周晚期至春秋早期。

C型铜剑的各式间存在年代性的差异。首先，CI式短剑在图瓦的阿尔赞1号墓[④]、Тигир Тайджен-4墓地1区1号墓[⑤]，米努辛斯克的Батени墓地3号坟21号墓[⑥]中与有銎两翼镞共存。根据^{14}C测年的结果，这些墓葬的年代主要集中在前9—前8世纪。其次，出土CII式短剑的墓葬有图瓦阿尔赞2号坟5号墓[⑦]，河北北辛堡M1[⑧]、甘肃庄浪邵坪村[⑨]、宁夏的撒门村M3[⑩]等。其中，根据^{14}C测年的结果，阿尔赞2号坟的年代被判定为前7世纪末。在河北怀来北辛堡M1中，CII式短剑与鼎、豆、壶、戈等物共存。其中，铜鼎的足部较为细长，具备春秋晚期至战国早期的形制特征。戈的援部变短，援锋呈圆弧状，显现战国时代的特征。再次，CIII式短剑在宁夏的王大户M1[⑪]，甘肃的袁家村[⑫]、红岩[⑬]中与戈共存，这些戈的形制具有战国晚期的时代特征。

在玉皇庙墓地中，DI式短剑在M250中与青铜戈与铆共存，DII式短剑在M156、M171中与铆共存。[⑭]其中，戈的年代可以被判断为春秋中期。铆流行于中原地区的春秋中期至战国时期。M250与M156墓葬中出土的青铜铆存在形制上的差异。M171墓葬中的铆，其形制类似长治分水岭M269[⑮]春秋晚期墓葬中的器物。因此，DI式短剑的年代相当于春秋中期，DII式短剑的年代相当于春秋晚期。

---

① 中国科学院考古研究所：《上村岭虢国墓地》，科学出版社1959年版，第13—16页。

② 河北省博物馆、文物管理处：《河北平泉东南沟夏家店上层文化墓葬》，《考古》1977年第1期。

③ 宁城县文化馆、中国社会科学院研究生院考古系东北考古专业：《宁城县新发现的夏家店上层文化墓葬及其相关遗物的研究》，《文物资料丛刊》1985年第9期。

④ М. П. Грязнов, *Аржан Царский курган раннескифского времени*, Москва: Наука, 1980, pp.17-24.

⑤ Г. И. Зайцевой, Н. А. Боковенко, А. Ю. Алексеева, К. В. Чугунова, Е. М. Скотт, *Евразия в скифскую эпоху Радиоуглеродная и археологическая хронология*, Москва: ТЕЗА Санкт-Петербург, 2005, p.113.

⑥ Н. Л. Членова, *Происхождение и ранняя история племён тагарской культуры*, Москва: Наука, 1967, pp.14-25.

⑦ Chugunov et. al., *Der skythenzeitliche Fürstenkurgan Arzan 2 in Tuva*, Berlin: Verlag philipp von zabern Mainz, 2010, pp.22-68.

⑧ 河北省文化局文物工作队：《河北怀来北辛堡战国墓》，《考古》1966年第5期。

⑨ 庄浪县博物馆：《庄浪县邵坪村出土一批青铜器》，《文物》2005年第3期。

⑩ 罗丰、韩孔乐：《宁夏固原近年发现的北方系青铜器》，《考古》1990年第5期。

⑪ 宁夏文物考古研究所、彭阳县文物管理所：《王大户与九龙山：北方青铜文化墓地》，文物出版社2016年版，第189页。

⑫ 刘得祯、许俊臣：《甘肃庆阳春秋战国墓葬的清理》，《考古》1988年第5期。

⑬ 刘得祯、许俊臣：《甘肃庆阳春秋战国墓葬的清理》，《考古》1988年第5期。

⑭ 北京市文物研究所：《军都山墓地：玉皇庙》，文物出版社2007年版，第915—987页。

⑮ 山西省文物工作委员会晋东南工作组、山西省长治市博物馆：《长治分水岭269、270号东周墓》，《考古学报》1974年第2期。

表 2 欧亚草原东部的青铜短剑及其共存遗物

地点	墓葬	短剑型式					共存遗物	^{14}C 测年结果	文献出处
		A	B		C	D			
			a	b					
新疆	莫呼查汗 IM101	I (1)					刀		新疆维吾尔自治区文物考古研究所编：《新疆莫呼查汗墓地》，科学出版社 2016 年版
新疆	石门子 M4	II (1)					铜镞		新疆文物考古研究所：《呼图壁县石门子墓地考古发掘简报》，《新疆文物》2013 年第 2 期
河北	平泉东南沟 M6		(1)				戈		河北省博物馆、河北文物管理处：《河北平泉东南沟夏家店上层文化墓葬》，《考古》1977 年第 1 期
辽宁	瓦房中 M791		(1)				戈		宁城县文化馆、中国社会科学院研究生院考古系东北考古专业：《宁城县新发现的夏家店上层文化墓葬及其相关遗物的研究》，《文物资料丛刊》1985 年第 9 期
辽宁	南山根 M101			(4)			鼎、簋、簠、戈等		辽宁省昭乌达盟文物工作站、中国科学院考古研究所东北工作队：《宁城县南山根的石椁墓》，《考古学报》1973 年第 2 期
图瓦	Arzan 1 号墓				I (2)		铜镞	822—791BC	М. П.Грязнов, Аржан Царский курган раннескифского времени, Москва: Наука, 1980
米努辛斯克	Батени, курган III, могила 21				I (1)		铜镞		Н. Л.Членова, Происхождение и ранняя история племён тагарской культуры, Москва:Наука, 1967
图瓦	Тигир Тайджен-4,погребения 1 курган 1				I (1)		铜镞	1000—830BC	Г. И. Зайцевой, Н. А. Боковенко, А. Ю. Алексеева, К. В. Чугунова, Е. М. Скотт, Евразия в скифскую эпоху Радиоуглеродная и археологическая хронология, Москва:ТЕЗА Санкт-Петербург, 2005
图瓦	Arzan 2 号坟 5 号墓				II (2) (铁)			619—608BC	Chugunov et.al., Der skythenzeitliche Fürstenkurgan Arzan 2 in Tuva, Berlin: Verlag philipp von zabern Mainz, 2010
河北	北辛堡 M1				II (1)		鼎、戈等		河北省文化局文物工作队：《河北怀来北辛堡战国墓》，《考古》1966 年第 5 期
甘肃	庄浪邵坪村				II (2)		戈		庄浪县博物馆：《庄浪县邵坪村出土一批青铜器》，《文物》2005 年第 3 期
宁夏	撒门村 M3				II (1)		戈		罗丰、韩孔乐：《宁夏固原近年发现的北方系青铜器》，《考古》1990 年第 5 期
内蒙古	范家窑子				II (1)		戈		李逸友：《内蒙古昭乌达盟出土的铜器调查》，《考古》1959 年第 6 期

续表

地点	墓葬	短剑型式					共存遗物	^{14}C 测年结果	文献出处
		A	B		C	D			
			a	b					
宁夏	王大户 M1				III(1)		戈		宁夏文物考古研究所、彭阳县文物管理所：《王大户与九龙山：北方青铜文化墓地》，文物出版社 2016 年版
甘肃	宁县袁家村				III(1)		戈		刘得祯、许俊臣：《甘肃庆阳春秋战国墓葬的清理》，《考古》1988 年第 5 期
甘肃	红岩				III(1)		戈		刘得祯、许俊臣：《甘肃庆阳春秋战国墓葬的清理》，《考古》1988 年第 5 期
北京	玉皇庙 M250					I (1)	銎、戈等		北京市文物研究所：《军都山墓地：玉皇庙》，文物出版社 2007 年版
北京	玉皇庙 M156					II (1)	銎		北京市文物研究所：《军都山墓地：玉皇庙》，文物出版社 2007 年版
北京	玉皇庙 M171					II (1)	銎		北京市文物研究所：《军都山墓地：玉皇庙》，文物出版社 2007 年版

说明：短剑型式栏中括号内的数字表示数量。

根据上述年代的判定，本文将草原地带东部的青铜短剑的演变过程整理成图 2 的谱系图。并根据各个类型的消长以及将要在下文探讨的分布状况，将公元前一千纪青铜短剑的演变过程划分为两个大的时期四个小的阶段。

第一期以甲类青铜短剑的流行作为指标，并按 D 型短剑的出现将该一时期划分为两个小的阶段。具体而言，第一阶段 A 型、B 型、C 型短剑流行。年代相当于西周晚期至春秋早期，或塔加尔文化 Bainovo 文化期，实际年代为公元前 9—前 8 世纪。第二阶段 D 型短剑出现。年代相当于春秋中期，或塔加尔文化 Podgornovo 文化期，实际年代为公元前 7 世纪。

第二期以乙类 C 型短剑的扩张作为指标，并以 C 型短剑 II 式向 III 式的转变作为划分阶段的依据。第一阶段将 CII 式短剑作为指标，第二阶段将退化的 CIII 式短剑作为指标。第一阶段年代相当于春秋晚期至战国早期，或塔加尔文化 Saragash 期，实际年代为公元前 6—前 5 世纪。第二阶段相当于战国晚期，巴泽雷克文化时期，实际年代为公元前 4—前 3 世纪。

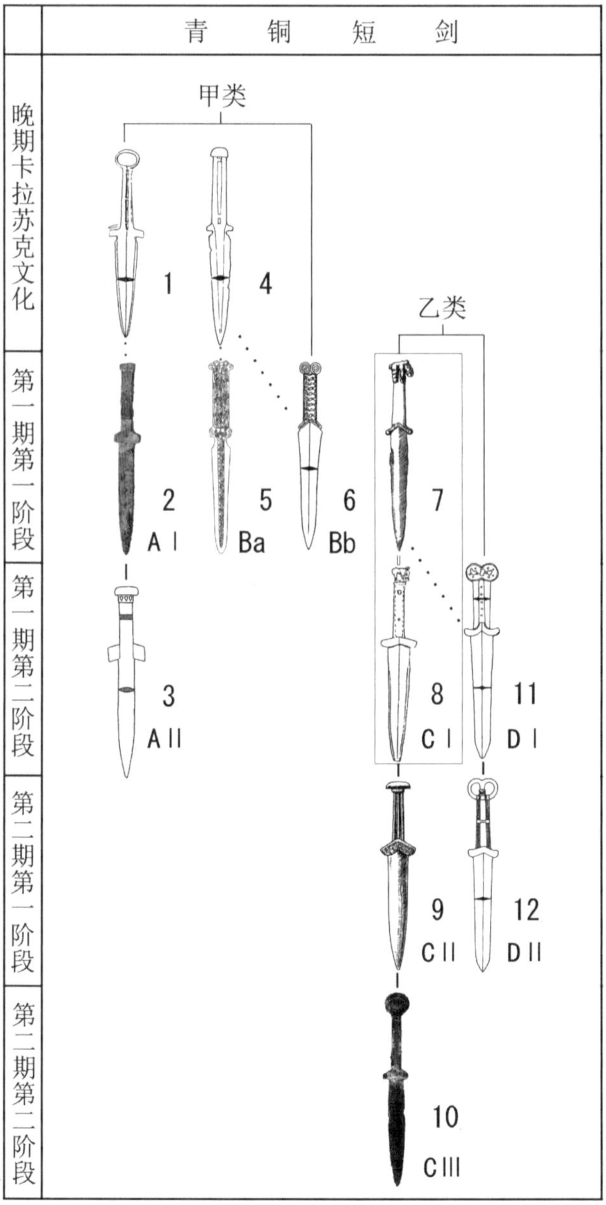

图2 草原地带东部青铜短剑的谱系

1. 米努辛斯克采集；2. 莫乎查汗I号墓地M101；3. 石门子M4；4. 米努辛斯克采集；5. 小黑石沟采集；6. 小黑石沟85NDXAIM3；7. 米努辛斯克采集；8. 米努辛斯克采集；9. 米努辛斯克采集；10. 王大户PWM6；11. 玉皇庙M142；12. 玉皇庙M171。

三、各类青铜短剑在各个时期的分布状况

（一）第一期

第一期第一阶段（公元前9—前8世纪），甲类青铜短剑分布在从南西伯利亚草原至长城地带的广大地区。具体来说，各类型具有各自的分布区域。AI式短剑的分布集中在阿尔泰及其以南的新疆；Ba型、Bb型短剑的分布集中在辽西。另外，乙类青铜短剑CI式出现在米努辛斯克和图瓦（图3）。

第一期第二阶段（公元前7世纪），甲类青铜短剑AII式主要分布在阿尔泰及其以南的新疆，乙类青铜短剑CI式主要分布在米努辛斯克和图瓦。两者随着时间的推移，并未发生向外扩张的现象。再者，在长城地带，DI式短剑受Bb型短剑和CI式短剑两方面的影响，在燕山以南出现（图4）。

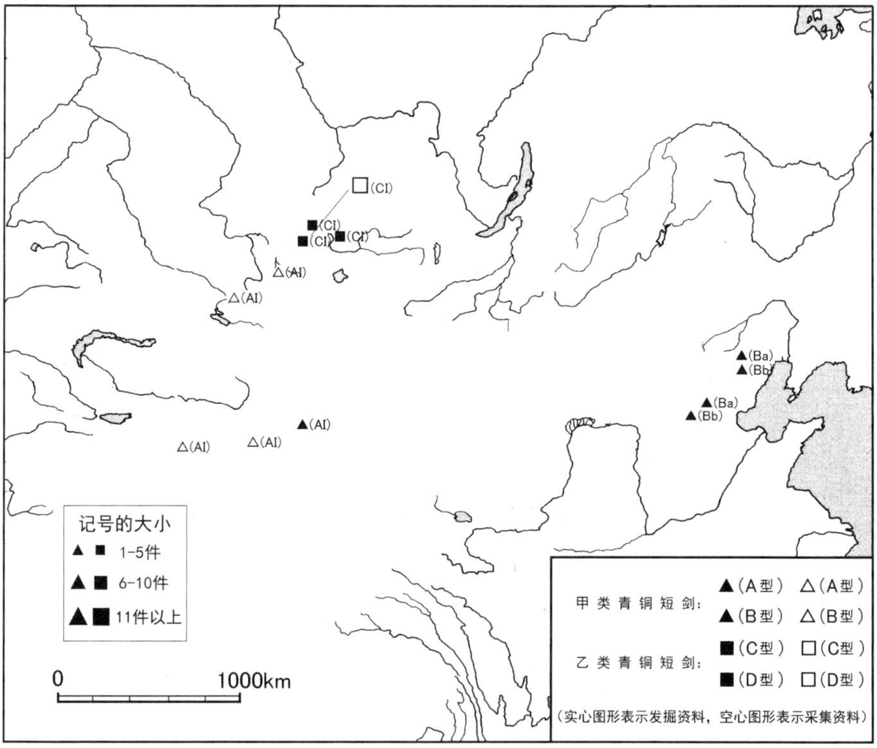

图3　第一期第一阶段青铜短剑的分布状况

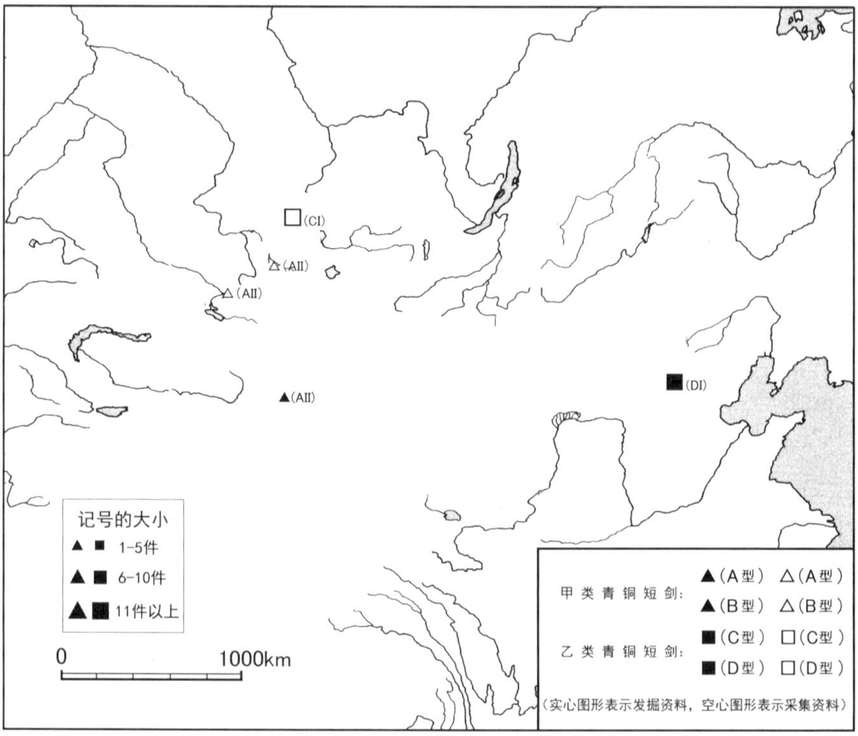

图 4　第一期第二阶段青铜短剑的分布状况

（二）第二期

第二期第一阶段（公元前 6—前 5 世纪）是米努辛斯克和图瓦的乙类短剑直接向长城地带扩张的时期。在上一阶段，米努辛斯克和图瓦的 CI 式短剑的文化要素向燕山地区传播，致使燕山地区的 DI 式短剑与 CI 式短剑在八字形剑格方面具有类似的形态。然而，在本阶段，CII 式短剑的直接扩张与上一阶段的文化要素的传播具有本质的不同。具体而言，在米努辛斯克、图瓦、阿尔泰等地普及的 CII 式短剑从南西伯利亚急速扩张至内蒙古中南部以西，甚至是燕山地区。另一方面，在燕山地区，固有的 DII 式短剑依旧流行。如此，在内蒙古中南部以西分布有南西伯利亚的 CII 式短剑，在燕山地区分布有长城地带的 DII 式短剑，形成长城地带东部与西部的差异（图 5）。

第二期第二阶段（公元前 4—前 3 世纪）是南西伯利亚的乙类短剑继续向长城地带直接扩张的时期。相较第一阶段不同的是，CIII 式短剑从图瓦、阿尔泰等南西伯利亚经新疆东部扩展至甘肃东部以及宁夏地区（图 6）。

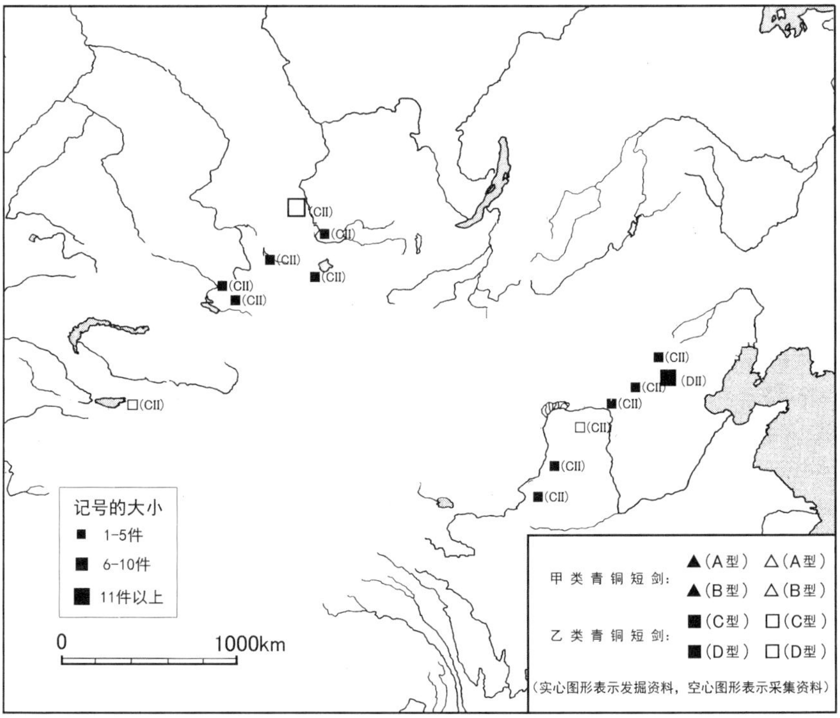

图5　第二期第一阶段青铜短剑的分布状况

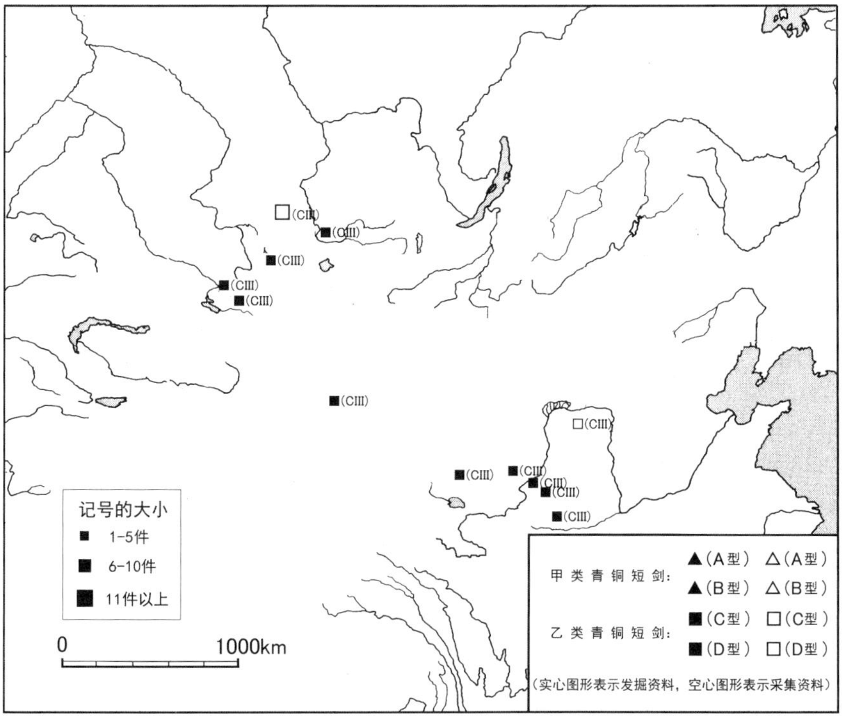

图6　第二期第二阶段青铜短剑的分布状况

四、从青铜短剑的发展考察欧亚草原东部初期骑马游牧文化的动态

公元前9—前7世纪是欧亚草原东部骑马游牧文化发展的第一期。此时，草原东部的青铜短剑逐渐脱离晚期卡拉苏克文化要素，呈现出地域性特征，从而在南西伯利亚和长城地带分别形成稳定的文化分布圈。

具体而言，第一期第一阶段（公元前9—前8世纪），继承了卡拉苏克文化要素的甲类铜剑（A型和B型）在阿尔泰、长城地带等地出现。具有塔加尔文化要素的乙类铜剑（C型）在米努辛斯克、图瓦独立产生。然而，甲类铜剑内部各类型的分布范围不尽相同。譬如，A型短剑集中分布在阿尔泰山及其以南的新疆；B型短剑集中分布在长城地带东部的辽西。尽管A型短剑的数量很少，但是根据其与长柄短刃青铜刀的共存，两者皆属塔加尔文化Bainovo期遗存的可能性较大。① 而长柄短刃青铜刀的分布范围，南可至新疆和田的流水墓地，东可至贝加尔湖以东、蒙古高原中部。再者，就墓葬形制而言，青铜时代晚期以来，积石冢分布在蒙古高原的西部，板石墓分布在蒙古高原的东部，两者的分布区在贝加尔湖以东、蒙古高原中部重合。② 如此，A型短剑和B型短剑一东一西的分布状态与蒙古高原墓葬形制的东西差异一致。

第一期第二阶段（公元前7世纪），D型短剑受到B型短剑和C型短剑的共同影响，在长城地带东部出现。然而，D型短剑除剑格外，很少有属性与南西伯利亚草原的C型短剑相同或相似。这是因为D型短剑集中分布在燕山以南，受到了燕国或其他中原国家的影响。在北京的玉皇庙墓地，中原系青铜礼器只随葬在少数大型墓葬中，说明玉皇庙墓地将中原系青铜礼器作为表现阶层结构的重要器物，接受了来自中原系统的社会秩序。③ 另一方面，C型短剑在南西伯利亚也是作为高等级墓葬的随葬品而存在的，代表着草原系统的社会秩序。故而C型短剑的多数属性很难向接受了中原系统社会秩序的长城地带传播。

公元前6—前3世纪是草原东部骑马游牧文化发展的第二期。此时，米努辛斯克、图瓦、阿尔泰等地的青铜短剑急速向内蒙古中南部、甘肃东部、宁夏等地扩张。长城

---

① И. П. Лазаретов, Памятники баиновского типа и тагарская культура, *Археологические Вести*, Вып. 14, 2007, pp. 93-105.

② A. D. Cybiktarov, Central Asia in the Bronze and Early Iron Ages, *Archaeology, Ethnology & Anthropology of Eurasia*, no.1, 2003, pp.80-97.

③ 宮本一夫：「中国古代北疆史の再構築」，『中国古代北疆史の考古学的研究』，中国書店出版社2000年版，第302—310頁。

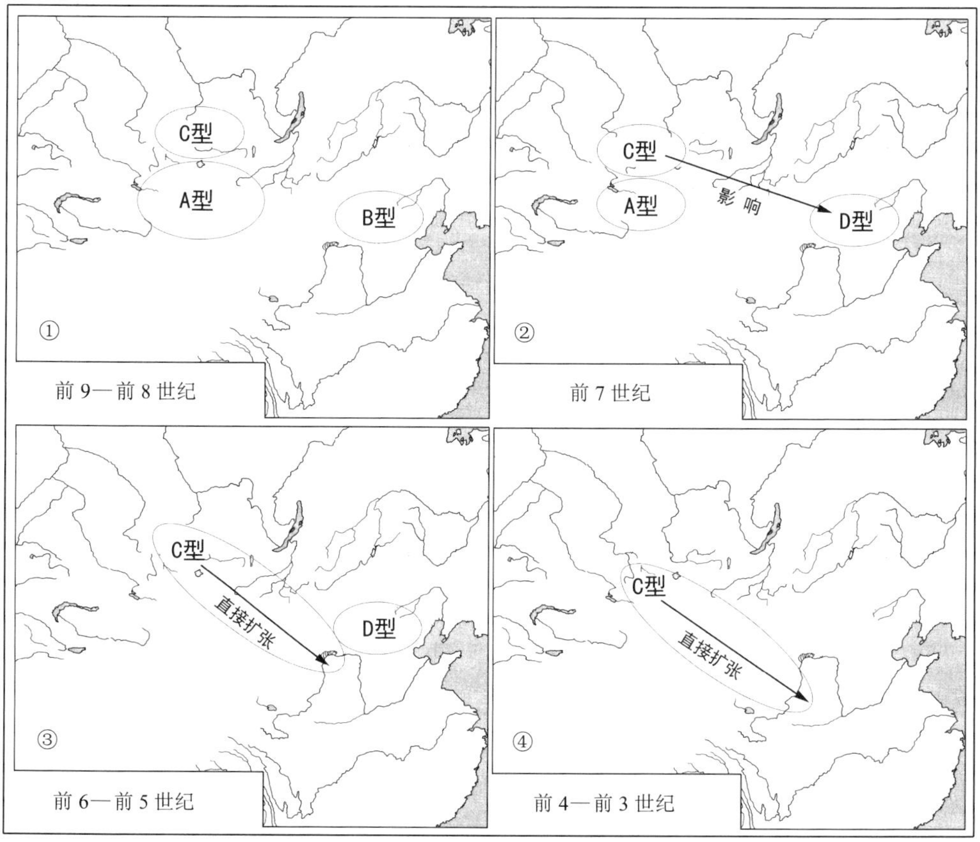

图 7 欧亚草原地带东部青铜短剑发展模式图

地带的文化面貌发生了巨大的改变。

第二期第一阶段（公元前 6—前 5 世纪），DII 式短剑的剑柄出现四肢相叠的草原文化动物形象以及中原青铜器的夔龙纹等。这说明 DII 式短剑受到草原文化和中原文化两方面的影响。再者，燕国或其他中原国家在埋葬制度以及陪葬品等方面对燕山山脉的影响持续增强，大型墓葬中频繁出现中原系的青铜礼器、武器、车马具等。至第二期第二阶段（公元前 4—前 3 世纪），伴随中原要素的持续增多，长城地带东部最终直接或间接成为燕国支配的地域。[①]

第二期第一阶段（公元前 6—前 5 世纪），在 CII 式短剑的剑首中，出现成对的格里芬形象。这种格里芬形象与黑海北岸古典斯基泰纹饰非常相似，说明南西伯利亚草原可能受到黑海北岸的影响，并形成了新的装饰风格。再者，已有人指出米努辛斯克、

① 宫本一夫：「漢と匈奴の国家形成と周辺地域－農耕社会と遊牧社会の成立－」，『東アジアと日本－交流と変容－統括ワークショップ報告書』，九州大学21 世纪COE プログラム（人文科学），2007 年，第111—121 頁。

图瓦、阿尔泰的文化因素在这一时期急速向长城地带西部扩张。[①] 结合青铜短剑的分布，第一阶段有CII式短剑从米努辛斯克、图瓦向内蒙古中南部扩张，第二阶段有CIII式短剑从阿尔泰经新疆东部向宁夏、甘肃东部扩张。就墓葬形制而言，内蒙古中南部和宁夏南部、甘肃东部也有较大的差异。[②] 这种差异可能是分别受到米努辛斯克、图瓦和阿尔泰等地影响而造成的。另外，由于CII式短剑和CIII式短剑在这一时期扩张至长城地带西部，与长期接受燕国或其他中原国家影响的东部并立，进而造成长城地带东部与西部的差异。

在欧亚草原东部初期骑马游牧文化的扩张过程中，本文选取物质文化中具有指标意义的青铜短剑作为研究对象考察文化的详细动态，认为公元前9—前7世纪是骑马游牧文化地域性特征形成的时期，公元前6—前3世纪是骑马游牧文化在欧亚草原东部大规模扩张的时期。欧亚草原东部骑马游牧文化的动态并不是单一维度，就文化系统内部而言，还包括武器、马具、石构遗迹等物质方面的变革以及与其相关的经济、社会、宗教等方面多维度的变化。因此，有关今后欧亚草原东部骑马游牧文化的考古学研究，还需仰赖严谨且缜密的类型学、年代学等基础问题的解决以及多维度、多层次、多学科知识体系的构建。

（责任编辑：郑春颖）

---

① 杨建华、邵会秋：《匈奴联盟与丝绸之路的孕育过程——青铜时代和早期铁器时代中国北方与欧亚草原的文化交往》，《吉林大学社会科学学报》2015年第1期。

② 宮本一夫：「オルドス青銅器文化の地域性と展開（上）」，『古代文化』1999年第51巻第9号；「オルドス青銅器文化の地域性と展開（下）」，『古代文化』1999年第51巻第10号。

辽东半岛地区汉代古城初步研究*

王禹浪　王俊铮**

摘　要：辽东半岛汉代古城是该地区汉代政治、经济、文化发展水平的集中体现，二十余座城址的发现表明这一地区业已形成繁荣的城市文明，延续并进一步发展了燕秦时期开启的辽东半岛由农业村落向古代城邑的演变进程。辽东半岛汉代古城规模大小不一，平面形状有长方形、方形、矩尺形、三角形等类型，并全部分布在辽东半岛两翼沿黄、渤二海地区。汉代古城城市设施已基本完备，与中原地区汉代城址形制基本一致，尚未发现瓮城和马面遗迹。

关键词：汉代古城；辽东半岛；城市文明；辽东郡

一、辽东半岛汉代古城研究概述①

战国后期，随着燕国“秦开却东胡千里”，燕国东部疆域向辽东地区大幅扩展，大量汉人进入辽东半岛，加之山东半岛齐地居民大批泛海而来，辽东半岛出现了繁荣的城市文明。从辽东半岛战国至汉代古城的分布情况来看，大连地区显然是战国至汉代东北筑城文明最繁荣的地区，是辽东半岛名副其实的经济中心，地位仅次于辽东郡郡治所在之辽阳城。牧羊城、张店汉城、陈屯汉城、大岭屯汉城等十余座战国至汉代古城，以及南山里、营城子、董家沟、花儿山、姜屯等地发现的数以千计的汉墓，反映了汉代大连地区城市文明的发达和人口的稠密。大量精美遗物的发现更是印证了这一地区经贸往来之频繁。特别是一批高规格遗物的发现，如营城子 76 号墓出土的金质联珠十龙纹带铐、营城子沙岗子 2 号墓出土的东汉“羽化升仙”壁画、普兰店姜屯 45 号墓出土的圭璧组合玉覆面以及张店汉城南郊南海甸子发现的马蹄金，更进一步反映了汉代大连地区的繁荣景象。这一时期秽貊族群与汉族人群充分融合，共同创造了大连古代文明史上第一个黄金期。今营口市盖州地区是经济文化较为繁荣的区域，盐铁手工业尤其发达。鞍山和丹东地区较大连和营口则相对逊色。

---

* 本文为 2016 年度大连市社科联（社科院）重大课题项目“大连古代文明研究 —— 西汉苍海郡与大连城史纪元研究”（项目编号：2016dlskzd007）的阶段性成果。

** 王禹浪，黑河学院远东研究院名誉院长、特聘教授；王俊铮，俄罗斯阿穆尔国立大学宗教学与历史学教研室博士研究生。

① 本文所探讨的辽东半岛范围包括大连、营口、鞍山（除辽河以北的台安县）和丹东四座地级市。

在辽东半岛汉代古城的综合著录和研究方面，大连和营口地区已对汉代古城进行系统梳理和综合研究，鞍山和丹东地区这一工作尚为空白。张翠敏、姜宝宪的《大连地区汉代城址考辨》是目前大连地区汉代古城最系统的研究成果，对大连地区汉代古城数量进行了最新的统计，阐述了其形制、分布等情况，并结合汉代行政建制的等级划分，试图探索本市汉城的行政体系。截至目前，除庄河地区尚未发现汉代城址外，大连地区其余市、县、区均发现了汉代城址，共计14座，其中旅顺口区2座，分别为铁山街道牧羊城、江西街道大潘家汉城；金州新区5座，分别为开发区大李家街道大岭屯汉城、董家沟街道小董家沟屯北山汉城、金州区三十里堡东马圈子汉城、华家屯镇杨家店汉城、杏树街道猴儿石村单家沟汉城；瓦房店市3座，分别为太阳升乡王店村陈屯汉城、李官镇李官汉城、长兴岛北海村土城子汉城；普兰店区3座，分别为铁西街道张店汉城、杨树房镇战家村黄家亮子汉城、城子坦镇金山村严屯大城山汉城；长海县1座，即广鹿岛朱家村汉城。[①]需要特别指出的是，学术界一般都将普兰店星台镇葡萄沟村巍霸山城定为高句丽时期古城，但笔者在对山城进行实地调查时，在靠近西城处采集到东汉时期菱形花纹砖一块，该砖系东汉墓葬用砖，疑其附近有东汉时期墓葬。进而由此推测，巍霸山城可能始建于东汉，后为高句丽所沿用。[②]故普兰店巍霸山城也应纳入汉代古城行列。除此之外，2014年8月，大连市文物考古研究所在甘井子区营城子镇西北文家屯遗址附近发现了绳纹板瓦、筒瓦、绳纹砖等典型的汉代遗物，此外还发现了10余米长的夯土遗迹。[③]汉代夯土遗迹和绳纹瓦的发现表明这一带应存在建筑遗迹。虽然古城遗址尚不明了，但笔者以为，营城子一带也应是一座重要的汉代古城所在地，故将其定为“营城子汉城”。因此，据目前所掌握的材料来看，大连地区汉代古城应共计16座。大连地方史专家王万涛还对包括汉代古城在内的大连地区古代城址进行了系统梳理和分类，将其分为军事城堡、州县治所、综合性城邑、粮秣储藏转运城邑、驿邮城邑五大类，其中牧羊城属于军事城堡，张店汉城和大岭屯汉城属于州县治所，朱家村汉城为粮秣储藏转运城邑。[④]营口地区汉代古城的综合著录成果见于营口市博物馆研究员崔艳茹、孙璇合撰的《营口地区汉代的城址与墓葬》一文，该文著录了5座营口地区汉代古城，并对该地区汉墓类型进行了研究。[⑤]

汉代古城的专题性研究方面，曹汛的《叆河尖古城和汉安平瓦当》通过对丹东叆

① 张翠敏、姜宝宪：《大连地区汉代城址考辨》，《辽宁省博物馆馆刊（2012）》，辽海出版社2013年版。

② 王禹浪、王文轶：《辽东半岛地区的高句丽山城》，哈尔滨出版社2008年版，第53页；王文轶、王秀芳：《高句丽巍霸山城初探》，《哈尔滨学院学报》2008年第1期。

③ 刘金友、王飞峰：《大连营城子汉墓出土金带扣及其相关研究》，《北方文物》2015年第3期。

④ 王万涛：《浅说大连古代城邑与近代城市》，《大连日报》2005年12月18日，第B02版。

⑤ 崔艳茹、孙璇：《营口地区汉代的城址与墓葬》，《辽东史地》2008年第1期。

河尖古城出土的汉代安平瓦当的分析论证，认为该古城确系汉代西安平县县治。[①]刘美晶的《辽东半岛第一城——旅顺牧羊城城址》对牧羊城的形制、遗址状况、出土文物、民间传说、地理位置、发掘沿革等做了较系统的阐释，具有一定的学术价值。[②]上述两文是目前仅见的两篇单独对辽东半岛某一座汉代古城进行研究的专题性文章。

总体来说，目前学术界有关辽东半岛汉代古城的研究已有不少成果，但多是将本市汉代文明或置于本地区通史的研究与撰写范式下进行的，也有一些成果以志书体例写作而成，如《辽宁通史》[③]、《大连通史》[④]、《大连考古研究》[⑤]、《大连文化解读》[⑥]、《大连文化之旅》[⑦]、《大连文物要览》[⑧]、《瑰宝·大连文物》[⑨]、《故园·大连古城》[⑩]、《营口通史》[⑪]、《营口地方史研究》[⑫]、《鞍山历史》[⑬]、《鞍山地方史研究》[⑭]、《丹东史迹》[⑮]等著作均对本市辖境内汉代古城有所涉猎。特别值得一提的是，刘俊勇等撰写的《大连地区汉代物质文化研究》[⑯]、《论大连（旅顺）史在中国东北史中的地位》[⑰]、《大连地区是汉代辽东郡的经济中心》[⑱]等多篇文章，从宏观大历史视角，将大连地区汉代古城置于本市区域古代文明史以及东北史框架中加以考察。

除此之外，还有一些学者对辽东半岛汉代古城和墓葬中出土的文物进行了研究，这一方面的成果主要集中在大连地区，主要有王珍仁的《大连地区出土的汉代陶俑概述》[⑲]，刘婷婷的《大连地区出土汉代陶质建筑模型研究》[⑳]、《辽南地区出土汉代文物研究》[㉑]，刘立丽的《旅顺博物馆藏大连地区出土汉代陶建筑明器研究》[㉒]、《旅顺博物馆藏

① 曹汛：《叆河尖古城和汉安平瓦当》，《考古》1980年第6期。
② 刘美晶：《辽东半岛第一城——旅顺牧羊城城址》，《东北史地》2007年第3期。
③ 朱诚如、邸富生主编：《辽宁通史》，大连海事大学出版社1997年版。
④ 《大连通史》编纂委员会编：《大连通史》（古代卷），人民出版社2007年版。
⑤ 刘俊勇：《大连考古研究》，哈尔滨出版社2003年版。
⑥ 李振远：《大连文化解读》，大连出版社2009年版。
⑦ 马玉全编：《大连文化之旅》，大连出版社2009年版。
⑧ 大连市文化广播影视局（新闻出版和版权局、文物局）编：《大连文物要览》，大连出版社2009年版。
⑨ 王珍仁、苏慧慧：《瑰宝·大连文物》，大连出版社2012年版。
⑩ 王国栋：《故园·大连古城》，大连出版社2013年版。
⑪ 于阜民主编：《营口通史》，社会科学文献出版社2001年版；营口市史志办公室编：《营口通史》（第一、二卷），万卷出版公司2012、2015年版。
⑫ 李有升主编：《营口地方史研究》，辽宁民族出版社1997年版。
⑬ 鞍山市教育研究中心：《鞍山历史》，内部发行，1989年。
⑭ 刘景玉主编：《鞍山地方史研究》，辽宁民族出版社1997年版。
⑮ 任鸿魁：《丹东史迹》，辽宁民族出版社2005年版。
⑯ 刘俊勇、刘婷婷：《大连地区汉代物质文化研究》，《辽宁师范大学学报（社会科学版）》2012年第1期。
⑰ 刘俊勇：《论大连（旅顺）史在中国东北史中的地位》，《大连大学学报》2004年第1期。
⑱ 刘俊勇：《大连地区是汉代辽东郡的经济中心》，《大连日报》2015年11月27日，第A09版。
⑲ 王珍仁：《大连地区出土的汉代陶俑概述》，《文物春秋》1995年第2期。
⑳ 刘婷婷：《大连地区出土汉代陶质建筑模型研究》，《黑龙江史志》2012年第5期。
㉑ 刘婷婷：《辽南地区出土汉代文物研究》，辽宁师范大学硕士学位论文，2012年。
㉒ 刘立丽：《旅顺博物馆藏大连地区出土汉代陶建筑明器研究》，《考古与文物》2012年第5期。

大连地区出土汉代陶灶研究》[①]、《大连地区出土汉代青铜器浅析》[②]等。阎海撰写了《熊岳及周边地区汉代文化遗存简述》[③]、《营口地区汉代文字砖所反映的汉代丧葬习俗》[④]，对营口汉代文物背后的历史信息进行揭示和解读。

在辽东半岛汉代古城历史地理考据方面，学术界主要集中在对沓氏县、文县治所的考证上。沓氏县地望有辽阳[⑤]、旅顺牧羊城[⑥]、大连开发区大岭屯汉城[⑦]、董家沟汉城[⑧]、普兰店张店汉城[⑨]、大连甘井子区营城子[⑩]等众家之说。王绵厚结合实地踏查，再次明确了张店汉城为沓氏县治所的观点，并认为张店汉城是两汉时期在辽东半岛南部形成的一个民族聚邑和经济、文化中心。[⑪]王禹浪、王俊铮合撰的《汉代辽东郡沓氏县、东沓县、沓津合考》一文是关于汉沓氏县问题的最新研究成果。该文认为："大连旅顺口区牧羊城位于辽东半岛最南端，且符合'西南临海渚'的记载，城址附近密集的汉代贝墓和砖室墓，证明了其应为汉代沓氏县。随着沓氏县人口大量集聚，沓氏县迁址于牧羊城东北的今甘井子区营城子，是为东沓县。牧羊城附近的于家村老船坞港向北延展至羊头洼港，则为沓津之地。"[⑫]文县治所则有瓦房店陈屯汉城[⑬]、海城析木城[⑭]、大石桥进步村汉城[⑮]、盖州城关汉城[⑯]等说法。苗威系统考述了秦汉辽东郡的边界、诸县治地望。[⑰]张翠敏、姜宝宪对大连地区现存的14座汉代城邑的行政级别、功能做了有益的探索，认为："西汉时期城址已初具规模，有些城址甚至沿用战国晚期城址，东汉时期继续沿用并新筑城址。这些城址既有县城，也有邑、乡、里、亭、邮性质的城；既

---

① 刘立丽：《旅顺博物馆藏大连地区出土汉代陶灶研究》，《东北史地》2012年第5期。

② 刘立丽：《大连地区出土汉代青铜器浅析》，《收藏家》2012年第8期。

③ 阎海：《熊岳及周边地区汉代文化遗存简述》，《辽东史地》2008年第1期。

④ 阎海：《营口历史与文物论稿》，吉林大学出版社2011年版，第133页。

⑤ 《奉天府二·古迹》，载（清）穆彰阿等纂修：《嘉庆重修大清一统志》，《四部丛刊续编·史部》，上海书店1984年影印本，第3册，第5页。

⑥ 〔日〕原田淑人著，黄子文、刘俊勇译：《牧羊城（二）——南满州老铁山麓汉及汉以前遗迹》，载郭富纯主编：《旅顺博物馆学苑》，吉林文史出版社2010年版，第224—225页。

⑦ 〔日〕三宅俊成：《大岭屯城址》，《满蒙》1933年第6期；〔日〕三宅俊成：《大岭屯城址的考察》，载苏秉琦主编：《考古学文化论集》（四），文物出版社1997年版，第51页。

⑧ 〔日〕岩间德也：《汉沓氏县考》，《满洲学报》1932年第1卷。

⑨ 刘俊勇：《辽东沓氏县、汶县县治考订》，《博物馆研究》1993年第3期；刘俊勇：《大连考古研究》，第82—83页；苗威：《秦汉辽东郡考述》，《朝鲜·韩国历史研究》（第16辑），延边大学出版社2005年版，第14—30页。

⑩ 《追溯大连的城史纪元》，《大连日报》2005年11月13日，第B01版。

⑪ 王绵厚：《普兰店张店汉城与熊岳汉城再踏查絮记》，载郭富纯主编：《旅顺博物馆学苑》，第83—86页。

⑫ 王禹浪、王俊铮：《汉代辽东郡沓氏县、东沓县、沓津合考》，《黑龙江民族丛刊》2016年第6期。

⑬ 刘俊勇：《辽东沓氏县、汶县县治考订》，《博物馆研究》1993年第3期；刘俊勇：《大连考古研究》，第82—83页；苗威：《秦汉辽东郡考述》，《朝鲜·韩国历史研究》（第16辑），第14—30页。

⑭ 孙进己、冯永谦：《东北历史地理》（第一卷），黑龙江人民出版社1989年版，第296页。

⑮ 崔艳茹、冯永谦、崔德文：《营口市文物志》，辽宁民族出版社1996年，第49—50页。

⑯ 阎海：《营口历史与文物论稿》，第6—10页。

⑰ 苗威：《秦汉辽东郡考述》，《朝鲜·韩国历史研究》（第16辑），第14—30页。

有行政中心城，也有海防城，在功能和性质上城已经有了区分。”①

宋协毅、王禹浪以大连地区汉代古城为切入点，深入剖析了大连城史纪元这一深刻命题，提出：“无论这些城址是具有军事筑城意义，或是商品经济发展的结果，还是意味着行政统治中心，都足以说明大连地区城史纪元的开端应该始于汉代。应该说这是大连城史发展的第一个阶段，即大连古代城史兴起的纪元期。这些筑城的存在，证明了早在19世纪末俄国殖民者在进入大连地区之前的汉朝，中原王朝就已经开创了大连城史的古代纪元。”②2016年初，王禹浪等发表了《西汉“南闾秽君”、苍海郡与临秽县考》一文，对秽人“南闾秽君”率族众28万人口南迁“辽东内属”、汉武帝设苍海郡这一历史事件的来龙去脉进行了深入研究，并对苍海郡及张店汉城出土的“临秽丞印”封泥所反映的临秽县地望进行了详细考据，最终将其确定在张店汉城，该城分大、小城的城址结构很可能正是苍海郡与其下辖首县临秽县同城分治的反映。③该文冲破了大连城市发展史的传统研究思路，苍海郡的建置无疑将大连地区的早期筑城级别提升到了新的高度，即大连并非仅仅是县治所在，而应是郡一级别的高等级行政建置，是当时辽东地区地位仅次于辽东郡治所襄平（今辽阳）的“副省级城市”和辽东半岛南部的中心城邑。若苍海郡郡治位于张店汉城一说能够成立，那么对大连城史纪元将有必要重新思考，并做出全新的论证。大连城史纪元并非始于边陲县城或海防戍堡要塞，而是始于一座东北地区重要的汉代郡级都市，这一定位必将极大地提升大连市的文化软实力和历史竞争力，也无疑将会提高大连在全国范围内的城市历史纪元中的地位。

二、辽东半岛汉代古城述论

（一）大连地区汉代古城

（1）牧羊城：又称木羊城，为辽东半岛最南端的一座战国至汉代的古城，也是沓氏县境内最重要的海港城邑，有学者称之为“辽东半岛第一城”④。牧羊城位于大连市旅顺口区铁山街道刁家村西南、刘家村东南的一处台地上，西南距渤海东海岸约500米。古城地势较高，居高临下，既能够免遭海水侵蚀及陆上水患，还能有效管控海面情况，具备军事侦察能力及沿海防御能力。城址呈长方形，东西宽98米，南北长133米，城

---

① 张翠敏、姜宝宪：《大连地区汉代城址考辨》，《辽宁省博物馆馆刊（2012）》，辽海出版社2013年版。

② 宋协毅、王禹浪：《大连城史纪元的新思考》，《大连大学学报》2004年第3期。

③ 王天姿、王禹浪：《西汉“南闾秽君”、苍海郡与临秽县考》，《黑龙江民族丛刊》2016年第1期。

④ 刘美晶：《辽东半岛第一城——旅顺牧羊城城址》，《东北史地》2007年第3期。

墙为夯土筑成，墙基用石块垒砌，现残高2—3米，残长10余米。孙宝田《旅大文献征存》卷二《选举、名胜古迹》云："木羊城：《盛京通志》云：在宁海县城西南一百五十里，周围二百五十步，一门。"[①] 牧羊城内曾出土战国时期燕国刀币、"明"字圜钱、匽刀币、灰陶器和汉代半两、五铢、大泉五十等货币，以及铜带钩、铜敦、铁农具等金属器物以及制造铜斧的范，还出土了树木纹"乐央"文字瓦当及代表官方政府往来的"河阳令印"和"武库中丞"封泥。1928年，日本东亚考古学会和关东厅博物馆联合对牧羊城进行发掘，出版了《牧羊城——南满洲老铁山麓汉及以前遗迹》的考古报告集，作为《东方考古学丛刊》第二册。牧羊城附近的尹家村、刁家村等地分布有密集的汉代贝墓和砖室墓[②]，此外还有大坞崖汉代聚落遗址。[③] 鲁家村窖藏曾出土一批珍贵的汉代铜器。[④]

笔者以为，"沓氏"之意当为移民沿山东半岛与辽东半岛之间的岛链渡海，纷至沓来。因此，沓氏县治所应位于距离山东半岛最近、辽东半岛最南端的沿海登陆地点。结合《水经注》、《资治通鉴》胡三省注对沓氏县"西南临海渚"的记载，沓氏县当位于今大连旅顺口区牧羊城。牧羊城附近的于家村老船坞港，及其向北扩展至羊头湾沿岸的羊头洼港背风浪小、港阔水深，是辽东半岛重要的天然出海良港，当为沓氏县辖境内最重要的"沓津"。[⑤]

（2）大潘家汉城：位于大连市旅顺口区江西镇大潘家村，第二次文物普查资料显示古城为长方形，东西长约160米，南北宽90米，文化层厚约1.3米。现已破坏严重，难以辨识，仅残存一段城墙。早在20世纪30年代，这一带就曾发现西汉贝墓和东汉砖室墓。1992年3—4月，大连市文物管理委员会办公室、旅顺博物馆等组成考古队，对基建工程水库淹没区内的大潘家村新石器时代遗址进行发掘时，清理了三座打破新石器时代文化层的西汉墓葬。[⑥] 大潘家汉城是距离牧羊城最近的汉代古城，两城互呈拱卫之势，应存在密切联系。该城很可能作为牧羊城的卫星城而存在。

（3）营城子汉城：大连市甘井子区营城子一带系大连地区最重要的汉墓分布区之一，汉墓群在营城子地区的旅大铁路两侧延绵近10公里。早年日本人发掘的沙岗子2号墓墓壁上绘有东汉"羽化升仙"壁画。从2003年开始，大连考古工作者对营城子汉墓进行了长达七年的抢救性考古发掘工作，共发现墓葬200多座，出土文物3200多

---

① 孙宝田编：《旅大文献征存》，大连出版社2008年版，第56页。
② 刘俊勇：《大连尹家村、刁家村汉墓发掘简报》，《大连文物》1990年第2期。
③ 大连市旅顺口区文化体育局（徐英廷主编）：《解读旅顺历史文化》，内部发行，2006年，第41页。
④ 刘俊勇：《旅顺鲁家村发现一处汉代窖藏》，《旅大日报》1978年7月6日，转引自许明纲等编：《大连历史与文物资料目录》，哈尔滨出版社2003年版，第59页。
⑤ 王禹浪、王俊铮：《汉代辽东郡沓氏县、东沓县、沓津合考》，《黑龙江民族丛刊》2016年第6期。
⑥ 刘俊勇：《辽宁大连大潘家村西汉墓》，《考古》1995年第7期。

件。大量汉墓的发现与发掘表明该地区曾聚集稠密的人口，应有城址或聚落遗址。王禹浪曾在2005年指出："营城子汉代墓地的周边可能存在着汉代重要的城市居民的生活区。因此，开展在营城子地区寻找汉代的城市聚落，这是城史纪元研究中的重要课题。"① 遗憾的是当时在营城子地区始终未能发现汉代古城遗址。据张翠敏等人的文章："根据汉墓分布状况分析，现营城子村和牧城驿明城址下推测可能是营城子城址。牧城驿明城周围尚存五个巨型明代烽火台，烽火台内有汉瓦和花纹砖，有可能存在汉代烽火台。营城子村东曾发现汉代遗址和窑址。"② 刘俊勇也指出："营城子一带只有前牧城驿旧明代驿城内尚未发现汉墓，寻找营城子汉城的重点应放在那里。"③ 但营城子汉城应位于明牧城驿一带的说法始终未能得到考古学上明确的证实。令人欣喜的是，2014年8月，大连市文物考古研究所在营城子镇西北文家屯遗址附近发现了绳纹板瓦、筒瓦、绳纹砖等典型的汉代遗物，特别是发现了10余米长的夯土遗迹。④ 汉代夯土遗迹和绳纹瓦的发现表明这一带至少存在建筑遗址。虽然古城遗址尚不明了，但笔者以为，营城子文家屯一带很可能正是失落已久的汉代古城遗址所在地。该城可能为汉朝政府在沓氏县（即牧羊城）以东设置的东沓县故址。⑤

（4）董家沟汉城：位于大连市经济技术开发区董家沟街道小董家沟屯，卧龙河（即董家沟河）右岸靠近小窑湾的近海台地上。古城原存在城墙，城内曾出土五铢钱、汉代铁器等。由于城址遗迹现已难寻，故其形制及规模不甚清楚。董家沟附近有大量汉代土圹贝墓和砖室墓，为整个辽东半岛黄海沿岸汉墓最密集的地区，初步勘测汉墓群面积有数万平方米。20世纪二三十年代，日本考古学者曾对董家沟汉墓进行发掘，90年代考古工作者又对其进行过发掘。⑥2006年，大连市文化局文物处组织大连地区考古工作者对董家沟汉代墓葬进行考古发掘，发掘汉代墓葬20余座，其中砖室墓均为夫妻合葬墓，墓中出土了大量陶罐、陶灶、陶井、陶俑、陶炉等。其中一座墓中还出土了一件高圈足、两面有兽面衔环铺首的青铜簋，表明墓主人具备一定的经济实力，拥有一定的社会地位。

（5）大岭屯汉城：位于大连市开发区大李家街道大岭屯东北、小宋屯以北的青云河左岸台地上。城址大致北起"凌云渡桥"高架水渠，东止于某部队驻地，西为伟达机械厂，南抵乡间土路。旧董大线公路从城址中东西向穿过。公路以南的低地为砖砌农业大棚，为城址中心区。大岭屯城址形状略呈方形，边长150米左右。城址所处台地大致呈东北向西南倾斜，因而城址北部略高于南部。1932—1933年，日本学者三宅

① 转引自《追寻大连的城史纪元2》，http://www.dlxww.com/static_pages/city/rzcs/nianling/3.htm?q=itpnx。

② 张翠敏、姜宝宪：《大连地区汉代城址考辨》，《辽宁省博物馆馆刊（2012）》，辽海出版社2013年版。

③ 刘俊勇：《对营城子汉墓旧疑问的新认识》，《大连日报》2012年11月29日，第A19版。

④ 刘金友、王飞峰：《大连营城子汉墓出土金带扣及其相关研究》，《北方文物》2015年第3期。

⑤ 王禹浪、王俊铮：《汉代辽东郡沓氏县、东沓县、沓津合考》，《黑龙江民族丛刊》2016年第6期。

⑥ 金州博物馆：《大连董家沟汉墓清理简报》，《大连文物》1997年第1期。

俊成两次对大岭屯汉城进行发掘，清理出石斧、石刀等石器，夹砂褐陶片、筒瓦、板瓦、半瓦当等陶质遗物，还有铜镞、带钩、铁斧等铜铁制品，以及燕国刀币、新莽货泉等古代货币[①]，可知该城始建于战国，经两汉沿用至魏晋。

（6）朱家村汉城：位于大连市长海县广鹿岛东南部朱家村以东一处海岸高地上，据文物普查资料可知古城平面呈三角形，西墙长110米，南墙宽约90米。因城址毁漶严重，西墙现残长约50米，南墙残宽20米，城址靠近崖边尚残存一段高约60—80厘米的夯土城墙。城址北部有一直径约15米、残高3米的烽火台遗迹。城址中曾出土灰色绳纹陶片、明刀币等战国至汉代遗物。朱家村遗址文化堆积丰厚，年代跨度时间较长，下层为双砣子一期文化，距今4000年左右。[②]朱家村汉城系辽东半岛唯一一座黄海海岛汉城，为承载海防和对外贸易职能的汉代古城。

（7）杨家店汉城：位于大连市金州区华家屯镇杨家店村杨家屯北200米处。城址平面呈方形，边长约150米。现损毁严重，仅在遗址东乡路东侧土崖壁上发现一长约10米、厚1.5米的文化层，其中花纹砖、素面砖混杂，其他遗存无发现。[③]

（8）单家沟汉城：位于大连金州区杏树街道猴儿石村单家沟屯西南沿海高地上，城址沿海山崖处尚残留一段夯土墙基，残长约24米，残宽约1—2米。2005年，村民在修建山庄时，曾挖出过陶钵、陶罐、瓦当、五铢钱等遗物，为东汉时期城址。[④]

（9）马圈子汉城：位于大连市金州区三十里堡街道老虎山脚下的卫国乡马圈子村，濒临三十里堡河。汉城为相邻的两座，即东马圈子城址和西马圈子城址，是辽东半岛罕见的汉代“双子城”。东马圈子汉城城址南北长约120米，东西宽约80米。20世纪七八十年代，因住宅建设和农用需要，考古工作者曾先后对西马圈子城址进行过两次抢救性发掘，在70年代的一次发掘中，发现了汉代砖室墓和石板墓近20座；在80年代的发掘中，清理出陶鼎、陶罐、陶灶、陶楼和白陶瓮等遗物，其墓葬形制、出土遗物特征与营城子汉墓完全一致。[⑤]西马圈子城址上层为辽金时期聚落遗存。2007年，大连市文化局组织考古学家对东马圈子汉墓进行了抢救性发掘，清理出汉代砖瓦、陶器、铁制生产工具、五铢钱等遗物。马圈子汉城东西两城紧相毗连的形制为研究辽东半岛汉代古城提供了难得的新材料。

（10）黄家亮子汉城：位于大连普兰店区杨树房镇战家村黄家亮子屯后山，城址呈

---

① 〔日〕三宅俊成：《大岭屯城址》，《满蒙》1933年第6期；〔日〕三宅俊成：《大岭屯城址的考察》，载苏秉琦主编：《考古学文化论集》（四），第51页。

② 大连市文化广播影视局（新闻出版和版权局、文物局）编：《大连文物要览》，第32页。

③ 张翠敏、姜宝宪：《大连地区汉代城址考辨》，《辽宁省博物馆馆刊（2012）》，辽海出版社2013年版。

④ 张翠敏、姜宝宪：《大连地区汉代城址考辨》，《辽宁省博物馆馆刊（2012）》，辽海出版社2013年版。

⑤ 吕伯、晋伯：《金州马圈子汉墓发掘简报》，《金州博物馆馆刊》1990年第1期；金州博物馆：《金州马圈子汉墓》，《大连文物》1995年第1期。

长方形，东西长100米，南北宽50米。北墙保存较完整，东、西两墙仅存城垣基址，南墙已坍塌无存，现存墙壁高约2—3米，宽2.5米。城门位于南墙，朝向东南，高2.5米，宽5米。其余三面城墙未见城门。城址内曾出土大量战国至汉代灰陶罐、绳纹瓦、豆座、细柄豆盘等遗物。城址东北沙条地中曾出土战国“匽”刀币100斤左右，可见城内曾居住着拥有巨额财富的富商巨贾。

（11）张店汉城：普兰店张店汉城是辽东半岛规模较大的汉代古城，位于大连市普兰店区花儿山乡张店村北，东临平安河，南为鞍子河，靠近普兰店湾。古城为夯筑土城，分大、小两座，大城南北长约340米，东西宽约240米；小城东西长约140米，南北宽约113米。大城居北，地势较低，小城居南，小城较大城地势稍高。城墙为土石修筑。城址内现为农田，其轮廓已模糊难辨，但在城址内还可随意捡到汉代砖瓦残件。考古工作者曾在城址内及其周边发现战国至汉代的大量珍贵遗物，如“临秽丞印”封泥、“射襄之印”铜印、“高阳”铜印、“千秋万岁”瓦当、绳纹大瓦、铜镞、铜带钩、铁农具、五铢钱、货泉等遗物，在城址南部1.5公里处的南海甸子还出土了马蹄金。马蹄金的出土进一步佐证了该城的等级。《汉书·武帝纪》云：“诏曰：有司议曰，往者朕郊见上帝，西登陇首，获白麟以馈宗庙，渥洼水出天马，泰山见黄金，宜改故名。今更黄金为麟趾褭蹏以协瑞焉。”可知马蹄金系皇帝祝祷封赏的宝物。马蹄金出土于张店汉城南郊，足见该城曾与汉朝发生过非同一般的联系。马蹄金现为旅顺博物馆镇馆之宝。张店古城城北的姜屯汉墓与邻近的驿城堡、乔屯、陈茔等墓地共同构成了张店古城汉代墓葬群，这是迄今所发现的东北地区南部最大的汉代墓地。多数学者认为该古城符合《资治通鉴》胡三省注所云之辽东郡沓氏县“西南临海渚”，故应是汉代沓氏县县治之所在。王禹浪、王俊铮近年经考究后提出，张店汉城优越的自然地理环境和地理位置、较复杂的规制以及古城与周边墓葬中出土的大量高品级遗物，表明张店汉城已超过了县一级行政建制，可能就是汉武帝为削弱来自朝鲜半岛的卫氏朝鲜的压力，专为南迁至此的“南闾秽君”所设之苍海郡郡治。

（12）大城山汉城：位于大连普兰店区城子坦镇金山村严屯大城山上，城址原为长方形，东西长110米，南北宽74米。城墙现已不存，变为耕地，城址内文化层厚1米左右，曾出土陶罐、铜镞、布币、瓦等文物。[①]

（13）巍霸汉城：位于大连普兰店区星台镇郭屯村葡萄沟北面海拔420米的巍霸山上。学术界一般将普兰店星台镇葡萄沟村巍霸山城定为高句丽时期古城，但王禹浪、王文轶等学者在对山城进行实地考察时，在西城附近采集到东汉时期菱形花纹砖一块，现收藏于大连大学中国东北史研究中心历史文物陈列馆。该砖系东汉墓葬用砖，疑

① 张翠敏、姜宝宪：《大连地区汉代城址考辨》，《辽宁省博物馆馆刊（2012）》，辽海出版社2013年版。

其附近有东汉时期墓葬。进而由此推测，巍霸山城可能始建于东汉，后为高句丽所沿用。[①] 但关于巍霸山城汉代遗存的具体情况目前尚不清楚。

（14）陈屯汉城：位于大连瓦房店市太阳升乡王家村陈屯，东风水库下游，南临复州河。城址呈方形，边长约 800 米，城墙系夯土筑城，现存东墙长 520 米，宽 12 米，残高 2—3 米。北墙与西墙几乎完全平毁，南墙则于 1981 年毁于复州河洪水。城址内发现大量陶片、绳纹砖、瓦、烧土、木炭、烧骨等遗存。在城址内一断层中曾出土铁镢 6 件及铁釜和其他铁制品。1994 年，为配合东风水库建设，曾发掘了 170 多座墓葬，以瓮棺墓居多。陈屯汉城有少量贝墓，但主要是瓮棺墓、石板墓和砖室墓，说明陈屯汉城始于西汉时期，但主要遗存是东汉至魏晋时期墓葬，遗物以东汉时期为主。[②] 刘俊勇等一些学者主张陈屯汉城为辽东郡下辖文县（后改称汶县）县治，城址南部复州河即“汶水”。[③] 张翠敏等认为：“城内采集的遗物主要是东汉时期，因此陈屯汉城有可能是东汉时期汶县城址，而西汉时期文县是否是陈屯城址还有待考证。”[④]

（15）北海土城子汉城：位于大连瓦房店市长兴岛北海村土城屯白泥山西北，城址平面呈方形，边长约 100 米。城墙为夯土筑成，现仅存城墙基，墙宽约 6 米，残高约 0.2 米。城址附近有土城子贝墓群、南窑贝墓群等战国至汉代墓葬群。

（16）李官汉城：位于大连瓦房店市李官镇李官村，城址呈方形，边长约 400 米。城址在 20 世纪 80 年代修建沈大高速公路时遭到严重破坏，遗迹现已全无。城址北、西两面紧邻李官汉墓群，地表可见汉代花纹砖、陶片等遗物。

（二）营口地区汉代古城

（1）盖州城关汉城：该城系营口地区规模最大的汉代古城，位于营口盖州市明代盖州卫砖城下，南临大清河（盖州河）。盖州城关汉城平面呈长方形，东西长约 800 米，南北宽约 600 米，其南城墙位置在盖州卫明城墙南墙与钟鼓楼之间。20 世纪 60 年代，营口地区考古工作者在盖州镇明城墙夯土层中发现了大量汉代大板瓦、筒瓦等遗物。1981 年，在钟鼓楼西南 200 米路南一居民宅院内发现汉代地下排水管道。由于汉城被明代盖州卫城叠压，因此城址中汉代遗物出土有限，但古城周边的城关乡门屯村、路西村、自治村、麻麦庄村、农民村、路东村、繁荣村、新华村等地，均发现了大量汉代墓葬群及遗址。从汉城遗址的规模及周边存在大量汉墓且多出土精美文物等因素

---

① 王禹浪、王文轶：《辽东半岛地区的高句丽山城》，哈尔滨出版社 2008 年版，第 53 页；王文轶、王秀芳：《高句丽巍霸山城初探》，《哈尔滨学院学报》2008 年第 1 期。

② 吴青云：《对瓦房店市陈屯汉魏墓地进行考古发掘》，载大连市史志办公室编：《大连年鉴（1995）》，大连出版社 1995 年版，第 367 页。

③ 刘俊勇：《大连考古研究》，第 83—84 页。

④ 张翠敏、姜宝宪：《大连地区汉代城址考辨》，《辽宁省博物馆馆刊（2012）》，辽海出版社 2013 年版。

来看，盖州城关汉城无疑是今营口地区的政治、经济、文化中心，亦是辽东半岛一座重要的都会。《汉书·地理志》记载："平郭，有铁官、盐官。"《新唐书·地理志》载贾耽《道里记》云："自安东都护府西南至建安城三百里，故汉平郭县也。"据此里程推断，平郭县在今盖州市一带。盖州北有大石桥市周家乡于家堡村打铁炉沟屯的汉代铁矿山与冶铁作坊遗址，出土了铁渣堆及大量汉代建筑材料与生活用具。故盖州城关汉城即汉辽东郡下辖之平郭县故址。①

（2）姜家岗汉城：位于营口盖州市熊岳镇西南九垅地乡厢红旗村西姜家岗屯。城址呈方形，边长200米，城墙仅存南墙东段和东墙南段。城址内散布夹砂泥质粗绳纹灰陶器残片。姜家岗汉城靠海，盛产海盐，可能系平郭县盐官驻地，与英守沟铁官城构成平郭县"南盐北铁"的格局。②

（3）温泉村汉城：位于营口盖州市熊岳镇东南、陈屯乡和平村西北处温泉村，熊岳河北岸台地上。《辽宁省盖平县志》记载："古城在城（今盖州市区）南六十里，周围八十五步，今废无考。"③城址呈长方形，东西长约400米，南北宽约300米。城址文化层厚1米，遗物有绳纹陶片、陶瓮、陶豆残片及汉瓦、砖等。城址周围的和平村、背阴寨村、东达营村发现汉代墓地。崔艳茹等学者认为："从其周边出土的墓葬时代上分析，时代均较晚，因此该城址应是东汉时期海侵平郭'盐城'即姜家岗汉城后，平郭'盐城'东迁后之城址，即为平郭东汉末至魏晋时期专司盐业之城。"④

（4）英守沟汉城：位于营口大石桥市汤池乡英守沟北。20世纪60年代尚能辨别轮廓，城址平面呈方形，边长200米。城址北半部有东西并列的两个高台，系建筑遗存。高台上遍布灰色绳纹板瓦、弦纹板瓦、筒瓦等，还发现"长乐"文字瓦当及大量陶器碎片。文化层下有古井一眼，圆形，石砌井壁。城址周围的大北阳山和裂缝山上发现冶铁窑址、开采铁矿的古矿道等以及大量汉墓，墓主人应系冶铁作坊的手工业人员及其家属。关于英守沟汉城的性质，存在汉安市县、平郭县铁官城等说法。崔艳茹等学者认为该城系平郭铁官城，汉安市县应为海城析木汉城。⑤

（5）进步村汉城：位于营口大石桥市永安乡进步村西南40米处。城址平面呈长方形，东西长约200米，南北宽约100米。城址内有汉代布纹瓦、绳纹砖等遗物。村民曾在地下1米处发现砖墙，砖墙下即为夯土墙。营口地区的文物工作者多将该城认定为汉代文县故址。崔艳茹等学者认为："城址西界紧邻辽东湾和淤泥河入海口处。与之

① 崔艳茹、冯永谦、崔德文：《营口市文物志》，辽宁民族出版社1996年版，第48—49页。
② 崔艳茹、孙璇：《营口地区汉代的城址与墓葬》，《辽东史地》2008年第1期。
③ 石秀峰、王郁云纂：《辽宁省盖平县志》（一），《中国地方志丛书·东北地方·第十三号》，据民国十九年铅印本影印，第138页。
④ 崔艳茹、冯永谦、崔德文：《营口市文物志》，第49—50页。
⑤ 崔艳茹、冯永谦、崔德文：《营口市文物志》，第49—50页。

毗邻的柳树镇西大平山南坡的战汉时期遗址有好几处，并且这些遗址距该城址只有几华里路程。这些遗址可能就是辽东文县民流徙渡海的登舟乘船的码头。”①

（三）鞍山地区汉代古城

（1）旧堡村汉城：位于鞍山市南 5 公里千山区旧堡村西南、折柳河北岸的一块高地之上。城址面积 7 万余平方米，其南部由于农民取土，形成了一长约 80 米的东西向地层剖面，文化层厚达 2 米。城址遗迹有建筑址 4处、灰坑 3 个、居住面 2 处，窖藏 1 处。遗物多为灰陶残片、绳纹砖、细绳纹板瓦、筒瓦、瓦头、半两钱、五铢钱等。在城址周围东至大孤山镇、唐家房，南至汤岗子东南大屯，西至宁远屯、双楼台，北至鞍山市铁西区陶官屯、铁东区长甸铺的范围内，分布着密集的汉墓群。刘景玉等学者认为该城址系辽东郡下辖之新昌县故址。②

（2）芦屯村汉城：位于鞍山海城市西南 20 公里感王镇东上夹河村东、芦屯村西，新开河北岸，西南 15 公里为太子河。城址东高西低，平面呈长方形，东西长约 1000 米，南北宽约 500 米。新开河自东向西流淌，打破城址。从新开河北岸断层可看出长约 300 米、厚约 2.5 米的文化层，文化层中夹杂着灰坑、红烧土、红灰陶片和大量灰色绳纹砖、大板瓦、绳纹瓦、布纹瓦等建筑材料。上夹河村东南有大量汉墓。《鞍山市文物志》定其为辽队县。③

（3）老墙头汉城：位于鞍山海城市西四方台村。具体情况不明。刘景玉等定其为汉辽队县故址。④

（4）析木城：位于鞍山海城市东南 20 公里的析木镇。城址近方形，东西 322 米，南北宽 364 米，城墙为夯筑土城，城墙基宽约 8 米，残高 1 米，西南城角保存完好，城外有护城河。城内出土遗物有泥质灰陶片、绳纹砖、板瓦等，城中心出土有冶铁渣。1988 年 8 月，城址西南角地下两米处发现了钱币窖藏，出土 2800 余枚半两钱，重达 15 公斤，半两钱有“秦半两”和“汉半两”。刘景玉等将其定为汉代安市县故址。⑤

（四）丹东地区汉代古城

（1）刘家堡汉城：位于丹东凤城市凤山区利民村刘家堡，北距凤城镇 8 公里。城址北部为低缓丘陵，西部为起伏群山，东 1 公里处为二龙山，二龙山以东 3 公里即

---

① 崔艳茹、孙璇：《营口地区汉代的城址与墓葬》，《辽东史地》2008 年第 1 期。
② 刘景玉主编：《鞍山地方史研究》，辽宁民族出版社 1997 年版，第 64 页。
③ 安士全主编：《鞍山市文物志》，辽宁大学出版社 1989 年版，第 34 页。
④ 刘景玉主编：《鞍山地方史研究》，第 68—70 页。
⑤ 刘景玉主编：《鞍山地方史研究》，第 68—70 页。

为凤凰山。城址南部地势平坦开阔，凤（城）岫（岩）公路从古城址前经过，二龙河紧靠公路北侧，由西向东流淌。1972年，利民村群众反映，这里经常发现古代的砖瓦石块和陶片，丹东市文物工作者对这里进行了实地调查，采集到大量汉代遗物。1982年，丹东市文化局文物普查队又复查了该遗址，并在村南100余米的耕地断崖处发现了约1米厚的文化层。经初步调查，确定这是一座古城遗址。城址坐北朝南，呈方形，边长为500米，面积为25万平方米。城墙土筑，现因风雨侵蚀和人为取土破坏，已很难辨出基形，唯西墙壁还可大略看出是一条高出地面的土垅，基本保持原貌。古城中曾出土一百余斤战国明刀币。历次调查还采集到饰有斜方格、米字几何形纹的汉代空心砖，以及卷云几何纹瓦当，这类遗物为辽东半岛其他古城所罕见，但在刘家堡汉城却出土颇多。这些应为官府所用的建筑材料多出土于城址中部和北部靠山部位，这为寻找官府所在地提供了重要线索。古城北侧、刘家埠东北山坡一带曾发掘瓮棺墓群。刘家堡汉城出土了大量战国时期遗物，为丹东地区最古老城址。1995年10月，经国家文物局批准，由辽宁省文物考古研究所与凤城市文物管理所组成的联合考古队，对刘家堡汉城中心区进行了小面积发掘，挖探沟22条，开探方2个，发掘了西汉建筑房址、城基沟壕石墙、布道等遗迹。其中建筑遗址3处，有一处房址房瓦坍落有序，遗址上堆积大量西汉早期砖瓦，院落中有用板瓦竖置修砌的人行步道。战国至西汉文化层之上还叠压着辽代文化层。学术界一般认为该城址为辽东郡东部都尉及武次县故址。①

（2）叆河尖汉城：位于丹东市振安区九连城镇上尖村附近鸭绿江与叆河交汇的沙洲上。城址北临叆河，东临鸭绿江，与朝鲜隔江相望。城址平面呈长方形，城墙为石基土筑，南北长600米，东西宽500米，总面积30万平方米。城址损毁严重，仅东北、西南城角尚存，高度不足1米。石砌城基埋入地下约1米。城门址已模糊不清。在城址西北角夯土台基西南面，经考古发掘可知，下层为汉代遗存，中层出土了高句丽红瓦片、莲花纹瓦当，上层为辽金时期遗存。城址内遗存丰富，发现西汉时期陶器、“穿上一横”和“穿下半星”五铢钱、铁铧等。“安平乐未央”文字瓦当的发现尤为重要，为探索叆河尖汉城的性质提供了最重要的实物依据。学术界多据此认为该城系汉代西安平县故址。城外东部和南部分布着密集的汉墓，东部汉墓多为积石墓，城南多为石板墓。② 墓葬情形表明该城居民可能存在族群分异——这些石构墓葬可能与辽东土著居民秽貊族有关。

为了方便论述，兹将辽东半岛汉代古城基本信息整理制表如下：

---

① 任鸿魁：《丹东史迹》，辽宁民族出版社2005年版，第181—184页。

② 曹汛：《叆河尖古城和汉安平瓦当》，《考古》1980年第6期；辽宁省地方志编纂委员会办公室主编：《辽宁省志·文物志》，辽宁人民出版社2001年版，第66—67页。

表1　辽东半岛汉代古城基本信息

<table>
<tr><th>序号</th><th>古城名称</th><th>形状</th><th>周长（米）</th><th>靠近河流</th><th>性质</th><th>所属区县</th><th>所属地级市</th></tr>
<tr><td>1</td><td>牧羊城</td><td>长方形</td><td>462</td><td>无</td><td>沓氏县（原田淑人；安志敏；王禹浪、王俊铮）</td><td rowspan="2">旅顺口区</td><td rowspan="16">大连市</td></tr>
<tr><td>2</td><td>大潘家汉城</td><td>长方形</td><td>500</td><td>无</td><td></td></tr>
<tr><td>3</td><td>营城子汉城</td><td>不详</td><td>不详</td><td>无</td><td>东沓县（王禹浪、王俊铮）</td><td>甘井子区</td></tr>
<tr><td>4</td><td>董家沟汉城</td><td>不详</td><td>不详</td><td>卧龙河</td><td>沓氏县（岩间德也）</td><td rowspan="2">经济技术开发区</td></tr>
<tr><td>5</td><td>大岭屯汉城</td><td>方形</td><td>600</td><td>青云河</td><td>沓氏县（三宅俊成）</td></tr>
<tr><td>6</td><td>朱家村汉城</td><td>三角形</td><td>300</td><td>无</td><td></td><td>长海县</td></tr>
<tr><td>7</td><td>杨家店汉城</td><td>方形</td><td>600</td><td>登沙河</td><td></td><td rowspan="3">金州区</td></tr>
<tr><td>8</td><td>单家沟汉城</td><td>不详</td><td>不详</td><td>柳家河</td><td></td></tr>
<tr><td>9</td><td>东马圈子汉城[1]</td><td>长方形</td><td>400</td><td>三十里堡河</td><td></td></tr>
<tr><td>10</td><td>黄家亮子汉城</td><td>长方形</td><td>300</td><td>沙河</td><td></td><td rowspan="4">普兰店区</td></tr>
<tr><td>11</td><td>张店汉城</td><td>矩尺形</td><td>1386</td><td>鞍子河</td><td>a. 沓氏县（刘俊勇；王绵厚；苗威等）
b. 苍海郡（王禹浪、王俊铮）</td></tr>
<tr><td>12</td><td>大城山汉城</td><td>长方形</td><td>368</td><td>碧流河</td><td></td></tr>
<tr><td>13</td><td>巍霸汉城</td><td>不详</td><td>不详</td><td>碧流河</td><td></td></tr>
<tr><td>14</td><td>陈屯汉城</td><td>方形</td><td>3200</td><td>复州河</td><td>a. 文/汶县（刘俊勇；苗威）
b. 东汉汶县（张翠敏、姜宝宪）</td><td rowspan="3">瓦房店市</td></tr>
<tr><td>15</td><td>北海土城子汉城</td><td>方形</td><td>400</td><td>无</td><td></td></tr>
<tr><td>16</td><td>李官汉城</td><td>方形</td><td>1600</td><td>浮渡河</td><td></td></tr>
<tr><td>17</td><td>盖州城关汉城</td><td>长方形</td><td>2800</td><td>大清河</td><td>a. 平郭县（崔艳茹；苗威等）
b. 汶县（阎海）</td><td rowspan="3">盖州市</td><td rowspan="5">营口市</td></tr>
<tr><td>18</td><td>姜家岗汉城</td><td>方形</td><td>800</td><td>熊岳河</td><td>平郭县盐官城（崔艳茹等）</td></tr>
<tr><td>19</td><td>温泉村汉城</td><td>长方形</td><td>1400</td><td>熊岳河</td><td>a. 平郭县第二盐官城（崔艳茹等）
b. 平郭县（阎海）</td></tr>
<tr><td>20</td><td>英守沟汉城</td><td>方形</td><td>800</td><td>大清河</td><td>a. 安市县（《辽东志》；《盖平县志》；孙进己；苗威等）
b. 平郭铁官城（崔艳茹等）</td><td rowspan="2">大石桥市</td></tr>
<tr><td>21</td><td>进步村汉城</td><td>长方形</td><td>600</td><td>淤泥河</td><td>汶县（崔艳茹等）</td></tr>
<tr><td>22</td><td>旧堡村汉城</td><td>长方形</td><td>1100</td><td>折柳河</td><td>新昌县（刘景玉）</td><td>千山区</td><td rowspan="4">鞍山市</td></tr>
<tr><td>23</td><td>芦屯村汉城</td><td>长方形</td><td>3000</td><td>新开河</td><td>辽队县（《鞍山文物志》）</td><td rowspan="3">海城市</td></tr>
<tr><td>24</td><td>老墙头汉城</td><td>不详</td><td>不详</td><td>海城河</td><td>辽队县（刘景玉；苗威）</td></tr>
<tr><td>25</td><td>析木城</td><td>长方形</td><td>1372</td><td>海城河</td><td>安市县（刘景玉；崔艳茹）</td></tr>
<tr><td>26</td><td>刘家堡汉城</td><td>方形</td><td>2000</td><td>二龙河</td><td>辽东郡东部都尉及武次县（主流观点）</td><td>凤城市</td><td rowspan="2">丹东市</td></tr>
<tr><td>27</td><td>叆河尖汉城</td><td>长方形</td><td>2200</td><td>叆河、鸭绿江</td><td>西安平县（主流观点）</td><td>振安区</td></tr>
</table>

[1] 被西马圈子辽金古城叠压的汉城形制不详。

三、辽东半岛汉代古城的规模及相关认识

据上文不完全统计，辽东半岛的大连、营口、鞍山（除辽河以北的台安县）、丹东四市共计至少有27座汉代古城。受资料搜集难度大、遗迹保存状况较差、考古发掘有限等因素制约，笔者对辽东半岛汉代古城的统计和概述势必有所遗漏。由于汉代古城多为土城，遗迹保存状况普遍堪忧，这在客观上使得对一些汉代遗存的判断趋于保守。另外，辽宁省文物考古研究所等部门近年来在鞍山立山区沙河镇羊草庄①、营口鲅鱼圈区芦屯镇路安工业园天瑞水泥厂②新发掘了大量汉墓，不排除在汉墓附近存在汉代古城的可能性。因此，保守估计辽东半岛汉代古城的数量当在30座以上。

辽东半岛汉代古城形制绝大多数同中原汉代古城一样，以四边形为主，共计20座，其中长方形古城12座、方形古城8座。另外数座形制信息不详的汉城推测也应为长方形或方形。值得注意的是，大连金州马圈子汉城为东、西两座长方形汉城并立，但并不相连，平面呈“吅”字形，为辽东半岛仅见。这种两城组合为一城的形制还见于大连张店汉城，但其为大城、小城南北相连，整座古城呈倒矩尺形，与马圈子汉城的“吅”字形有较大区别。大连长海县朱家村汉城受制于海岸走势，为辽东半岛地区唯一一座平面呈三角形的汉代古城。由此可见，辽东半岛汉代古城平面形状共有长方形、方形、矩尺形、三角形等四种类型。其中大连地区汉代古城数量最多，类型最全，凸显出辽东半岛南部地区汉代城市文明的繁荣以及城邑建制的复杂性。

根据对辽东半岛四市22座汉代古城周长的计算（共27座，其中5座古城周长不详，故忽略不计），根据规模可将其分为如下几个等级：

周长500米及以下的小型古城：全部集中在大连地区，分别是旅顺口区牧羊城、旅顺口区大潘家汉城、长海县朱家村汉城、金州区东马圈子汉城、普兰店区黄家亮子汉城、普兰店区大城山汉城、瓦房店市北海土城子汉城，共计7座，数量占大连地区汉代古城近一半，约占辽东半岛汉代古城总数的31.8%。

周长在500米至1000米之间的次级中型古城：分别为大连地区的开发区大岭屯汉城、金州区杨家店汉城，营口地区的盖州市姜家岗汉城、大石桥市英守沟汉城和进步村汉城，共计5座，主要分布在营口市境内，占营口地区汉代古城总数的60%，约占

① 辽宁省文物考古研究所编：《羊草庄汉墓》，文物出版社2015年版。

② 辽宁省文物考古研究所、辽宁省文物局：《辽宁营口鲅鱼圈区天瑞水泥厂汉代砖室墓发掘简报》，《北方文物》2016年第2期。

辽东半岛汉代古城总数的22.7%。

周长在1000米至2000米之间的中型古城：分别为大连地区的普兰店区张店汉城、瓦房店市李官汉城，营口盖州市温泉村汉城，鞍山立山区旧堡村汉城与析木城，共计5座，约占辽东半岛汉代古城总数的22.7%。

周长在2000米至3000米之间的大型古城：分别为营口盖州市城关汉城，丹东地区的刘家堡汉城与叆河尖汉城，可见丹东地区的两座汉城均为大型古城。这类古城共计3座，约占辽东半岛汉代古城总数的13.6%。

周长达到3000米及以上的超大型古城：分别为大连瓦房店陈屯汉城与鞍山海城市芦屯村汉城，其中以周长达到3200米的陈屯汉城为最大，两座超大型汉城占辽东半岛汉代古城总数约9%，可见其数量极少。

综上统计，我们可以得出如下认识：

其一，辽东半岛地区汉代古城以周长500米以下的中小型汉城为最多，并且全部位于大连地区，共有7座，约占总数的三分之一。在这7座古城中，除辽东半岛最南端的大连旅顺牧羊城因其特殊的地理位置、丰富的物质文化遗存，作为沓氏县地望之一，受到学术界广泛关注和讨论外，其余6座古城均应为行政级别低于县级的乡、亭、里、邮性质的城。张翠敏等认为："大岭屯、杨家店、东马圈子、李官等可能属于乡级城，牧羊城、单家沟、黄家亮子、朱家村应属于海防性质的城，或者可能是亭和邮性质的城。"[①] 但令人疑惑的是，辽东半岛的鞍山、营口、丹东地区却没有该类古城遗址的相关研究。在上述地区，不乏盖州城关汉城、丹东刘家堡汉城、叆河尖汉城等大型城邑，在其周边地区必定存在行政级别较低的中小型古城，这尚有待于考古调查和发掘的深入开展。

其二，营口地区的汉代古城主要为周长500—1000米之间的次一级中型古城，其中盖州市姜家岗汉城、大石桥市英守沟汉城分别系平郭县盐官城和铁官城。进步村汉城可能为文县治所。盖州温泉村汉城为中型古城，推测系姜家岗盐官城受海侵东迁后的治所。营口地区最大的汉城盖州城关汉城为周长2000—3000米的大型古城，系管辖盐官和铁官的平郭县治所。由此看来，文县、平郭县治所均为大中型古城，盐官城和铁官城为次一级中型古城。虽然可能作为平郭县第二盐官城的温泉村汉城略大于可能为文县治所的进步村汉城，但营口地区汉代古城的规模大致符合汉代的行政建置等级。

其三，丹东地区的两座汉城均为大型汉城，等级较高，出土遗物也相对丰富。这无疑与汉朝政府利用今丹东地区震慑和节制朝鲜半岛密切相关。这也表明在辽东郡辖

① 张翠敏、姜宝宪：《大连地区汉代城址考辨》，《辽宁省博物馆馆刊（2012）》，辽海出版社2013年版。

境内，辽东郡东部都尉承担着重要的守卫边防的重任，武次县和西安平县的城邑规模也比辽东郡其他县级城邑更大。

其四，分布于辽东半岛的辽东郡各县县治主要为周长在1000—3000米之间的大中型汉城，规模并不追求整齐划一，可知辽东地区汉代县级古城并不存在特别严格统一的礼制等级规定，但有一定的规制范围，这显然是由县治所承担的政治和经济职能决定的。另外还有一个重要原因，即辽东半岛部分汉代古城沿用了燕秦城址。

其五，辽东半岛地区最大的两座汉城——大连瓦房店陈屯汉城与鞍山海城市芦屯村汉城，其周长均达到3000米，在辽东郡辖区内必然占据十分重要的地位。但令人遗憾的是，关于上述两城的性质至今没有定论。大连地区考古与文物研究者多将陈屯汉城定性为文县。依笔者管见，《汉书》、《读史方舆纪要》等历史文献中所载“文县”到“汶县”、“汶城”的变化可能隐含着文县县治曾有所迁移的信息，“汶县”之地应与河流有关。但“汶县”是否为陈屯汉城，“汶水”是否为今复州河，尚有待于进一步研究。《鞍山市文物志》定鞍山芦屯村汉城为辽队县，刘景玉等则将辽队县定为老墙头汉城。无论芦屯村汉城是否为辽队县，其规模都足以说明该城地位至关重要。

四、辽东半岛汉代古城的地理分布特征

综合梳理辽东半岛四市汉代古城的分布，可总结归纳出古城的地理分布特征：

其一，在辽东半岛汉代古城中，大连地区的董家沟汉城、大岭屯汉城、杨家店汉城、单家沟汉城、黄家亮子汉城等5座汉城坐落在辽东半岛黄海沿岸。长海县广鹿岛朱家村汉城、瓦房店长兴岛北海土城子汉城则分别为地处黄海、渤海之中的海岛城址。其余20座汉城均坐落在靠近渤海或黄海的近海冲积平原或海积平原地带。也就是说，目前发现的辽东半岛汉代古城全部分布在辽东半岛两翼的沿海地区，半岛内部则因受千山山脉自然地理环境和地貌特征的影响，未有汉城分布。

其二，绝大多数汉城附近有流量较大河流，其中大清河、熊岳河、海城河流域均有两座汉城。丹东刘家堡汉城靠近二龙河系叆河支流，故叆河流域亦有两座汉城。尤为值得一提的是，丹东叆河尖汉城并未坐落于河流沿岸，而是位于叆河与鸭绿江交汇处的大沙洲上，不知原本就筑城于此，还是叆河与鸭绿江交汇处河道变迁使其逐渐与陆地分离，成为河心岛城址。大连地区古城分布相对分散，该地区几乎每条流量较大的入海河流流域都分布着汉代古城。即使旅顺牧羊城、甘井子区营城子汉城、长海县朱家村汉城与瓦房店北海土城子汉城附近没有大河，但也存在能够满足古城居民生活的淡水资源。

其三，汉代古城主要集中在辽东半岛西部，这一地区既濒临渤海和辽东湾，又与山东半岛联系紧密，是中原内地与辽东半岛地区距离最近、联系最为紧密、交通最为便捷的地区。与此同时，该地区与辽东郡郡治辽阳城的联系也远较黄海之滨更加便利。因此，多方面因素促使了这一地区汉代城市文明的繁荣。

其四，辽东半岛营口、鞍山、丹东三市汉代古城均为长方形或方形，唯有大连地区汉代古城形制最复杂、类型最全面。从古城规模来看，大连地区同时具备大、中、小型古城，以小型古城为主。从古城平面形状来看，大连地区长方形、方形、矩尺形、“吅”字形、三角形一应俱全。因此，大连地区的汉代古城职能也必然更加广泛。

其五，汉代古城附近普遍分布密集的汉墓群，系城市居民死后埋葬之所。汉墓与汉城始终共存。将墓区合理地安置在靠近城址又免于水患的“风水宝地”，这在一定程度上反映了辽东半岛汉代城邑已经出现了统筹规划的意识。

其六，大连广鹿岛朱家村汉城与长兴岛北海土城子汉城均为海岛城址。北海土城子汉城地处普兰店张店与瓦房店陈屯两大汉城外海中部节点，且长兴岛距辽东半岛沿岸最近处仅358米，交通极为便捷，现已架起了多条沟通长兴岛临海工业区与普兰店、瓦房店市区的跨海公路大桥。事实上长兴岛已经基本与半岛融为一体，北海土城子汉城附近分布有汉墓群。朱家村汉城则位于董家沟、大岭屯、单家沟等汉城外海的大长山群岛，远离大陆，具有重要的海运枢纽作用和军事战略价值，应系外海贸易或移民南渡山东半岛、东渡朝鲜半岛的重要中转站和海防戍堡。广鹿岛自新石器时代就已与辽东半岛和山东半岛发生了较密切的联系，具有辽南新石器时代文化坐标意义的小珠山文化遗址时间跨度近两千年，遗址中出土了带有山东半岛大汶口文化和龙山文化、丹东后洼文化、沈阳新乐文化特征的遗物。但目前在广鹿岛朱家村汉城周边尚未发现汉墓，推测该城常住人口稀少，以渡海中转的流动性人口为主。

五、辽东半岛汉代古城的城市建筑及相关附属设施

其一，城墙与城门。辽东半岛汉代古城均为土城，受自然剥蚀和人为破坏因素影响较大，城墙保存状况普遍较差。大连牧羊城东南段残存一段高达2—3米的夯土墙。朱家村汉城和单家沟汉城临海断崖边均尚存一段夯土城墙，朱家村汉城土筑烽火台遗迹明显可辨。黄家亮子汉城北墙保存较好，东、西两墙仅存城垣基址。营口姜家岗汉城尚存东墙南段和南墙东段。鞍山析木城城墙亦保存较好，特别是西南城角保存完好。其余城址的城墙大多已模糊难辨。根据考古调查可知，城墙均为夯土墙，大连牧羊城、张店汉城等城址为土石混筑，夯土内掺杂沙砾、碎石、陶片。牧羊城城墙还残留石砌

墙基，丹东叆河尖汉城的石砌城基在地下约1米处，大连张店汉城小城亦有类似遗迹，但这种情况在辽东半岛并不普遍。

城门大多难以辨别，唯有大连黄家亮子汉城可辨别出城门位于南墙。依据汉都长安城在西汉中前期以东为尊、后期以南为尊的理念，即汉长安城东向时代以东墙霸城门为正门、南向时代以南墙西安门为正门[①]，推测辽东半岛汉城主城门也应位于东墙或南墙中部。

汉代城址普遍未形成成熟的瓮城和马面。目前仅在北方河套地区长城地带发现了一些带瓮城和马面的秦汉城址，如内蒙古自治区乌兰察布卓资县三道营城址[②]、陕西省榆林市柳树会城址[③]等。依据对汉长安城霸城门等城门遗址的调查可知，汉长安城只有城门两侧向外延伸的夯土台基，应为门阙一类的建筑基址，城墙并未转折合围成瓮城的形制。因此，辽东半岛汉代古城应不存在瓮城。城墙外亦无马面遗迹。

其二，官府衙署。新中国成立以来，辽东半岛汉代古城中仅对丹东刘家堡汉城、叆河尖汉城进行过小规模的科学考古发掘。营口盖州城关汉城因叠压于明代盖州卫及今盖州市区之下，故多次配合城市基建对汉城遗址进行过抢救性发掘。其余汉代古城仅进行过有限的考古调查。因而城址内布局尚不清楚。根据有限的线索可知，大连张店汉城南部小城地势较高，可能系官署所在。张店汉城大、小城的分野可能与城市职能划分有关。营口大石桥英守沟汉城北部有两座东西并列的夯土高台，其上散布大量板瓦、筒瓦及“长乐”文字瓦当等建材，当为官署遗址无疑。丹东刘家堡汉城中部和北部靠山处发现空心砖、卷云几何纹瓦当等高等级建筑材料，表明这一带应为官署。鞍山旧堡村汉城内发现建筑址4处。除此之外，作为官署遗物的瓦当也为寻找官署提供了线索，除上文提及的营口英守沟汉城“长乐”文字瓦当外，大连旅顺牧羊城出土了带有山东齐文化树木纹瓦当风格的“乐央”文字瓦当，大连开发区大岭屯汉城出土了半瓦当，普兰店张店汉城大城南部靠近小城处出土了“千秋万岁”文字瓦当，丹东叆河尖汉城出土了“安平乐未央”文字瓦当，等等。

其三，排水设施。大连旅顺牧羊城、营口盖州城关汉城均出土了用于排水的陶质水管道，这是辽东半岛汉代城市基础设施建设进步的重要表现，反映了城市宜居化水平的提高。由于考古工作开展有限，其他汉城遗址尚未发现排水设施。

其四，冶铁作坊与制盐基地。辽东半岛盐铁作坊遗址主要集中在营口地区。盖州城关汉城北有大石桥市周家乡于家堡村打铁炉沟屯的汉代铁矿山与冶铁作坊遗址，这里出土了铁渣堆及大量汉代建筑材料与生活用具。营口大石桥汤池乡英守沟汉城附近

---

① 刘瑞：《汉长安城的朝向、轴线与南郊礼制建筑》，中国社会科学出版社2011年版，第49—53页。

② 李兴盛：《内蒙古卓资县三道营古城调查》，《考古》1992年第5期。

③ 白茚骏：《陕北榆林地区汉代城址研究》，西北大学硕士学位论文，2010年。

的大北阳山和裂缝山上也发现了冶铁窑址、开采铁矿的古矿道等以及大量应属冶铁手工业人员及其家属的汉墓。表明这一带确系辽东冶铁业中心无疑。另外，营口盐场至今仍为辽东湾盐区最大的盐场，占地达175平方公里，素有“百里银滩”之称。因此这一地区也是古代制盐业的中心区域。汉朝在此设置铁官、盐官，也正是汉武帝时期开始施行的“盐铁官营”政策的重要反映。因此，营口地区是汉代辽东半岛名副其实的盐铁手工业中心。

其五，港口。事实上，但凡沿海城址，其附近必有港口。“沓津”是辽东半岛汉代古城中有明确记载的港口名称。沓津即沓氏县港口，沓氏县治所牧羊城附近的于家村老船坞港，及向北扩展至羊头湾沿岸的羊头洼港背风浪小、港阔水深，是辽东半岛重要的出海天然良港，当为沓氏县辖境内最重要的一座沓津。羊头洼港位于辽东半岛最南端的渤海湾湾口地带，正南11公里即为黄、渤二海分界线，南约3.5公里为老铁山国际航道。羊头洼港位于长嘴子和大羊头之间，口宽4.6公里，纵深3公里，港阔4公里，20米等深线从湾口通过，10米等深线距岸1.2公里。湾口内呈“3”字形，北部称羊头洼，南部称杨家套。①

其六，公共墓地。自1905年日本考古学家鸟居龙藏于营口熊岳城镇发现汉代花纹砖室墓以来，一百多年的时间里辽东半岛地区的汉墓群不断发现。据不完全统计，迄今为止在辽东半岛区域内所发现的汉墓已达数十组群，重要汉墓群有大连地区的南山里汉墓、营城子汉墓、董家沟汉墓、花儿山汉墓、姜屯汉墓、陈屯汉墓等，营口地区的盖州太阳升乡光荣村汉墓、九垅地乡曲莹汉墓、鲅鱼圈天瑞水泥厂汉墓等及鞍山羊草庄汉墓等。这些汉墓群附近多有城址分布，是城内外居民的公共墓地。

六、结语

辽东半岛汉代古城是该地区汉代政治、经济、文化发展水平的集中体现，二十余座汉代古城的发现表明这一地区已形成了繁荣的城市文明，延续并进一步发展了燕秦时期开启的辽东半岛农业村落向古代城邑的演变进程。辽东半岛汉代古城规模大小不一，平面形状有长方形、方形、矩尺形、三角形等类型。其中大连地区汉代古城数量最多，类型最全，反映了辽东半岛南部地区汉代城市文明的繁荣以及城市建置的复杂性。汉城全部分布在辽东半岛两翼沿黄、渤二海地区，城址附近一般都有河流入海，地理区位优势明显。汉代城邑设施已基本完备，与中原地区汉代城址形制基本一致，

① 孙激扬主编：《大连历史文化丛书（一）·港口史话》，大连海事大学出版社2006年版，第150页。

目前尚未发现瓮城和马面遗迹。在一些城址中，发现了可能为官署用瓦的瓦当以及陶水管、手工业作坊等配套设施，临海城址附近建有港口。公共墓地亦是汉代辽东半岛物质文化的重要载体，一般与城址共存。总之，辽东半岛汉代古城所反映的历史文化信息是十分丰富的，但由于科学考古发掘开展不够，目前学术界对其认识还较为有限。

（责任编辑：郑春颖）

试析辽代渤海移民的生存状态*

黄为放**

摘　要：有辽一朝，渤海人进行了多次迁徙，分布在东北亚广大地区。渤海人迁徙可分为生存型与发展型两种，他们的迁徙体现出移民潮与反向移民潮法则、中心凝聚律、动乱驱散律及灾荒驱遣律等四条原则与规律。渤海移民从事农业、匠造等多种生存活动，在多民族混居状态下，他们的生活情况也发生着变化。

关键词：辽代；渤海移民；生产；生活

公元926年，耶律阿保机出兵攻灭渤海国，至1125年辽朝灭亡，渤海人一直在不断地迁徙。他们主要分布在辽东地区，在辽的上京及中京地区、朝鲜半岛的高丽境内、中原地区的北宋境内及鸭绿江流域也有渤海移民的身影①，他们的人口总数在百万上下②。笔者根据现有史料，对渤海移民的类型、所从事的生产交换活动及生活情况做一叙述，以期总结出他们当时的生存状态。

一、渤海移民的类型、特点及规律

整个辽代，渤海人一直没有停止迁移的脚步，笔者根据史料记载，对渤海移民的

*　本文系吉林省社科规划办项目（2018BS81）、长春师范大学社会科学基金项目（长师大社科合字【2017】002号）阶段性成果。

**　黄为放，长春师范大学历史文化学院讲师。

①　杨保隆：《辽代渤海人的逃亡与迁徙》，《民族研究》1990年第4期。

②　国内许多学者在研究中注意到辽代渤海移民的人口总数，其中比较有代表性的有杨保隆《辽代渤海人的逃亡与迁徙》、魏国忠《渤海人口考略》、梁玉多《渤海遗民的流向——以未迁到辽内地和辽东的渤海遗民为中心的考察》、蒋金玲《辽代渤海移民的治理和归属研究》、武玉环《王氏高丽时期的渤海移民》、郑永振等《渤海史论》和孙炜冉《渤海国遗民及其后裔流入朝鲜半岛诸事考》等。他们将辽代渤海移民的人口总数做了统计，其中进入辽境内的渤海移民在45万至47万，进入朝鲜半岛的人数在10余万至30万人之间，进入中原和女真境内的有20万至30万人，留在故地的有两万余户，总数大概在100万至120万人。

类型、特点及规律做一简单概述。

（一）渤海移民的类型与特点

这一时期的渤海移民虽人数众多，又分布在不同地区，但是就性质而言，可分为生存型与发展型两种。

所谓生存型移民，就是“为维持自身生存而不得不迁入其他地区定居的人口，或者说是以改变居住地点为维持生存手段的迁移行为”。渤海移民绝大多数属于这种类型，无论是辽强制迁徙的渤海移民还是不愿受辽统治而自主迁移的渤海移民，他们移出的原因均来自迁出地的推力，即辽对原渤海国地区的占领与破坏，而非“迁入地区的拉力或吸引力，如更好的生活环境、生产条件、发展机会等”。① 被辽强制迁徙的渤海移民毫无选择权利，只能听命于他人。自主迁移的渤海移民虽成功迁入到朝鲜半岛、鸭绿江流域及中原地区，但是仍具有很强的被动性，并非出于自愿。

另一类移民是发展型，就是“为了物质生活或精神生活状况的改善而迁入其他地区定居的人口，或者说是以提高物质生活或精神生活水平为目的的迁徙行为，产生这类移民的主要原因不是迁徙地区的推力，而是迁入地区的拉力或吸引力”②。渤海移民在迁徙初期均不属于这一类型，但是随着他们在辽东及其他地区的定居与发展，很多渤海移民及后裔开始进入官僚体系，迈入所在王朝的上层社会，即从生存型移民转化为发展型移民，这种情况在辽朝最具代表性。高模翰为渤海右姓高氏后裔，渤海国灭亡时，曾“避地高丽”，后“因罪亡归”辽朝③，辽太祖看中其军事才华，并委以重任。高模翰一生战功显赫，官至东京中台省左相，其家族最初居住在辽东，后不断发展而分居他处。高模翰之孙高为裘移居中京道朔州，官至朔州（顺义军）马步军都指挥使，五世孙高桢一支则定居东京道之沈州，并考中进士，后在金初身居要职。④ 大公鼎家族“先世籍辽阳率宾县”，辽圣宗时期迁辽东渤海豪右“以实中京”⑤，故其举家迁徙至大定府。咸雍十年（1074），大公鼎中进士，历任良乡令、兴国军节度副使、长宁军节度使、南京副留守等职务，最后官居中京留守，成为中京大定府的名门望族，大公鼎三子均仕辽，最高官至节度使一级，并分居各地。可见，在辽代，有少部分渤海人通过迁徙而取得了更好的生活境遇，成为发展型移民。

这一时期的渤海移民具有如下特点：

---

① 葛剑雄、曹树基、吴松弟：《简明中国移民史》，福建人民出版社 1993 年版，第 504 页。

② 葛剑雄、曹树基、吴松弟：《简明中国移民史》，第 505 页。

③ （元）脱脱等：《辽史》卷 76《高模翰传》，中华书局 1974 年版，第 1249 页。

④ 王晔：《由武功到文治——试论辽代渤海高模翰家族的转变》，《赤峰学院学报（哲学社会科学版）》2010 年第 12 期。

⑤ （元）脱脱等：《辽史》卷 105《大公鼎传》，第 1459 页。

一是具有很强的非自由性。辽太祖及太宗将渤海遗民强制迁出故地，安置在辽东及辽内地的其他地区，其迁徙手段十分残酷，很多渤海人家园被焚毁。[①] 选择自主迁入朝鲜半岛、鸭绿江流域及中原地区的渤海移民，也是因不愿受辽的统治而被迫做出的迁徙行为。这些渤海移民有的进入鸭绿江流域组成反辽政权继续斗争，有的逃入王氏高丽及宋境内成为其属民，有的则进入生产力水平十分落后的女真各部住地，成为之后女真诸部的一员。这些渤海移民迁徙之后的生活水平普遍下降，并受到所在王朝的防范，他们仅仅能选择迁移的方向与地区，但并未获得更好的生活境遇。

二是迁徙原因多具有很强的政治目的，并以军事手段推行。辽初，渤海移民被大规模安置在辽东及辽内地其他地区，辽统治者即出于防止渤海人反叛、皇权内部斗争、为入主中原打下基础、建立东丹国新的体制、对辽东历史地位的认知等多种因素的考虑。至辽中后期，渤海人迁徙的原因略有变化。首先，为了平衡各地区的民族结构，防止某一民族过于强大。如辽圣宗时期，即将大量居住在东京道的渤海人迁徙到中京地区，这样，既能分散渤海人在辽东的势力，又能制衡中京地区的奚人。其次，有的迁徙具有一定的惩罚性质。辽代东京道内的渤海移民不断进行反抗斗争，而辽在平息叛乱之后，即对参与的渤海人进行迁徙。燕颇起义失败后，辽景宗迁徙参与反叛的渤海人，建立通州。大延琳起义失败后，其余党被辽圣宗迁徙到上京及中京道多个地区进行安置。而部分犯罪的渤海人，也被迁徙到上京道的边防城防、维二州进行安置。

三是渤海移民迁徙的整体性。辽代渤海移民迁徙规模巨大，特别是辽太宗时期，数十万渤海遗民被集中迁入辽东地区。辽在移民的过程中，无法将他们全部打乱重新析分，故很多渤海人被按照原渤海国的地方行政建制进行整体的迁徙与安置，如郢、铜、涑为渤海国的三个独奏州，其民被迁入辽东地区后，仍用旧名。这些渤海移民虽与契丹、汉、奚等族人混居，但很多大族势力仍然存在。辽圣宗登基后，有意将东京道地区的渤海“豪右”[②] 举族迁入中京地区，以削弱其势力。

（二）渤海移民的迁徙规律

辽代渤海移民的迁徙，还体现出如下四个规律：

一是移民潮与反向移民潮法则。英国学者莱文斯坦（E. G. Ravenstein）在对1881年国内人口普查的材料进行调查之后，提出了著名的移民潮与反向移民潮法则，他认为每一次移民潮产生之后“总会有一次反向的、补偿性质的移民潮出现”。[③] 辽代渤海

---

① 魏国忠等：《渤海国史》，中国社会科学出版社2006年版，第572页。

② （元）脱脱等：《辽史》卷105《大公鼎传》，第1459页。

③ D. B. Grigg., E. G. Ravenstein and the “laws of migration”, *Journal of Historical Geography*, Vol. 3, No. 1, 1977, p.43.

北”[①]。但是《松漠纪闻》记载种植牡丹的渤海后裔已经在辽东京地区定居二百余年，其对牡丹的喜爱除了受到唐文化影响外，也与辽朝的牡丹文化相关。根据史料记载，辽朝统治者十分喜爱牡丹，并将其视为雍容华贵的象征，种植于宫廷之中。统和五年（987）三月，辽圣宗与群臣在长春宫“欢宴累日”，并“赏花钓鱼，以牡丹遍赐近臣”。[②]统和十二年（994）三月，辽圣宗再次“如长春宫观牡丹”。根据厉鄂《辽史拾遗》引孙承泽《北平古今记》考证：“辽有二长春宫”[③]，辽圣宗欣赏牡丹所在之长春宫位于辽上京的长春州。长春州之长春宫为辽春捺钵的行在，辽圣宗在三月份与群臣商议国事[④]，并饮酒作乐，还将牡丹花赏赐群臣，这无疑促进了赏牡丹之风在辽上层社会的流行。根据出土辽墓壁画及瓷器的内容看，辽代的王公贵族及文武臣僚都将牡丹奉为富贵之花，并广泛种植于庭院之中，这种审美倾向与辽宋之间的文化交往密切相关。[⑤]渤海人在辽朝具有较高的社会地位[⑥]，他们的审美观不但具有唐文化的传统，还吸收了辽、宋文化之风。他们中的富贵者将赏牡丹作为身份的象征，并在自己庭院中建立“围池”，种植“有数十干”的植牡丹“多至三二百本”，这种审美观“踰二百年”，至金初仍未改变。[⑦]

3. 礼乐与歌舞

在渤海移民聚居的辽东京地区，还保留了原渤海国的礼俗，其中最具代表性的是“渤海仪卫”。天显四年（929），辽“太宗幸辽阳府，人皇王备乘舆羽卫以迎”，乾亨五年（983），辽“圣宗东巡，东京留守具仪卫迎车驾”。[⑧]这就是辽朝宫廷中的有名的“渤海仗”，渤海仪卫仅出现在东丹王及东京留守迎接辽皇帝的仪仗制度中，既彰显辽帝的统治地位，也从一个侧面表明渤海礼俗在辽代仍有一定的影响力。渤海乐在唐时即已传入中原和日本，并且受到日本朝廷的重视，天皇曾特意派人到渤海国学习音乐。[⑨]辽太宗时期，曾接受人皇王耶律倍进献的“玉笛”[⑩]，该玉笛应为东丹国内的渤海工匠所造，后来渤海乐更成为辽宫廷音乐的重要组成部分[⑪]。有辽一代，渤海移民虽定居各处，但他们仍旧保持着对舞乐的喜爱，“渤海俗，每岁时聚会作乐，先命善歌舞者

---

① 孙炜冉：《辽代对渤海人的统治政策及民族同化》，《博物馆研究》2016 年第 2 期。

② （元）脱脱等：《辽史》卷 12《圣宗本纪三》，第 129 页。

③ （清）厉鹗：《辽史拾遗》卷 7，商务印书馆 1936 年版，第 121 页。

④ 傅乐焕：《辽史丛考》，中华书局 1984 年版，第 41 页。

⑤ 张国强、钟飞辰：《契丹与牡丹——略述辽墓壁画的牡丹图》，《东北史地》2007 年第 1 期。

⑥ 王善军：《辽代渤海世家大族考述》，《民族研究》2006 年第 3 期。

⑦ （宋）洪皓：《松漠纪闻》，转引自李澍田：《长白丛书》，第 19 页。

⑧ （元）脱脱等：《辽史》卷 58《仪卫志四》，第 918—919 页。

⑨ 魏国忠等：《渤海国史》，第 476—477 页。

⑩ （元）脱脱等：《辽史》卷 3《太宗本纪上》，第 32 页。

⑪ 魏国忠等：《渤海国史》，第 478 页。

数辈前行，士女相随，更相唱和，回旋宛转，号曰‘踏锤’”[①]。这是渤海移民在节日庆祝期间的传统活动，属于很典型的群众集体歌舞，大家边歌边舞，气氛热烈。渤海化程度很高的兀惹部人在聚会时，很多女子也一边饮酒一边“起舞歌讴以侑觞者”[②]，用以表达求偶意愿。

4. 擅长骑射

渤海之地原产名马，东丹国建立后，每年要向辽廷贡马千匹[③]，可见渤海移民在辽东地区定居后，仍长期保持着养马的传统。因大量饲养马匹，渤海移民自然爱好骑射。太平兴国九年（984）春，宋太宗在大明殿宴请群臣，在谈及渤海降将大鸾河时，他对殿前都校刘延翰说：“鸾河，渤海豪帅，束身归我，嘉其忠顺。”[④]同时，宋太宗还赏赐大鸾河“骏马数十匹，令出郊游猎”，以满足其“以驰骋为乐”的爱好。可见，渤海移民热爱骑射的习俗在宋朝依然保持。[⑤]渤海人善骑射还体现在“击毬”这一运动上，击毬就是打马球，是渤海的传统娱乐活动。但由于此活动带有军事训练的成分，辽初即被禁止。重熙七年（1038），萧孝忠任东京留守，他向朝廷进言：“东京最为重镇，无从禽之地，若非毬马，何以习武？且天子以四海为家，何分彼此？宜弛其禁”[⑥]，辽兴宗采纳了他的提议。可见，渤海人一直保持着热爱骑射的习俗，这也是其民风强悍的体现。

5. 信奉佛教

渤海人有崇佛的传统，渤海国有“佛国”之称，渤海国王信奉佛教，并数次遣使赴唐求赐佛经并修习佛法。[⑦]在渤海国境内的上京、东京等地区，还发现了大量寺庙以及佛像遗存，可见，信奉佛教的传统已深入到渤海人的生活之中。[⑧]渤海国灭亡后，辽东地区成为渤海移民的聚居区，而佛教也在此地发展起来。渤海人中，无论是官员还是平民，信奉佛教的人极多。辽初渤海族名将高模翰的孙子高泽自幼深受佛家影响，“无妄言笑，不诱权利”，成年之后，他放弃做官的机会，“意崇佛老，身乐丘园，自以高尚”。[⑨]在辽代饶州安民县境内曾建“饶州陀罗尼经幢”，此经幢立于辽道宗大安七年（1091）。考证《辽史·地理志》可知，饶州为辽太祖利用渤海移民所建[⑩]，此经

---

① （宋）王曾：《王沂公行程录》，转引自赵永春：《奉使辽金行程录》，第29页。
② （宋）叶隆礼著，贾敬颜、林荣贵点校：《契丹国志》卷26《嗢热国传》，第247页。
③ （宋）叶隆礼著，贾敬颜、林荣贵点校：《契丹国志》卷14《东丹王传》，第150页。
④ （元）脱脱等：《宋史》卷491《渤海国传》，第14130页。
⑤ 孙炜冉：《辽代对渤海人的统治政策及民族同化》，《博物馆研究》2016第2期。
⑥ （元）脱脱等：《辽史》卷81《萧孝忠传》，第1285页。
⑦ 魏国忠等：《渤海国史》，第440—446页。
⑧ 张利锁、宫岩：《辽代辽河流域渤海人的社会状况》，《东北史地》2010第1期。
⑨ 《高泽墓志》，转引自向南：《辽代石刻文编》，第611页。
⑩ （元）脱脱等：《辽史》卷37《地理志一》，第448页。

幢记录了当地渤海居民对佛教的信奉，而其立经幢之人为“饶州安民县主簿兼县尉大□”[①]，可知其为渤海移民后裔。随着佛教在渤海人中的传播，其内容逐渐发生了变化。金初，完颜蒲路虎在出任东京留守时，曾两次遇到渤海僧人，“行未抵治所，有一僧以柃瘿盂遮道而献（柃，木名，有文缕可爱，多用为椀），曰：‘可以酌酒。’蒲路虎曰：‘皇帝临遣时宣戒我勿得饮，尔何人，乃欲以此器导我邪？’顾左右令洼勃辣骇，彼云敲杀也。即引去。行刑者哀其亡辜，击其脑不力，欲令宵遁而以死告。未毕，复呼使前，僧被血淋漓。蒲路虎曰：‘所以献我者意安在？’对曰：‘大王仁丛积直，百姓喜幸，故敢奉此为寿，无它志也。’蒲路虎意解，欲释之，询其乡，以渤海对。蒲路虎笑曰：‘汝闻我来，用此相鹘突耳，岂可赦也！’卒杀之。又于道遇僧尼五辈共辇而载，召而责之曰：‘汝曹群游已冒法，而乃敢显行吾前邪！’皆射杀之”[②]。东京地区的渤海僧人在路上拦车，并且劝地方长官饮酒，这是一直“敕令止饮”的完颜蒲路虎所不能容忍的，于是将其处死。而完颜蒲路虎后来竟然遇到渤海僧人与尼姑同乘一车辇，也下令射杀。可见，辽代渤海僧人的行为违背了佛教的多项教义，这可能是受到渤海风俗影响而产生的异化。[③]

（四）渤海移民的婚姻习俗

在辽代，渤海移民在婚俗上长期沿袭旧有的民族传统，表现在一夫一妻制和自由恋爱的观念上。渤海妇女十分彪悍，对于爱情极为排他，“大氏与他姓相结为十姊妹，迭几察其夫，不容侧室。及他游，闻必某置毒，死其所爱。一夫有所犯而妻不之觉者，九人皆群聚而诉之，争以忌妒相夸，故契丹、女真诸国皆有女娼，而其良人皆有小妇侍婢，唯渤海无之”[④]。可见，渤海人实行严格的一夫一妻制，即便是上层贵族，也无打破先例者[⑤]，这种婚俗在辽代仍然盛行。在辽东地区生活的渤海移民，其青年男女基本是通过自由恋爱的方式来择偶的，一旦定情，“必先攘窃以奔”[⑥]，这种情况一直延续至金代。

渤海国灭亡后，契丹贵族多与渤海王族及其他世家大族联姻，以便稳定内部统治。这种政治联姻在辽朝未曾间断，人皇王耶律倍[⑦]、辽圣宗[⑧]及天祚帝[⑨]均娶大氏女性为

① 《饶州陀罗尼经幢残文》，转引自向南：《辽代石刻文编》，第441页。
② （宋）洪皓：《松漠纪闻》，转引自李澍田：《长白丛书》，第19页。
③ 程妮娜：《辽金时期渤海族习俗研究》，《学习与探索》2001第2期。
④ （宋）洪皓：《松漠纪闻》，转引自李澍田：《长白丛书》，第19页。
⑤ 王海鹏：《渤海婚俗考》，《黑龙江史志》1995年第2期。
⑥ （元）脱脱等：《金史》卷7《世宗本纪中》，第169页。
⑦ （元）脱脱等：《辽史》卷72《义宗耶律倍传》，第1210页。
⑧ （元）脱脱等：《辽史》卷65《公主表》，第1005页。
⑨ （宋）叶隆礼著，贾敬颜、林荣贵点校：《契丹国志》卷13《海滨王文妃》，第146页。

妃，而景宗也有渤海王妃①，耶律倍的小妾高美人则可能是渤海右姓高氏族人②。同时，辽朝公主还可以下嫁渤海移民中的大氏后裔，如临海公主长寿即下嫁驸马都尉大力秋③。大延琳起义后，辽进一步调整移民政策，重熙年间（1032—1055），辽兴宗接受韩绍芳建议，改变旧俗，允许“四姓杂居”的契丹、奚、汉、渤海人相互通婚。④虽然契丹不会如渤海人一样实行一夫一妻制，但是渤海妇女的地位仍然较高，很多契丹权贵在娶妻纳妾时喜欢选择渤海女子，这一现象在出土的辽代石刻文献上多有体现，《耶律隆祐墓志》记载，其侧室为“渤海娘子，大氏之所出也”⑤。部分汉人也迎娶渤海女子为妻，《张懿墓志》中记载，张懿的长子大理司直知饶州安民县事张奎的妻子为大氏。⑥另外在《黑山崇善碑》碑文中有多处“高娘娘”、“高娘子”等较为尊贵的称呼⑦，这些人有些可能是渤海妇女，这是她们在生活中拥有较高地位的体现。

可见，渤海移民与契丹、奚和汉等民族杂居，其生活情况有了巨大改变。他们的居住情况、服饰及饮食、语言与文化生活和婚姻等都发生了相应的变化。许多渤海原有的建筑、饮食、礼乐、文化等方面习俗被契丹人吸收，而渤海移民也将许多旧有的风俗保留了下来。正是在这种情况下，辽代的渤海人不断与其他民族融合，最后成为汉人的一部分。迁入高丽、宋的渤海移民则逐渐在所在地定居，最后成为高丽及汉人的一部分⑧，而进入鸭绿江流域的渤海移民则与女真各部混居，耕凿⑨等生产方式逐渐趋同，最后融合成为鸭绿江女真的一部分。

四、结语

综上所述，辽代的渤海移民可分为生存型与发展型两种，其迁徙体现出非自由性、政治目的及整体性等特点，在对他们迁徙过程的归纳中，呈现出“移民潮与反向移民潮法则”、“中心凝聚律”、“动乱驱散律”及“灾荒驱遣律”等四条原则与规律。这些渤海移民勤劳善良且掌握高超的生产技术，他们主要从事农业、牧业、手工业制造、

---

① （元）脱脱等：《辽史》卷65《公主表》，第1002页。
② 王善军：《辽代渤海世家大族考述》，《民族研究》2006年第3期。
③ （元）脱脱等：《辽史》卷65《公主表》，第1005页。
④ （宋）余靖：《武溪集》卷18《契丹官仪》，《四库全书存目丛书》，第9页。
⑤ 《耶律隆祐墓志》，转引自向南等辑注：《辽代石刻文续编》，辽宁人民出版社2010年版，第51—54页。
⑥ 胡健：《辽宁阜新清河门发现辽代张懿墓志》，《辽金历史与考古》（第2辑），第335页。
⑦ 苏赫：《崇善碑考述》，《辽金史论集》（第3辑），书目文献出版社1987年版，第37页。
⑧ 梁玉多：《渤海遗民的流向——以未迁到辽内地和辽东的渤海遗民为中心的考察》，《学习与探索》2010年第2期。
⑨ （宋）叶隆礼著，贾敬颜、林荣贵点校：《契丹国志》卷22《四至邻国地里远近》，第212页。

商业等多种生产及交换活动，故被统治王朝迁徙到不同地区进行经济开发。在与契丹、奚、汉等民族的混居中，渤海移民的生活情况也发生了很大的改变，他们的居住、服装、饮食、婚俗、礼乐、语言、文化等习俗都发生了相应的变化，而契丹等民族的习俗也受到他们的影响。渤海人最终与其他民族融合，成为当地民族的一部分。辽代渤海移民及后裔的生存状态好坏不一，总体上较好，在不同地区也体现出相应的差异。

（责任编辑：姜维东）

辽代巡检制度考述*

李碧瑶**

摘　要：辽代巡检的设置主要集中在边境与节镇，在五京地区和经济领域亦设置巡检。沿边巡检的职责为应对边境局势、保障边境安全、缉私巡逻，及维护社会治安等。节镇巡检一方面御边备边，另一方面维护地方治安。五京巡检维护京内治安。经济领域巡检负责维持市场交易秩序，保障交易公平合理进行。辽代巡检的设置模式，与辽代政治形势关系密切。

关键词：辽代；巡检；沿边；节镇

巡检作为官称大体始于中晚唐，五代时已逐渐形成按行政级别分层设置的模式[①]，两宋时期普遍设置巡检，作为御边和维持地方治安的重要力量[②]，此后元明清均有承袭。各代具体的巡检制度，学界也多有研究，唯有辽代的巡检制度，至今仅张国庆先生有所涉及。[③] 本文拟结合传世文献与石刻资料，对辽代巡检制度进行一些补遗和考证，错谬之处，敬请方家指正。

一

辽朝为加强对各行政区的管理，在节镇与五京普遍设置巡检。辽代节镇巡检设置较早，早在太宗灭晋后，即仿照五代制度任命高模翰为“汴州巡检使”[④]。辽代节镇巡检的设置主要有两种情况：

第一种，辽代在节镇中设置巡检，由节度使兼任巡检使。如太平七年（1027）《耶律遂正墓志》记载墓主人的结衔为“大契丹国故忠勤守节功臣、辽兴军节度、平、滦、营等州观察、处置、巡检、屯田、劝农等使，崇禄大夫、检校太师、同政事门下平章

---

* 本文系长春师范大学2018年研究生创新计划博士基金资助项目（cscxb2018003）阶段性成果。

** 李碧瑶，长春师范大学历史文化学院中国史专业博士研究生。

① 刘琴丽：《五代巡检研究》，《史学月刊》2003年第6期。

② （元）脱脱等：《宋史》卷167《职官志七》，中华书局1977年版，第3982页。

③ 如张国庆：《石刻所见辽代监察狱案警巡系统职官考——〈辽史·百官志〉补遗之三》，《黑龙江社会科学》2011年第2期；张国庆：《辽朝警巡、军巡与巡检制度考略》，《辽宁大学学报（哲学社会科学版）》2015年第2期。

④ （元）脱脱等：《辽史》卷76《高模翰传》，中华书局2016年版，第1378页。

事、使持节平州诸军事、平州刺史、上柱国、漆水郡开国侯、食邑一千户、食实封壹伯户”①。清宁八年（1062）《耶律宗政墓志》记载墓主人的结衔为“……判武定军节度、奉圣、归化、儒、可汗等州观察、处置、巡检、屯田、劝农等使……”② 耶律遂正作为辽兴军节度使，平州为其本州，滦、营二州为其支州，耶律遂正通过带平州刺史衔管理本州，并通过加观察处置使、巡检使等衔管理支州。耶律宗政作为武定军节度使，通过带观察处置使、巡检使等衔管理支州归化、儒、可汗三州。

第二种，在多个节镇之上设都巡检一职。如开泰四年（1015）《耶律元宁墓志》载耶律元宁“遂奉宣于西品府，为三镇口巡检使”③。由太平三年（1023）《耶律道清墓志》载“考讳延宁，云、应、朔三镇山口都巡检使，提点三镇节度使事”④，知耶律元宁曾任云州大同军、应州彰国军、朔州顺义军三节镇山口都巡检使。重熙六年（1037）《韩椅墓志》载韩椅曾担任“乾、显、宜、锦、建、霸、白川七州都巡检”⑤。

辽代节镇巡检的职责分为两个方面。第一，御边备边的军事职责。如耶律元宁担任的三镇山口都巡检使，山口处一般为辽朝边防军驻所。据1012年出使辽朝的北宋使者王曾在其《王沂公行程录》中记载：“至古北口。两旁峻崖，中有路，仅容车轨。口北有铺，彀弓连绳，本范阳防扼奚、契丹之所，最为隘束。”⑥ 耶律遂正担任辽兴军节度使，治今河北省卢龙县，是辽朝海路防御重镇。耶律宗政担任武定军节度使，治今河北省涿鹿县，前身为后唐新州威塞军，自五代时期已为节镇，亦为军事要地。《耶律宗政墓志》亦载其在任期间，“军政戒之而后备，农事劝之而后修”⑦。第二，维护地方治安的职责。如高模翰担任汴州巡检使期间，“平汜水诸山土贼”⑧。余蔚认为韩椅担任的七州都巡检有管军之名而甚少用兵之实，重于治内而非防外。⑨ 耶律元宁任都巡检使期间，“察俗观风，又显惩奸之理”⑩。耶律遂正在任期间，“或延宾介，或恤刑名。事简民安，政清吏肃”⑪。

除节镇之外，辽朝在五京亦设置巡检。据统和二十三年（1005）《王悦墓志》记

---

① 太平七年（1027）《耶律遂正墓志》，转引自向南、张国庆、李宇峰辑注：《辽代石刻文续编》，辽宁人民出版社2010年版，第68页。
② 清宁八年（1062）《耶律宗政墓志》，转引自向南：《辽代石刻文编》，河北教育出版社1995年版，第305页。
③ 开泰四年（1015）《耶律元宁墓志》，转引自向南、张国庆、李宇峰辑注：《辽代石刻文续编》，第58页。
④ 太平三年（1023）《耶律道清墓志》，转引自向南、张国庆、李宇峰辑注：《辽代石刻文续编》，第65页。
⑤ 重熙六年（1037）《韩椅墓志》，转引自向南：《辽代石刻文编》，第205页。
⑥ （北宋）王曾：《王沂公行程录》，转引自赵永春辑注：《奉使辽金行程录（增订本）》，商务印书馆2017年版，第26页。
⑦ 清宁八年（1062）《耶律宗政墓志》，转引自向南：《辽代石刻文编》，第307页。
⑧ （元）脱脱等：《辽史》卷76《高模翰传》，第1378页。
⑨ 余蔚：《中国行政区划通史·辽金卷》，复旦大学出版社2012年版，第87页。
⑩ 太平三年（1023）《耶律道清墓志》，转引自向南、张国庆、李宇峰辑注：《辽代石刻文续编》，第65页。
⑪ 太平七年（1027）《耶律遂正墓志》，转引自向南、张国庆、李宇峰辑注：《辽代石刻文续编》，第69页。

载，王悦曾担任“燕京西南面巡检使”①，知辽代南京城内巡检使设置不止一人。统和二十六年（1008）《常遵化墓志》记载常遵化于统和十九年（1001）担任“上京军巡使、京内巡检使”。在任期间，“顿得盗贼并迹，豪户洗心。巷陌宽而舞手行，辰夜静而启门卧”②。由此可知辽代设置五京巡检的目的同样为维护京内治安。

二

辽朝为加强对边境地区的管控和强化中央政府的权力，在沿边地区、经济领域等亦设置巡检。

据《辽史·百官志》记载，辽代在边境地区设置巡检，有西南面巡检司与西北路巡检司。③然而辽代巡检还只是一种临时差遣，并未发展为固定职官，《百官志》关于巡检司的记载乃元人臆造。辽代沿边巡检包括西南面巡检、西北路巡检、东部沿边巡检等。如耶律唐古曾“迁西南面巡检”④；太平三年（1023）六月，“萧孝恭东京统军兼沿边巡检使”⑤；太平八年（1028）七月，“以遥辇帐郎君陈哥为西北路巡检，与萧谐领同管二招讨地”⑥。

关于沿边巡检的职责，据保宁十一年（979）《耶律琮神道碑》记载，保宁五年（973），“授推忠奉国功臣、昭武军节度、利巴等州观察处置等使、特进、检校太傅、兼涿州刺史、西南面招安巡检使……公之莅涿郡也，仁政俱行，宽猛兼济，戢彼干戈，用兴民利。况涿郡也，地迫敌封，境连疆场。盗贼公行，夭疠时降。内奸外宄，出入难虞……由是民心不一，诈伪万端，导行逋逃，聚散无常。豺狼满野，蛇虺盈效，唾毒穿乡，黩残井邑，边人畏惧，斥候日警。夫妇男女，不遑启处，诚无周召之材，伊尹之德，斯郡难于臻与理乎？□□□□仁惠，示之以赏罚，以杀止杀，刑期不刑……远结欢盟，玉帛交通须为政，道路无壅，烽堠疆高眠□□□□……□□□□□不已，途作咏歌，不胜所□，共吁请□刊石纪颂”⑦。根据《辽史·耶律合住传》记载：“保宁初，……以宋师屡梗南边，拜涿州刺史，西南兵马都监、招安、巡检等使，赐推忠奉国功臣。合住久任边防，虽有克获功，然务镇静，不妄生事以邀近功。邻壤敬畏，

① 统和二十三年（1005）《王悦墓志》，转引自向南：《辽代石刻文编》，第113页。
② 统和二十六年（1008）《常遵化墓志》，转引自向南：《辽代石刻文编》，第128页。
③ （元）脱脱等：《辽史》卷46《百官志二》，第838、840页。
④ （元）脱脱等：《辽史》卷91《耶律唐古传》，第1500页。
⑤ （元）脱脱等：《辽史》卷16《圣宗本纪七》，第213页。
⑥ （元）脱脱等：《辽史》卷17《圣宗本纪八》，第228页。
⑦ 保宁十一年（979）《耶律琮神道碑》，转引自向南、张国庆、李宇峰辑注：《辽代石刻文续编》，第342页。

属部乂安。宋数遣人结欢，冀达和意，合住表闻其事，帝许议和。安边怀敌，多有力焉”①，知耶律琮（合住）担任西南面招安巡检使期间，不仅整顿了当地的治安，同时促成了辽宋间友好关系的建立，维护了边境安全。由此可知，辽代沿边巡检的职责为应对边境局势，保障边境安全，缉私巡逻，维护社会治安等。

此外，辽朝在靠近辽宋边境的刺史州亦设有沿边巡检，由州刺史兼任巡检使。如寿昌四年（1098）《易州兴国寺太子诞圣邑碑》有“都维那右监门卫大将军、知易州军州事、沿边巡检安抚屯田劝农等使耶律迁”的记载。② 同时不仅西南面巡检使多由涿州刺史兼任，涿州刺史本身亦带巡检使衔。如《造经题记》中杨晳、萧福延、耶律佶、萧德顺等人的结衔中皆带“知涿州军州事、兼管内巡检安抚屯田劝农等使”③。由此可知，由于辽宋边境地区的特殊性，辽朝通过设置不同层级的巡检使来保障边境地区的稳定。

需要指出的是，咸雍八年（1072）《创建静安寺碑铭》中记载：“夫人二子：长曰佶，礼宾副使、银青崇禄大夫、检校右散骑常侍、同知利州事、兼部内巡检。”④ 张国庆先生据此认为此“部”即指契丹三十四部族中的某部，认为辽代存在部族巡检。⑤ 然而由上文分析可知，巡检应为南面差遣官，北面部族中不应存在。限于史料记载残缺，本文不敢妄下断言，留待日后新史料的发现再行解决。

最后，辽朝在经济领域亦设置巡检。如据统和二十三年（1005）《王悦墓志》记载，王悦曾担任“行宫市场巡检使”⑥。辽朝在皇帝四时捺钵地行宫附近设有商品交易市场，大康元年（1075）出使辽朝的北宋使者沈括，在其《熙宁使虏图抄》中记载：“至单于庭。有屋，单于之朝寝、萧后之朝寝凡三。其余皆毡庐，不过数十，悉东向……其北山，庭之所依者，曰犊儿。过犊儿北十余里，曰市场，小民之为市者，以车从之于山间。”⑦《王悦墓志》记载其担任行宫市场巡检使期间，“洎于守职，惊若循墙。损贫奉富之俦，都然屏迹”⑧。即在王悦的治理下，行宫市场强买强卖、欺行霸市的现象不见了，可知市场巡检使的职责应为维持市场交易秩序，保障交易公平合理进行。

① （元）脱脱等：《辽史》卷86《耶律合住传》，第1455页。
② 寿昌四年（1098）《易州兴国寺太子诞圣邑碑》，转引自向南：《辽代石刻文编》，第487页。
③ 《造经题记》，转引自向南：《辽代石刻文编》，第728、731、733、746页。
④ 咸雍八年（1072）《创建静安寺碑铭》，转引自向南：《辽代石刻文编》，第362页。
⑤ 张国庆：《辽朝警巡、军巡与巡检制度考略》，《辽宁大学学报（哲学社会科学版）》2015年第2期。
⑥ 统和二十三年（1005）《王悦墓志》，转引自向南：《辽代石刻文编》，第113页。
⑦ （北宋）沈括：《熙宁使虏图抄》，转引自赵永春辑注：《奉使辽金行程录（增订本）》，商务印书馆2017年版，第102页。
⑧ 统和二十三年（1005）《王悦墓志》，转引自向南：《辽代石刻文编》，第113页。

三

辽代巡检的设置大致分为以上四类，基本模式与五代、北宋相似。据刘琴丽研究，五代巡检包括州县巡检、京师和留都巡检、军镇巡检、沿边巡检、经济领域巡检五类。[①]《宋史》卷167《职官志七》记载：宋代“有沿边溪峒都巡检，或蕃汉都巡检，或数州数县管界、或一州一县巡检，掌训治甲兵、巡逻州邑、擒捕盗贼事；又有刀鱼船战棹巡检，江、河、淮、海置捉贼巡检，及巡马递铺、巡河、巡捉私茶盐等，各视其名以修举职业，皆掌巡逻几察之事。中兴以后，分置都巡检使、都巡检、巡检、州县巡检，掌土军、禁军招填教习之政令，以巡防扞御盗贼。凡沿江沿海招集水军，控扼要害及地分阔远处，皆置巡检一员，往来接连合相应援处，则置都巡检以总之，皆以材武大小使臣充。各随所在，听州县守令节制，本砦事并申取州县指挥。若海南琼管及归、峡、荆门等处跨连数郡，控制溪峒，又置水陆都巡检使或三州都巡检使，以增重之”[②]。与五代相比，辽代州县巡检设置较少，县一级巡检不见史料记载，州一级巡检多设置于军事重镇与战略要地。与宋代相比，不同之处在于，辽代一些节度使身兼巡检使，实际掌握地方权力，宋代没有设置节镇巡检。

这是由于辽代实行的是中央—节镇—州—县的管理体制，节镇为辽代最高一级地方行政区划。唐后期，“一道兵政属之节度使，民事属之观察使，然节度多兼观察；又各道虽有度支、营田、招讨、经略等使，然亦多以节度使兼之。盖使名虽多，而主其事者，每道一人而已”[③]。辽代节度使与唐代一样，各种职官集于一身。如太平七年（1027）《耶律遂正墓志》记载耶律遂正的结衔为：“故忠勤守节功臣、辽兴军节度、平、滦、营等州观察、处置、巡检、屯田、劝农等使，崇禄大夫、检校太师、同政事门下平章事、使持节平州诸军事、平州刺史、……”[④]清宁八年（1062）《耶律宗政墓志》记载耶律宗政的结衔为：“……判武定军节度、奉圣、归化、儒、可汗等州观察、处置、巡检、屯田、劝农等使……”[⑤]辽代节度使集监察、行政、经济、军事等权力于一身，节镇在辽代发展为一种行政区。州县皆在节度使的管辖之下，故辽代在州县一级不设巡检。同时由于宋代通过削除节度使的支州，使得“天下节镇无复领支郡者

① 刘琴丽：《五代巡检研究》，《史学月刊》2003年第6期。

② （元）脱脱等：《宋史》卷167《职官志七》，第3982页。

③ （宋）马端临著，上海师范大学古籍研究所、华东师范大学古籍研究所点校：《文献通考》卷61《职官考十五》，中华书局2011年版，第1843页。

④ 太平七年（1027）《耶律遂正墓志》，转引自向南、张国庆、李宇峰辑注：《辽代石刻文续编》，第68页。

⑤ 清宁八年（1062）《耶律宗政墓志》，转引自向南：《辽代石刻文编》，第305页。

矣”[①]，节度使逐渐成为虚衔。辽代节度使通过兼任观察处置、巡检、屯田、劝农等使，进一步增强对地方的控制力。而宋代巡检使较之辽代，没有设置节镇巡检。

此外，辽朝继承了晚唐五代的节镇体制，沿袭了地方分权机制，地方独立性较强，契丹人还有意培植这种地方独立性。从辽代巡检使的出身来看，尤其是西南面巡检、西北路巡检、节镇巡检等高层级巡检多为契丹贵族或汉人世家大族子弟。如耶律合住为“太祖弟迭剌之孙”[②]，耶律宗政为辽景宗之孙[③]，皆为皇室子弟。韩椅为韩氏家族后人，韩氏一族“谱系于国姓，其余戚属族人，拜使相者七，任宣猷者九，持节旄，绾符印，宿卫交戟，入侍纳陛者，实倍百人”[④]。王悦曾祖父为王处置、祖父为王郁[⑤]，皆为汉人世家大族后代。以上体现出辽代南面官系统中，契丹贵族和汉人世家大族联合执政的特点。

最后，辽朝南接北宋，东接高丽，西接西夏，北面还有一些时叛时降的部族。在这种四面受敌的形势下，边境的稳定就显得尤为重要。故辽朝差遣西南面巡检、西北路巡检、东部沿边巡检等使驻扎边地，便于及时解决边境问题。同时令一些战略要地的最高长官兼任巡检使，以便增强其处理问题的权力，便于更好地维护地方治安。

（责任编辑：黄为放）

---

① （宋）李焘：《续资治通鉴长编》卷18，“太宗太平兴国二年（977）八月丙寅”条，中华书局2004年版，第411页。

② （元）脱脱等：《辽史》卷86《耶律合住传》，第1455页。

③ 清宁八年（1062）《耶律宗政墓志》，转引自向南：《辽代石刻文编》，第306页。

④ 重熙六年（1037）《韩椅墓志》，转引自向南：《辽代石刻文编》，第204页。

⑤ 统和二十三年（1005）《王悦墓志》，转引自向南：《辽代石刻文编》，第114页。

试论金代户部机构

郭 威*

摘 要：金代户部机构的设置及其占据理财中枢地位，是经过太宗、熙宗、海陵三朝的改革，才逐步确立和完善的。太宗初建尚书省之时，六部机构并不完备，户部很可能还不是独立机构。熙宗时虽已确立中央的三省六部制，但户部的职掌还不够明确，发挥的作用和影响相对较小。海陵正隆官制改革以后，户部真正成为国家的理财中枢。一省制下的户部机构完备，户部尚书、侍郎以下又置有郎中、员外郎、主事、令史、译史、通事等官吏，是六部中建制最为庞大的部门。金代户部并未采用唐宋的分司体系，而是有一套更为简洁的分理财赋事务的体系，很可能仅分为女真、汉人两司。户部的下属机构分共用机构和直属机构两种。共用机构为架阁库与覆实司，直属机构有榷货务、交钞库、印造钞引所、抄纸坊、交钞库物料场、平准务等，这些机构设置时间不一，职能各异。

关键词：金代；三省六部；户部；中央机构

制度的演进并非一蹴而就，金代的政治制度也有一个逐渐完善的过程。经过太宗、熙宗、海陵三朝的改革，中央集权的行政体系才最终确立。六部之一的户部成为国家理财中枢，也是在这一进程中逐步确立的，其在中央行政体系中占有重要地位，对王朝政治经济发展的意义重大。本文以户部为研究对象，探讨其成立过程和机构设置。所论是否得当，还望学界同好批评指正。

一、三省制时期的户部机构

《金史·百官志》记载："天会四年，建尚书省，遂有三省之制。"① 同书《韩企先传》亦云："天会四年，始定官制，立尚书省以下诸司府寺。"② 似乎金朝在这一年已经确立了三省六部制度，对此学界有不同看法。张博泉先生并不认为这时中央已经确立了三省制，而是认为此时的尚书省"不是建在中央，也不是把金统治的地区全部进行

---

* 郭威，吉林省社会科学院高句丽研究中心助理研究员。

① （元）脱脱等：《金史》卷55《百官志一》，中华书局1975年版，第1216页。

② （元）脱脱等：《金史》卷78《韩企先传》，第1777页。

改革，中央和北面的官制基本上没有变化”，其目的“主要是为了使原辽及北宋汉人地区官制的统一”。金朝官制是一个渐进的动态过程，由先期推行女真制到以占领区原有制度进行统治，再到在原辽、宋地区混一汉官制，然后将汉官制推行至全国。[①]程妮娜先生认为金朝于天会四年（1126）开始对中央女真勃极烈制度和汉地燕云枢密院制同步进行改革，官制改革是自下而上，先建基层机构，后立最高机构，到天会末年才基本完成六部的设置，为三省制最后全部改革准备了条件。[②]李锡厚先生认为太宗时期的中央机构仍是勃极烈制，汉官制改革是熙宗以后的事。[③]

金太宗一朝国家最高权力机关是国论勃极烈制度[④]，天会四年（1126）以后，开始出现关于三省之下基层机构职官事迹的记载，如辽降臣张通古，“天会四年，初建尚书省，除工部侍郎、兼六部事”[⑤]，同年，汉军粮料使李瞻“与礼部侍郎李天翼安抚河北东、西两路，略定怀、浚、卫等州，卫、汤阴等县”[⑥]，王政在“（天会）六年（1128），授左监门将军，历安州刺史、檀州军州事、户吏房主事”[⑦]，刘筈在“（天会）七年（1129），为礼部侍郎”[⑧]。韩昉“改礼部尚书，迁翰林学士，兼太常卿、修国史，尚书如故。昉自天会十二年入礼部，在职凡七年。当是时，朝廷方议礼，制度或因或革，故昉在礼部兼太常甚久云”[⑨]。也是在天会四年，就有工部侍郎、礼部侍郎之任职人选，天会六年（1128）有户吏房主事的任命，天会十二年（1134）才有礼部尚书之人选。天会四年（1126）尚书省初建之时，张通古以工部侍郎的身份兼领六部事。关于尚书省六部机构、职官的具体设置过程，宋人李心传记载：“初，金太宗晟尝卜诏改正官名而未毕，至是置三省六部，略仿中国之制。”“六部初止吏、户、礼三侍郎，后置三尚书，仍兼兵、刑、工。既而六曹皆置尚书、郎官、左右司及诸曹皆备。”[⑩]洪皓则认为：“近左右司侍郎不除，却置外郎各一人。六部初置吏、户、礼三侍郎位，正四品，后置三尚书，仍兼兵、刑之位，正三品。又增三侍郎，升诸司郎中为从五品，添置外郎。其

---

① 张博泉：《金天会四年“建尚书省”微议》，《社会科学辑刊》1987年第4期。

② 程妮娜：《论金代的三省制度》，《社会科学辑刊》1998年第6期。

③ 李锡厚：《金朝实行南、北面官制度说质疑》，《社会科学战线》1989年第2期。

④ 程妮娜先生认为太宗即位后，对诸勃极烈的权力有一个削减的过程，主要是裁减人员，从开始的6名裁减到天会八年（1130）的3名，虽然在天会十年又增为5名，但实际负有相关职责的只有国论忽鲁勃极烈宗磐、国论左勃极烈宗干、国论右勃极烈宗翰三人，显是受三省制度的影响，勃极烈地位类似丞相。见氏著：《金代政治制度研究》，吉林大学出版社1999年版，第35页。

⑤ （元）脱脱等：《金史》卷83《张通古传》，第1859页。

⑥ （元）脱脱等：《金史》卷128《李瞻传》，第2762页。

⑦ （元）脱脱等：《金史》卷128《王政传》，第2761页。

⑧ （元）脱脱等：《金史》卷78《刘筈传》，第1771页。

⑨ （元）脱脱等：《金史》卷125《韩昉传》，第2714—2715页。

⑩ （宋）李心传：《建炎以来系年要录》卷84，“绍兴五年正月”条，中华书局1956年版，第1388页。

后六曹皆置尚书。”[①] 李心传将金朝六部的设置放在熙宗即位之后，但从上述论证看，在太宗天会年间，已有六部侍郎、尚书的任职，并非是在天会十三年（1135）熙宗即位之后才有六部职官的委任，所以金代六部的设置还得系于金太宗之时。李心传和洪皓都认为金朝先设置吏、户、礼三部侍郎之位，其后才增设三部尚书，由此三部兼任其他三部职位，后来进一步增设职官，才使六部尚书、侍郎齐备。二人此观点与笔者前文论述基本相符，即金朝六部中先设置侍郎，其后才设置尚书。但张通古于天会四年除工部侍郎、兼六部事，则与李心传、洪皓认为六部先设吏、户、礼三部侍郎的看法不合。

天会四年（1126）初，金朝建尚书省之时，其六部机构并不完备，职官设置也不规范。上文所引李心传、洪皓的记载，都将户部列于六部中首先建置的部门之一。但太宗之时的户部职官却很少见，目前所见史料只有一条，即王政在天会六年（1128）“授左监门将军，历安州刺史、檀州军州事、户吏房主事”[②]。“户吏房主事”一职说明当时确实存在户部相关机构，但王政所任是户、吏两房合一的主事，这反映当时的户部很可能还不是独立机构，与吏部合署办公的可能性比较大。天眷官制改革之后，户部才逐渐独立。史籍记载金代户部侍郎、尚书出现在熙宗时[③]，也可作为佐证。如前文所述，在户部成为金朝独立的财政管理机构之前，金朝设有其他理财机构管理国家相关事务。在国论勃极烈制度向三省六部制发展演变过程中，户部尚未成为王朝最高理财机构。

太宗末年汉官制改革已经接近尾声，虽然在太宗去世的前一年曾“初改定制度，诏中外”[④]，但此时金朝仍在进行“法古立官”完善三省六部官制的工作，直至熙宗即位，天眷元年（1138）才最终完成这一改革，史称“天眷官制改革”。熙宗官制改革后的具体状态，《金史》未详载，《百官志》称：“至熙宗颁新官制及换官格，除拜内外官，始定勋封食邑入衔，而后其制定。然大率皆循辽、宋之旧。”[⑤] 于是有臣子上书称：“当唐之治朝品禄爵秩考核选举，其法号为精密，尚虑拘牵，故远自开元所记，降及辽宋之传，参用讲求有便于今者，不必泥古取正于法者，亦无循习，今先定到官号品秩职守。”[⑥] 这反映出熙宗朝实行的三省制度是远追唐制，兼采辽宋特色，并依据金朝本身特点综合制定的。此时的三省制度是指在中央设置尚书省、中书省以及门下省，三省

① 《金国文具录》，（宋）徐梦莘：《三朝北盟会编》卷 221，上海古籍出版社 2008 年版，第 1595 页。
② （元）脱脱：《金史》卷 128《王政传》，第 2760 页。
③ 有史料记载最早的户部尚书为宗礼，从其名字来看应是女真宗室，但《金史》中关于他仅有的记载，是在皇统七年（1147）四月被醉酒的熙宗杀掉了。见（元）脱脱等：《金史》卷四《熙宗本纪》，第 83 页。
④ （元）脱脱等：《金史》卷 3《太宗本纪》，第 65 页。
⑤ （元）脱脱等：《金史》卷 55《百官志一》，第 1216 页。
⑥ 《金国闻见录》，（宋）徐梦莘：《三朝北盟会编》卷 166，第 1198 页。

的最高长官为领三省事。熙宗在改革旧有官制时首先将诸国论勃极烈转任为领三省事，天会十三年（1135）三月“甲午，以国论右勃极烈、都元帅宗翰为太保，领三省事，封晋国王”，将国论忽鲁勃极烈宗磐封为“尚书令，封宋国王。未几，拜太师”，将国论左勃极烈宗干“拜太傅”，天会十四年（1136）三月，又任命宗磐、宗干为领三省事，其后多位宗室也曾领三省事。[①]诸勃极烈转任三省长官，意味着女真国论勃极烈制度的结束，三省六部制度正式确立。

天眷官制改革后三省六部的设置状况史籍中未见具体记载，《金虏节要》仅言“（完颜）亶立三省六部，改易官制”[②]。从相关史籍记载看，熙宗时期六部都有职官选任，如天眷二年（1139），张浩“详定内外仪式，历户、工、礼三部侍郎，迁礼部尚书”[③]。皇统年间，宗干之子完颜充“为吏部尚书，进封代王，迁同判大宗正事”[④]，完颜宗秀“入为刑部尚书”[⑤]。皇统七年（1147）“熙宗被酒，酌酒赐元，元不能饮，上怒，仗剑逼之，元逃去。命左丞宗宪召元，宗宪与元俱去，上益怒，是时户部尚书宗礼在侧，使之跪，手杀之”[⑥]。同年，完颜思敬“入为工部尚书，改殿前都点检。无何，为吏部尚书”[⑦]，十一月“兵部尚书秉德进三角羊”[⑧]，可知天眷官制改革后中央六部建置完备。从《金史》记载看，首任户部尚书是女真贵族宗礼，户部侍郎是渤海人张浩，户部制度步入正轨。皇统七年，宗礼被醉酒的熙宗手刃之后，熙宗并未及时选授户部尚书。这年“田瑴党事起，台省一空，以浩行六部事”[⑨]。因田瑴党事，大批中央职官被牵连，六部高官也大批撤罢，职官有缺任的现象严重，故以张浩临时“行六部事”。不久，完颜思敬入为工部尚书，同年又转任吏部尚书，兵部尚书为完颜秉德，这些女真贵族出任诸部尚书后，张浩当官复原职。熙宗朝对户部尚书和侍郎任职记载较少，前期的财政管理制度仍沿用原辽制机构，并频见这类机构的职官任命，这些都反映了在熙宗朝三省制下户部的职掌还不够明确，发挥的作用和影响相对较小。

由于熙宗朝前期仍然在很大程度上沿用原辽朝地方理财机构与体系，故各地转运司发挥了较大的作用。皇统元年（1141），“陕西大旱，饥死者十七八，以（傅）慎微为京兆、鄜延、环庆三路经济使，许以便宜。慎微募民入粟，得二十余万石，立养济

---

① （元）脱脱等：《金史》卷4《熙宗本纪》，第70—71、73—74页。
② 《金虏节要》，（宋）徐梦莘：《三朝北盟会编》卷166，第1196页。
③ （元）脱脱等：《金史》卷83《张浩传》，第1862页。
④ （元）脱脱等：《金史》卷76《完颜充传》，第1744页。
⑤ （元）脱脱等：《金史》卷66《宗秀传》，第1560页。
⑥ （元）脱脱等：《金史》卷69《完颜元传》，第1609—1610页。
⑦ （元）脱脱等：《金史》卷70《完颜思敬传》，第1625页。
⑧ （元）脱脱等：《金史》卷4《熙宗本纪》，第83页。
⑨ （元）脱脱等：《金史》卷83《张浩传》，第1862页。

院饲饿者，全活甚众。改同知京兆尹，权陕西诸路转运使。复修三白、龙首等渠以溉田，募民屯种，贷牛及种子以济之，民赖其利”[①]。从这里看出，地方诸路经济使、转运使，职掌财政事宜，劝课农桑，募民入粟，修渠灌溉，向民户贷种子、牛具，促进农业发展，使得政府征收之粟米大增，从而能以仓储赈济饥饿灾民。可以说，熙宗时地方管理财赋事宜的职能较大，户部发挥的作用较小，这和辽代理财体系以五京计司为主的状态较为接近。

二、一省制时期的户部机构

熙宗时，中央集权的户部理财制度尚未最终确立，户部真正成为全国理财中枢是在海陵时期完成的。

海陵王即位之后，为强化君主集权，对中央集权政治制度进一步改革。天德二年（1150）十二月，“罢行台尚书省。改都元帅府为枢密院”[②]。天德三年（1151）“十一月癸亥，诏罢世袭万户官”[③]。海陵首先废除了带有一定地方自治权力的、官员享有世袭待遇的女真路级建置，将权力收归中央。接着于贞元元年（1153）将都城从上京迁至燕京，改称中都。到正隆元年（1156）五月，“颁行正隆官制”，“罢中书、门下省，止置尚书省”[④]。将熙宗时期确立的三省六部制改为一省六部制，以尚书省为中央最高政务机构，下统六部。[⑤]《金史》编撰者对正隆官制改革评价甚高，赞其“职有定位，员有常数，纪纲明，庶务举”[⑥]。金代官制在海陵之时最终定型、完备，终金一世，虽有一些改革调整，但都是一些局部调整，从根本上说基本遵从正隆官制。

正隆官制改革之后，以尚书省下设六部为主体框架的中央行政体系最终确立，户部成为国家理财中枢。

---

① （元）脱脱等：《金史》卷128《傅慎微传》，第2763页。

② （元）脱脱等：《金史》卷5《海陵本纪》，第96页。程妮娜先生认为，世宗朝虽然再设元帅府，但已与海陵之前存在的都元帅府不同，成为单纯的军事统帅机构，并且遵循海陵官制的原则，“以枢密院为常设机构，元帅府为临时机构，兵兴始设，兵罢则省”。载氏著：《金代政治制度研究》，第116页。

③ （元）脱脱等：《金史》卷5《海陵本纪》，第98页。

④ （元）脱脱等：《金史》卷5《海陵本纪》，第106页；卷55《百官志一》，第1216页。

⑤ 程妮娜先生认为从秦汉以来，君主专制的程度是不断加强的，北宋“元丰官制”时基本就已经是“以尚书省长官兼任门下、中书二省长官的体制”，不过，真正将三省制度推向一省制却是在女真族建立的金朝实现的，这反映出女真皇帝汉化很深，海陵王认识到君主集权的重要性，当然也与他个人好大喜功的性格有关。载氏著：《金代政治制度研究》，第119页。

⑥ （元）脱脱等：《金史》卷55《百官志一》，第1216页。

户部本衙长官为户部尚书，一员，秩正三品，总掌本部事务。尚书之下设侍郎两员，秩正四品，为佐贰官。但户部侍郎在“泰和八年减一员，大安二年复增”[①]。户部侍郎一度减员，可能与此时户部主要财权已划归三司有关。[②]在金代六部中只有户部设二员侍郎，其他五部均为一员，或与户部事务繁重有关。唐前期与北宋元丰后的户部，侍郎均为二员，金代应是沿袭这一惯例。

侍郎以下，设有从五品郎中三员，郎中的员额在不同时期有所变化，《百官志》小注载：“天德二年置五员，泰和省作二员，又作四员，贞祐四年置八员，五年作六员。”并未言明郎中三员所指何时，从其行文看，应是指海陵之后章宗泰和之前。从六品员外郎三员，员外郎的员额也有变化，“《泰和令》作二员，后增一员，贞祐四年作六员，又作八员，五年作四员”。郎官之下，又有从七品主事五员，其中“女真司二员，通掌户度金仓等事，汉人司三员，同员外郎分掌曹事”，其员额变化为“泰和八年减一员，贞祐四年作八员，五年六员”。主事之下，又有令史、译史、通事等，“令史七十二人，内女直人十七人。译史五人，通事二人。泰和八年增八人”。[③]令史是户部的具体办事人员，译史、通事应是负责翻译和送递文书事务。

从户部官员数量上看，侍郎以下直至令史的员额，在六部之中是最多的。[④]这一点也说明了户部所掌事务的繁杂程度很高，正因为户部所掌事务的繁重，唐宋王朝的户部机构在内部又分为诸曹司，分理各项事务，各设专职官主管。唐前期户部分户部、度支、金部、仓部四司，北宋户部分户部左曹、户部右曹、度支、金部、仓部五个部门。而金代户部的内部是否也设有诸曹，史料中并没有明确的记载，只能稍加推测。

据《金史·百官志》记载：“郎中而下，皆以一员掌户籍、物力、婚姻、继嗣、田宅、财业、盐铁、酒曲、香茶、矾锡、丹粉、坑冶、榷场、市易等事，一员掌度支、国用、俸禄、恩赐、钱帛、宝货、贡赋、租税、府库、仓廪、积贮、权衡、度量、法式、给授职田、拘收官物、并照磨计帐等事。”“主事五员，从七品，女真司二员，通掌户度金仓等事，汉人司三员，同员外郎分掌曹事。”从这段记载可以看出户部的执掌被分为两部分，由两位郎中和员外郎分别掌理。户部主事又有女真司和汉人司的区分，女真司主事通掌户度金仓等事，汉人司主事同员外郎分掌曹事。女真司应是处理本族人或者地方猛安谋克的财赋事宜，汉人司应是负责女真族之外的理财事务。这种分司形式与唐宋的四分法或五分法不同，反而更接近于契丹人区分南北的制度。在女真司和汉人司之

① （元）脱脱等：《金史》卷55《百官志一》，第1232页。

② 关于金末三司，笔者另有专文论述。

③ （元）脱脱等：《金史》卷55《百官志一》，第1222、1233页。

④ 按《金史·百官志》，吏部尚书以下侍郎一员，郎中二员，员外郎一员，主事四员，令史六十九人，其他四部的人员数量较之吏部更少。

上，户部执掌分为两部分，但史料中也没有左曹、右曹之类的记载，郎中和员外郎的员额在章宗泰和以前均为三员，也并不支持户部沿用唐宋制度分四曹或五曹的推测。另外，从关于户部官员事迹的记载上看，唐宋时期户部官员中，郎中、员外郎均很明确地称其为度支郎中、仓部员外郎等具体的官称，而金代的户部郎中、员外郎从未见金部、仓部、度支等具衔，均统称为户部郎中和户部员外郎。反而是地方转运司和府州官员中有户籍判官、度支判官之类的官名。这也可证明金朝户部机构的制定者熟悉唐宋户部的内部结构，但并未采纳其分司体系，而是有一套更为简洁的分理财赋事务的体系，不过从目前掌握的史料看，我们还无法探知其详，需要新材料加以证实。

三、户部下属机构

户部的下属机构分共用机构和直属机构两种。共用机构一个是架阁库，为户部和礼部所共用，设正八品管勾一员掌管，另有同管勾、检法、勾当官等，负责两部档案文书的保管和整理。另一个是覆实司，隶属于户、工两部，设从七品管勾一员，“掌覆实营造材物、工匠价直等事”[①]。这一机构类似当今的审计机构，主要负责公共工程所用财物的复核，相当于户、工两部在公共工程营造过程中的一个监管机构，同时隶属工部，并不独立隶属户部。

直属户部的机构有榷货务、交钞库、印造钞引库、抄纸坊、交钞库物料场、平准务等，这些机构设置时间不一，职能各异。

榷货务：榷货务最早见于海陵时，正隆五年（1160）八月，“命榷货务并印造钞引库起赴南京”[②]。榷货务的功能是“掌发卖给随路香茶盐钞引”[③]，即管理政府发放给特许商人支领和运销各类政府管制商品的凭证。金代实行钞引法始于海陵贞元年间，“海陵庶人贞元二年（1154）迁都之后，户部尚书蔡松年复钞引法，遂制交钞，与钱并用”[④]。《金史·蔡松年传》亦载：“海陵迁中都，徙榷货务以实都城，复钞引法，皆自松年启之。”[⑤]榷货务很可能是设于贞元二年或其后不久。榷货务的另一项功能是收贮在京诸税中的现钱，即“在京诸税系中运司，见钱皆权于本务收”[⑥]。

① （元）脱脱等：《金史》卷55《百官志一》，第1237页。
② （元）脱脱等：《金史》卷5《海陵本纪》，第112页。
③ （元）脱脱等：《金史》卷56《百官志二》，第1283页。
④ （元）脱脱等：《金史》卷48《食货志三》，第1069页。
⑤ （元）脱脱等：《金史》卷125《蔡松年传》，第2716页。
⑥ （元）脱脱等：《金史》卷56《百官志二》，第1283页。

交钞库：海陵贞元二年（1154）五月，“始置交钞库，设使副员”[①]。《金史·食货志》载：“初，贞元间既行钞引法，遂设印造钞引库及交钞库，皆设使、副、判各一员，都监二员，而交钞库副则专主书押、搭印合同之事。”[②] 交钞库也创设于海陵时，其功能是“掌诸路交钞及检勘钱钞、换易收支之事”[③]，是设于户部之下管理纸币发行的机构。

印造钞引库：与交钞库同时设，“掌监视印造勘覆诸路交钞、盐引，兼提控抄造钞引纸”[④]，是负责交钞、盐引发行的专门机构。

抄纸坊：设置时间不详，大安二年（1210）并入印造钞引库，贞祐二年（1214）恢复设置。其职能应该就是“抄造钞引纸”。

交钞库物料场：设于卫绍王至宁元年（1213），“掌收支交钞物料”，属于交钞库的附属机构。

平准务：这一机构存在时间很短，仅在宣宗元光二年短暂设立。“至元光二年，宝泉几于不用，乃定法，银一两不得过宝泉三百贯，凡物可直银三两以下者不许用银，以上者三分为率，一分用银，二分用宝泉及珍货、重宝。京师及州郡置平准务，以宝泉银相易，其私易及违法而能告者罪赏有差。是令既下，市肆昼闭，商旅不行，朝廷患之，乃除市易用银及银宝泉私相易之法。”[⑤] 平准务是金末所设用于换易银钞的机构，不仅设于京师，还设于各州郡。

正隆官制确立后，户部作为中央最高理财机构更加完善，总掌国家财用。金代户部建制仿效唐宋基本架构建官置属，从总体上看还是相当完备的，在制度层面上保障了国家经济在一定时间段的稳定运行。尤其是大定明昌的治世局面的出现，应该与户部机构的运作有着不小的关联。然而，到了章宗后期，多方面因素造成的财政危机日益凸显，户部无法应对。章宗泰和八年（1208）十一月，“省户部官员置三司，谓兼劝农、盐铁、度支，户部三科也”[⑥]，以三司代替户部成为中央理财机构，以图解决日益严重的财政危机，但效果并不明显。贞祐年间宣宗宣布废除三司，户部理财体制得以恢复并沿用至金末，一代之制也随着王朝的消亡而走到了终点。

（责任编辑：黄为放）

① （元）脱脱等：《金史》卷5《海陵本纪》，第102页。
② （元）脱脱等：《金史》卷48《食货志三》，第1073页。
③ （元）脱脱等：《金史》卷56《百官志二》，第1283页。
④ （元）脱脱等：《金史》卷56《百官志二》，第1284页。
⑤ （元）脱脱等：《金史》卷48《食货志三》，第1089—1090页。
⑥ （元）脱脱等：《金史》卷55《百官志一》，第1244页。

刍论抗战时期华北沦陷区奴化教育的启幕
——伪新民学院设立过程的研究*

彭　程　刘晓军**

摘　要：伪新民学院是抗战时期华北沦陷区实施奴化教育最重要的教育机构，是日本倾全力打造的一所训练汉奸的“模范学校”，占领当局对它的重视程度远远超过当时华北沦陷区内的任何一所学校。伪新民学院的设立标志着日本在华北沦陷区实施奴化教育的开始，这所汉奸训练学校是占领当局为了缓解占领后的不安与焦虑，由军部主导，在外务省的协助下设立的。

关键词：伪新民学院；设立过程；华北沦陷区；奴化教育

1937年7月7日卢沟桥事变爆发，8月底华北大部分地区被日军占领。为了更好地统治华北沦陷区，日军进行了各种尝试与努力，其中重要的一环就是培养和训练亲日亲伪满的汉奸，因而创设了一批训练和培训汉奸的机构。伪国立新民学院（以下简称：伪新民学院）是其中最重要的机构。该机构旨在以中国人为对象培养和训练汉奸官吏，其毕业生大量占据伪临时政府内的中层职位，被公认为华北沦陷区最主要的汉奸来源地。

日本占领当局对伪新民学院采取特殊“优待”，不仅体现在派驻日军少将担任学院的实际负责人，而且每年的拨款也是其他学校的数倍，甚至还安排毕业生去日本国内参观旅行，试图倾全力打造成一所训练汉奸的“模范学校”。因此，考察伪新民学院对研究华北沦陷区的奴化教育具有十分重要的意义。而考察伪新民学院的设立过程又是其中主要的课题之一，便于从源头厘清日军占领当局实施奴化教育的来龙去脉。

与同是外国人在华设立的学校教会大学相比，目前国内学界对日本人在沦陷区设立学校的研究还相当滞后，而对在沦陷区内实施奴化教育的学校设立过程的研究更是

* 本文系国家社科基金项目“日本馆藏涉新四军档案资料的翻译、整理与研究”（15BDJ054）的阶段性成果。

** 彭程，湖南工业大学外国语学院副教授；刘晓军，南华大学语言文学学院讲师。

少之又少。这主要是因为这些学校是由日本的个人和机构设立的，相关资料基本保存在日本，而且绝大部分是日文文献。考虑到当时的日文与现在使用的日文之间的差异，这项研究就变得越发困难。

本文主要利用日本馆藏的日文档案，厘清伪新民学院设立的过程，还原华北沦陷区内奴化教育启幕的这一段历史。

一、军部的策划

1937年12月31日，日本驻华（北平）大使馆参事官森岛守人向外务大臣提交了一份题为《关于新民学院讲师并科目》的报告书，该报告书中有如下内容："北京特务机关于今年10月开始制定计划，建设一所以培养中华民国官吏为目的，相当于满洲国大同学院的大专院校。"[①] 值得注意的是，在此提出设立伪新民学院构想的是"北京特务机关"，即后来的华北方面军特务部（以下简称：军特务部）。这也在1938年9月由日本东亚同文会事业部出版的《新中国要览》中得以佐证，"新民学院在1937年10月之后，由军特务部提案设立的"[②]。

从以上史料中可以确定设立伪新民学院的构想是在1937年10月成形的，但该报告并未讲述设立伪新民学院的目的。笔者发现了一份11月4日由军特务部做成的《官吏、党员的养成并文教对策案（第二案）》（以下简称《对策案》），提到了设立伪新民学院的"趣旨并方针"。

> 值此"日华事变"处理之际，为了在华北实现真正的日满华提携，并将此扩大到中国全境，且永久保持此种状态，解决今次事变的重点在于华北的经营。目前随着军事上皇军作战的进展，经济的提携与政权的树立也正逐步实现。为夯实基础、巩固成果，一定要加强思想文教工作。否则，一旦皇军撤退，抗日排日思想将重新抬头，牺牲数万生灵，靡费数十亿国币经营的华北将轰然坍塌，对此我们洞若观火。故此，一定要获得培养破除国共两党的主义，信奉新指导原理的勇猛战士，以之为枢轴击破国共两党，树立世界的模范，首先在华北实现真正的日满华提携，然后推广到全中国，这绝对是必要的。[③]

---

① 『新民学院講師並課目ニ関スル件』（1937年），アジア歴史資料センター，档号：B05016176200。

② 東亞同文会事業部：『新支那現勢要覽』（第2回），東亞同文会事業部，1938年，第521頁。

③ 『官吏、党員ノ養成並文教対策案』（第二案）（1937年），档号：B02030552000。

由此可见，日本占领当局打算设立一所实施彻底的奴化教育学校，以培养和训练出不为三民主义和共产主义所左右、只信奉日本提出的意识形态的汉奸。

然而不容忽视的是，1937 年 10 月提出的“破除国共两党的主义”，也就是后来成为华北沦陷区意识形态的“新民主义”，尚未形成。换而言之，意识形态的制定与原本应该在该意识形态下进行的伪新民学院的设立，却在同一时间以平行的状态进行。这种极端不正常的事实，反映了日本占领当局的焦虑。日本占领当局的焦虑来自共产党和国民政府在华北地区的活动以及当地民众的反日情绪。

此外，日本占领当局的焦虑还来自傀儡政权即将成立，支撑其运转的汉奸官吏却十分匮乏这一现状。这项《对策案》提出 40 天之后，12 月 14 日伪中华民国临时政府在北平正式成立。但伪临时政府要正常运转，必须以拥有大量的官吏为前提。

由日本人来充任这些官吏，不仅人手不够，而且他们也不熟悉当地情况，容易引起当地中国人的反感。华北沦陷区包括四省三市，面积达 120 万平方公里，人口也超过 1 亿，所需的政府官吏不在少数，所以大量使用中国人来充任伪政府官吏就不可避免。

随着国民政府各级政权的后撤，中国官吏严重不足和必须录用大量中国官吏是摆在日本占领当局面前的一对矛盾。面对这一矛盾，日本占领当局采取的方法就是亲自训练大量值得信赖的汉奸官吏。

军特务部在设立伪新民学院的构想中，就充分表明了这一点。《对策案》的“要纲”部分写道：“应迅速新设官吏和党员培训机构，比如新民学院（暂称）。严选少壮有为之士数十名集于一堂，自教官以下寝食与共，实施热烈之教育，任用其合格者为新政权课长级官员。选其精粹组建新民党。”

这里不仅明确提出伪新民学院的名称，而且还约定了录用接受过奴化教育的合格毕业生为傀儡政权课长级行政官员。军特务部甚至还想到以伪新民学院毕业生为中心，组建华北地区新政治力量的“新民党”。

为了应急，军特务部还考虑了紧急对策：“为了满足当前急需，首先应实施为期一二个月的速成教育，而后再根据需要分几次进一步实施短期教育，最后再根据新政权的需要开设正式的课程。”①

对于伪新民学院培养和训练充任伪临时政府官吏的这一教育目的，当时日本的《读卖新闻》指出：“为了培养华北新政权的中坚人才，训育有为的官吏，由华北当局创设的‘新民学院’公布了招生简章，开始向树立新政权迈出了强有力的第一步。该学院的成功与否和新政府将来的发展息息相关，因此学院当局深感责任重大，决

① 『官吏、党員ノ養成並文教対策案』（第二案）（1937 年），档号：B02030552000。

心以辛勤工作来回应一般民众之要望。”[①] 这充分显示了日本对于伪新民学院的热切期待。

二、军部与外务省的协商

1937年12月22日，《新民学院设立案》被正式提交给陆军省和外务部。这标志着设立伪新民学院的构想已经成熟，进入正式实施阶段。从10月份提出设想，再到正式提交方案，这中间花费了将近三个月的时间。考虑到上述日本占领当局焦虑的心态，可以说，这一过程进行得较为缓慢。主要有如下原因：

12月31日，森岛守人参事官在向外务大臣提交的报告书中写道：“尔来，与各方折冲研究，至十一月下旬，基本达成具体方案，决定设立‘新民学院’。”[②] 也就是说，伪新民学院的设立虽然是军特务部构想的，但制定计划却不是由军特务部一手把持的，而是与各方妥协的结果。

那么，“各方”又到底包括哪些部门，森岛参事官并未明示。但除了军特务部之外，至少外务省是参与了。这里必须讨论的是，已经掌握了华北沦陷区实权的华北方面军为何要与外务省协商这一问题？

众所周知，卢沟桥事变后日本军部迅速抬头，陆军省希望把对华的决策权和执行权从外务省手里夺过来，由自己直接掌控。之后，陆军省提出要单独设置专门处理中国事务的兴亚院，在审议中外务省的强烈反对被陆军省压下，最后以让外务大臣辞职的形式强行通过了《兴亚院设置案》。于是，由军部主导的兴亚院在1939年初正式成立。

因此，就出现了军部为何要让外务省参与设立伪新民学院的问题。在回答这个问题之前，我们要先弄清楚外务省积极参与伪新民学院创建的理由。虽然负责包括中国在内的外交事务一直是外务省的职责，但考虑到军部在华北沦陷区的各项事务上独断专行，外务省完全可以放手不管。而这次外务省积极参与创建伪新民学院，主要因为其主管的“对华文化事业”。

日本的“对华文化事业”是一项以义和团运动和“一战”后中国为赎回山东所支付的赔偿金为本金，基于所谓的“以日华亲善为目的，主要为了中国人的利益”准则，在中国国内实施教育文化侵略的政府项目。

---

① 「北支新文化の建設・新民学院誕生・新政権の中堅人材を養成」，『読売新聞』1937年12月12日，第09版。

② 『新民学院講師並課目ニ関スル件』（1937年），档号：B05016176200。

1901年，清政府与列强签订了丧权辱国的《辛丑条约》，对各国赔款白银共计4.5亿两。因为数额巨大无法一次付清，遂约定以39年为期，分期付款。之后，各列强为了缓和来自国际社会的批判，确保本国在中国的利益，时常同意缓付或者把部分赔款返还给中国。美国率先于1908年5月25日通过《义和团事件赔款返还法》，1911年用部分赔款在北平设立留美预备学校，该校后来发展为清华大学。随后法国、英国等列强亦效仿之，将部分赔款返还给中国，用于文化教育。十月革命后，俄国放弃了这笔赔款。

在这种国际背景下，日本于1923年制定了《对华文化事业特别法》，开始了以该笔赔款为活动经费的“对华文化事业”，其主管机关是隶属于外务省的文化事业部。也就是说，日本在中国包括教育在内的文化工作，这一时期仍然由外务省负责。于是，日本刚一占领华北，外务省就命令其下属的东方文化学院东京研究所所长服部宇之吉对中国进行了实地调查。

该调查从9月份开始，外务省调查团着手“官吏养成机构”与军特务部设立伪新民学院的构想几乎同时展开。换言之，对于设立伪新民学院这样的“官吏培训机构”，外务省和陆军省不谋而合。

1938年2月，外务省公布的《今后对华北文化工作要纲案》中在“实施方法”条目下明确记载“期待‘新民学院’的教育取得彻底成功”[①]，对伪新民学院抱有很大的期待。

那么，为什么华北方面军在伪新民学院的筹建上要征求外务省的意见呢？从名义上的分工来看，伪新民学院的筹建属于外务省的职责范围。如果在这件事情上完全无视外务省，至少在面子上会令外务省难堪。但这只是表面上的原因，考虑到军部的独断专行，这个原因几乎可以忽略，其主要原因是伪新民学院筹建的经费问题。本来以中国人为培养对象，又是隶属于伪临时政府的学校，其经费应当由伪临时政府下拨。但此时伪临时政府尚未成立，因此该笔款项就不得不由日本方面筹措。这笔经费从何而出呢？当时森岛参事官在提交给外务省的报告书中注明“抄送文化事业部长”。外务省文化事业部握有巨额的“对华文化事业费”，而军部若不想负担这笔经费，当然就不能无视外务省的意见了。

事实上，在筹建伪新民学院的过程中，日本国内对教育的看法发生了重大转变。1937年12月，第一次近卫内阁下设的教育审议会召开会议，审议了与教育有关的七条解释和四项建议，最终将教育定位为“确立国防国家体制重要的一环”，把教育投资视为“廉价的国防费”。[②]既然教育被提升到国防的高度，那么筹建伪新民学院的经费

① 『別府事務官ノ文化事業ニ関スル件諸案件　昭和十三年二月』(1938年)，档号：B05015006300。
② 〔日〕安川寿之辅：『十五年戦争と教育』，新日本出版社1996年版，第123—126頁。

从“对华文化事业费”中支取，就有了充分的依据。同时，我们也可以据此推测，森岛参事官抄送给外务省文化事业部部长的报告书中的“作为学校开办费，在此特申请银三万元”就是“对华文化事业费”。①

考虑到森岛参事官是1937年12月31日提交的报告，所以，作为筹办伪新民学院准备金的“银三万元”应计入1938年会计年度。根据1938年度外务省《累积、使用及流用认可》这一档案资料，在“对华文化事业费岁出”这一条目下，有一条是“中国各大学临时助成100,000（日）圆”，后面又附记有“增加补助费27,000（日）圆、助成费27,000（日）圆”。②

按照当时的汇率，“银一元”大概相当于1日元。这样，伪新民学院的筹办经费就占到了外务省1938年度“对华文化事业费”中“中国各大学临时助成”的30%。这里的“中国”不单指华北地区，也包括华东、华中地区。一个学校的经费就占了一个政府项目总预算的30%，这不能不说是超常的待遇。

不仅如此，1938年伪临时政府下拨给伪新民学院的经费高达34,700,982元，而拨给伪国立北京女子师范学院的只有134,800元③，前者是后者的257倍。在伪临时政府捉襟见肘的财政窘况下，对伪新民学院的拨款却是如此慷慨，这也反映出军特务部对伪新民学院的重视。

军特务部征求外务省意见的另一个理由是师资问题。众所周知，仅仅依靠军人来创办非军事的教育机构是不可行的，一定还要取得相关人员的协助。军部的势力并不能覆盖日本国内的知识分子，所以很有必要获得来自其他部门的协助。虽然外务省原本并不负责文教领域，麾下也没有多少听命于己的知识分子，但随着文化事业部的设立，这一局面大为改观。

既然决定要尽早使伪新民学院开学，教职员的招聘就刻不容缓。考虑到伪新民学院在华北沦陷区的特殊地位，其教师阵容必须齐整。然而，招聘到合乎要求的教职员并不容易，但外务省对伪新民学院教师的招聘却非常积极主动，十分热心。

三、伪新民学院设立委员会的运作

作为外务省和军特务部协商的结果之一，一个专门负责伪新民学院具体筹办事务的伪新民学院设立委员会（以下简称：设立委员会）成立了。该委员会由“军特务部成

---

① 『新民学院講師並課目ニ関スル件』（1937年），档号：B05016176200。

② 『昭和十三年度ノ三（4）繰越使用及流用認可（写）』（1937年），档号：B05015078400。

③ 『第七十五回帝国議会興亜院経済部第四課関係参考資料2』（1939年），档号：B02031399000。

田少佐、泷川政次郎、饭河道雄、桥川时雄及武田熙”[①] 等五人组成。

从设立委员会的人员构成可以发现，该委员会的设立是外务省与军特务部妥协的结果。成田贡与饭河道雄是军特务部的人，而泷川政次郎、桥川时雄、武田熙则是外务省系统的人。换言之，两大机构都派各自的代表进入了该委员会。

根据现存的资料，伪新民学院设立委员会的活动主要如下：

首先，选择学校的校舍。与在伪满辽阔荒芜的土地上新建伪建国大学等诸多大学的校舍不同，在卢沟桥事变前，北平的绝大多数大学都已经西迁、南迁，留下了很多校舍。而伪新民学院只需将这些设施稍加改造就可以直接使用。最终，军特务部听从了设立委员会的建议，决定以原北平大学法商学院作为伪新民学院的校舍。[②]

其次，负责第一期学生的入学考试。在设立委员会的努力下，第一期学生的入学考试工作顺利结束。12 月 28 日《读卖新闻》报道：“报考北京中华民国新民学院的考生有约 600 名，经过筛选最后决定了 60 名合格者，27 日公布了名单。”[③]

第三，制定了伪新民学院的各项规章制度，比如《新民学院规定》、《新民学院考查规定》、《新民学院细则》、《新民学院附属文书》等，初步确立了伪新民学院的制度框架。

除此之外，设立委员会的另一项主要工作就是招聘教职员。日本教师主要通过外务省文化事业部招聘日本国内大学、高职的在职教师。结果，不仅从日本国内招来了几位著名的教授，还招来东亚同文书院教授春宫千铁和驻希腊公使三枝茂智到伪新民学院任教。

中国教师的招聘要复杂一些。卢沟桥事变前，北平是中国的文化中心，汇集了众多中日知识分子。事变后，很多中国知识分子，比如老舍、朱自清等为了躲避战火疏散到了大后方。但因各种原因留在北平的人也为数不少，军特务部把他们看成是伪新民学院中国教员的最佳人选。但对这些中国知识分子来说，他们并不想为日本服务而被国人视为汉奸。

于是，这些拥有不少中国知识分子朋友的设立委员会委员就积极从事说服工作。虽然资料匮乏，无法知道其具体是如何进行的，但至少有资料表明设立委员会的委员与后来成为伪新民学院教师的中国知识分子之间关系密切，相交甚厚。比如，武田熙与周作人[④] 以及钱稻孙[⑤]、桥川时雄与邓之诚[⑥]、泷川政次郎与董康[⑦] 等。在设立委员会委

① 『新民学院講師並課目ニ関スル件』（1937 年），档号：B05016176200。
② 『新民学院講師並課目ニ関スル件』（1937 年），档号：B05016176200。
③ 「新民学院、入学者決定す / 北京」，『読売新聞』1937 年 12 月 28 日，第 11 版。
④ 李军：《历史的复杂之处》，《东方早报》2008 年 9 月 21 日，第 09 版。
⑤ 文洁若：《我所知道的钱稻孙》，《读书》1991 年 1 月。
⑥ 邓瑞：《邓之诚与松崎等的友谊》，《南京大学报・南苑副刊》第 879 期，2005 年 1 月 10 日。
⑦ 〔日〕泷川政次郎：「北京と象」，『東亜学』1939 年 3 月，第 36 頁。

员的奔走劝说之下，部分中国知识分子出任了伪新民学院的教职。这可以说是军特务部在成立设立委员会之时所期待的结果。

四、伪新民学院正式成立

1938年1月10日上午10时，在森严的警戒下，伪新民学院成立仪式在北平西城区国会街的伪新民学院校内举行。[①] 除了以王克敏院长为首的学院教职员出席之外，作为来宾的还有汤尔和“教育部长”等伪临时政府各政府要员，日本方面出席的有外务省森岛守人参事官、华北方面军的山下奉文少将和根本博大佐。

另外，早在1月6日，《读卖新闻》就刊发了题为《期盼已久的新民学院成立仪式 / 北京》的文章，率先报道了伪新民学院的成立。[②] 在伪新民学院正式成立当天举行的记者招待会上，伪临时政府的“教育部长”在各国记者面前宣布：“新民学院为临时政府的直属机构。”[③]

五、结语

侵华日军为了更好地统治华北占领区，早在1937年10月就提出了设立培养亲日伪政权官吏的伪新民学院的构想。原本在争夺对华侵略的话语权上，日军军部与外务省存在斗争。但是，为寻求后者在经费上的支持，军部最终在建设伪新民学院一事上与外务省妥协。作为妥协的回报，外务省从其所辖的“对华文化事业”项目中慷慨列支巨额经费予以支持，并且，还在教员招聘等方面积极配合军部，甚至延揽了部分中国知识分子为其服务。就这样，在军部与外务省的合作下，伪新民学院在三个多月的时间内，从设想变为现实，开启了侵华日军在华北沦陷区培养亲日汉奸的序幕。

（责任编辑：李晓光）

---

① 白林：《训练汉奸的新民学院》，载中国人民政治协商会议北京市委员会文史资料研究委员会编：《日伪统治下的北平》，北京出版社1987年版，第293页。

② 「新民学院いよいよ開校式 / 北京」，『読売新聞』1938年1月6日，第09版。

③ 『新政府ノ教育方針ニ関スル件　昭和十三年一月十四日』（1938年），档号：B05016179300。

继承与发展：普京时代与帝俄时代远东开发政策之比较*

张　丽　李　萍**

摘　要：俄罗斯远东地区地广人稀、自然条件恶劣，与欧俄地区经济社会发展差距巨大，为了使之融入国家主流社会生活，19 世纪中叶以来沙皇俄国政府、苏联政府和当代俄罗斯联邦政府各自进行了三次远东开发。普京政府正在高调进行的新一轮远东开发与 19 世纪下半叶帝俄时代的第一次远东开发都以行政规划为先导，目的是加强中央政府对远东地区的控制；都以推动移民为关键，目的是确保远东地区的俄罗斯化；都以开放远东市场为手段，目的是推动远东地区经济社会的发展和繁荣；都以交通运输为后盾，目的是发挥远东地区在俄罗斯国家战略布局中的地缘政治优势，将远东开发与俄罗斯的东北亚战略结合起来。当代俄罗斯联邦的远东开发政策是对 19 世纪下半叶沙皇时代政策的继承和发展。

关键词：普京时代；帝俄时代；远东开发

俄罗斯远东地区地域辽阔、人口稀少、自然条件恶劣，与欧俄地区①经济社会发展差距巨大。如何促进这一地区的开发，使之融入国家主流社会生活，历来是俄罗斯不能回避的一个重要课题。19 世纪中叶俄罗斯帝国远东疆域形成以来，沙皇俄国政府、苏联政府和当代俄罗斯联邦政府各自进行了一次远东开发。其中苏联时期的远东开发以促进远东与西伯利亚经济共同发展为特征，具有封闭性；而 19 世纪下半叶帝俄时代的第一次远东开发和普京政府正在高调进行的第三次远东开发则将远东和地缘关系密切的东北亚国家联系起来，以积极参与东北亚地区国际竞争为特征，具有开放性。对普京时代和帝俄时代的远东开发政策进行比较，可以预测当前俄罗斯远东开发的趋势，从而争取在俄罗斯新一轮的远东开发中寻找机遇、应对挑战，实现国家利益的最大化。

---

* 本文系教育部 2017 年度国别和区域研究专项课题“中方参与俄罗斯远东地区开发合作研究”的阶段性成果。

** 张丽，辽宁师范大学马克思主义学院俄罗斯研究中心教授；李萍，辽宁师范大学马克思主义学院副教授。

① 系指俄罗斯欧洲部分的领土。

一、以行政规划为先导加强中央对远东地区的控制

俄罗斯远东地区从广义上讲是指今天的远东联邦区，从狭义上讲是指沙俄时代掠自我国的黑龙江以北和乌苏里江以东地区，包括现在的阿穆尔州、犹太自治州、哈巴罗夫斯克边疆区、滨海边疆区和萨哈林州。本文所讨论的主要是狭义的远东地区。

清代以降，随着沙俄不断东扩，中俄由相距遥远的国度变成山水相连的邻邦。1689年《尼布楚条约》首次划定了两国东段国界。19世纪中叶沙俄利用清政府内忧外患之机再次强劲东扩，于1858年、1860年逼迫清政府签订《瑷珲条约》和《北京条约》，将黑龙江以北、外兴安岭以南，以及乌苏里江以东包括库页岛在内的一百多万平方公里的中国领土并入俄国。继而采取行政措施，对遥远寂寥的新国土进行有效的治理。1858年底沙皇政府设立阿穆尔省管辖新占领的黑龙江中游左岸的辽阔地区，阿穆尔省首府位于布拉戈维申斯克。1860年中俄《北京条约》签订后，又将乌苏里江以东包括库页岛在内的新领地并入1856年设立的滨海省，滨海省的首府最初设在阿穆尔河口的尼古拉耶夫斯克，1890年迁往符拉迪沃斯托克。但当时新设立的阿穆尔省和滨海省都隶属于东西伯利亚总督区，还不是一个直接受中央政府管辖的单独行政区域，远东地区作为一个独立的行政区划单位尚未出现。1884年沙皇政府对亚洲领地进行行政区划改革，将从中国割占的黑龙江以北、乌苏里江以东包括库页岛在内的辽阔地区，以及外贝加尔地区①和堪察加半岛从东西伯利亚总督辖区中分离出来，设置了独立的阿穆尔河沿岸总督区，由中央政府派驻总督直接治理，总督府所在地为哈巴罗夫斯克。阿穆尔河沿岸总督区的设立，使远东地区正式成为中央政府下辖的一级行政区划单位。从1858年设立阿穆尔省，到1860年将乌苏里江以东地区并入滨海省，再到1884年设立阿穆尔沿岸总督区，沙俄政府逐渐完善了对远东边疆地区的行政管理。远东地区行政布局的初步规划及完善既是沙俄政府正式启动远东开发工程的标志，也是其开发远东的一项重要内容。这一举措表明19世纪下半叶帝俄远东开发的根本目的是加强中央政府对远东新边区的控制，维护国家领土的完整统一，为后来俄罗斯对远东地区的治理奠定了行政基础。1922年11月，苏俄正是在此基础上设立了由阿穆尔省、滨海省、勘察加省、萨哈林省以及外贝加尔省等组成的远东州，正式将远东地区并入苏联最大的加盟共和国——俄罗斯苏维埃社会主义联邦共和国。1926年苏联又将远东州改为远东边疆区。此后，远东地区的行政区划虽几经调整，但它始终是俄罗斯苏维埃社会主

---

①　外贝加尔地区1906年重新划归东西伯利亚总督区管辖。

义联邦共和国领土的一部分。可见，帝俄时代以行政规划为先导的远东开发政策达到了其预期的行政目标。

苏联时期掀起了第二次开发远东的热潮，把远东地区建成了装备制造业和军事工业基地。1991年12月苏联解体，俄罗斯由计划经济向市场经济急剧转轨，远东地区资源依赖型的传统发展模式受到严重冲击，经济停滞，人口大量回流，地方分裂主义势力随之抬头。继1992年4月雅库特自治共和国正式升级为萨哈共和国后，楚科奇自治州、科里亚克自治区、犹太自治州分别脱离马加丹州、勘察加州和哈巴罗夫斯克边疆区成为独立的联邦主体，而滨海边疆区则扬言要成立共和国。1996年叶利钦政府颁布《1996—2005年远东和外贝加尔地区社会经济发展联邦专项纲要》，试图以参与东北亚区域经济合作的方式重启远东开发进程，寄希望于促进远东经济发展，加强联邦中央对远东地区的控制。然而1998年金融危机的爆发使叶利钦的远东开发计划胎死腹中。经济基础脆弱、远离欧俄的远东地区在经济和政治的双重危机中渐行渐远。世纪之交走上执政前台的普京，以克服民族分裂主义和地方分离主义、加强中央政府权威为首要任务，1999年12月30日他在《千年之交的俄罗斯》一文中明确提出："俄罗斯需要一个强有力的国家政权体系，也应该拥有这样一个政权体系。"[①]2000年5月13日普京正式担任总统不久，便签署第849号总统令，批准《俄罗斯联邦总统驻联邦区全权代表条例》，将全国89个联邦主体按地域原则划分为中央、西北、南部、伏尔加、乌拉尔、西伯利亚和远东七个联邦区，每个联邦区派驻一名总统全权代表。其中远东联邦区面积最大，包括萨哈共和国、哈巴罗夫斯克边疆区、滨海边疆区、犹太自治州、阿穆尔州、马加丹州、勘察加州、萨哈林州、楚科奇自治区和科里亚克自治区10个联邦成员，总统代表处设在哈巴罗夫斯克。远东联邦区总统全权代表的主要任务与其他联邦区完全相同：督促区内各联邦主体执行总统的政策和联邦宪法，确保总统对各行政长官的领导力，及时向总统报告区内政治、经济、社会发展以及国家安全状况。远东联邦区的设立，有效地制止了远东地区的分离主义倾向，2001年普京成功地迫使远东地区分裂势力的代表、滨海边疆区行政长官纳兹德拉坚科辞职，2007年7月又将科里亚克自治区重新并入勘察加州，设立勘察加边疆区，使远东地区的联邦主体数量减少为9个。在加强对远东地区行政控制的基础上，从2003年起，普京政府陆续出台了一系列开发远东和外贝加尔地区的规划，俄罗斯的远东开发由此逐渐铺开。可见，普京的远东开发也是以行政规划为先导，目的同样是加强中央政府对远东边疆地区的控制。

除设立远东联邦区之外，普京还于2012年5月第三次担任总统伊始，在联邦政府

---

① 《普京元年大透视》，http://www.chinanews.com/2001-10-24/26/133290.html，2001年10月24日。

中设立新的部级单位——远东发展部，专门负责远东地区的开发事宜。与联邦其他部不同的是，远东发展部不设在首都，其总部设于哈巴罗夫斯克，在莫斯科设立代表处，作为总部与联邦政府之间联系的纽带。远东发展部设部长1人，副部长5人，编制250人。其中1名副部长与50名职员驻扎莫斯科，负责与联邦各部委及议会部门合作；其余官员和职员全部常驻哈巴罗夫斯克，负责协调远东各联邦主体、行业以及地区之间的规划工作。远东发展部虽为推动远东开发而设，表明普京政府对远东开发的重视，但更深层次的目的是力图将远东各联邦主体的发展纳入中央政府的统一部署之下，确保俄罗斯联邦对远东地区的控制。

二、以移民为关键确保远东地区俄罗斯化

毗邻中国的俄罗斯远东地区与欧俄相距甚远，无论对沙皇政府而言，还是对当代俄罗斯联邦政府而言，解决人口与人种问题，确保该地区的俄罗斯化，都是治理远东边疆的关键。

黑龙江以北和乌苏里江以东的俄罗斯远东边陲领土割自中国清政府，由于清朝自立国至1860年中俄《北京条约》签订的200多年间，一直未对这一边疆民族地区进行有效治理，实行封禁政策，不设流官、不纳入行政区划、不派驻军队、禁止移民，致使整个黑龙江流域和乌苏里江流域不仅形同瓯脱，而且人口寥落。除少数从事渔猎的鄂温克人、鄂伦春人、赫哲人、费雅喀人之外，沃野千里几乎毫无人烟。据统计，1858年沙俄设立阿穆尔省时，除了2950名俄罗斯移民外，当地的土著居民只有5420人。[①] 清政府治边政策的失当一方面为俄罗斯势力的入侵大开方便之门，另一方面也使俄远东地区始终面临着劳动力不足和经济社会发展落后的压力。为巩固阿穆尔和滨海这两块新占的领土，19世纪60年代起沙皇政府将其辟为重点移民区，以立法的形式大力推进移民工作，1861年4月和1882年6月分别颁布了《俄国人与外国人向阿穆尔省和滨海省移民条例》以及《关于向南乌苏里边区官费移民法令》。1861年移民条例侧重于以各种优惠政策吸引国内外移民自费移居阿穆尔省和滨海省，阿穆尔边区不仅对所有俄罗斯人开放，而且对外国人包括华人开放，外国人与俄罗斯人享有同样的移民优惠待遇。即每户移民在新居民点将获得100俄亩的国有土地，他们可无偿使用20年，20年之后再交土地税，也可以每俄亩3卢布的价格将这些土地购为私产。但1882

---

① Н. И. Рябов М. Г. Штейн. Очерки истории русского Дальнего Востока. Хабаровск. 1958.7. Приамурье во второй половине XIX века.

年俄国政府对该移民法进行修改，开始对他国移民尤其是华人进行各种限制。1882 年颁布的新移民法令重点，是国家出资组织“切尔尼戈夫及波尔塔瓦、哈尔科夫等左岸乌克兰省份的农民”[①] 由敖德萨经海路向滨海边疆地区移民。可见，以1882 年为界，沙皇政府在推进远东移民的过程中，实际上经历了广泛移民和选择性移民两个阶段。前一个阶段表明沙俄当时急于改变远东地区人口稀少经济落后的状况，着重于移民数量；1882 年后由于远东地区华人移民数量增加以及伊犁危机后中俄关系紧张，俄方开始推行俄国人占据远东领土的计划，追求远东居民人种结构的俄罗斯化。

新时期普京的远东开发同样面临着远东地区人口锐减的棘手问题。1991 年 12 月苏联解体后，远东地区失去中央财政的补贴和扶持，经济迅速衰退，居民纷纷西迁，人口大量流失。苏联解体时远东地区人口总量约 800 万，2002 年俄罗斯人口普查显示远东地区居民为 644 万，到 2010 年减少到 628 万。从 1991 年到 2010 年，该地区人口减少约 180 万。而且外流人口以高素质专家、技术骨干和年富力强者为主。2010 年 7 月 5 日，时任总统的梅德韦杰夫忧心忡忡地指出：“自 1991 年起的 20 年来，该区的人口减少了 25%。毫无疑问，这是最叫人担忧且危险的趋势。”[②] 人口流失使城市许多专业技术人员断档，部分乡村空无人烟，就连毗邻中国的远东南部最繁荣的地区也出现了人口大量流失的问题，阿穆尔州首府布拉戈维申斯克原有 50 万人口，到 2014 年减少到 22 万。人口流失和经济衰退的后果便是边疆危机。因此，俄罗斯自 2007 年 11 月宣布实施《远东及外贝加尔地区振兴规划》正式启动远东开发工程以来，所出台的一系列开发远东的战略规划，都重视人口问题。2009 年 12 月批准的《2025 年前远东和外贝加尔地区社会经济发展战略》，将巩固人口数量提到了地缘政治发展任务的高度，指出“远东和贝加尔地区发展的战略目标是实现巩固人口数量的地缘政治任务”[③]。2013 年 3 月俄罗斯在《俄罗斯远东和贝加尔地区社会经济发展国家规划》中雄心勃勃地提出了到 2025 年实现远东和外贝加尔地区人口达到 1240 万的目标。[④] 俄罗斯政府不仅重视远东地区的人口数量，而且重视人口质量，在强调“解决区域经济发展所必须的居民人口和劳动力资源”的同时，强调要“提高人力资源的质量”。[⑤]

---

① 王晓菊：《俄国东部移民开发问题研究》，中国社会科学出版社 2003 年版，第 119 页。

② 《俄罗斯远东人口 20 年减少 25% 总统称“危险趋势”》，http://citiccard.world.people.com.cn/GB/12056625.html，2010 年 7 月 5 日。

③ Стратегия социально-экономического развития Дальнего Востока и Байкальского региона на период до 2025 года. С.3.

④ Социально-экономическое развитие Дальнего Востока и Байкальского региона，Подраздел1.3.Реализация социальной и демографической политики на территории Дальнего Востока и Байкальского региона.

⑤ Стратегия социально-экономического развития Дальнего Востока и Байкальского региона на период до 2025 года. С.4.

为此，俄罗斯试图通过两种方式来解决远东的人口问题。一种是鼓励生育，稳定远东地区现有人口，遏制人口外流。为了鼓励生育，2007 年 1 月俄罗斯颁布《母亲资本法》，对生育二孩及以上的家庭予以补助。阿穆尔州、萨哈林州以及远东其他联邦主体分别自 2010、2011、2012 年起相继向符合政策的家庭兑现“母亲资本”，这些家庭主要将“母亲资本”用于改善住房条件、教育子女和补贴退休金。同时，俄罗斯还采取措施阻止远东人口外流。2015 年 4 月俄罗斯政府许诺“向远东地区每位俄罗斯公民免费分配 1 公顷土地”，2016 年 5 月普京正式签署《俄罗斯远东地区土地免费配发方案》，即“远东 1 公顷土地法”。根据该法律，远东联邦区的公民可在区内下辖的萨哈共和国、勘察加边疆区、马加丹州、楚科奇民族自治区、萨哈林州、阿穆尔州、哈巴罗夫斯克边疆区、犹太自治州以及滨海边疆区一次性无偿获得 1 公顷土地的使用权。使用期限 5 年，到期后如果获赠土地得到开发，可以由公民承租或者转为私有财产，如果土地仍未使用则由国家收回。[①]2016 年 8 月俄罗斯远东发展部副部长基里尔·斯捷潘诺夫在第二届东方经济论坛上宣布，已经有 6000 多名远东地区的俄罗斯公民递交申请，希望无偿获得 1 公顷土地。其中已有 120 块土地转让给远东居民，另有 250 块土地也将于近期转让给远东居民。据俄方预测，随着“远东 1 公顷土地法”的实施，不久的将来，在已经划拨的土地上将会出现新的城市或村庄。另一种方式是采取措施吸引高层次的俄罗斯移民、侨民。为了确保《2025 年前远东和外贝加尔地区社会经济发展战略》中拟定的哈巴罗夫斯克边疆区、阿穆尔州、滨海边疆区国家规划的实施，俄罗斯联邦政府于 2013 年 3 月批准了《俄罗斯远东和贝加尔地区社会经济发展国家规划》，决定由联邦财政和联邦主体财政共同出资分别向这三个地区提供 156 亿 2882 万卢布、67 亿 9280 万卢布、34 亿 9200 万卢布的科技和人才保障资金。[②]2015 年 10 月俄远东发展部设立人力资源发展机构，面向全俄人才库发布远东各联邦区企业所需职位信息，为远东发展吸引劳动力资源。除此之外，从 2017 年 2 月 1 日开始，俄罗斯联邦政府还将“远东 1 公顷土地法”的适用范围由远东联邦区居民扩展到所有俄罗斯居民。

值得注意的是，尽管俄联邦政府希望通过“远东 1 公顷土地法”吸引移民，稳定当地人口，但却禁止外国公民无偿获得远东土地。这表明，保障远东地区的俄罗斯化是俄罗斯国家一以贯之的立场。

---

① 根据法案：凡涉及居民区或特别指定的地块，如国防和矿藏勘探用地，都不列入可分配土地范畴。

② Социально-экономическое развитие Дальнего Востока и Байкальского региона, Подпрограмма 10. Научное и кадровое обеспечение реализации государственной программы, Социально-экономическое развитие Дальнего Востока и Байкальского региона на период до 2025 года.

三、以开放为手段推动远东地区经济社会发展

19世纪60年代，沙俄经过200多年的侵略扩张，最终将黑龙江以北、乌苏里江以东地区收入囊中，并开始着重向这里移民。但这片新边疆交通落后、气候恶劣，非但没有成为远东的粮仓，反倒需要从俄国内地调运粮食[①]，直至1900年远东地区的粮食缺口仍达200万普特。远东新边区不仅粮食匮乏，而且物资供应紧张，生产和生活必需品奇缺，因而移民难以在这里扎根。

沙俄从欧俄地区经西伯利亚由陆路，或者从敖德萨由海路，向远东地区运输粮食以及生产和生活用品，不仅时间较长而且运费昂贵，而开放远东市场促进远东地区与周边国家的经贸合作则可大大降低各种必需品的成本，繁荣远东地区的经济。因此，整个19世纪下半叶，沙俄在毗邻中国的远东地区采取了以开放为特征的灵活的经济贸易政策。沙皇政府的开放政策主要表现在两个方面：一方面是在毗邻中国的边境地带设立自由贸易区，实行免税贸易制度，以便从中国东北进口粮食等农牧产品；另一方面以符拉迪沃斯托克为中心设立一系列自由港以鼓励外国商品进口。

19世纪中叶沙俄在强占中国领土的同时，就通过一系列不平等条约确定了边境自由贸易的原则。中俄《瑷珲条约》第二条规定：“乌苏里、黑龙江、松花江居住两国所属之人，令其一同交易，官员等在两岸彼此照看两国贸易之人。”[②]至于具体的交易方式，根据1859年黑龙江将军奕山与东西伯利亚总督穆拉维约夫签订的《黑龙江通商条规》，“两国卖货，俱不征税”。[③]1862年3月中俄《陆路通商章程：续增税则》明确规定了双方边境地区免税贸易的范围是“百里内”。[④]根据这一系列的规定，俄国在中俄界河黑龙江、乌苏里江一直到图们江两岸各宽50俄里[⑤]的范围内建立起边境免税贸易区。这种免税贸易持续了50多年，俄中双方除了在老祖鲁海图、布拉戈维申斯克、哈巴罗夫斯克、波尔塔夫卡，以及寿宁寺、大黑河屯、珲春等口岸进行大宗过货贸易外，还随时随地在长达4000多公里的边境上进行零星易货交易，直至1912年和1913年中俄两国才先后取消了边境地区百里内的免税贸易区。1861年1月沙皇政府还将免税贸易权推广到滨海省的所有港口[⑥]，并于1862年将远东太平洋沿岸的符拉迪沃斯托克、尼

① 胡赤军：《近代中国东北经济开发的国际背景》，商务印书馆2011年版，第45—46页。

② 王铁崖编：《中外旧约章汇编》（第一册），生活·读书·新知三联书店1957年版，第86页。

③ 王铁崖编：《中外旧约章汇编》（第一册），第142页。

④ 王铁崖编：《中外旧约章汇编》（第一册），第180页。

⑤ 1俄里相当于1.06公里。

⑥ Крушанов А. И. История Дальнего Востока СССР в эпоху феодализма и капитализма（XVII в—февраль 1917 г）, Москва, 1991, C.262.

古拉耶夫斯克、阿扬、彼得罗巴甫洛夫斯克等全部辟为自由港，凡运到这些港口的外国商品一律免税。阿扬位于鄂霍次克海西南海岸，彼得罗巴甫洛夫斯克位于堪察加半岛的东南部，这两个港口当时都缺少通往内地的交通线，因而作用有限。位于阿穆尔河口的尼古拉耶夫斯克能将海运和阿穆尔河运连接起来，进口货物可溯阿穆尔河运往上游，再用马车运往外贝加尔地区。但这条运输线受阿穆尔河通航期的限制[①]，加之从阿穆尔河到伊尔库茨克一段道路通行困难，所以该自由港作用也有限。其中最重要的是位于滨海省南端的符拉迪沃斯托克。符拉迪沃斯托克建于1860年，1872年成为太平洋分舰队驻地，1890年滨海省首府和驻军司令部也迁到此，从而成为集军港、商港和政治中心于一体的重要城市。1897年乌苏里铁路全线通车后，符拉迪沃斯托克又成为当时俄罗斯远东地区唯一沟通海运和铁路运输的枢纽。中俄边境自由贸易区以及远东自由港的设立在进口中国农牧产品，保证远东粮食以及基本生产生活用品供应方面发挥了重要作用，是沙皇俄国为保证在远东新边疆站稳脚跟迫不得已采取的措施，为促进远东边疆地区的繁荣奠定了初步基础。

苏联解体后，远东地区迅速走向衰落，经济社会发展低于全俄平均水平，成为俄罗斯联邦最落后的地区。因此，如何阻止远东地区的进一步衰落，维护边疆安全成为当代俄罗斯的重任。远东地区地域的特殊性和时代的开放性决定了普京政府开发远东不仅必须采取与沙皇时代相同的开放政策，而且其开放幅度只能更大。

首先，设立远东超前经济发展区。2014年3月俄罗斯远东发展部制定了超前经济发展区规划草案，拟在本区9个联邦主体中设立24个超前经济发展区。通过推行区内土地使用特殊制度、提供税收优惠、改善园区基础设施和公共服务水平、采用自由关税区的海关程序等手段吸引外资和私人资本。2014年底普京签署了《俄联邦社会经济超前发展区联邦法律》，规定超前发展区在税收、行政审批等领域内享有若干优惠条件。首批批准的超前经济发展区为：哈巴罗夫斯克边疆区的哈巴罗夫斯克和共青城、滨海边疆区的纳杰日金斯克。2015年4月底又增设了阿穆尔州的桥前区和别洛戈尔斯克，滨海边疆区的勘察加、米哈伊洛夫斯克，楚克奇自治区的白令戈夫斯基和萨哈共和国的坎加拉瑟工业园区等六个超前经济发展区。类似的经济发展特区以后还会设立。

其次，设立远东自由港。2014年12月普京向俄罗斯联邦议会提出设立符拉迪沃斯托克自由港的建议，2015年1月提出滨海边疆区所有城市和地区都可以建自由港。7月普京签署《符拉迪沃斯托克自由港法》，该法案已于2015年10月12日生效，有效期70年，到期后可以展期。自由港的适用范围涵盖了滨海边疆区下辖的15个行政区，

① 阿穆尔河每年11月下旬至次年4月末为封冻期。

分别是：兴凯区、波格拉尼奇内区、十月区、纳杰日金斯克区、奥莉加区、什卡托沃区、游击队区、哈桑区、斯帕斯克—达利尼市、乌苏里斯克市、阿尔乔姆市、游击队市、符拉迪沃斯托克市、大卡缅市、纳霍德卡市等。此外，滨海边疆区的波西耶特港、扎鲁比诺港和纳霍德卡港也被划入自由港区。根据自由港法，自由港区的适用区域总面积为 2.84 万平方公里，人口 140 万。划入自由港的土地将按功能分为四个部分：港务用地、工业用地、科研用地和旅游休闲用地。自由港区内将在过境签证、税收、行政审批等方面实行的特殊优惠政策。

为了吸引外资开发远东地区，扩大与亚太国家的经济合作，普京政府还于 2015 年 5 月下令设立东方经济论坛。东方经济论坛每年在符拉迪沃斯托克举办一届，2015 年 9 月 3—5 日第一届东方经济论坛在符拉迪沃斯托克举行，迄今已经连续举办三届。2015 年 10 月 8 日，远东发展部设立远东吸引投资和出口支持署，专职招商引资工作，“为吸引亚太国家投资研究制定了一系列解决方案”①。这些都标志着俄罗斯联邦政府希冀以更开放的姿态和政策吸引外资，推动远东边区由衰败中崛起，走向繁荣。

当代俄罗斯远东开放的范围已经由边界 100 俄里扩展到远东边疆的内地，开放的程度也由以商品市场开放为主逐渐转变为商品市场与生产市场等领域的开放相结合，其开放的范围和程度也更广更高。

四、以交通运输为后盾发挥远东的地缘政治优势

俄罗斯国家层面开发远东，不仅要维护远东边疆地区的国防安全，而且要增强俄罗斯在东北亚地区的地缘政治优势，发挥大国在地缘政治中的作用。因此，沙皇政府和俄罗斯联邦政府都重视远东地区交通运输等基础设施的建设，力图以交通运输为后盾发挥远东的地缘政治优势，实现国家在东北亚地区利益的最大化。

沙俄时代加强远东地区基础设施建设的最大工程是修筑西伯利亚大铁路。西伯利亚大铁路西起俄国首都莫斯科东到符拉迪沃斯托克，由欧俄路段、西西伯利亚路段、中西伯利亚路段、环贝加尔路段、外贝加尔路段、阿穆尔路段和乌苏里路段组成，贯通欧俄和整个西伯利亚以及远东滨海省。西伯利亚大铁路于 1891 年开始兴建，1904 年建成通车，后续工程一直持续到 1916 年。这一贯通东西的大铁路全长 9000 多公里，是迄今世界上最长的铁路。西伯利亚大铁路耗资 15 亿卢布，几乎耗尽了沙俄的全部财力。在西伯利亚大铁路建造过程中，沙皇俄国通过 1896 年签订的《中俄密约》，将其

① 《俄远东吸引投资和出口支持署推动与亚太国家建立联合引资平台》，http://www.mofcom.gov.cn/article/i/jyjl/e/201704/ 20170402557811.shtml，2017 年 4 月 14 日。

中的一段支线修造于中国东北境内，这就是呈丁字形的中东铁路。日俄战争后，中东铁路南段（长春至大连）为日本所占，称南满铁路。

西伯利亚大铁路建成通车在沙俄时代远东开发过程中发挥了巨大的作用，地域辽阔、自然条件恶劣的西伯利亚和远东地区从此有了近代化的交通运输工具，大大方便了欧俄与远东新边疆之间的政治、经济联系，有利于中央政府对遥远的新边疆的控制。同时，西伯利亚大铁路建成后沙皇俄国不仅通过中东铁路将其侵略势力直接深入中国东北，将东北变成其势力范围，而且也使驻扎于符拉迪沃斯托克的远东舰队可以随时从俄罗斯本土补充粮食和燃料，从而极大地提高了沙俄在整个东北亚地区的战略地位。当然沙俄倾力修建西伯利亚大铁路也有经济利益的考虑，拟通过西伯利亚大铁路大大缩短欧亚贸易的距离与时间，吸引国际商路由苏伊士运河转向西伯利亚大铁路，但由于种种主客观原因，这一构想并未实现。

历经帝俄时代和苏联时期的长期建设，远东地区的交通运输设施有了质的改观，目前远东地区有欧亚交通大动脉——西伯利亚大铁路及其支线、贝阿干线及其支线、北方海路以及其他交通运输线路。但苏联解体后，由于国力衰落，国家对远东边疆的投入锐减，远东地区已有的基础设施日益残破，尤其是在高铁飞速发展的时代，俄罗斯远东地区原有的铁路运力即使能够修复并继续使用，也面临着更新换代的巨大压力。这必将是影响俄罗斯中央对远东控制力，进而制约俄罗斯发挥东北亚地缘政治作用的一个重要因素。普京政府对此亦有清醒的认识，因而在颁发的一系列文件中一再强调交通运输等基础设施建设的重要性。2009 年 12 月俄联邦政府批准的《2025 年前远东和外贝加尔地区社会经济发展战略》明确指出："远东的发展取决于交通运输系统有效运行的程度。""交通运输系统作为连接远东与国家其他地区之间的手段，是确保俄罗斯领土完整和国家统一的必要条件。"① 由于西伯利亚大铁路和贝阿干线是维系远东地区的交通大动脉，而 2010 年后这两条交通动脉已经有 90% 的路段货运条件严峻，为此俄联邦政府决定，首先，要进一步发展西伯利亚大铁路，拟建造跨阿穆尔河大桥并改造哈巴罗夫斯克附近的阿穆尔河隧道，以增强西伯利亚大铁路的运力，提高火车运速和安全性。② 其次，决定进一步发展贝阿干线。2010 年 3 月总统联席会议制定了到 2025 年将贝阿干线运力提高到八千万到一亿吨的具体纲领。此外，还决定建造其他一些铁路、公路以及小型机场等。但俄罗斯发展远东地区交通运输的计划是否能够实现，还要取决于国家的整体实力。2013 年 12 月以来俄罗斯因俄乌关系问题，2014 年 3 月

① Стратегия социально-экономического развития Дальнего Востока и Байкальского региона на период до 2025 года. С.5.

② Стратегия социально-экономического развития Дальнего Востока и Байкальского региона на период до 2025 года. С.6.

又因克里米亚事件，招致了西方国家的严重经济制裁，俄罗斯联邦财政经济状况不容乐观，因此它并不具备沙皇时代大规模在远东地区开展基础设施建设的能力。

值得注意的是，在我国实施东北老工业基地振兴和俄罗斯联邦远东开发的浪潮中，2008 年 10 月 28 日，中俄两国总理温家宝和普京签署了合作建设同江铁路大桥的协议，该协议规定在犹太州下列宁斯阔耶与中国同江之间建造一座跨境大桥，大桥主桥长 2584 米，其中中方境内桥长 1896 米，俄方境内桥长 688 米。根据两国政府间的协议，同江铁路大桥应于 2015 年建成通车。2014 年 2 月，同江铁路大桥中国桥段开工，进展顺利。目前，中方主桥、引桥、铁路换装站等主体工程已基本完工。[①] 但俄方桥段建设过程曲折，建成日遥遥无期，目前只建成两个桥墩，开始建造第三个和第四个桥墩。2015 年 4 月，俄罗斯总理梅德韦杰夫指示当时的交通部长索科洛夫于当年 5 月 5 日前开始建设俄方桥段。2015 年 8 月，俄罗斯副总理兼总统驻远东联邦区全权代表特鲁特涅夫也催促动工，但都无济于事。2017 年 11 月 1 日，中俄总理第二十二次定期会晤期间再次强调要“推动同江—下列宁斯阔耶铁路桥……政府间协定”[②]。根据2018 年 7 月 19 日俄犹太自治州新闻处发布的消息，大桥将于 2019 年 7 月投入使用。[③] 中俄同江—下列宁斯阔耶铁路大桥协议的顺利签署以及建设过程的一波三折，一方面表明俄罗斯联邦中央层面希望以中俄合作的方式来推动远东的基础设施建设，而远东地方政府则并不是很积极；另一方面也表明俄罗斯存在“政令不出莫斯科”的情况。

五、结语

19 世纪 50 年代末 60 年代初，沙皇政府割走中国领土，俄罗斯远东疆域基本形成之后，为了巩固新边疆的安全，掀起了第一次远东开发的浪潮，初步改变了远东地区地广人稀、经济落后的局面，为后来发展奠定了基础。由于苏联解体，远东地区迅速走向衰败，普京时代俄罗斯同样面临着开发远东，维护国家统一的艰巨任务。虽然时间已经间隔一个半世纪，但特定的地缘政治环境、相同的战略目标决定了普京时代的远东开发政策是在新的历史条件下对俄罗斯帝国时期政策的继承和发展。这两次远东开发都以行政规划为先导，目的是加强中央政府对远东地区的管理；都以推动移民为

---

① 《同江中俄铁路大桥工程项目建设稳步推进》，http://hlj.people.com.cn/n2/2017/0615/c379890-30329971.html，2017 年 6 月 15 日。

② 《中俄总理会晤公报：支持中企开发远东及贝加尔地区》，http://m.ce.cn/zt/2017/sjdjs/zx/201711/01/t20171101_26727891.shtml，2017 年 11 月 1 日。

③ 《下列宁斯科耶—同江铁路大桥将于 2019 年 7 月投入使用》，http://www.ym-trans.com/NewsStd_1680.html，2018 年 7 月 19 日。

关键，目的是确保远东地区的俄罗斯化；都以开放为手段，目的是推动远东地区经济社会的发展和繁荣；都以交通运输为后盾，目的是发挥远东的地缘政治优势，将远东开发与俄罗斯的东北亚战略结合起来。因此，帝俄远东开发时代中俄两国经贸合作的经验和教训对今天仍有启示和借鉴作用。

150 年前帝俄的远东开发表明，合理的行政规划是建设新边疆的前提，移民是保障新边疆建设不可或缺的条件，开放式的经济政策是推动边疆经济社会发展的必要杠杆，而铁路建设则增强了俄罗斯在东北亚的话语权。当代俄罗斯联邦的远东开发规划最终能否实现，实现的程度如何，不仅受制于俄罗斯国内政治经济的发展，也受制于其西部欧洲、南部中东以及东部东北亚地区地缘政治局势的演变。

（责任编辑：毕元辉）

试析中俄关系中的东正教因素*

金龙云**

摘　要：东正教问题一直受到学界的广泛关注。本文通过对东正教状况的阐释，述析其在中国、俄罗斯两国各自不同的发展情形，分析东正教在中国的传播途径，以及俄罗斯对中国宗教自由的看法，从政治和学术层面探析中俄关系中的东正教因素。

关键词：东正教；国际关系；国家安全

在当今的国际政治与国际关系中，宗教的作用逐渐从隐性转为显性，并且日益成为一种跨地区和跨国界现象。全球化的趋势更是放大了宗教对各国政治和国际关系的影响。20世纪60年代，特别是"冷战"结束以来，宗教在全世界范围迅速发展，从"被放逐"渐到回归国际关系中心舞台。① 自"冷战"结束以来，世界上几乎所有的重大事件或多或少均有宗教的背景和动因，因此，不重视宗教就无法理解国际关系。宗教在新兴国家的崛起中，发挥着独特的作用。中国、俄罗斯同为"金砖国家"成员，亦是世界大国，在全球及地区事务中扮演着重要角色。后"冷战"时代迄今，东正教在中国得到了很大程度的恢复和发展，俄罗斯则将东正教纳入国家的发展进程，东正教在俄罗斯国内的政治生活和对外政策中发挥着日益重要的作用。中国学者研究东正教要追溯到20世纪30年代，中华人民共和国成立前后，研究东正教的中国学者屈指可数。20世纪80年代以来国内学者对东正教的相关问题进行了深入研究，在这一领域取得了较大成就，出版了有分量的学术著作和论文，可谓成果丰硕，成绩斐然。② 在中

---

*　本文系教育部哲学社会科学研究后期资助项目"联合国、欧盟、美国涉藏活动档案文献整理与翻译（1945—2015）"（16JHQ036）的阶段性研究成果。

**　金龙云，长春师范大学历史文化学院副教授。

①　徐以骅：《宗教与当代国际关系》，上海人民出版社2012年版，第15页。

②　近年来，有关东正教问题研究的主要成果有：张绥：《东正教和东正教在中国》，学林出版社1986年版；冯嘉芳：《东方正教》，湖南人民出版社1988年版；乐峰：《东正教史》，中国社会科学出版社1999年版；傅树政、雷丽平：《俄国东正教会与国家（1917—1945）》，社会科学文献出版社2001年版；戴桂菊：《俄国东正教会改革（1861—1917）》，社会科学文献出版社2002年版；李述笑：《俄国东正教哈尔滨教区史概要》，《黑龙江文物丛刊》1983年第1期；乐峰：《东正教在中国传播的几个特点》，《中国社会科学院研究生院学报》1987年第6期；高崖：《黑龙江东正教历史钩沉》，《世界宗教研究》1995年第1期；佟洵：《试论东正教在北京的传播》，《北京联合大学学报》1999年第2期；乐峰：《东正教与中国文化》，《世界宗教研究》2000年第4期；于湘琳：《俄国东正教在哈尔滨的传播及其影响》，《广东广播电视大学学报》2002年第1期；骆晓会：《论俄罗斯东正教对中国的影响》，《株洲工学院学报》2005年第2期；陶伟宁：《俄罗斯东正教在哈尔滨的传播》，《黑龙江史志》2006年第10期；姜勇：《东正教在新疆塔城地区传播的历史及现状》，《新疆师范大学学报（哲学社会科学版）》2008年第1期；唐戈：《简论额尔古纳地区东正教的特点》，《湖南工业大学学报（社会科学版）》2008年第4期；张玉侠：《早期中俄文化交流中的东正教因素》，《西伯利亚研究》2009年第1期；林精华：

俄两国关系中，东正教因素的效用不断彰显和加强。

一、全球范围之东正教状况概述

东正教是基督教的三大派系之一，起初盛行于巴尔干半岛、西亚和北非地区，后来传播到俄罗斯、东欧、中国、朝鲜、日本、北美以及其他一些国家和地区。东正教单独建立教会，自选教会最高首脑（牧首）及教会机构各级神职人员，全球教徒约两亿。在当代俄罗斯，东正教无论从教徒规模还是从影响来说，都属于全国第一大宗教。在东欧的罗马尼亚、保加利亚、格鲁吉亚、塞尔维亚、白俄罗斯等国家的宗教生活中，东正教具有举足轻重的地位，这些东欧国家的斯拉夫人基本都信仰东正教。

一般认为，中国的东正教由俄罗斯传入。东正教在中国的发展前后历经六个阶段：第一阶段（1665—1716年）为准备阶段；第二阶段（1716—1858年）从沙俄政府派出第一届北京传教团来华至1858年中俄签订《天津条约》；第三阶段（1858—1900年）从《天津条约》签订至义和团运动；第四阶段（1900—1917年）从义和团运动至俄国十月革命胜利；第五阶段（1917—1949年）从俄国十月革命胜利至中华人民共和国成立；第六阶段（1949—1956年）从中华人民共和国成立至苏联侨民撤离中国。[①] 长期以来，东正教在中国具有强烈的侨民教会色彩，笃信该教的以俄国在华人员和东欧国家来华人员为主。1956年，自主的“中华东正教会”正式成立，自此，中国的东正教走上了独立发展的道路。“文化大革命”期间，所有宗教活动全部停止。“文化大革命”之后，东正教在中国的一些地方陆续恢复了活动。[②]

二、东正教在中俄两国的现状

中国的东正教自俄罗斯传入后，几经兴衰起伏，其信仰尚存，一直保持与俄罗斯东正教会的宗教联系，中俄关系的背后都有东正教的影子。

在中国，信仰东正教的有中国的俄罗斯族人、少数其他民族的人、俄罗斯在华人员及东欧国家来华人员等。中国公民的宗教信仰自由权利受到宪法和法律的保护。在《中

（接上页）《东正教之于中国：一种声音微弱的正面诉求》，《东方丛刊》2009年第2期；王春媛：《哈尔滨市基督宗教（基督教、天主教、东正教）发展研究》，黑龙江大学硕士学位论文，2009年。

① 张绥：《东正教和东正教在中国》，第178—189页。

② 金龙云：《东正教在中国研究现状述论》，《长春师范学院学报》2012年第1期。

华人民共和国宪法》中，宗教信仰自由是公民的一项基本权利。宪法第三十六条规定："中华人民共和国公民有宗教信仰自由"，"任何国家机关、社会团体和个人不得强制公民信仰宗教或者不信仰宗教，不得歧视信仰宗教的公民和不信仰宗教的公民"，"国家保护正常的宗教活动"。[①] 中国的《宗教事务条例》明确规定：在中国，"各宗教坚持独立自主自办的原则，宗教团体、宗教活动场所和宗教事务不受外国势力的支配"[②]。佛教、道教、伊斯兰教、天主教和基督新教在中国具有合法地位，唯独东正教的合法地位问题没有得到切实解决。在法律层面，尽管东正教没有得到中央政府的正式许可，但官方持一种默认的态度，既不反对亦不提倡。信教者可以去教堂，亦可以在家中进行宗教活动。但是没有成立或恢复法定的东正教组织，相关的宗教信仰活动就得不到法律保障。

目前，中国东正教徒亟待解决的问题是，没有中国籍牧师，他们无法进行正常的宗教活动。国家宗教事务局颁布的《宗教活动场所主要教职任职备案办法》规定，只有中国的主教才有权任命牧师，而中国最后一名东正教牧师杜立夫神父已在 2003 年病逝。因此，中国东正教在没有得到政府有关部门正式批准注册登记前，既不可能选出大主教，更谈不上任命牧师。中国东正教徒人数不多，现有信众 1.5 万人左右，分布较为分散，主要在黑龙江的哈尔滨，内蒙古的额尔古纳，新疆的乌鲁木齐、伊宁、塔城地区。北京、天津和上海等地亦有信仰者。现在受到俄罗斯方面资助的 18 位年轻的中国东正教徒正在俄罗斯的莫斯科神学院、斯列坚斯卡神学院、圣彼得堡神学院留学，这让很多人看到了东正教在中国复兴的希望。[③]

俄罗斯的东正教与国家政权紧密结合，在当今的俄罗斯，东正教具有国教的地位。在国家的内政外交中具有重大影响，发挥着重大作用。东正教单独建立教会，自选教会最高首脑（牧首）及教会机构各级神职人员，全球的东正教徒约有两亿人。其中，俄罗斯约有 7000 万东正教徒，占其国民总数的一半左右。在当代俄罗斯，东正教无论从教徒规模还是从影响来说，都属于全国第一大宗教。

俄罗斯是个笃信东正教的国家，东正教与俄罗斯国家和民族、文化和思想紧密地联系在一起，东正教信仰对于俄罗斯传统文化的形成乃至国家道路的选择均发挥了巨大的作用，成为俄罗斯和全体人民的道德准则和精神支柱。在当前俄罗斯的国家生活中，东正教与国家政权保持着密切关系，具有举足轻重的地位。俄罗斯国家领导人经常就国家大事与东正教大牧首进行商议；许多重大国事活动，包括总统就职仪式都有宗教领袖出席，而重大宗教活动则有总统或其他政要在场；教会可以出面调解总统与

---

① 《中华人民共和国宪法》，人民出版社 2018 年版，第 21 页。

② 《宗教事务条例》，法律出版社 2018 年版，第 4 页。

③ 金龙云：《东正教在中国研究现状述论》，《长春师范学院学报》2012 年第 1 期。

议会之间的最高政治纠纷；各种政治势力都利用宗教来为自己谋求政治上的支持，因为谁能争取到教会的支持，谁就可以在大选中获得更多的选票。

东正教在俄罗斯国际战略考量中的地位较为突出，在俄罗斯对外关系层面，东正教亦发挥着重大作用。在对华关系方面就是明显例证。中国社会科学院研究生院的沈影认为，在俄罗斯对外关系中，东正教在俄罗斯推行国家外交政策、维护和扩大国家利益方面发挥了重要作用，是国家外交的重要推手。[①] 自苏联解体以后，俄罗斯经济濒临崩溃，大国地位急剧下降，从叶利钦手中接过权力棒的普京领导俄罗斯重提以东正教为基础的“新俄罗斯思想”，期望回到宗教和民族传统中去寻求未来的出路。现任总统普京与东正教关系热络，这一定程度上推动了东正教热潮席卷整个俄罗斯，渗透到社会生活的各个领域。

三、中俄关系中的东正教因素

一般认为，东正教传播途径有以下三种：一是民间的；二是官方的；三是学术的（通过著作的翻译）。近几年来，俄罗斯方面从民间到官方均加大了对华外交中的东正教传播力度，无论是莫斯科及全俄东正教大牧首还是俄总统，在各种场合都为此不遗余力。2006年6月16日，时任俄罗斯总统普京在上海出席上海合作组织五周年峰会。在与中国领导人胡锦涛主席会晤时提出希望能在上海复开东正教堂；2010年9月27日，时任俄罗斯总统梅德韦杰夫在会晤中国国家主席胡锦涛时向其赠送了一本讲述中国东正教历史的《东正教在中国》。该书向人们展示了自1685年起，东正教在中国境内的历史起源与发展，出版时正值东正教传入中国325周年。俄政府对东正教在华传播的高度重视由此可见。俄罗斯东正教会于2010年11月25日宣称，就对中国1.5万东正教信徒精神关爱与北京方面的对话取得重大进展，双方签署了两份备忘录，一份是中国国家宗教事务管理局与俄罗斯总统直属的宗教团体合作委员会合作的备忘录，第二份是在俄罗斯东正教神学院为中国培养神职人员的备忘录。

俄罗斯对中国的宗教自由主要有如下三方面看法。其一，俄罗斯方面鼓励中国的东正教徒遵纪守法，通过官方的宗教事务部门注册，以得到合法宗教的身份。这样他们就可以合法、公开地进行宗教活动。其二，俄罗斯方面反对教徒在中国建立东正教的“地下教会”、“家庭教会”。其三，东正教领袖的表态亦表明了俄方不干涉中国东正教事务的态度。莫斯科及全俄东正教大牧首阿列克谢二世在2006年7月4日表示，

① 沈影：《试析东正教在俄罗斯外交中扮演的角色》，《西伯利亚研究》2009年第1期。

俄罗斯东正教尊重中国宪法、尊重中国东正教及其他宗教独立自主、自办的原则。在此基础上，俄罗斯与中国的友好关系会有进一步的发展。

在东正教影响中俄关系的过程中，俄罗斯方面较为主动，中国方面较为被动。复旦大学美国研究中心教授徐以骅认为，“在当今国际政治和国际关系中，宗教的作用越来越从隐性转为显性，而全球化的趋势更放大了宗教对国际关系和各国政治的影响”[①]。东正教在中俄关系方面的表现也印证了这一点。自苏联解体以来，中俄关系发展顺利。两国之间是战略协作伙伴关系，相互间不断增进睦邻友好与合作关系，两国关系沿着良性轨道发展。两国官方都认为，中俄关系处于历史上少有的良好状态。良好的政治和经贸环境是中俄两国科技、文化、教育交流与合作的重要基础和可靠保障。在文化交流层面，东正教逐渐成为一个焦点问题，并且由相互交流层面上升为影响中俄关系的重要因素层面。

在徐以骅看来，“在国际关系领域，宗教既是‘动乱根源’又是‘和平使者’，人们通常所说的宗教所具有的正反两面性或互相抵触的多面性的‘变脸’特征，表现得十分明显”[②]。当然，东正教亦不例外。研究东正教对解决好中国东正教的法律地位问题，对于中俄关系的更好发展，对于开创中国国际关系的新局面都将带来深远影响，具有重要的现实意义。

（责任编辑：毕元辉）

---

① 徐以骅：《宗教与当前国际关系的若干问题》，《中国社会科学院院报》2008年4月3日，第3版。

② 徐以骅：《宗教与当代国际关系》，《国际问题研究》2010年第2期。

《吉田书简》产生过程中的“台湾因素”
——以中外学者的论述为切入点

张耀武 *

摘　要：《吉田书简》作为战后日本对华政策的重要文件，不仅对签订《日台和平条约》具有重要影响，而且作为战后日台关系的起点，在战后中日关系史中也占有举足轻重的地位。在以往的研究中，多数学者认为，《吉田书简》是美日两国协商的结果，是日本屈服于美国的压力不得已而为之的产物。似乎这个对战后日台关系起决定作用的《吉田书简》的产生与台湾当局毫无干系。笔者通过考察发现，《吉田书简》的产生与台湾当局有着密切的关系。它是美、日、台三方共同协商而成的，是三方利益冲突与妥协的结果。缺了任何一方的参与，都将不会形成现有的《吉田书简》。

关键词：《吉田书简》；台湾因素；日本；美国

1951 年，无论是对美国、日本，还是败退至台湾的国民党当局来说，都是一个不平常的年份。在这一年的 9 月 8 日，在美国的积极策划和操纵下，联合国中的 48 个成员国在美国的旧金山与日本签订了“和平条约”，实现了将中国、苏联等国排除在外的对日片面媾和。在这前后，围绕旧金山对日媾和以及日台签约，日美两国间开始了频繁的接触。仅这一年，由日本首相吉田茂写给美国总统特使杜勒斯的与中国问题有关的书信就有 4 封。它们的内容分别是：2 月 16 日，日本希望美英两国在对华政策上达成一致；8 月 6 日，日本保证不与中华人民共和国签订和约，但也未提及是否与台湾的国民党当局签订和约；12 月 24 日，日本政府表示愿与盘踞台湾的国民党当局政权签订和约，并再次表示不与中华人民共和国签订和约；12 月 27 日，日本再次要求美英两国在对华政策上达成一致，并表明独立后的日本有可能采取不同于美英两国的独立自主的对华政策。① 其中，写于 1951 年 12 月 24 日的书信，由于对日台双方签订“和平条约”起到了决定性的作用，故被称为《吉田书简》。《吉田书简》作为战后日本对华政策的重要文件，不仅对签订《日台和平条约》具有重要影响，而且作为战后日台关系的起点，在战后中日关系史中也占有举足轻重的地位。

---

* 张耀武，大连外国语大学教授。

① 陈肇斌：《战后日本的中国政策》，东京大学出版会 2000 年版，第 7 页。

一、《吉田书简》产生的背景

为了论述方便，有必要先将《吉田书简》的主要内容摘录如下：

> 日本政府很愿意与中国——日本的近邻——在政治上完全相处，并且通商。在目前，我们希望能够与中华民国国民政府建立这种关系，因为它在联合国中有着席位、发言权和投票权，它在一定的领土上行使实际的统治权力，并与联合国的大多数会员国保持着外交关系。……日本政府准备一俟法律允许就与中国国民政府——如果它愿意的话——缔结条约，以便按照多边和约中提出的原则，重建两国政府间的正常关系。关于中华民国方面，这个双边条约的条件将适用于现在、或以后可能属中华民国国民政府管辖的全部领土。……
>
> 至于中共政权，……我可以向你保证，日本政府无意与中国共产党政权缔结一个双边条约。①

从以上内容来看，《吉田书简》的核心是日本政府向美国保证，不与中华人民共和国政府缔结条约，而只与台湾的“国民政府”缔结条约。其实，在有关签约对象的选择方面，吉田内阁一直在大陆与台湾之间含糊其辞，不作明确的表态。为的是尽量推后做出决断的时间，以便在静观国际形势变化的基础上做出有利于日本国家利益的选择。1951 年 10 月 29 日，即距《吉田书简》问世不到两个月的时候，吉田茂在参议院和平、安保条约特别委员会的答辩中仍称：“如果中共要求（日本）在上海设立驻外事务所的话，我认为可以考虑。”② 那么，什么原因促使日本政府在不到两个月的时间内在对华政策上做出如此重大的调整？《吉田书简》的问世又有着怎样的背景呢？

关于《吉田书简》产生的背景及原因，在以往中外学者的研究中已多有论及。多数学者的观点是：《吉田书简》是在当时的美国总统特使杜勒斯的授意下，以日本首相吉田茂的名义形成又发给杜勒斯的。即《吉田书简》完全代表了美国的意愿，是美日两国会谈的结果，是日本屈服于美国的压力不得已而为之的产物。似乎这个对战后日台关系起决定作用的《吉田书简》的产生与台湾当局毫无干系。

例如，日本学者细谷千博认为，由于美英两国政府在对华政策上存在分歧，致

① 田桓主编：《战后中日关系文献集 1945—1970》，中国社会科学出版社 1996 年版，第 117 页。

② 〔日〕朝日新闻社：《资料·日本与中国 1945—1971》，朝日新闻社 1972 年版，第 3 页。

使日本在选择大陆或台湾的问题上举棋不定。1951年春夏之间，美英两国就对华问题进行了多次交涉，最终达成一致，形成了《杜勒斯—莫里森谅解》。美国政府正是利用了《杜勒斯—莫里森谅解》中“日本政府对媾和对象（中国）的选择，由日本政府获得独立后自行作出抉择”这一条，以美国国会批准“对日和约”为要挟，迫使吉田茂主动表态的。《吉田书简》就是美国政府在美英两国达成妥协后向日本施压的结果。①

另一位日本学者三浦阳一在论及《吉田书简》时，更是将《吉田书简》称之为“杜勒斯写的《吉田书简》”。他在其《吉田茂与旧金山媾和》一书中这样写道：“（1951年）12月18日，杜勒斯在外相官邸与吉田会面，说道：‘这里有写好的一封信，信中加入了日本现今的主要主张，请你立即将这封信寄给我。’……吉田读了那封《吉田书简》后，究竟提出了多少反对意见，外人不得而知。但还是当场答应杜勒斯：同意写这封信。”②

旅日中国学者袁克勤在《美国与日台媾和》一书的第五章第1节“《吉田书简》的形成”中，除了对三浦阳一提到的12月18日杜勒斯与吉田茂的会面做了更为详尽的记述外，还披露了有关《吉田书简》形成过程中更为丰富的内容。即在12月18日杜勒斯、吉田会面之前的12月13日，两人进行了杜勒斯抵日后的第一次会谈。在这次会谈中，杜勒斯将自己事先拟定的一份草案读给吉田茂听。这份草案的主要内容是，美国希望日本在实现旧金山媾和后，与台湾的“国民政府”缔结和约，而不要与中华人民共和国缔约。这份草案同时还指出，为了将来日本能与不属于台湾当局支配的中国其他地区发展关系，应将条约的有效范围规定在台湾当局实际支配的区域之内。③

在这次会谈中，吉田茂在接到杜勒斯草案的同时，也将日本政府拟定的关于日本国政府与台湾当局间的“正常关系”设定的协议案（纲要）交给了杜勒斯。在这份协议案中，特别提到了与台湾“国民政府”签约的“适用范围”。指出，日本决定在“中华民国国民政府”事实上行使统治机能的范围内，使“两国政府”间的“关系正常化”，并解决若干未解决的问题。④

《吉田书简》的核心是日本政府明确表态愿与台湾的“国民政府”缔结和约，无意与中华人民共和国政府建立任何关系。而《吉田书简》中提出的日台条约的“适用范围”，也成为日后日台缔约谈判时双方争论的焦点。因此可以说，杜勒斯的草案和吉田茂的协议案正是《吉田书简》的雏形。

---

① 〔日〕细谷千博：《旧金山媾和之路》，中央公论社1984年版，第280—281页。

② 〔日〕三浦阳一：《吉田茂与旧金山媾和》，大月书店1996年版，第282页。

③ 袁克勤：《美国与日台媾和》，柏书房2001年版，第154—155页。

④ 袁克勤：《美国与日台媾和》，第155页。

二、《吉田书简》与台湾当局的关系

毫无疑问，《吉田书简》中有关日本政府选择媾和对象的立场是日台“建交”的前提，对日台关系具有举足轻重的影响。但奇怪的是，作为当事者的台湾当局，对《吉田书简》的研究和考证却相当冷淡。涉及到《吉田书简》时，大都采用“杜勒斯授意，吉田寄出”的“随大流”观点，而且论述也颇为简单。

例如在日本和台湾很有影响的由林金茎所著的《梅花与樱花·战后的日台关系》，是一部在日台关系研究方面具有一定权威的、代表台湾当局观点的大部头专著（该书共670页，且其作者林金茎曾任台湾“亚东关系协会”驻日代表）。但其中涉及《吉田书简》起草过程的内容却总共不到1页。该书共有两处提到了《吉田书简》的由来。在第119页，作者写道，由于杜勒斯担心美国国会不批准“对日和约”，于是，杜勒斯与民主党和共和党的两名国会议员专程来到日本，“在向吉田首相介绍了美国参议院情况之后，要求日本政府作出决断。最终决定由吉田总理向杜勒斯寄出一封信，信中明确表示‘日本无意与中共缔结两国间条约’，并保证‘准备根据《旧金山条约》所规定的诸原则，与国民政府之间重新建立正常关系’”。在该书的第235页，作者用了“《吉田书简》由美国起草”的小标题来论述《吉田书简》的由来。书中写道：“根据1978年4月解密的美国国务院外交文书——1951年的《亚洲·太平洋编》记载，《吉田书简》的由来，是由杜勒斯起草、吉田首相同意后发出的。”[①] 仍然只字未提台湾当局在《吉田书简》形成过程中所起的作用。

率先将《吉田书简》与台湾当局联系在一起的是日本学者石井明。他在《中国与对日媾和——以中华民国政府的立场为中心》一文中提到，杜勒斯认为，美国虽认为“中华民国政府”有权与日本缔结和平条约，但它若作为代表整个中国大陆的政府与日本缔约，似乎不太合适。因而有必要在日台缔约之前，与“中华民国政府”就条约的“适用范围”进行磋商。

于是，“7月31日，美国国务院向台北驻美‘大使馆’发了一份电报，电报的大意是：美国政府要求‘中华民国政府’，无论如何在与日本方面讨论日本—‘中华民国’间的‘两国’条约之前做出保证，该条约是适用于‘中华民国政府’现在统治的领土，还是涉及到今后所统治的领土？”[②] 起初，台湾当局出于对自己“面子”的考虑，曾拒绝与美国就“适用范围”问题进行谈判，而且态度还比较强硬。8月30日，台湾

---

① 林金茎：《梅花与樱花·战后的日台关系》，产经出版社1984年版，第119、235页。

② 〔日〕石井明：《中国与对日媾和——以中华民国政府的立场为中心》，载渡边昭夫、宫里政玄编：《旧金山媾和》，东京大学出版会1986年版，第304页。

“外交部长”叶公超在与美国驻台“公使”蓝钦（K. L. RanKin）会谈时说，在日本方面未就是否缔结《日台条约》做出明确答复的情况下，不打算就这一问题与美方进行谈判。并说，即使日本愿意缔结两国间条约，在条约正文中也不能加入任何有关“适用范围”的条文。对于台湾当局的这一态度，美国方面也表示，虽然美国将会继续承认“中华民国政府”是代表中国的合法政府，但台湾当局也必须承认眼下自己无权统治整个中国大陆的事实。[①] 这表明，美国政府在“适用范围”这一问题上是不打算让步的。

其实，“逼”台湾当局对“适用范围”进行表态，既是美国政府的态度，更是日本政府的立场，是美日双方协商的结果。因为在此之前，美日两国已就日本与台湾当局缔约一事达成了秘密谅解。[②] 对台湾当局来说，本来是想参加旧金山对日媾和的，但由于英国等国的反对，美英两国又达成了《杜勒斯—莫里森谅解》，决定不邀请大陆和台湾的任何一方参加媾和。在这种情况下，实现单独对日媾和，就成了台湾当局最大的政治目标。因为唯有这样，才能对提高台湾当局越来越低下的国际地位有所帮助。

出于此种目的，台湾当局决定在“适用范围”上做出一定的让步，以换取日本与台湾当局缔约。9 月 26 日，叶公超将台湾当局拟好的两份议案（甲案和乙案）交给了蓝钦。内容如下：

> 甲案　签订两国和约时，中华民国全权代表声明如下：“本条约适用于中华民国的全部领土。对于这些领土中因受国际共产主义侵略暂时被共产党军事占领的地区，一俟中华民国政府得以有效地控制该地区，本条约将适用于该地区。”
>
> 乙案　值此中华民国政府与日本国政府交换两国和约批准书之际，将如下声明载入双方同意之会谈记录：“关于中华民国之一方，本条约适用于现在在中华民国政府控制下以及将来在其控制下之全部领土。”[③]

如上所述，日本学者石井明在《中国与对日媾和 —— 以“中华民国政府”的立场为中心》一文中，对《吉田书简》成立前美、日、台三方交涉过程做了较为详细的叙述，并且列出了台湾当局就日台条约的“适用范围”提出的“甲案”和“乙案”，甚至指出“‘乙案’的文字表述与后来的《吉田书简》及《日台和平条约》的交换公文中出现的文字表述基本相同，不同的只是‘乙案’中的‘以及’在《吉田书简》中变成

---

① 〔日〕石井明：《中国与对日媾和 —— 以中华民国政府的立场为中心》，载渡边昭夫、宫里政玄编：《旧金山媾和》，第 304 页。

② 顾维钧：《顾维钧回忆录》第 9 分册，中华书局 1989 年版，第 149 页。

③ 〔日〕石井明：《中国与对日媾和 —— 以中华民国政府的立场为中心》，载渡边昭夫、宫里政玄编：《旧金山媾和》，第 305 页。

了‘和’”。[①] 但对于台湾当局在《吉田书简》形成过程中所起的更大的作用，该文则没有进一步的论述。

对台湾当局在《吉田书简》形成过程中所起的作用进行全面、详细论述的，是中国旅日学者殷燕军。他在《吉田书简与台湾》一文中，不仅考证了《吉田书简》的成立确与台湾当局有关，而且证明两者之间的关系还颇为密切。

殷文首先就台湾当局对美英之间达成《杜勒斯—莫里森谅解》的态度做了论述。指出，当美国告知台湾当局有关《杜勒斯—莫里森谅解》的内容后，台湾当局表示强烈的不满。1951 年 6 月 28 日，台湾“驻美大使”顾维钧在与杜勒斯会谈时表示，由日本政府决定是否与台湾当局缔结和约，对台湾当局来说“简直是莫大的屈辱”。当美国以“如果台湾不在‘适用范围’方面让步，美国就不可能在日本与台湾缔结和约方面帮助台湾”相威胁时，台湾当局仍然坚持条约的“适用范围”应代表全中国的固有立场，显示出在“适用范围”上毫不妥协的姿态。直至 7 月 18 日，台湾“行政院长”陈诚在台“立法院”临时会议上仍然表示:“为了达到对日媾和的目的，可以不拘形式，但参加条件必须平等。”表示了对美国在“适用范围”上对台湾加以限制的不满。[②]

接着，殷文继续写道：8 月 8 日，台湾“外交部长”叶公超在与美国驻台“公使”蓝钦会谈时表示:“假如美国不能保证日本在多边和约生效前与国府缔结双边条约，国府将不打算就有关《日华条约》的所有技术问题（条约‘适用范围’问题。——殷注）进行谈判。与签订多边和约一样，日本有义务与国府缔结和平条约。”即“中华民国政府”向美国提出，先向日本施压，使日本做出可以信赖的保证，同“中华民国政府”缔结与多边条约相同的和平条约。进而，叶公超还向蓝钦索要“日本向你保证一定会履行”的书面材料。

殷燕军的这篇论文，在对《吉田书简》的论述方面，与其他学者相比，较为全面，但该文的侧重点似乎是日台缔约谈判，有关《吉田书简》与台湾关系的论述，只占该文的三分之一。尽管如此，该文仍是笔者目前所见到的论述《吉田书简》与台湾关系最为全面的一篇论文。

三、关于“适用范围”

《吉田书简》中最为引人注目之处是有关“适用范围”的表述。而这段文字则是源

---

① 〔日〕石井明:《中国与对日媾和——以中华民国政府的立场为中心》，载渡边昭夫、宫里政玄编:《旧金山媾和》，第 305 页。

② 殷燕军:《吉田书简与台湾》，《国际政治》1995 年第 110 号。

自于1951年9月26日由台湾“外交部长”叶公超交给美国驻台“公使”蓝钦的台湾当局拟定的关于“适用范围”的提案——甲案、乙案（亦有称A案、B案者）。这个甲案和乙案被认为是台湾当局在“适用范围”上做出的一大让步。那么，是什么原因使台湾当局做出如此“让步”的呢？这与此前一个多月间美台之间的交涉有着很大的关系。

前述8月8日叶、蓝会谈时，台湾当局提出，只要日本方面不对与台湾缔结双边和约做出明确保证，台湾当局将“无意商讨一切技术问题”。作为对这一问题的答复，8月23日，美国政府向台湾当局递交了一份备忘录。主要内容如下：

> （1）美国政府将尽其最大努力，以使日本于多边和约在旧金山和约签字后不久，即与中国政府（指台湾当局，以下同。——笔者注）签订双边和约一节，得以观成；但须以下列为条件。一、中国政府不寻求对多边和约作重大之修改；二、关于“适用范围”一节，将尽速与美国政府商定一项适当之条款。
>
> （2）略。
>
> （3）……在最初之阶段上，美国即曾就中国政府参加对日和约一事，自行设法确切探明远东委员会各会员国之意见。除美国外，并无一个政府支持中国政府参加，即菲律宾亦非例外。尤有甚者，远东委员会半数以上之会员国均曾表示：如中国政府被邀参加，则彼等将不准备签订和约……
>
> （4）……在该项谈判中，日本政府或将坚持中国政府承认其在此时实施和约条款将无力约束整个中国，甚或将此点作为谈判之先决条件。……在上述情形之下，美国当在各种适宜方式下促成中日两国政府间缔结双边和约。
>
> （5）略。[①]

可以看出，美国政府在这份备忘录中，虽然表示将尽最大努力促使日本与台湾当局签订和约，但其在“适用范围”上的立场却没有丝毫的改变，而且告诉台湾当局，除美国之外，没有一个远东委员会成员国同意邀请台湾当局参加旧金山对日和约的签字仪式。这实际上堵死了台湾当局参加旧金山对日媾和的路。对台湾当局来说，要与日本媾和，只有一种选择：待《旧金山和约》签字以后，单独与日本签订双边和约，但前提是必须在“适用范围”上做出让步。

1951年9月8日，在美国旧金山召开的媾和会议上，以美国为首的48个国家与日本签订了媾和条约。由于苏联、英国等国家在是否邀请有关中国代表参加媾和的问

---

① 中华民国外交问题研究会编：《金山和约与中日和约的关系》，中国国民党中央委员会党史委员会1966年，第151—152页。第（2）、（5）条内容与本文无关，因篇幅原因省略。

题上与美国意见相左，最终，中华人民共和国政府和台湾当局均未被邀请。为了搭上对日媾和的“末班车”，避免成为西方国家阵营的“弃儿”，台湾当局加紧了与日本缔结双边和约的谈判步伐。

看到台湾当局对与日本缔结和约如此积极，同时也鉴于《旧金山和约》签订之后，日本已成为“独立”国家，于是美国想从日台缔约谈判“媒人”的角色中解脱出来，让台湾当局与日本直接对话。9 月 17 日，叶、蓝会谈时，蓝钦就曾表达过这样的意思：“我方认为在此阶段，贵方应尽量与日本政府发生直接接触。”[①] 但台湾当局或许认为直接与日本谈判有损自己的“国格”，或许觉得日本事事都听美国摆布，唯有与美国谈判才能真正解决问题，所以并不愿意在具体的谈判细节上与日本政府直接对话。于是，叶公超答道：“我方认为在确知我方之处境以前，不宜向日本接洽或无论在此间或在东京发动任何谈判。质言之，我如与日签订双边和约，我方欲与贵方就约文及程序先行商定，俾日本代表来台后可于数分钟内即在约稿预留空白处签署衔名。总之，我方决不欲就有关和约之任何问题，与日方作冗长之讨论。”[②]

台湾当局不愿与缔约对象国日本直接谈判，而宁愿与第三国美国进行交涉，看来似乎想通过美国向日本施压，试图在“适用范围”方面争取到有利于自己的谈判结果。洞察到台湾当局用意的蓝钦再次表明了美方的一贯立场：“如贵方欲在多边条约生效以前，与日本缔结一双边条约，则贵方须准备考虑有关‘实施范围’（即‘适用范围’。——笔者注）之方案。换言之，我方在多边条约生效以前，不能强制日人与贵方缔结一对条约‘实施范围’毫不涉及之双边条约。”[③] 美日两国在“适用范围”上的强硬态度，未有丝毫改变。不过，与此同时，蓝钦也向叶公超暗示：日本愿在多边条约生效时，与台湾当局签订一项不涉及“实施范围”的“双边”条约。这实际上是在告诉台湾当局：美日两国已对与台湾签订一项包括“适用范围”在内的“双边”条约不抱太大的希望，在目前情况下，日台之间签订一项不涉及领土范围的“双边”条约是比较现实的。蓝钦的这种暗示，是台湾当局最为担心的。因为它不愿意让国际社会觉得自己是一个没有统治范围的“国家”。

当叶公超再次请求美方“运用力量促使”日本在多边条约生效前与台湾当局签订“双边”条约时，蓝钦态度坚决地说：“除非贵方准备讨论‘实施范围’问题，国务院认为在此阶段贵方与日本缔结一双边条约，乃不可能。”[④] 叶公超看到蓝钦的态度如此坚决，只好回去准备有关“适用范围”的提案去了。前文提到的 9 月 26 日台湾当局向美

---

① 中华民国外交问题研究会编：《金山和约与中日和约的关系》，第 163 页。
② 中华民国外交问题研究会编：《金山和约与中日和约的关系》，第 163 页。
③ 中华民国外交问题研究会编：《金山和约与中日和约的关系》，第 163 页。
④ 中华民国外交问题研究会编：《金山和约与中日和约的关系》，第 164 页。

国递交的有关“适用范围”的甲案、乙案，就是在这种情况下产生的。

值得注意的是，就在叶、蓝会谈行将结束之时，蓝钦特意提醒叶公超，无论台湾当局起草什么提案，都“须注意避免使用技术上之词句以暗示台湾已因该条约之签订而在法律上成中国领土之一部分”。并进一步解释说，这一观点“因与联合国之利益有关，不仅适用于在多边和约生效前缔结之双边和约，抑且适用于以后之各项协定”①。根据《开罗宣言》精神，台湾及澎湖列岛早已归还中国，然而，美国却利用日台签订和约之际，企图否定台湾“在法律上成中国领土之一部分”之事实，使台湾问题国际化。这再一次表明，美国之所以对日台缔约表现出异乎寻常的热情，并不是为了日本的“独立”，也不是为了台湾的“前途”，归根到底还是为了美国自己的利益。它提出“台湾问题未定论”，也并非为了“联合国利益”，而是出于自己“冷战”战略的需要，是为美国第七舰队进驻台湾海峡制造“合法”借口。而台湾当局为了能得到美国的庇护，不顾民族利益，竟也未对美国这一无理要求提出任何异议！

9月26日，台湾当局向美国提出了有关“适用范围”的甲案、乙案两套方案供选择（具体内容前面已有表述，在此不再赘述）。美国政府于10月19日给台湾当局以三点答复：

（1）国务院认为甲案比乙案较为可取；

（2）美国要求台湾当局对下列方案发表意见：“双方互相谅解，本条约在任何时间均适用于缔约任何一方实际控制下的全部领土”；

（3）条约一经签字，有关“适用范围”的协议即行生效。

10月24日，台湾当局以备忘录的形式交给美方一份稍作修改的修正案：“双方互相谅解，本条约适用于缔约任何一方目前及今后可能在其实际控制之全部领土。”②

就这样，美台双方经过多回合的反复交涉，最终以台湾当局做出让步的方式，达成了作为日台条约基础的对“适用范围”加以限制的妥协案。它同时也为稍后面世的《吉田书简》定下了基调。

1952年1月15日晚，杜勒斯将日本首相吉田茂于1951年12月24日写给他的信件（即《吉田书简》）的影印副本送到台湾驻美“公使”谭绍华处。同时，杜勒斯也把该信件的全文用电报发给美国驻台北“大使馆”，让蓝钦转交台湾当局。1月16日，台湾“外交部”在给顾维钧的电报中称，已收到美国大使馆送来的信件副本，并说日本政府将于当天（1月16日）公布该信件。③至此，《吉田书简》正式面世。《吉田书简》的全文如下：

---

① 中华民国外交问题研究会编：《金山和约与中日和约的关系》，第165页。

② 顾维钧：《顾维钧回忆录》第9分册，第245页。

③ 顾维钧：《顾维钧回忆录》第9分册，第282—283页。

杜勒斯阁下：

在国会的参议院和众议院辩论对日和约和美日安全条约时，关于日本将来对中国的政策，提出了许多问题，发表了许多谈话。有些话被人断章取义，离开背景地来看，因此引起了许多误解。在这里我愿加以解释。

日本政府很愿意与中国——日本的近邻——在政治上完全相处，并且通商。在目前，我们希望能够与中华民国国民政府建立这种关系，因为它在联合国中有着席位、发言权和投票权，它在一定的领土上行使实际的统治权力，并与联合国的大多数会员国保持着外交关系。因此，日本政府于1951年11月17日征得了中国国民政府的同意，在台湾设立了日本政府的海外代理机构。现在，这是在多边和约生效前日本可以与其他国家建立的关系的最高形式。日本政府驻台湾的海外代理机构的人员都很重要，这反映出日本政府重视与中华民国国民政府的关系。日本政府准备一俟法律允许就与中国国民政府——如果它愿意的话——缔结条约，以便按照多边和约中提出的原则，重建两国政府间的正常关系。关于中华民国方面，这个双边条约的条件将适用于现在、或以后可能属中华民国国民政府管辖的全部领土。我们很快就要与中国国民政府研究这个问题。

至于中共政权，那个政权实际已被联合国谴责为侵略者，联合国因此已经对它采取了某些措施；日本现在正协助执行这些措施，并希望在多边和约生效时，依照第五条一款（三）项的规定继续协助执行这些措施，该项规定，日本“对于联合国依宪章规定而采取之行动，应尽力予以协助，并于联合国对于任何国家采取防止或执行行动时，对该国不得给予协助”。况且，1950年在莫斯科缔结的《中苏友好同盟互助条约》实际上是针对着日本的一个军事同盟条约。事实上，有许多理由可以认为中国共产党政权正在支持日本共产党进行其旨在以暴力推翻日本的立宪制度和目前的政府的计划。由于这些考虑，我可以向你保证，日本政府无意与中国共产党政权缔结一个双边条约。

吉田茂①

四、结语

就这样，在美国政府的施压下，经过一段时间的等待、观望和权衡利弊之后，吉田内阁终于决定按照美国政府的意愿，与台湾的国民党当局缔结双边和约。以上事实

① 田桓主编：《战后中日关系文献集1945—1970》，第117页。

表明，这份《吉田书简》是杜勒斯于1951年12月18日同吉田茂会谈前就已事先拟定的，它的雏形就是12月13日杜勒斯、吉田茂会谈时杜勒斯当场宣读过的那份草案。而那份草案的核心部分——有关日台条约的“适用范围”的内容，则与9月26日台湾“外交部长”叶公超交给美国驻台“公使”蓝钦的“台湾提案”中的乙案完全一致。从这个意义上说，《吉田书简》的产生与台湾当局有着密切的关系。

然而，尽管美日两国政府百般掩饰，但历史资料依然清楚地表明，《吉田书简》是在美国特使杜勒斯的授意下形成的。而且，美国政府在当时也多次表示，日本和台湾是美国在亚洲“海岛防卫线”的重要组成部分，为了美国的利益，绝不能失去其中的任何一个。所以，美国在《吉田书简》形成过程中的作用是显而易见的。

不过，《吉田书简》既然是以日本首相的名义发出的，其内容又是关于日本与台湾“建交”之事，作为主角一方的日本政府，当然不会只充当一个被美国和台湾任意摆布的傀儡角色。事实也证明，日本政府在《吉田书简》的形成过程中的确有其自己的主见。如在有关“适用范围”问题上，起初，是在日本方面的一再坚持下，才使台湾当局不得不做出让步的。而且，美台双方达成的谅解是适用于缔约双方，但发表后的《吉田书简》却称只适用于台湾当局，因为这个问题，还曾引起台湾当局的不满。[①]此外，《吉田书简》中所谓中国和苏联对日本构成威胁的内容，也是日本政府为了平息国内舆论而要求加进去的。[②]

以上分析可以看出，从严格意义上说，在战后中日关系中占有特殊地位的《吉田书简》，是美、日、台三方共同协商而成的，是三方利益冲突与妥协的结果。缺了任何一方的参与，都将不会形成现有的《吉田书简》。在以往的研究中，侧重美国的主导作用，而对台湾当局的作用有所忽视。

（责任编辑：李晓光）

① 顾维钧：《顾维钧回忆录》第9分册，第282—283页。
② 袁克勤：《美国与日台媾和》，第156页。

高句丽历史上的移居和移民社群*

〔韩〕郑好燮 著　金锦子 译**

摘　要： 移居在人类的居住史上占有很大比重。从整个高句丽历史来看，移居的目的各有不同，他们在移居地的生活也呈现多种形态。作为移民，他们在移居地所形成的身份认同或移民社群也不是整齐划一的，而是在文化上混合、变型的多样而复杂的形态。在高句丽，移居是非常普遍的，显然民族或国籍问题并不能使他们的生活呈现相同的形态。从东亚民族融合的层面来看，移居具有重要意义。同时这也证明了东亚各地基本上都是多民族政权。通过移居史来探讨高句丽族源或归属问题并不可行，纠结于移民的身份认同问题也是不合理的。移居是当时高句丽常见的另一种生活形式。在东亚历史纷争持续不断的情况下，在全球化时代，为了东亚各国的共存和繁荣，探讨历史也不应禁锢于民族或政权的狭隘视角，而应具有更加开阔的视野。站在当代立场上，是可以对高句丽的多文化社会运营进行探寻的。本文探讨高句丽移居史的目的亦在于此。

关键词： 高句丽；移居；移民；移民社群；身份认同

一、序言

在全球化浪潮中，随着跨国境迁移的不断扩散，近年来一些国家由于移民而不断引发问题，甚至在国内导致了严重的社会矛盾。有些国家还无视全球化，实行移民封锁政策。移居不仅引发众多此类问题，而且移民所面临的身份认同以及被排斥问题也容易引发社会矛盾。特别是近来移居和移民问题给以领土和国民为基础的近代国家认

* 原文刊于韩国古代史学会编：《先史与古代》第53辑，2017年。

** 作者郑好燮，韩国汉城大学历史文化学院教授；译者金锦子，中国延边大学人文社会科学院副教授。

同带来了强烈冲击。

人类因具有移居本性而被命名为“人类迁移动物”（Homo Migrant）。人类的迁移与人类的历史是同时开始的，一般认为人类是由于新石器时代的农业革命才开始定居的。尽管如此，在人类历史上，规模不同的移居一直持续不断。即人类为了寻求更好的机遇或者为了躲避贫穷、冲突、战争、恶劣气候、自然灾害等而一直在迁移。移居与政治战争、帝国兴起和政治变动等重要事件也有着密切关联。无数事实都说明了在人类历史上移居对历史发展所起到的重要作用。①

古朝鲜灭亡后汉四郡的设置、魏晋南北朝时期的分裂和混乱、唐朝灭亡高句丽等各时期重要事件所引发的移居是非常频繁的。高句丽人或是自愿或是被强制迁移到了中原。而且，众所周知，高句丽人也曾迁移到日本。②高句丽是由周边的鲜卑、靺鞨、契丹、汉族等民族与秽貊族构成的政权，是多民族、多文化的社会。

世界各国对迁移史的关注不断增强③，对高句丽迁移的关注也由来已久。韩国学界的研究虽不活跃，但也出现了一些研究成果。④对于移民社群则主要是通过移民墓志铭来考察他们的身份认同。⑤不过，这些研究不是从迁移史的角度，而是从迁入地对高句

① 〔韩〕黄慧圣：《为什么是人类迁移动物》，《历史学报》第212辑，2011年。

② 根据《日本书纪》、《续日本书纪》等史书记载，对这些人使用的是“化来、投化、归化”等用语。

③ Brettell, C. B. and Hollifeild, J. F.(eds.), *Migration Theory: Talking across Disciplines*, New York: Routledge, 2008; Castles, S. and Miller, M., *The Age of Migration: International Population Movements in the Modern World*, New York: The Guilford Press, 2009; Hazig, C. and Hoerder, D., What is Migration History? Malden: Polity Press, 2009.

④ 〔朝〕李丙焘：《唐朝对高句丽部分移民的抽户政策》，《震檀学报》第25—27辑，1964年；〔韩〕卢泰敦：《高句丽移民史研究——以辽东、唐内地、突厥等地集团为中心》，载《韩佑劤博士退休纪年史学论丛》1981年版；〔韩〕金文京：《唐代对高句丽移民的徙民政策》，《唐代社会与宗教》，崇实大学出版社1996年版；〔韩〕孔锡龟：《4—5世纪流入到高句丽的中国系人物的活动——以考古学资料为中心》，《韩国古代史研究》第32辑，2003年；〔韩〕孔锡龟：《流入到高句丽的中国系人物的活动——以4—5世纪的考古学资料为中心》，《高句丽渤海研究》第18辑，2004年；〔韩〕孔锡龟：《4世纪生活在高句丽的中国系移民》，《高句丽渤海研究》第56辑，2016年。

⑤ 〔韩〕李文基：《高句丽遗民高足酉墓志考察》，《历史教育论集》第26辑，2000年；拜根兴：《高句丽移民高足酉墓志铭》，《中国史研究》第12辑，2001年；〔韩〕金贤淑：《生活在中国的高句丽遗民的动向》，《韩国古代史研究》第23辑，2001年；〔韩〕宋基豪：《资料介绍：高句丽遗民高氏夫人墓志铭》，《韩国史论》第53辑，2007年；〔韩〕李东勋：《高句丽遗民高德墓志铭》，《韩国史学报》第31辑，2008年；〔韩〕金荣官：《高句丽遗民高饶苗墓志考察》，《韩国古代史研究》第56辑，2009年；〔韩〕崔珍烈：《唐朝人所认同的高句丽人的身份》，《东北亚历史论丛》第24辑，2009年；拜根兴：《高句丽遗民高性文、高慈父子墓志考证》，《忠北史学》第22辑，2009年；拜根兴：《对唐李他仁墓志的几点考察》，《忠北史学》第24辑，2010年；〔韩〕李文基：《墓志所体现的在唐高句丽遗民祖先意识的变化》，《大邱史学》第100辑，2010年；〔韩〕楼正豪：《高句丽遗民高牟考察》，《韩国史学报》第53辑，2013年；〔韩〕金荣官：《高句丽遗民高提昔墓志研究》，《白山学报》第97辑，2013年；〔韩〕安承俊：《李他仁墓志铭所体现的李他仁的生涯和族源》，《木简与文字》第11辑，2013年；〔韩〕李基天：《唐代高句丽、百济系蕃将的生存状态》，《韩国古代史研究》第75辑，2014年；〔韩〕李成制：《高句丽、百济遗民墓志中的出身记载及意义》，《韩国古代史研究》第75辑，2014年；〔韩〕尹龙九：《中国出土高句丽、百济遗民墓志研究动态》，《韩国古代史研究》第75辑，2014年；〔韩〕李东勋：《高句丽、百济遗民墓志文构成及撰书者》，《韩国古代史研究》第76辑，2014年；〔韩〕张炳镇：《对新发现的高句丽遗民南单德墓志的考察》，《高句丽渤海研究》第52辑，2015年；〔韩〕李基范：《高句丽遗民墓志中

丽移民的统治方式或高句丽移民生存状况进行考察的，以墓志铭为主进行的研究也主要关注基于出身的高句丽身份认同以及唐朝的移民政策。虽然对于“移民社群”这一用语是否适用于古代史社会还存在争议，但笔者认为这对于理解古代社会的移民及其集团是适用的。在中国学界，苗威和拜根兴从探讨高句丽族源问题、高句丽史归属问题角度和分析新的墓志铭资料的角度对移民问题进行了研究。[①]

本文以以往的研究成果为基础，以高句丽与中原王朝的关系为中心，站在迁移史的角度上从迁出和迁入两方面对移居进行考察。虽然对于高句丽灭亡后的遗民是否属于移居的范畴还有些模糊，但从导致生活有所差异的居住地的改变层面来看，应该属于移居的范畴。对于高句丽历史上与中原有关的移居主要依据中国史料、韩国史料以及以墓志铭为中心的金石文资料和考古学资料来分析，并对有关移居的多种倾向进行考察。在此基础上探讨移居和移民社群在高句丽历史上所具有的意义，并进一步探讨其在东亚历史上所占据的地位。

二、高句丽历史上的移居与移民

在高句丽历史中，迁移史可以通过文献记载和考古学资料等进行考察，大致可分为迁入和迁出的移居。

（一）迁入高句丽的移居

从中国、韩国的文献以及广开土王王陵碑所记载的高句丽建立神话来看，高句丽主要是由从扶余南下的以朱蒙为代表的移民集团建立的。虽然根据不同记载，其渊源分为北扶余和东扶余，但基本上记述的都是南下的势力集团战胜了原来的土著势力建立的。建立伊始，移民集团就成为主导势力，表明高句丽从很早开始对移民的偏见就不明显。而且高句丽统治者在任用移民方面从一开始就是开放性的，任用他们并积极发挥着他们的作用。

虽然各个时期略有差异，但在高句丽生活着很多移民。迁入高句丽的移居表现为多种形态。有自发性的移居，也有强制性的移居。自发性的移居是由于本国战乱等政

（接上页）的祖先意识变化及意义》，汉城大学硕士学位论文，2016 年；〔韩〕权恩姝：《唐代出身于营州的高句丽人高英淑墓志铭考察》，《韩国古代史研究》第 84 辑，2016 年；〔韩〕金守镇：《唐京高句丽遗民研究》，首尔大学博士学位论文，2017 年。

① 苗威：《高句丽移民研究》，吉林大学出版社 2011 年版；拜根兴：《唐代高丽、百济移民研究 —— 以西安、洛阳出土墓志为中心》，中国社会科学出版社 2012 年版。

治变动或由于灾害、传道等寻找新的机遇和环境，由移居者根据自己的情况选择的。强制性移居则分为战争中投降、被俘而被迫成为徙民等情况。徙民的身份从上至下也分王、官僚、僧侣、平民、战俘等多种情况。宇文部逸豆归[①]、北燕冯弘[②]等属于王，高位官员则有前燕太傅慕容评[③]、晋东夷校尉兼平州刺史崔毖[④]以及前燕司马冬寿和郭允[⑤]、东夷校尉封抽、护军宋晃、居就令游弘[⑥]以及隋朝的斛斯政[⑦]等人。另外，虽然还存在进一步探讨的余地，在唐代墓志铭中，高木卢、高德、高远望等人都把自己的祖先记述为移民。与传教有关的僧侣，佛教方面有顺道[⑧]、阿道[⑨]、昙始[⑩]，道教方面有道士叔达[⑪]。这些人中有一部分曾经迁居到高句丽后来又返回了中原地区，都是根据当时实际进行移居的。尤其在魏晋南北朝混乱时期，有很多人迁居到了高句丽，在高句丽接纳北燕王冯弘时就出现过大规模的移民。如果考虑到没有留下文献记载和考古学资料的大量移民，可以说高句丽历史上移民的数量要更多。

还有通过砖室墓、壁画墓等考古学资料所确定的人物。墓砖铭文中的“西邑太守张君砖”、“建武八年西邑太守”等考古资料确认了西邑太守张氏的存在。后赵建武八年为公元342年，这一时期他应该是居住在高句丽的。虽然还无法确定其姓名，但从墓主人张氏使用后赵年号来看，应该是出身于后赵辖下的西邑地区，后来迁居到高句丽的。另外，出身于渔阳郡的带方太守张氏的墓葬也是砖室墓，在墓中发现了能够确定被葬者身份的铭文砖。代表性的铭文砖内容为“使君带方太守张抚夷砖”、“太岁申渔阳张抚夷砖”、“大岁在戊渔阳张抚夷砖”、“张使君砖”等。一般认为该墓葬的年代为348年，位于现在北京附近的渔阳郡应属前赵（304—329）或后赵（319—351），因此张氏应该是出身于渔阳郡，后来迁居到了高句丽。“带方太守”、“抚夷”、“使君”等应该是他曾经担任的官职，尤其值得的关注的是，自314年带方郡被占领，30多年后，出现了带方太守这一官职名称。“使君”是太守的另一种称谓，“抚夷”应该是与安岳三号墓中冬寿的官职“护抚夷校尉”类似的武官职。[⑫]

---

① 《魏书》卷103《匈奴宇文莫槐列传》。
② 《北史》卷2《魏本纪第二》。
③ 《资治通鉴》卷102《晋纪二四・海西公下》。
④ 《晋书》卷6《帝纪第六》。
⑤ 《资治通鉴》卷95《晋纪一七・显宗成皇帝》。
⑥ 《资治通鉴》卷98《晋纪二〇・孝宗穆皇帝》。
⑦ 《三国史记》卷20《高句丽本纪八》。
⑧ 《三国史记》卷18《高句丽本纪六》。
⑨ 《三国遗事》卷3《兴法三・顺道肇丽》。
⑩ 《太平御览》卷655《释部三・异僧上》。
⑪ 《三国史记》卷21《高句丽本纪九》。
⑫ 〔韩〕孔锡龟：《4世纪生活在高句丽的中国系移民》，《高句丽渤海研究》第56辑，2016年。

安岳三号墓的墓主人冬寿与德兴里古坟的墓主人幽州刺史镇也都是出身于中原，后来移居并终老于高句丽。① 众所周知，冬寿出身于幽州辽东郡广平县都乡敬上里，《晋书》记载他的官职为司马，《资治通鉴》中亦有类似记载，称为佟寿。② 冬寿出生在现在辽宁省盖州一带，作为前燕慕容皝的司马前去攻打慕容仁，兵败后归降慕容仁，336年为慕容皝攻打而流亡高句丽。如果考虑到《晋书》中的“冀州安平国信都县”，出身于“□□③ 郡信都县都乡中甘里”的德兴里壁画墓墓主幽州刺史镇的出生地很有可能是在安平郡，后来安平改称长乐。现在推测安平应该位于河北省冀州市一带，因此镇也应是出身于此。虽然文献中没有关于幽州刺史镇的记载，因而难以确认其移居的时间，但可以确定镇从河北流亡高句丽并被任命为大兄。被认为是禹山下3319号墓墓主的中郎虽然还无法得知其姓名，但也可以认定是从中原迁移而来，终老于高句丽的。通过禹山下3319号墓中发现的丁巳年铭瓦当可以推知，死者的身份为中郎。这位中郎也应是在4世纪的某个时间从东晋迁居到高句丽的国内城。由此来看，从中原迁居到高句丽的人占有相当的比重，这些迁入的中原人在高句丽被编为高句丽人。移民从中原迁入高句丽的时间大致集中在3—5世纪，这与魏晋南北朝时期的混乱状况有关。

（二）从高句丽迁往中原的移居

高句丽人移居到中原的情况也是很多的。文献记载表明除中原以外，高句丽人还移居到突厥、日本、新罗、百济等国家和地区。从迁入中原的记载来看，大部分属于主动归降中原王朝或大规模战争的俘虏。高琳的六世祖高钦曾入质慕容政权，后来移居到燕。④ 据记载慕容云的祖父也是迁居来的高句丽人。⑤ 高飏、高肇也都来自于高句丽。⑥ 高肇家族后来还曾与北魏王室联姻，北魏的文昭皇后（高照容）和宣武皇后（高英）即高氏族人。高英淑家族也是迁居到北魏的移民，在北魏功绩显赫。⑦ 另外，还有出于宗教目的而移居中原的情况。金陵摄山栖霞寺碑文并序铭文记载，摄山栖霞寺是三论学和成实论之宗，高句丽末期僧侣僧朗继法度高僧之后担任住持。⑧ 高句丽僧侣还

---

① 《晋书》卷109《慕容皝载记》：“初，皝庶兄建威翰骁武有雄才，素为皝所忌，母弟征虏仁、广武昭并由宠于瘣，皝亦不平之。及瘣卒，并惧不自容，至此，翰出奔段辽，仁劝昭举兵废皝，皝杀昭。遣使按检仁之虚实，遇仁于险渎。仁知事发，杀皝使，东归平郭。皝遣其弟建武幼、司马佟寿等讨之。”

② 见于“晋成帝二年”条。另外《广韵》和《姓解》等也记载为冬寿。

③ 记述出身的部分剥落已难以识读。

④ 《周书》卷29《高琳传》。

⑤ 《晋书》卷124《载记二四・慕容宝》。

⑥ 《魏书》卷83下《外戚列传》；《资治通鉴》卷145《梁纪一・高祖武皇帝》。

⑦ 〔韩〕权恩姝：《唐代出身于营州的高句丽人高英淑墓志铭考察》，《韩国古代史研究》第84辑，2016年。

⑧ 〔韩〕南武熙：《高句丽僧朗的生平及其新三论思想》，《北岳史论》第4辑，1997年。

有如海[①]、波若[②]、实法师[③]、印法师[④]、智晃[⑤]等人，他们在三论宗和律宗方面都有很深的造诣。此外，史料还记载高句丽“民奴等奔降于魏，各赐田宅”[⑥]，而类似这种情况不见于史料的应该会更多。

虽然高句丽通过与周边政权交战而不断发展，但在遭遇战争失败时，高句丽的人力资源也会被集团性地强制迁移到其他地域，给高句丽造成沉重打击。这种集团性的强制迁移，不仅使土地荒芜，而且削弱了生产力基础，特别是政权核心所在的都城的重要人力被掳掠而去，使统治陷入危机。史料记载，慕容皝来侵时掳去五万余口，慕容熙徙五千余户，645年与唐朝战争时包括归降者共计被俘虏七万余人。高句丽灭亡后，唐朝“移三万八千三百户于江淮之南及山南、京西诸州空旷之地”[⑦]。这表明有15—20万人被强制迁移到了唐朝。这些人大部分都曾抵抗过唐朝，因而这是唐朝为削弱高句丽遗民反抗而采取的措施。[⑧]虽然还不能确定流入中原的高句丽人的数量，但统计各史料的记载来看可达数十万人。

唐朝都城长安及其邻近的洛阳都曾是高句丽遗民生活的地区，生活在这里的大部分属于王族和上层人物。泉男生的府邸位于长安城通化门街兴宁坊东南，其子泉献诚和其侄泉毖则居住在长安和洛阳两地。居住在洛阳的有泉献诚、高牟、王毛仲、高德、高氏夫人、高震、李师道等人。居住在长安的高句丽上层移民的府邸一般位于唐朝官员府邸聚集的长安城街东的北部和中部。有些移民的后代还从长安迁到了洛阳，其代表性人物有高足酉、高牟、高质、高慈等。[⑨]为了安抚留在高句丽的百姓，宝臧王先是被派往辽东，后因与靺鞨谋叛事发，被唐朝流配至邛州（位于今四川省），死于永淳初年（682）。史料记载高臧之孙高震死于博陵郡，因此他可能居住在博陵郡。另外，可以确定王景曜、高德、李敬、豆夫卒等家族也都移居长安。在长安和洛阳还有很多被卖为奴婢的高句丽人。郭正一曾参加对高句丽的战争，在其随从中就有高句丽奴婢，还发生了奴婢欲谋害郭正一的事件。[⑩]

在唐代高句丽移民中，宝臧王等王族虽然被强制迁移到唐朝，但还伺机进行高句丽复国的活动。唐朝在辽东地区设置安东都护府，后来还用高句丽王族进行统治。在

---

① 《唐大和尚东征传》，中华书局1979年版。
② 《续高僧传》卷17《隋天台山国清寺释智越传》。
③ 《续高僧传》卷4《唐越州弘道寺释慧持传》。
④ 《续高僧传》卷15《唐绵州隆寂寺释灵睿传》。
⑤ 《续高僧传》卷18《隋西京禅定道场释昙迁传》。
⑥ 《三国史记》卷18《高句丽本纪六》。
⑦ 《三国史记》卷22《高句丽本纪十》。
⑧ 〔韩〕林起焕：《高句丽遗民的活动与报德国》，载《高句丽政治史研究》，韩娜莱出版社2004年版。
⑨ 〔韩〕金守镇：《唐京高句丽遗民研究》，首尔大学博士学位论文，2017年。
⑩ 拜根兴：《唐代高丽、百济移民研究——以西安、洛阳出土墓志为中心》。

宝臧王与靺鞨谋叛事发后，唐朝将留在辽东的高句丽人迁到了河南、陇右诸州，留下贫弱者安置在安东城周边。686 年，唐朝封高臧之孙高宝元为朝鲜郡王，698 年又除授为左鹰扬卫大将军，更封为忠诚国王，以统辖安东旧部。699 年，唐朝又任命高臧之子高德武为安东都督，以统辖安东地区的高句丽人。因为时局的变化，高句丽王族曾反叛过唐朝，也曾为了统辖高句丽人而服从唐朝的政策。

泉男生等归降唐朝的高句丽贵族屡立战功，为唐朝所重用。作为移民他们很快就适应了唐朝的环境并且通过战功得到提拔或褒奖。他们作为蕃将出征努力立功，因为只要除授官职在五品以上其子孙就可获得门荫资格从而获得官职。一直反抗唐朝的高句丽统治阶层和下层高句丽移民被安置在河西和陇右一带，其中俘虏被安置在秦、成、岷、渭、河、兰等六州。出身平民或奴婢的移民虽然在新的环境中经历了诸多苦难，但编入地方的移民不仅可以参加农业生产，还可以服兵役。[1] 有些高句丽人还通过战功为唐朝官员任用，以奴婢身份生活在长安城一带。

从高句丽迁居突厥后来又迁居唐朝的高句丽人被集团性地安置在了辽西一带。710—712 年间从突厥归降的人中就有突厥默啜之婿高句丽人高文简、高句丽大酋长高拱毅等人。[2] 由此可见，高句丽灭亡后流入突厥的高句丽人还保持一定的势力。突厥默啜可汗以高文简为婿，高文简还担任了莫离支。从高拱毅担任高句丽大酋长来看，当时高句丽人在突厥不是分散地而是集团性地被安置的。这一点与游牧民族的传统相关，与各部族独立为单位生活有关。

在高句丽灭亡后迁移到唐朝的近 20 万移民中，与之有关的明确史料就是墓志铭。迄今发现的高句丽人墓志共计 20 余件，其中渊盖苏文的后代泉氏墓志 4 件，王族和最高统治层的高氏墓志 10 余件。在洛阳邙山出土的有泉男生、泉男产、泉献诚、泉毖等渊盖苏文后代的墓志，还有高玄墓志、高质和高慈父子墓志、高钦德和高远望父子墓志、高饶苗墓志、高德墓志、宝臧王后孙高震墓志、王景曜墓志、豆善富墓志、李怀墓志等。高震之女高氏夫人和高足酉的墓志则发现于洛阳伊川县。在西安出土的有高饶苗墓志、高木卢墓志、李仁德墓志、李他仁墓志、似先义逸墓志、南单德墓志等。此外，《全唐文补遗》中记载了刘元贞墓志。在发现的墓志中有父子或父女的墓志，还有渊盖苏文后世四代的墓志。在这些高句丽人中，李他仁虽然民族是突厥但国籍却是高句丽，豆善富则自称为汉族但实际是鄂尔多斯游牧民，后来归顺高句丽成为高句丽

---

① 〔韩〕金贤淑：《生活在中国的高句丽遗民的动向》，《韩国古代史研究》第 23 辑，2001 年。

② 《册府元龟》卷 974《外臣部・褒异》："高文简、高拱毅入唐后，唐朝封高文简为辽西郡王，食邑三千户，行左卫大将军外置同员，赐室一区，马四匹，物六百段，除授高拱毅为左领军卫将军员外兼刺史，封平城郡开国公，食邑两千户，马二匹，物四百段。"

人。另外，还有像李怀和似先义逸这样是否属于高句丽而存在争议的人物。[①] 对于发现的7世纪后期到8世纪的高句丽移民墓志，我们主要为了确定高句丽的本质而对其个人或家世展开研究，因此有必要站在迁移史的立场上进行探讨。

表1　出土的高句丽人墓志

	7世纪后期	8世纪前期	8世纪后期
墓志（撰写时期）	高饶苗（673年） 高提昔（674年） 李他仁（677年） 泉男生（679年） 高玄（692年） 高足酉（697年） 高牟（699年）	高质（700年） 高慈（700年） 泉献诚（701年） 泉男产（702年） 高木卢（730年） 李仁德（733年） 泉毖（733年） 王景曜（735年） 豆善富（741年） 高德（742年） 刘元贞（744年） 高远望（745年） 高钦德（746年）	高氏夫人（772年） 南单德（776年） 高震（778年）

三、移民的生活状况与移民社群

考虑到文献资料等情况，想要对移民在移居地的生活状况进行明确阐述是很难的，只能通过零散记载和考古学资料进行推测。迁入高句丽和迁出高句丽的移民的生活状况虽然各有不同，但从所留下的记载中还是能够发现一些共同点。

移民社群原本是指离开巴勒斯坦流散在世界各地，依然保持犹太教的规范和生活习俗的犹太人，后其含义不断扩展，用来指称那些离开故土却保持原先的规范和习俗的民族集团或他们的居住地。与犹太人的历史有着密切关联的移民社群概念在近来多种形态的移民共同体形成和发展过程中被广泛使用。如果移民社群也适用于高句丽历史，那么我们的研究内容就可划分为，迁出高句丽的移民及其后裔的生活状况和迁入高句丽的移民及其后裔的生活状况两种典型类型，本文将其划分为高句丽社会内部和外部两种。

（一）高句丽社会内部的移民社群

在高句丽社会内部也存在着不同于高句丽人的域外人移民社群。乐浪、带方的设置以及由于其他原因大规模迁入的中原移民集团即是这种情况。另外，契丹、鲜卑、

① 〔韩〕崔珍烈：《高句丽遗民的本质标记探讨》，载《渤海国号研究》，西江大学出版部2015年版。对于李怀和似先义逸的情况，本文不予探讨。

靺鞨等民族也很可能在高句丽形成了自己的移民社群。他们虽然为政治力量所左右，但也曾和高句丽人并肩战斗。

首先来看乐浪郡的情况。当时乐浪郡是直接输入汉朝先进文化的窗口，其文化传入高句丽等地并得到进一步发展。从文献记载和考古学资料来看，乐浪文化的影响是很深的。以乐浪为代表的移民社会在朝鲜半岛形成了对外贸易网。汉设四郡以后，高句丽将其重构，使之成为自己的政治势力范围。凭借着对当时各政权局势的认识，高句丽得到了发展。在设置汉四郡以前，高句丽通过竞争和战争建立了政权；驱逐汉四郡后，高句丽将汉四郡重新整编以促进政权的强大和发展。立足这一观点，汉四郡等这种向朝鲜半岛内的移居是有其历史意义的。

在高句丽社会内部最具代表性的应该是以汉族为中心的移民社群，其中以乐浪郡最为典型。乐浪郡早期的墓葬在形制上有木棺墓、木椁墓等，其中已知的乐浪早期木椁墓有王根墓（石岩里 219 号）、王光墓（贞柏里 127 号）、王盱墓（贞柏里 205 号）等。他们都是从汉朝迁居来的中原人，定居并终老于乐浪郡。大部分乐浪郡时期的移民都应是这样的。乐浪郡后期的移民有王祯、王基、元愿平妻于氏、安乐王三子妻韩氏等人，北魏时期的有王舒，唐朝时期的有李仁德等。[①] 最近还发现了王怜夫妇合葬墓，由此还可以确定王恩政、王怜等高句丽王氏改称为拓王氏。[②] 其中王基还是与北魏、北周宗室有着姻亲关系的乐浪王氏后裔的亲族。[③] 乐浪郡时期韩、王两姓还通过通婚保持势力。在朝鲜半岛西北地区的砖室墓中不仅发现了木椁墓时期就存在的土著势力王氏、韩氏，还发现了张、杨、公孙、贯等新的姓氏。[④] 这些新出现的姓氏应该是乐浪郡后期迁居来的汉人。

就像设置汉四郡以前迁居到乐浪地区的土著汉人卫满那样，在卫满朝鲜生活着来自燕、齐、赵等地的中原移民。上述各姓氏移民移居的经历虽然各有不同，但他们与迁居到乐浪郡的汉人一样都受到乐浪郡的管辖。墓葬中铁器铭文上出现的姓氏主要有王、高、周等，此外还有韩、张、丁、赵、李等姓。从汉朝输入的铁器铭文中所记载的王、高、韩等姓氏来看，他们在与汉朝保持密切联系的同时，在乐浪郡也应是统治阶层。乐浪郡被占领后，已经汉化的韩氏、王氏等乐浪系集团或者被侨置到慕容燕的侨郡乐浪郡，或者移居中原地区。在向中原王朝中央政界发展过程中，他们中有的人标榜与乐浪的联系，有的人则标榜箕子继承意识。这一点通过元愿平妻王氏（卒于 109

---

① 〔韩〕尹龙九：《乐浪遗民墓志二例》，《仁荷史学》第 3 辑，1995 年。

② 陕西省考古研究院：《西安南郊唐贞观十七年王怜夫妇合葬墓发掘简报》，《文博》2012 年第 3 期。

③ 〔韩〕郑云龙：《乐浪墓志中所体现的箕子继承意识》，《韩国史学报》第 65 辑，2017 年。

④ 〔韩〕林起焕：《3 世纪到 4 世纪初魏、晋的东方政策 —— 以乐浪郡、带方郡为中心》，《历史与现实》第 36 辑，2000 年。

年）、安原王子妇韩氏（卒于513年）、王祯（卒于514年）、王奎（卒于522年）、王舒（卒于530年）、王怜（卒于643年）等人的墓志可以得到反映。①

中原系砖室墓铭文中记载的王卿、西邑太守张氏、佟利、带方太守张氏等人是从中原迁居到高句丽的代表性人物。随着刻有“守长岑县王君君讳卿年七十三字德彦东莱黄人也正始九年三月二十日壁师王德造”铭文砖石的发现，可以确定墓主人王卿出身于山东东莱黄县，曾任带方郡辖下长岑县县令。通过这一铭文还可以确定在正始九年（248）有位名叫王德的壁师。在佟利的墓中还发现了“永和九年三月十日辽东韩玄菟太守领佟利造”的铭文，他们是活跃在乐浪郡、带方郡的中原人，应该比西邑太守张氏和带方太守张氏更早移居乐浪郡和带方郡。墓葬属于砖椁墓，其结构非常独特，还可以看到与高句丽石室墓的关联。就像王卿掌管带方郡长岑县那样，佟利也曾担任带方郡的官职，体现了来自中原王朝的身份和中原文化的正统性。但还不能确定西邑太守、带方太守是实职还是虚职，也不能确定西邑太守张氏和带方太守张氏是何时迁居高句丽的。他们应该是带方郡存在时从中原迁来的，带方郡灭亡后一直留在高句丽。虽然他们没有参与到高句丽政权中，但却凭借在带方郡的固有基础一直生活在高句丽，并最终死于高句丽。他们砖室墓的基本构造，虽然是平壤地区乐浪砖室墓的延续，但左右耳室的设置和用石材修建的穹形天井等则与高句丽石室墓构造相同，显现出过渡性。墓葬尽管具有一些高句丽的因素，但却强烈地体现了中原文化传统。从墓葬来看，他们在高句丽应该具有较高的社会地位。高句丽占领乐浪、带方以后，出身于乐浪、带方或者中原的移民进入高句丽中央地带，是生活在高句丽的移民的主要组成部分。此外考古学资料表明，差不多同一时期还有处于半独立状态，保持着以往身份生活的人。

1949年安岳3号墓的发掘提供了具体了解冬寿死亡年份的资料，可以了解4世纪中叶流亡高句丽的中原人的情况。冬寿墓志如下：

> 永和十三年十月戊子朔廿六癸丑使持接都督诸军事平东将军护抚夷校尉乐浪相昌黎玄菟带方太守都乡侯幽州辽东平郭都乡敬上里冬寿字□安年六十九薨官

中国学者关注东晋年号，认为冬寿的官职是东晋授予的实职。② 与此不同，有观点认为使持节都督诸军事、平东将军、乐浪相等官职是前燕授予故国原王的册封号，因此与册封号相对应，这是由高句丽授予的。③ 之所以授予他们中原王朝式官职，是考虑

---

① 〔韩〕郑云龙：《乐浪墓志中所体现的箕子继承意识》，《韩国史学报》第65辑，2017年。

② 耿铁华：《高句丽古墓壁画研究》，吉林大学出版社2008年版。

③ 〔韩〕林起焕：《4世纪高句丽对乐浪、带方地区的统治》，《历史学报》第147辑，1995年。

到他们来自中原，而且在相当长的时期内受郡县统治成为汉化的先进文化集团。授中原王朝式官职是由于这一地区具有特殊性而采取的统治方式。如上所述，冬寿为司马，而高句丽授予投奔到高句丽的人以中原王朝式官职似乎难以令人信服。因此，认为冬寿的官职是虚职似乎更为合理。① 另外，墓志记载的也可能是冬寿自称的官职，站在中原人的立场来构建理想的死后世界。②

这里首先需要考察的是冬寿墓志。通过中原人冬寿的墓志可以了解的基本问题是，中原墓志文化是如何被接受的。已有学者对 3 世纪末到 4 世纪晋代的墓志类型进行了研究。③ 最近又有几件墓志铭得到介绍。④ 由此我们可以了解晋代墓志的撰写方法。冬寿的墓志依次记述了其死亡时间、历任官职、出身地、姓名和字、死亡年龄。在整体内容构成上，中原晋代的其他墓志与冬寿墓志虽然在记述姓名、出身地、死亡时间、官职、家世等方面有共同点⑤，但在顺序上略有差别⑥。与冬寿墓志在内容和撰写顺序方面几乎相同的是西晋徐文□墓志（298 年）和东晋王康之墓志（356 年）。

> 元康八年十月庚午朔廿六日晋故东莱庐乡新乐里徐君讳文□年九十七不禄薨其子其女卜吉改葬西去旧墓七有一□国治理卅有五 西南去县治十⑦
>
> 永和十二年十月十七日晋故男子琅邪临沂王康之字承叔年廿二卒其年十一月十日葬于白石故刻砖为识⑧

从上述墓志来看，记述顺序为死亡时间、籍名、有无历任官职、出身地、姓名和字、死亡年龄、葬礼或葬地以及其他。除籍名外，与冬寿墓志在记述顺序或内容上都是相似的。因此，可以认为冬寿墓志基本上是按照晋代墓志的撰写法记述的。但在冬寿墓志中还存在未解决的问题。首先，“永和十三年”是不存在的，因此年号记述是错误的，这似乎是由于冬寿死亡时并不知晓中原王朝年号的改变。另外，在上述两个墓志中都记述“晋故”二字，这似乎是对其国名的标记，但却不见于冬寿墓志中。一般

---

① 〔韩〕孔锡龟：《安岳三号墓墨书铭考察》，《历史学报》第 121 辑，1989 年。

② 〔韩〕余昊奎：《4 世纪高句丽对乐浪、带方的统治与中国系流亡者的身份认识》，《韩国古代史研究》第 53 辑，2009 年。

③ 〔韩〕孔锡龟：《安岳三号墓墨书铭考察》，《历史学报》第 121 辑，1989 年。

④ 〔韩〕篠原启方：《墓志文化的传播与变容：以高句丽安岳三号墓墨书铭为中心》，《东亚文化交流研究》第 2 辑，2009 年。

⑤ 〔韩〕孔锡龟：《安岳三号墓墨书铭考察》，《历史学报》第 121 辑，1989 年。

⑥ 东晋王兴之墓志记述了姓名、字、出身地、官爵、死亡时间、葬地、家系等内容。这是晋代墓志的 一般样式，与冬寿的墓志有些不同，即多出了葬地、家系等内容，而且在墓志的撰写顺序上也存在差异。

⑦ 北京图书馆金石组编：《北京图书馆藏中国历代石刻拓本汇编》第二册，中州古籍出版社 1989 年版。

⑧ 南京市博物馆：《南京象山 11 号墓清理简报》，《文物》2002 年第 7 期。

而言，晋代墓志大部分都会表明墓主的国名，但在冬寿的墓志中却没有标记国名。这或许与冬寿的身份认同有关。也就是说，冬寿虽然出身中原王朝，但却是流亡之人，在高句丽处于半独立状态，因此即不能将国名标记为晋或前燕，也不能标记为高句丽。而且诚如学者们所言，冬寿的官职是虚构的，与当时的情况相比对，其官职有很多错误之处并且有所夸大。[①] 墓志中最后“薨官”一词的使用也不合适。不过在西晋徐文□墓志中有“不禄薨”的记述，因此也可以认为冬寿的死用“薨”来表述似乎也是可以成立的。冬寿墓志中的“薨官”一般认为是担任官职后死亡，但这种表述不见于中原方面的记载，身为官吏的冬寿的墓志理应记述为“卒官”，因此这应是有意而为之的。[②] 由此可见，冬寿在高句丽担任虚职并过着优越的生活。高句丽对冬寿等流亡者采用间接的统治方式，给他们较为独立的权限。如同冬寿墓志的特点所体现的，没有标记国名说明冬寿对身份认同的混乱。

通过德兴里壁画墓的墓志铭也可以确定其墓主也是从中原来的流亡者。目前对墓志的判读还略有差异。[③]

> □□[④] 郡信都县都乡中甘里释加文佛弟子□□氏镇仕位建威将军国小大兄左将军龙骧将军辽东太守使持节东夷校尉幽州刺史镇年七十七寿[⑤] □[⑥] 以永乐十八年[⑦] 太岁在戊申十二月辛酉朔廿五日乙酉[⑧] 成迁移玉柩周公相地孔子择日武王选时岁使一良葬送之后富及七世子孙番昌任宦日迁位至侯王造藏万功日煞牛羊酒肉米粲不可尽 扫旦食盐豉食一椋记之后世万寄无疆[⑨]

镇的墓志铭中依次记述了出身地、姓名、官爵、死亡时间、埋葬相关事宜、吉祥

① 作为具有统帅军队权力的都督诸军事却没有指出所管辖的区域，这与常用惯例是不符的。相负责管理政事，289年乐浪将诸王国的相改称内史，这里的相理应记载为内史，因此这里对官爵本身的记述就不正确。

② 卒官亦指“卒于任上”，一般记录为“卒官于……”。

③ 墓志内容参考了金永男、孙永钟、金元龙、佐伯有清、田中俊明、武田幸男、朴镇旭、徐永大、耿铁华等人的识读。

④ 应是表明出身所在郡的名称，但由于剥落而无法识读。

⑤ 大部分学者识读为“薨”，但在1991年重新进行的调查中唯有朴镇旭识读为“寿”字。（朴镇旭：《朝鲜考古学全书》中世篇1，社会科学出版社1991年版）

⑥ 徐永大识读为“焉”，佐伯有清识读为“而”，朴镇旭识读为“廿”，耿铁华识读为“官”。大部分学者都识读为“薨焉”，但这种表述不见中国任何记载中。因此，很难确定为“薨焉”，如果前面的字可以识读为“寿”，则从文脉上可以推论为“尽”，而且在牟头娄墓志中也可看到这种表述。

⑦ 永乐年号使用了“十八年”，而且仅见于广开土王时期。

⑧ 以十二月朔不是辛酉而是庚申为依据，有观点认为高句丽使用了自己的历法（〔日〕田中俊明：《德兴里壁画墓古坟的墨书铭》，《朝鲜史研究会会报》第59辑，1980年）；不过也有观点认为辛酉是庚申的误记（〔韩〕孔锡龟：《德兴里壁画墓的墓主及其性质》，《百济论丛》第21辑，1990年）。

⑨ 目前对于最后部分释读为“来访者络绎不绝”，但似乎应该释读为“名垂万世”。

语，虽然与冬寿墓志基本内容相同，但不同的是使用了高句丽永乐年号和在后半部分记述了吉祥语。从现存状况来看，记述出身所在郡的部分已经完全剥落，记述姓的部分还残存有部分笔画。由于无法确定墓志铭中的出身地和城，因此也提出了关于镇的原籍问题，墓志中镇的姓名部分看似有两个字，但却模糊不清。①

目前学界认为镇是从中原河北流亡到高句丽后担任了大兄一职。335年左右，高句丽与前燕结好，为了巩固对乐浪和带方地区的统治，把身为中原人的镇编入统治体系。由此可见，高句丽授予在地势力和中原地区流亡者官职并纳入到统治体系中。约在4世纪80年代中期流亡到高句丽的镇也被高句丽授予官职，迁居到平壤后逐渐确立了其势力基础。从墓志来看，镇也以晋代为基准来构想理想的死后世界并自拟官职。②壁画中所展现的各地太守拜见的场面也是对来世夸张的期望。和安岳3号墓中出现的官帽一样，镇所戴的官帽也是中原王朝官吏所戴的武官官帽。这种样式的官帽在朝阳袁台子墓等邻近地区的墓葬和台城里1号墓、龛神墓等墓葬中也有发现。一直以来，对于墓志中镇的官爵存在着是属于高句丽，还是属于中原王朝，亦或是两者混用的争议。中国学界大致认为镇所历任的官爵与晋代官职一致，只是“中里都督”这一官爵是镇投奔到高句丽后身居诸如乐浪、带方长官一职而被授予的。③另外，也有学者认为，国小大兄虽然是高句丽的官位，但除此之外的官职都是中原王朝的，墓志中记述的八个职位可以分为位阶（建威将军、国小大兄、左将军、龙骧将军）和官职（辽东太守、使持节、东夷校尉、幽州刺史）。位阶中的建威将军、官职中的辽东太守是流亡前在中原王朝担任的实职，以国小大兄为分野，其后的爵位和官职都是流亡后自封的虚号。④另外，有学者认为除国小大兄外其他官职都是中原王朝式的，这些并不都是流亡前在中原担任的，大部分是流亡到高句丽以后自封的，其代表性的官职就是幽州刺史。⑤也有学者认为国小大兄、左将军、使持节、东夷校尉、幽州刺史等都是高句丽授予的。⑥尽管对镇所担任的官爵存在不同观点，除了完全属于高句丽的国小大兄外，其他官爵都应是虚构或自封的。

如同冬寿的情况，镇所自封的号和虚构的官爵从高句丽的立场上来看是存在问题的。镇的墓志铭和冬寿不同的是使用了高句丽年号并且使用了高句丽官爵，由此可见他在一定程度上受到了高句丽王权的统治。在这种情况下，在墓志铭中记述不存在的官职是否能够被认同还是个问题。这或许是他们在所生活的地区属于半独立状态的上

① 如果不是复姓，也有可能是该地区的望族冯氏或刘氏，但从现存笔画来看很难识读为“冯”或“刘”。
② 〔韩〕孔锡龟：《德兴里壁画墓的墓主及其性质》，《百济论丛》第21辑，1990年。
③ 刘永智：《幽州刺史墓考略》，《历史研究》1983年第2期。
④ 〔日〕武田幸男：《德兴里壁画古坟被葬者的出身与经历》，《朝鲜学报》第130辑，1989年。
⑤ 〔韩〕孔锡龟：《德兴里壁画墓的墓主及其性质》，《百济论丛》第21辑，1990年。
⑥ 〔韩〕林起焕：《4世纪高句丽对乐浪、带方地区的统治》，《历史学报》第147辑，1995年。

层，出于对来世的期望而使用了虚构或自封的字句。对此高句丽并不以为意。与中原的情况不同，墓志铭的内容并不需要获得高句丽政权的批准。即便是高句丽统治者知晓墓志的内容，但站在高句丽的立场上对自称中原王朝官职的情况也是不反对的，只要能够正确记述高句丽所授予的官职就应该没有什么问题。由此在一定程度上体现了4世纪高句丽对乐浪、带方地区实行间接统治，同时也反映了冬寿、镇等人在他们所生活的地区所处的地位和生活状况。

禹山下3319号墓墓主也被认为是居住并最终死于高句丽的人，墓主和下葬年代通过发现的瓦当铭文可以得到确认。

> 太岁在丁巳五月廿日为中郎及夫人造盖墓瓦又作民四千餟盦禾又[①]用盈时兴诣得享万世

从瓦当铭文来看，在丁巳年为中郎及其夫人制造了盖墓瓦。也就是说该墓建于丁巳年，属于中郎及夫人的合葬墓。有人认为禹山下3319号墓的墓主是342年前燕征伐高句丽时的前燕将领王禹或韩寿[②]，也有人认为是从晋朝投奔到高句丽的崔毖[③]。从铭文来看，该墓是位居中郎的人及其夫人的墓，但关键问题是，在高句丽未曾设置的中郎官职源于何处？中郎在秦代曾是守卫京城的官职，到东晋和南北朝时期则设置于将军府。[④]如果将禹山下3319号墓与东晋方面的遗物相联系，则墓主有可能是隶属于东晋将军府的中郎。可以认为他曾在东晋担任中郎，后来投奔或流亡到了高句丽。但从他还使用东晋官职来看，依然保持着中原人的身份认同。他和冬寿、镇一样，保持着中原文化的传统，不同的是他生活在高句丽都城。该墓葬的修建和葬礼应该动用了大量人力，还特别制造了墓瓦，随葬了大量东晋物品，可见他在高句丽的地位是很高的。诸如禹山下3319号墓等带有许多中原要素的大型积石墓墓葬形式也反映了这一点。

但问题是，该墓主生活在高句丽王权直接控制的地区，因此不会像冬寿、镇那样受间接统治或处于半独立状态。该中郎应受到了高句丽王权的直接管辖。[⑤]由此可见，4世纪在高句丽生活着冬寿、镇以及禹山下3319号墓主中郎等同是中原人，但生活方

---

① 也识读为“收”。

② 张福有：《集安禹山3319号墓卷云瓦当铭文识读》，《东北史地》2004年第1期。

③ 张仁杰、迟勇：《集安高句丽墓葬》，香港亚洲出版社2007年版。

④ 日中民族科学研究所编：《中国历代职官辞典》，向以鲜、郑天刚译，中州古籍出版社1987年版。

⑤ 孔锡龟以文献和考古学资料为中心并通过多个事例对4—5世纪来到高句丽的中国人进行了分析。参见〔韩〕孔锡龟：《4—5世纪流入到高句丽的中国系人物的活动——以考古学资料为中心》，《韩国古代史研究》第32辑，2003年；〔韩〕孔锡龟：《流入到高句丽的中国系人物的活动——以4—5世纪的考古学资料为中心》，《高句丽渤海研究》第18辑，2004年。

式却多少存在差异的人群。不过大部分从中原来的移民并不生活在国内城，而是被迁移到边防地带。那为什么像中郎这样的人能生活在国内城呢？或许他之所以能生活在高句丽都城国内城，是因为他在当时高句丽与东晋的政治、军事、经济、文化交流中发挥了一定作用，并不断融入到高句丽的统治体系中。这便是修建墓葬时在外形上选择高句丽墓制的原因。但他又不能完全舍弃所具有的中原文化传统以及出身中原的身份认同，因此在墓葬内部采用了中原式的砖砌样式并随葬中原的物品。

另外，通过禹山下3319号墓出土瓦当铭文中的“又作民四千餟盦禾又用盈时兴诣得享万世”来看，这里的“民四千”应该是由高句丽国王动员的。在王权直接控制的国内城地区，身为中郎是不可能征发“民四千”的。可见当时高句丽国王为了修建中郎及其夫人的墓动用了大量劳力。禹山下3319号墓主人中郎在高句丽国王的允许下得以修建大型墓葬，可见他在高句丽起到了非常重要的作用。在集安麻线沟还有另外一座形制相同的墓葬，即集安麻线沟682号墓，同样也是外形为积石墓，内部为砖砌。[①]

从张氏、佟利、冬寿、幽州刺史镇、中郎的情况来看，都是从中原来的流亡者却在高句丽有着雄厚的实力。他们在保持中原人身份认同的同时，又各自在高句丽作为存在差异的高句丽人生活。4—5世纪在高句丽生活着很多中原移民，他们的生存状态也各有不同。有以半独立状态生活在带方故地的人，也有获得官职生活在高句丽地方的人，还有生活在都城为高句丽在外交等方面发挥作用的人。伴随着高句丽的发展壮大，他们也逐渐被同化并融入到高句丽社会。尽管如此，他们在相当长的时期内还保持作为中原人的身份认同。之所以如此是因为高句丽在安置移民时，会考虑到他们所具有的社会文化的特殊性。

特别是在受中原社会文化影响较深的地区，认可移民使用中原王朝年号或中原王朝式官职，其背景与高句丽的地方统治政策也有关联。生活在汉四郡的中原移民根据其地区特性保持了自身的政治社会背景，高句丽驱逐汉四郡以后不断得到强化的高句丽政治影响力最终将他们融入到高句丽。[②] 这种情况在高句丽中央权力不能完全掌控的带方郡故地等中原移民实力较为雄厚的地方更是如此。乐浪和带方故地的力量集团被纳入高句丽官僚体系，高句丽在整编以往豪族和流亡者的同时进一步扩大了政治力量。[③] 后来和高翼一起出使刘宋的马娄、董腾等人就应是这些人的后裔。他们在高句丽形成了集团性的移民社群，随着高句丽中央权力的不断强化，其身份认同逐渐被弱化。

---

① 关于冬寿、幽州刺史镇、中郎的情况节选于拙著《高句丽古坟的营造和祭礼》，西京文化社2011年版。

② 〔韩〕孔锡龟：《4世纪生活在高句丽的中国系移民》，《高句丽渤海研究》第56辑，2016年。

③ 〔韩〕林起焕：《4世纪高句丽对乐浪、带方地区的统治》，《历史学报》第147辑，1995年。

在高句丽移居是非常频繁的，特别是作为多民族地域，高句丽接纳着不同民族，并在同化这些民族的过程中得到了发展。高句丽的移民政策具有很强的包容性和开放性。为了有效地安置俘虏和流亡者，高句丽实行边防徙民政策。在接纳融合移民集团的过程中，高句丽提高了其作为多民族、多文化地域的地位。在这样的高句丽社会中需要的不是固定不变的身份认同，而是转变为文化融合的多重身份认同。因此移民以多种形态融入高句丽社会，其生活状况也有所不同。

（二）中原王朝境内的高句丽移民社群

在域外形成移民社群，不言而喻是会有很多困难的。不仅存在着由于语言、饮食、气候、生活方式、思维方式、宗教等差异所导致的困难，还要经历相当程度的差别对待。那些战争俘虏和亡国后的遗民所遭受的差别对待要更为严重。他们的劳役或担任的职责也是边境地区最下层身份的人所承担的，或者是被派去守边。比起生活在长安的高句丽上层统治者，他们很可能具有更强烈的共同体意识和凝聚力。而那些积极协助唐朝并归降立功的遗民则与他们完全不同，不仅会得到升迁的机会，还在长安过着相宜的生活。这些人大部分属于统治阶层，助唐有功，他们没有形成共同体，很有可能为了个人的升迁而努力同化融入于唐朝。属于高句丽统治阶层的移民虽然从一开始就集中居住在唐朝官员居所聚集的长安城街东北部和中部，但这里不是他们形成共同体的居住地，因为对唐朝统治阶层而言这里也是他们首选的居所。

从高句丽来的移民在环境陌生的迁居地开始了新的生活。特别在高句丽灭亡后被强制迁移的移民成为了被蔑视和嘲笑的对象。高句丽移民获得了唐朝指定地区的籍贯被编为唐朝人。因此，移民的生活轨迹受到限制，大致有三种类型。第一种类型有宝臧王等参与高句丽复兴运动的人，另外还有反抗唐朝发动叛乱的高定问等人。[①] 第二种类型大多是归降唐朝后为入仕而立功或想要成为唐朝人而努力的人。这是大部分归降唐朝的上层高句丽人所选择的道路。这种事例较多，如李他仁参加了对辽东高句丽叛乱者的镇压，高性文、高慈父子参加了平定契丹叛乱的战争并立功，高玄掌控着高句丽士兵的动态，高宝元也在辽东镇压过高句丽遗民。第三种类型是僧侣等身份较为特殊的高句丽人，在被迁入唐朝后，他们的行迹和人格也影响着唐朝人。虽然由于宗教利益和文化差异最初他们并不为唐朝人所认同，但他们在中原地区的游历和宗教活动也获得了唐朝人的尊重。实法师、印法师、智晃等人便属此例。[②] 由此来看，在唐的高句丽上层通过效忠唐朝或立功、僧侣通过宗教活动融入到唐朝。

---

① 阳玄基墓志铭。

② 拜根兴：《唐代高丽、百济移民研究——以西安、洛阳出土墓志为中心》。

归降到唐朝的第一代人，标榜着高句丽名门贵族的身份而努力获得唐朝对其地位的认同。这些高句丽统治阶层凭借在唐所立功勋及原来在高句丽的地位，其生活与唐朝的官员并没有什么差异。他们与唐朝官员一样居住在都城，死后也葬于东郊等指定的墓地。他们似乎很努力地想要成为唐朝主流社会的一员，在成为专为异民族而设置的蕃将后积极立功。唐朝为了安抚移居来的第一代移民，对他们免税十年，他们也很好地利用了这一政策。① 另外还有一些人虽然不能入仕，但却努力摆脱高句丽人的身份。与身份低下的人所感受的直接差别对待不同，上层移民所感受的无形差别成为促使他们完全同化为唐朝人的动力。在唐朝，对高句丽人而言，“面似高丽”成为了一种嘲弄②，泉献诚在射箭比赛时让于汉官等事例③都反映了这一点。

目前在中国发现的高句丽墓志大部分属于叛逃高句丽归降唐朝的人。不难看出，在唐朝他们过着比其他高句丽人要优越的生活。诸史书的记载虽然略有差异，但大致有 28, 200—38, 300 户约 15—20 万的高句丽遗民被强制迁到唐朝本土，后来唐朝只把一部分王族和亲唐派贵族安置在都城附近，其余大部分被分散安置在相当于现在山东省、河南省、江苏省、安徽省北部一带的河南道和相当于现在甘肃省一带的陇右道等地区。另外，还把高句丽灭亡时强制迁来的 38, 300 户安置在江南、淮南、山南、京西诸州的空地。辽西地区也安置有高句丽人，南单德家族的情况便证实了这一点。从南单德墓志来看，他属于高句丽遗民的第三代，699 年生于平壤，776 年死于长安。虽然还不明确其先祖入唐的具体经过，但其祖父南狄曾任唐朝磨米州都督，父亲南于曾任归州刺史。南单德在平定安史之乱时立功，被唐朝任命为饶阳郡王并迁居到长安。南单德的先祖在高句丽灭亡后生活在安东都护府辖区，后来又迁居到唐朝都城。大部分高句丽俘虏被安置在陇右的荒芜之地，平民则被安置在河南道，从事开垦等繁重劳役或守卫边防。唐朝把高句丽遗民视为战争俘虏，对他们的统治也是其所实行的归属民统治政策的一部分。④ 但对于主动归降的人唐朝并不把他们当作战争俘虏，而是通过授予官职等方法加以任用。特别是对居住在辽东的高句丽遗民，唐朝采取多种方式并利用高句丽王室的影响力来进行安抚，派遣了高句丽地方的有权势者和亲近唐朝的将领，尽力拉拢他们，从而体现了唐朝对辽东高句丽故地统治的重视。对于唐朝对高句丽遗民的统治政策，可以从投唐者和高句丽战争俘虏两方面来考察。

通过中国史书记载的死于 731 年的王毛仲、死于 755 年的高仙芝等人的情况，可以确定在高句丽灭亡百余年后的 8 世纪中叶中原依然还存在对高句丽的记忆。高句丽

① 〔韩〕金守镇：《唐京高句丽遗民研究》，首尔大学博士学位论文，2017 年。

② 《旧唐书》卷 90《杨再思传》。

③ 《资治通鉴》卷 204《唐纪二十・则天顺圣皇后》。

④ 〔韩〕金贤淑：《生活在中国的高句丽遗民的动向》，《韩国古代史研究》第 23 辑，2001 年。

移民后裔王毛仲是被唐朝同化的代表性人物，身居高位，还曾深陷于政治漩涡之中。高仙芝及其父高舍鸡也是高句丽移民的后代，此外还有高句丽移民后裔平卢、淄清节度使侯希逸、淄清节度使李正己家族，他们大体上都是高句丽移民的几代后裔。虽然不能确定他们对高句丽人身份的认同程度，但相关记载也应只是对其先祖出身地的修辞性表现而已，并不具有强烈的身份认同。如王毛仲、高仙芝等人都努力获得唐朝的赏识，在唐朝，高句丽移民个人的生活对其而言只是个人的荣耀，没能建立移民社会并形成强有力的政治、社会集团。在政权灭亡的情况下，要想形成移民社群尤其困难。在与母国没有联系的情况下，形成和维持移民社群几乎是不可能的。8世纪中后期高句丽移民后裔李正己家族以山东地区为中心建立了济政权，但这是否是高句丽移民集团本着高句丽继承意识而建立的还存在着疑问。[①] 从迁入唐朝的移民来看，虽然有些人在唐朝保持了几十年的身份认同，但大部分人对高句丽人的身份认同在逐渐弱化，并最终失去移民社群而同化于唐朝。泉男生第四代孙泉毖的墓志记述其出身为“京兆万年人”。泉毖的墓志是由其父泉玄隐（泉隐）撰写的。京兆府是唐代管辖长安一带的官署，范围大致相当于现在的陕西省西安市一带。万年乡即万年县，属京兆府辖下，管辖长安城朱雀大路以东的64坊及其外郊45乡。在泉玄隐撰写的墓志铭文中，泉毖的出身与高句丽完全没有关系，明确记述为唐朝出身。因此可以认为，泉男生的第三代、第四代子孙已完全同化为唐朝人。泉玄隐的墓志还没有被发现，还不能确定第三代是否也具有相同的认识，但从泉玄隐将其子视为唐朝人来看，他本人也应该是一样的。在高句丽移民墓志中，很难看到8世纪以后在唐朝活动的人被记述为“高丽人”。[②] 以8世纪中叶为基准，墓志中所体现的作为高句丽人后裔的认识发生了很大变化。认为故国是高句丽并记述属于高句丽后裔的认识，被以往没有的假托为在中原具有象征性意义的人物的后裔取代。在这一时期撰写的与以往墓志有所不同的墓志有高木卢（730年）、李仁德（733年）、王景曜（735年）、豆善富（741年）、高德（742年）、刘元贞（744年）、高远望（745年）、高氏夫人（772年）、南单德（776年）等人。在唐玄宗年间出现了王景曜、刘元贞、李仁德等带有中原系列姓氏的人物，在他们的墓志中，还记述了其先祖的出身和从高句丽移居来的情况。反之，尽管高木卢、高德、高远望等人是高句丽的代表性姓氏高氏，但却有意识地把自己的先祖与汉朝以前周、燕、殷等时期的神话人物相联系。对于先祖的迁居过程则只是抽象地记述，没有提到中兴之祖，而且其生活轨迹也难以得到史料证实。这是出于将先祖改变为中原人的目的而有意为之的。[③] 随着唐朝士族的官僚化和中央化，士族为摆脱地方羁绊而

---

① 〔韩〕李基范：《高句丽遗民墓志中的祖先意识变化及意义》，汉城大学硕士学位论文，2016年。

② 〔韩〕李文基：《墓志所体现的在唐高句丽遗民祖先意识的变化》，《大邱史学》第100辑，2010年。

③ 〔韩〕李基范：《高句丽遗民墓志中的祖先意识变化及意义》，汉城大学硕士学位论文，2016年。

冒称望姓，在可利用的家族失去其核心的情况下，高句丽移民也会感受到唐朝对士族政策的变化，获得诸如群望表等这样的资料，进而冒称渤海高氏或太原王氏等望族。冒称望姓也是在唐朝完全转变为唐朝人的一种途径。[①] 有观点认为，从标榜高句丽出身到为得到升迁而强调中原出身再到最后只标榜中原出身，经历这些阶段后，作为移民的痕迹就被消除了。[②]

随着世代的延续，高句丽移民的身份认同必然逐渐被弱化。在亡国的情况下，唐朝与高句丽的敌对感也在不断减弱，唐朝人对在唐高句丽人的认识也在逐渐变化。最初唐朝人对高句丽人的认识，是在与高句丽长期战争情况下用华夷观念来看待的。但对于融入唐朝且身份认同不断弱化的高句丽人，如同唐朝对待周边民族所体现的那样，逐渐趋于包容和开放。入唐高句丽遗民最初很可能只在高句丽人之间相互通婚，其典型事例便是674年高提昔与泉氏家族的通婚。虽然墓志中所见的仅此一例，但第一代移民应该是高句丽人之间相互通婚的。特别是下层高句丽人在共同体的纽带联结下更是如此。另外，也有与唐朝人联姻的，已经可以确定一些唐朝人与高句丽人联姻的事例。高句丽王高臧被俘到长安后，被唐朝授予官职，高臧之女嫁给了太原公王晧。这是高句丽移民与唐朝人联姻的典型事例。高震的夫人是郯国府真定侯氏，高震之女高氏夫人也嫁给了唐朝人。墓志记载其所嫁之人是唐州慈丘县令邵陕。高句丽王室后裔王毛仲的姐姐嫁给侯姓唐人，王毛仲的两位夫人也都是唐朝人，而且还与葛福顺缔结了亲上亲。泉玄隐之子泉毖娶王晧之女，高臧之孙高震与真定侯氏联姻。高句丽后裔李正己的姑母嫁入平卢侯氏，生下平卢淄清节度使侯希逸。随着世代的延续，通婚的事例也在不断增多。婚姻蕴含着双方的认识，因此可以看到高句丽逐渐被唐朝同化。唐朝人与高句丽人通婚也表明他们对高句丽人的认识逐渐趋于认同。另外，可以确定在高句丽政权存续时期还有像慕容云那样与高句丽保持密切联系的人。尽管在别的地方已经功成名就，但还通过与故地的联系维持与高句丽的纽带关系。在高句丽历史上，很难看到移民参与到高句丽的政治、经济、社会、文化中，但移民个体所具有的印象和记忆以及对故国的思念显然是存在的。由于史料所限还不能确定移民是否形成了集团性的共同体，但通过婚姻关系应该是形成了某种形式的移民共同体。他们虽然保持了部分关于出身的身份认同，但随着世代的延续而逐渐被同化。通过墓志等资料来看，从第二代到第三代开始对高句丽出身的认识弱化，逐渐被同化为了唐朝人。特别是标榜为中原王朝的名门望族，从而丧失了对故国的记忆。

---

① 〔韩〕郑淳模：《唐代谱牒的编纂与变迁》，《中国史研究》第6辑，1999年；〔韩〕金守镇：《唐京高句丽遗民研究》，首尔大学博士学位论文，2017年。

② 〔韩〕金守镇：《唐京高句丽遗民研究》，首尔大学博士学位论文，2017年。

四、结语

新石器革命以后人类的历史就被看作是定居的历史，因此很容易忽略移居的历史也是人类历史的重要组成部分。而且移居史也不仅仅限定在近代以后，移居的历史很早以来就是与定居历史不同的发展方向，而且在人类历史上占有很大比重。在高句丽社会亦是如此。通过对古代社会特别是高句丽历史上的移居和移民的生活进行考察，阐明他们所形成的移民社群，就可以发现移居并不是特别的事情，只是古代社会人们的另外一种生活方式而已。进行迁移的人将要面对作为移民的差别、对移居地的适应和同化、与移居地居民的社会和文化冲突、移民共同体的形成、移民的文化变容、移民的多重身份认同等诸多问题。移居地对移居者而言既是新的生存空间，也是新的文化空间，同时也是包含故国思维的记忆空间。

高句丽历史上的移居也是非常频繁和数量众多的。如果考虑到没有留下文献记载和考古学依据的大量移民，可以认定高句丽历史上移民的数量要更多。移居有自发的，也有强制的；与从高句丽移居到其他地区相反，也有为数不少的人从其他地区移居到高句丽。无论是对待来自中原的移民还是来自契丹、突厥、靺鞨、新罗、百济、扶余的移民，高句丽的移民政策都是开放而包容的。高句丽在与周边诸邦的角逐中总是积极接纳移民，在政治、经济、社会、文化等方面对他们加以重用，从而形成了和谐的共同体。

从中原来到高句丽的移民其目的和生活方式也有所不同。总体来说比那些从高句丽移居到中原的移民生活要好。从中原来到高句丽的移民在文化心理层面依然保持着中原王朝意识，文化上还相对比较先进，因此他们能够有较好的生活。高句丽的移民政策使他们保持着一定的自治和半独立状态，也在一定程度上促使他们形成了较好的移民社群。特别是他们发展成为政治、经济、社会、文化共同体力量的情况是可以通过文献记载或考古学证据得到证实的，由此可见他们形成了较好的移民社群。

与此同时，移居到中原王朝的高句丽人的生活也呈现出多种形式，特别是高句丽灭亡后，高句丽遗民的身份认同是很难普遍化的，表现为多种形式。有进行高句丽复兴运动的人，也有到新罗后建立报德国的人。在迁入唐朝的高句丽遗民中，其上层标榜着高句丽出身，居住在都城，拥有官职并与中原人通婚，死后刻有墓志铭并葬于邙山，从而同化并融入唐朝。他们的生活与唐朝官员应没有什么不同。随着时间流逝，对于出身的意识不断弱化，很快就同化为中原人。特别是由于故国的灭亡从而不存在内在联系，这也成为加快这一变化的重要原因。高句丽人不仅贴有外邦人的标签，同时在不同情况下还贴有“敌国”人、“灭亡国家”的强制性移民等标签，因此他们对身份地位提升的愿望是非常强烈的。他们提升身份的途径有建立军功、与中原王朝门阀通婚或积蓄财产等，或者是像过去那样通过等级来获得官职。他们对身份提升的要求越高，他们的高句丽人身份认同就越容易被弱化而同化为中原人。虽然受史料匮乏等诸多限制而难以断言，但可以认为唐朝境内没有形成高句丽人共同体或联系网，也与此有关。另外，被强制迁移到边境等地区的高句丽人大体上会被征发劳役而度过一生，而其子孙的生活也不会好于一般百姓。由于他们比那些投唐的人生活更为艰苦，感受着作为移民的苦楚，因此很有可能会形成属于他们自己的共同体。高句丽人所形成的移民社群有限，他们之间不仅存在着立场差异，同时也没有形成属于他们的具有政治、经济、社会、文化共同体的集团。

从整个高句丽历史来看，移民的目的也各有不同，他们在移居地的生活也呈现为多种形态。作为移民他们在迁移地所形成的身份认同或移民社群也不是相同的，而是在文化上混合、变形的多样而复杂的形态。在高句丽历史上移居起到了非常重要的作用。移居到高句丽的中原人将先进的文化传入高句丽，高句丽则对其接受、包容和利用并进一步融合。这对高句丽历史发展做出了巨大贡献。高句丽接纳移民形成多民族、多文化的社会，同时通过与周边政权的积极交流和对不同人群和文化的融合发展成为强大的政权。与此不同，移居到中原的高句丽人中，主要是那些身兼官职、拥有战功的人才被记载在中国史书中并通过墓志铭得到确认，此外能够确定具体生活情况的并不多。移居到中原的高句丽人为了更好地融入中原社会，在忍受苦楚和差别对待的同时，他们应该过着紧张而激烈的生活。高句丽移民所选择的生活有所不同，呈现出了多种形式。

考察高句丽历史上的移居和移民社群，如果将其置于东亚史的角度，则比起其所具有的民族意义来，他们所经历的生活本身要更为重要。移居是非常普遍的，显然民族问题并不能使他们的生活面貌相同。从东亚民族融合的层面来看，移居的历史具有重要意义，同时这也证明了东亚诸邦基本上都是多民族政权的史实。通过移居史来探讨高句丽族源或归属问题是不具有可行性的，同时也不应只是纠结于移民的身份认同问题。移居是当时高句丽的另一种生活方式。在东亚历史纷争持续不断的情况下，在全球化时代，为了东亚的共存和繁荣，探讨历史的角度不应禁锢在民族或政权的狭隘视角，而应具有更加开阔的视野。与此同时，韩国是约有 3% 的人口由多文化家庭构成，属于多文化社会。一直以来韩国对移居主要采取的是多文化主义政策，要求迁移者盲目地融入和同化于韩国社会。这种单方面的政策或对应是无法解决移居和移民过程中潜在的复杂而多样的问题的。高句丽对移民的开放、包容和融合可以说是应对多文化问题的典范。站在当代立场上，是可以对高句丽成功进行多文化社会运营进行探寻的。本文探讨移居史的原因亦在于此。今后如果能站在迁移史的角度对墓志、韩国古代国际关系史、地方制度史、社会史进行研究，将会获得更加全方位的探讨结果。

（责任编辑：潘博星）

关于安岳 3 号墓墓主冠帽 *

〔韩〕孔锡龟 著　郑京日 译　郑春颖 校 **

摘　要：本文分析了安岳 3 号墓人物所戴冠帽。安岳 3 号墓所绘人物分别头戴帻、冠、巾。安岳 3 号墓以帻区分身份阶层的基准与中国相同，同样在于耳的样式。这种情况表明了安岳 3 号墓与中原的关联。类似安岳 3 号墓墓主冠帽的样式，在与高句丽处于对峙关系的前燕慕容氏壁画墓中亦有发现。这也是揭示安岳 3 号墓被葬者问题的重要端绪。总的来说，安岳 3 号墓墓主所戴冠帽为黑帻之上覆白色武冠的形式。又从《晋书》得知，黑帻加武冠的阶层主要是包括三品将军在内的部分武官阶层。冬寿的官职相当于三品将军。最后，得出了佩戴此冠的人物即为冬寿的结论，进而明确了安岳 3 号墓的墓主为冬寿的观点。

关键词：安岳 3 号墓；壁画墓；冠帽；冬寿

一、绪言

众所周知，安岳 3 号墓是为理解 4 世纪时高句丽历史提供重要线索的壁画墓。因此，此墓葬经调查发掘后一直备受国内外诸多学者的关注，并出现了不少相关研究成果。① 尽管这一墓葬在规模上是朝鲜半岛内最为大型的壁画墓，壁画内容亦极其丰富，

* 原文刊于《高句丽渤海研究》第 5 辑，1998 年。本文系国家社会科学基金项目（14BZS059）的阶段性成果。

** 作者孔锡龟，韩国大田产业大学教授；译者郑京日，延边大学历史学院讲师；校对郑春颖，长春师范大学历史文化学院东北亚历史文化研究所所长、教授。

① 迄今相关研究成果主要有：宿白：《朝鲜安岳所发现的冬寿墓》，《文物参考资料》1952 年第 1 期；〔韩〕李进熙：《黄海道发现的高句丽壁画墓》，《骏台史学》第 6 辑，1956 年；〔朝〕金瑢俊：《关于安岳 3 号坟的年代及其主人公》，《文化遗产》1957 年第 3 期；朝鲜民主主义人民共和国考古学及民俗学研究所：《安岳第 3 号坟发掘报告》，科学院出版社 1958 年版；〔日〕熊骨宣夫：《冬寿墓（安岳第 3 号坟）的介绍》，《佛教艺术》第 37 辑，1958 年；〔朝〕全畴农：《关于安岳"下墓"（3 号坟）——纪念发现十周年》，《文化遗产》1959 年第 5 期；〔韩〕李进熙：《解放后朝鲜考古学的发展》，《考古学杂志》第 45 卷第 3 号，1959 年；〔韩〕蔡秉瑞：《安岳地方壁画墓发掘手录》，《亚细亚研究》第Ⅱ卷第 2 号，高丽大学，1959 年；〔韩〕李进熙：《朝鲜考古学界 1959 年度的成果》，《考古学研究》第 27 辑，1960 年；〔韩〕金元龙：《高句丽古墓壁画起源研究》，《震檀学报》第 21 辑，1961 年；全畴农：《再论安岳王陵》，《考古民俗》1963 年第 2 期；〔朝〕朴胤源（音译）：《安岳第 3 号坟是高句丽美川王陵》，《考古民俗》1963 年第 2 期；〔朝〕朱荣宪：《关于安岳第 3 号墓被葬者》，《考古民俗》1963 年第 2 期；〔日〕冈崎敬：《安岳 3 号坟（冬寿墓）研究》，《史渊》第 93 辑，1964 年；《美川王墓》，考古学研究室，1966 年；〔韩〕蔡秉瑞：《安岳地方的壁画墓》，《白山学报》第 2 辑，1967 年；〔韩〕金贞培：《关于安岳 3 号坟被葬者的争论》，《古文化》第 16 辑，1978 年；〔韩〕孔锡龟：《安岳 3 号坟墨书铭考察》，《历史学报》第 121 辑，1989 年；〔朝〕孙永钟：《东亚史，特别是五世纪前后历史研究中的问题点》，《东亚再

又有铭文资料（年代：357年，墓铭文：关于冬寿其人的详尽来历）出土，但学界所关注的焦点并不在此，学者们反而围绕墓主身份问题展开了激烈讨论。

图1　安岳3号墓行列图[①]

就这一问题学界出现了截然不同的两种观点。一种认为其为高句丽王，另一种认为是墨书铭所记中原人冬寿。对此已有具体的研究综述发表，现简要整理如下。[②]朝鲜起初主张其为中原人冬寿之墓，之后这一"冬寿说"受到挑战，最终被"高句丽王说"（美川王或故国原王）所取代。[③]在我国（韩国。——译者注），金元龙[④]和

（接上页）发现——以五世纪为中心》，亚洲史学会，1990年；〔朝〕朴晋煜：《关于安岳3号坟主人公》，《朝鲜考古研究》1990年第2期；〔韩〕姜仁求：《平壤学界的高句丽墓葬调查研究成果分析》，《朝鲜的韩国学研究成果分析》，精神文化研究院，1991年；〔朝〕朴晋煜：《安岳3号墓是故国原王之墓》，《朝鲜古代及中世初期史研究》，教育图书出版社1992年版；〔韩〕李仁哲：《安岳3号坟的莲花纹与墨书铭》，《韩国古代的考古与历史》，学研文化社1997年版；〔朝〕孙永钟：《高句丽壁画墓的墨书铭与被葬者》，《高句丽研究》第4辑，1997年。

① 〔朝〕图鉴编辑委员会编：《朝鲜遗迹遗物图鉴》第5辑，东光出版社1990年版，第31页。

② 〔韩〕韩国古代社会研究所编：《译注韩国古代金石文》卷1，驾洛国史迹开发研究院，1992年，第59—71页。

③ 1957年，朝鲜召开"关于安岳3号墓及其年代"的学术讨论会（《文化遗产》1957年第2期），就安岳3号墓的被葬者提出了诸多见解。出现了冬寿说（金瑢俊、黄澳、黄哲山、金载孝）、美川王说（朴胤源）、故国原王说（李如星、金一出）等不同见解，其中冬寿说占主导地位，这成为后于1958年出版的发掘调查报告书（朝鲜民主主义人民共和国考古学及民俗学研究所：《安岳第3号坟发掘报告》，科学院出版社1958年版）将被葬者推定为冬寿的重要依据。之后，朝鲜学者全畴农（全畴农：《关于安岳"下墓"（3号坟）——纪念发现十周年》，《文化遗产》1959年第5期）力挺美川王陵说以来的20年间，美川王陵说成为朝鲜学界的定论。1990年孙永钟（〔朝〕孙永钟：《东亚史，特别是五世纪前后历史研究中的问题点》，《东亚再发现——以五世纪为中心》，亚洲史学会，1990年；〔朝〕孙永钟：《高句丽壁画墓的墨书铭与被葬者》，载《高句丽研究》第4辑，高句丽研究会，1997年）提出故国原王陵说，日益得到学界的认可（〔朝〕朴晋煜：《关于安岳3号坟主人公》，《朝鲜考古研究》1990年第2期；〔朝〕朴晋煜：《安岳3号墓是故国原王之墓》，载《朝鲜古代及中世初期史研究》，教育图书出版社1992年版），成为朝鲜学界的新定论（《朝鲜全史》3中世篇（高句丽史），科学百科辞典综合出版社1991年版，第102—103页）。

④ 〔韩〕金元龙：《高句丽古墓壁画起源研究》，《震檀学报》第21辑，1961年。

曾亲身参与调查发掘的蔡秉瑞[①]等学者赞同冬寿墓说。金贞培则在介绍安岳 3 号墓墓主争论焦点的基础上，倾向于美川王陵说。另有姜仁求[②]和李仁哲[③]主张故国原王陵说。持高句丽王陵说的主要是朝鲜学者，其依据可概括为：墓室结构较其他高句丽壁画墓庞大复杂，唯王陵所能及；卤薄行列图中记有“圣上幡”，这是“王”的象征；墓主头戴冠即为《旧唐书》所载高句丽王所著白罗冠。而主张“冬寿墓说”的学者则指出：题于前室西侧室的冬寿墨书铭，既是冬寿的墓志，也是墓主的墓志；通过对冬寿墨书铭中官职的分析，可知冬寿在官职位阶方面，较壁画中的其他人物处于相对高的位置，故此可视冬寿为墓主；从文献来看，4 世纪中叶的黄海道安岳地区不可能存在高句丽王陵。

笔者曾撰文主张冬寿墓说[④]，但学界至今仍对墓主问题存在诸多争议，故有必要就这一问题重申自己的观点。本文将围绕高句丽王陵说中的墓主所著冠，通过深入探讨其本质及相应品阶等，以期使墓主身份逐渐明朗化。

二、安岳 3 号墓壁画人物的冠帽

安岳 3 号墓壁画中，冠帽类型居多[⑤]，主要分为三种，即帻、冠、巾。

（一）帻

帻，巾的一种。古代防止头发下散挡住视线，整收乱发缠裹于头顶的巾帕。为了更好地理解帻，让我们首先了解一下汉代的帻。《后汉书》志 30《舆服下》载：

> 古者有冠无帻，其戴也……至战国，文武并用。秦雄诸侯，乃加其武将首饰为绛袙，以表贵贱，其后稍稍作颜题。汉兴，续其颜，却摞之，施巾连题，却覆之，今丧帻是其制也。名之曰帻。帻者，赜也，头首严赜也。至孝文乃高颜题，续之为耳，崇其巾为屋，合后施收，上下群臣贵贱皆服之。

---

① 〔韩〕蔡秉瑞：《安岳地方壁画墓发掘手录》，《亚细亚研究》第Ⅱ卷第 2 号，高丽大学，1959 年；〔韩〕蔡秉瑞：《安岳地方的壁画墓》，《白山学报》第 2 辑，1967 年。

② 〔韩〕姜仁求：《平壤学界的高句丽墓葬调查研究成果分析》，载《朝鲜的韩国学研究成果分析》，精神文化研究院，1991 年。

③ 〔朝〕李仁哲：《安岳 3 号坟的莲花纹与墨书铭》，载《韩国古代的考古与历史》，学研文化社 1997 年版。

④ 〔韩〕孔锡龟：《安岳 3 号坟墨书铭考察》，《历史学报》第 121 辑，1989 年。

⑤ 限于本文的研究目的，身着甲胄的骑马武士及女子未作为本文的研究对象。

（10）行列图：墓主车后，骑兵，3人；

（11）行列图：墓主车后，持枪骑兵（枪手），6人；

（12）行列图：墓主前方，引车人，1人；

（13）行列图：墓主身旁，举扇之人，1人；

（14）行列图：牵车人物，1人。

从中可以看出，A型帻主要由帐下督[①]、战吏、护卫、仪仗骑手等武官阶层佩戴。汉代及晋代壁画墓中也有类似的帻出现（图4）。

1　2　3

4

图4　A型帻

① 关于帐下都请参见〔韩〕孔锡龟：《安岳3号坟墨书铭考察》，《历史学报》第121辑，1989年。

图4：1为辽阳三道壕窑业第四现场壁画墓（后汉末年）左小室所绘家居饮食图之男墓主，其头戴黑帻似为A型帻。[①] 图4：2为甘肃省丁家闸壁画墓（五胡十六国时期，5世纪初）所绘官吏像，可以看出其与黑A型帻相同。[②] 图4：3为辽阳旧城东门里东汉壁画墓所绘出行图中的骑手，其戴黑帻之屋后部可见高耳，似为A型帻。[③] 图4：4为云南省昭通后海子东晋壁画墓所绘图像。其中，墓室北壁墓主西侧的4人、西壁下层双手握环头大刀的13人、东壁下层手持灯笼的十余人等仪仗队之人物均戴A型帻。[④] 目前还很难推断图4人物的具体身份或共同特征，但不难看出图4：4之人物极有可能是武官。又考虑到安岳3号墓中戴A型帻的大都为武官阶层，中原的情况有可能亦与之相似（图4）。

2. B型帻

B型帻，前部较侧部略高，后部最高，屋部呈平底杯倒置状，后部耸立双耳略前倾（图5）。安岳3号墓中戴B型帻人物如下：

（1）前室西侧室：侍立于墓主左右的记室、省事、门下拜，3人；

（2）前室南东壁：持红色小旗的仪仗骑手（战吏），4人；

（3）前室东侧室：马厩，1人；

（4）行列图：行列前方三列，持笏、创、旗骑手，10多人；

（5）行列图：自行列最前方奔向墓主的骑手，1人；

（6）行列图：持笏引车骑手，1人；

（7）行列图：紧随墓主车后的骑手，1人；

（8）行列图：紧随墓主车后的侍从，1人。

从中可以看出，B型帻主要由记室、省事、门下拜或持笏官吏等文官阶层佩戴。

中原画像石及古墓壁画中亦有这种B型帻出现（图6）。

图5　B型帻

① 李文信：《辽阳发现的三座壁画古墓》，《文物参考资料》1955年第5期。

② 〔日〕町田章：《古代东亚的装饰墓》，同朋舍1987年版，第187页。

③ 冯永谦等：《辽阳旧城东门里东汉壁画墓发掘报告》，《文物》1985年第6期。

④ 云南省文物工作队：《云南省昭通后海子东晋壁画墓清理简报》，《文物》1963年第12期。

图 6　B 型帻

图 6：1 为河南望都壁画墓中的主簿[1]，其所戴帻与 B 型帻相同。这些戴帻人物旁边记有墨书榜题，可知均为主簿、门下史、门下贼曹、门下功曹等文官。山东省沂南汉画像石墓中亦出现戴 B 型帻的诸多官吏。[2] 图 6：2 为洛阳市朱村东汉壁画墓墓室北壁墓主夫妇饮宴图中墓主戴 B 型帻的图像，此外墓室南壁车马出行图中也有官吏戴 B 型帻的画面。[3] 偃师杏园东汉壁画墓前室北壁主车图官吏亦戴B 型帻。[4] 图6：3 为嘉峪关汉画像砖墓（1 号墓，后汉）前室南壁墓主像，墓主头戴 B 型帻，人物上方记有墨书铭“段清”，可知人物的具体身份。[5] 辽阳市鹅房 1 号墓前室左耳室饮宴图中，端坐于墓主身旁的官吏及持经图官吏图像中也有B 型帻出现。[6] 安平逯家庄东汉壁画墓中亦发现类似壁画。[7] 图6：4 为新疆维吾尔自治区吐鲁番市阿斯塔那 13 号墓出土纸画，画面中央人物头戴B 型帻。[8]

① 姚鉴：《河北望都县汉墓的墓室结构和壁画》，《文物参考资料》1954 年第 12 期；〔日〕林巳奈夫编：《汉代的文物》，第 22 页。
② 华东文物工作队山东组：《山东沂南汉画像石墓》，《文物参考资料》1954 年第 8 期。
③ 史家珍：《洛阳市朱村东汉壁画墓发掘简报》，《文物》1992 年第 12 期。
④ 徐殿魁、曹国鉴：《偃师杏园东汉壁画墓的清理与临摹札记》，《考古》1987 年第 10 期。
⑤ 嘉峪关市文物清理小组：《嘉峪关汉画像砖墓》，《文物》1972 年第 12 期。
⑥ 邹宝库：《辽阳发现三座壁画墓》，《考古》1980 年第 1 期。
⑦ 河北省文物管理所编：《安平东汉壁画墓》，文物出版社 1990 年版。
⑧ 《新疆维吾尔自治区博物馆》，讲谈社 1987 年版，第 142 页。

图6：5是图6：4发现地点附近的吐鲁番市哈喇和卓清理的5座壁画墓中的75TKM98壁画，似为墓主的中央人物头戴B型帻。[①]发现图6：4及图6：5的墓葬年代均属五胡十六国时期。除此之外，在嘉峪关市东发现的东汉末砖室墓中出土画像砖中也有B型帻图像[②]，又通过晋代墓葬中出土的陶俑可知其具体形状。[③]

以上图6中的人物大都为文官阶层。那么，我们有理由相信中原之B型帻与安岳3号墓一样，均由文官佩戴。由此，可知安岳3号墓与中原壁画墓存在密切联系。

3. 赤帻

赤帻，相对黑帻其颜色发赤。如前述《晋书・舆服志》记载[④]，在中原赤帻主要由骑吏、武吏等佩戴。可知与其他帻（A型帻、B型帻）相比，其使用人群为身份较低的阶层。[⑤]赤帻在型式上表现为帻后无耳。东汉壁画墓中可见赤帻。[⑥]其中，像望都汉墓，其主要由伍伯等下级武官佩戴。

安岳3号墓中亦有头戴赤帻人物出现。

（1）前室东壁：斧钺手，6人；

（2）前室南壁：斧钺手，4人；

（3）行列图：墓主车左右，持斧钺的护卫（斧钺手），10人；

（4）行列图：行走在行列最前端的人物，1人。

综上，可知安岳3号墓中头戴赤帻的大都为护卫墓主的武官。再者，相比戴A型帻、B型帻的人物，其身份等级要低一些。但不难看出这一赤帻与前面所述A型帻在型式上相同，仅颜色有所区别。

如前所述，安岳3号墓诸人物头戴帻可分为三种类型，即A型帻、B型帻、赤帻。这与中原壁画墓或画像石中出现的帻大体相同。另一方面，耳的不同形态是区分A型帻与B型帻的标准。但两者的使用阶层是不同的，具体来说，A型帻主要由账下督或持武器的护卫（武官）佩戴，相反B型帻则主要由服侍墓主的记室、省事、门下拜及持笏的人物等（文官）佩戴。也就是说，A型帻由武官阶层，B型帻由文官阶层使用。这种推论通过德兴里壁画墓可得到进一步验证。德兴里壁画墓位于南浦直辖市，其年代约为五世纪初。

下图为绘于德兴里壁画墓前室西壁的13郡太守来朝贺礼图（图7），壁画中出现

---

① 张朋川：《河西出土的汉晋绘画简述》，《文物》1978年第6期。

② 《中华人民共和国汉唐壁画展》，大塚巧艺社1975年版。

③ 高至喜：《长沙两晋南朝隋墓发掘报告》，《考古学报》1959年第3期。

④ 《晋书》卷25《舆服志》："赤帻，骑吏武吏乘舆鼓吹所服。"

⑤ 《后汉书・舆服志下》载"武吏常赤帻，成其威也"，可知武吏阶层头著赤帻。

⑥ 姚鉴：《河北望都县汉墓的墓室结构和壁画》，《文物参考资料》1954年第12期；河北省文物管理所编：《安平东汉壁画墓》。

的人物官等均相当于太守级。但值得注意的是，其中十二位太守均头戴B型帻，只有剩余一人戴A型帻。头戴B型帻的十二位太守都记其官职相当于文官的太守及内史榜题，仅戴A型帻的人物附有奋威将军这一武官职。可知，德兴里壁画墓中戴A型帻者为武官阶层，戴B型帻者为文官阶层。一言以蔽之，安岳3号墓及德兴里壁画墓的筑造集团中存在武官阶层应戴A型帻、文官阶层应戴B型帻的普遍认识。

图7　德兴里古墓十三位郡太守来朝贺礼图[①]

如前所述，中原之帻可分为介帻和平上帻两大类。介帻由文官阶层、平上帻由武官阶层佩戴，在帻的佩戴上同样有着严格的规定。值得关注的是，介帻和平上帻的区分标准与安岳3号墓一样，在于耳的不同，即介帻耳较长，平上帻耳短。与安岳3号墓相比，B型帻较A型帻耳要长些，且两尖突起。虽然不能因此将两者混为一谈，但至少可以看出，A型帻与平上帻，B型帻与介帻极为类似。再者，赤帻不仅在型式上与A型帻相同，而且都主要由斧钺手佩戴，所以其与A型帻均主要由武官阶层使用。

（二）冠

冠，覆在头顶的罩之一种，与束发结合佩戴的帽子统称。《晋书》卷25《舆服志》载：

---

① 〔朝〕图鉴编辑委员会编：《朝鲜遗迹遗物图鉴》第5辑，图版160。

帽名犹冠也，义取于蒙覆其首，其本纚也。古者冠无帻，冠下有纚，以缯为之。后世施帻于冠……

可知，冠的使用要早于帻。在古代，中原地区忌讳裸露头发，故束发覆冠。[①]前面已经讲到，佩戴冠的阶层要比佩戴帻的阶层之身份要高一些。[②]后，又以冠来区分官职、身份和等级。对此，《晋书》卷25《舆服志》载：

冠进贤者宜长耳，今介帻也。冠惠文者宜短耳，今平上帻也。始时各随所宜，遂因冠为别。介帻服文吏，平上帻服武官也。

从这一史料可以看出，在中原帻上加冠已相当普遍。帻上一般加以进贤冠和惠文冠。佩戴进贤冠，需加长帻耳，这一长耳帻即为介帻。相反，佩戴惠文冠，帻耳要短些，这一短耳帻即为平上帻。史书记载，进贤冠主要由文官阶层、惠文冠主要由武官阶层使用。通过上述史料可知，根据帻型式的不同，加帻之冠的名称也有所不同。此等帻上加冠习俗始于东汉。[③]

下面，对冠的具体使用例子做一了解。首先，关于进贤冠《晋书》卷25《舆服志》有如下记载：

进贤冠，古缁布遗象也，斯盖文儒者之服。前高七寸，后高三寸，长八寸，有五梁、三梁、二梁、一梁。人主元服，始加缁布，则冠五梁进贤。三公及封郡公、县公、郡侯、县侯、乡亭侯，则冠三梁。卿、大夫、八座，尚书，关中内侯、二千石及千石以上，则冠两梁。中书郎、秘书丞郎、著作郎、尚书丞郎、太子洗马舍人、六百石以下至于令史、门郎、小史并冠一梁。

进贤冠古为缁布冠，主要由文官阶层佩戴，前高后低。前高7寸，后高8寸，长8寸。根据身份及禄秩的不同，梁之数量亦不等，有五梁（天子）、三梁（三公、郡公、县公、郡侯、县侯、乡亭侯）、二梁（卿、大夫、八座、尚书、关中内侯、二千石及千史以下官吏），一梁（中书郎、秘书丞郎、著作郎、尚书丞郎、太子洗马舍人、六百石以下至令史、小史门郎官吏）之分。但这一高低序列至晋代以后逐渐衰退。[④]图8为

① 〔日〕林巳奈夫编：《汉代的文物》，第47页。
② 帻者，古之卑贱执事，不冠者之所服也。（蔡邕：《独断》卷下）
③ 〔日〕小林聡：《晋南朝冠服制度的变迁和官爵体系：依照〈隋书·礼仪志〉的规定》，《东洋学报》第77卷3、4号，1996年。
④ 〔日〕小林聡：《晋南朝冠服制度的变迁和官爵体系：依照〈隋书·礼仪志〉的规定》，《东洋学报》第77卷3、4号，1996年。

考古学上的中原汉至晋代进贤冠之具体面貌。

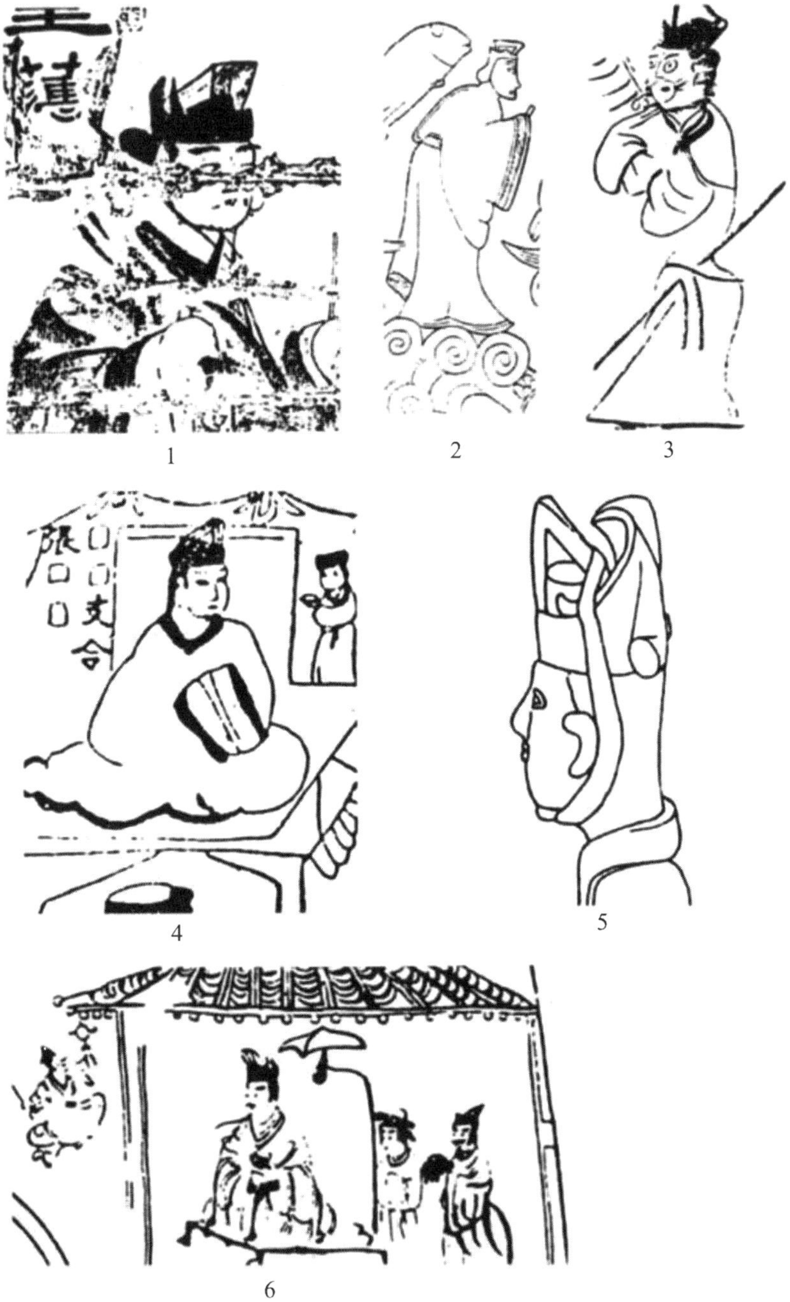

图8　进贤冠

图 8：1 为河北望都 1 号汉墓（东汉）B 型帻加二梁进贤冠壁画[①]，人物上方记有墨书官职名 —— 主簿。除此之外，还有诸多 B 型帻加进贤冠的人物，通过“门下史”、“门下贼曹”、“门下功曹”等墨书榜题，可明确其身份。图 8：2 为绘于武氏画像石墓后室的戴进贤冠图像。[②] 图 8：3 为绘于辽阳旧城东门里东汉壁画墓墓室立柱的小史图，图中人物头戴黑帻加一梁进贤冠。[③] 图 8：4 为绘于在辽阳市北郊发现的东汉壁画墓右小室的墓主图像，其头戴黑帻加二梁进贤冠，并记有“□令支令张□□”墨书榜题，由此可知其曾任东汉辽东郡令支县县令。[④] 此外，绘于辽阳市棒台子 2 号壁画墓右小室的官吏，亦头戴黑帻加进贤冠[⑤]，因记有“主簿”、“曹移椽”等墨书题记，可明确其身份。另外，在山东沂南汉画像石墓批量发现头戴 B 型帻加进贤冠的官吏壁画。[⑥] 图8：5 为晋代砖室墓中发现的陶俑。[⑦] 陶俑头戴帻加一梁进贤冠，又以“缨”系下颌来固定进贤冠。图 8：6 为酒泉丁家闸 5 号墓墓主像。[⑧] 推测墓主可能为西梁王侯，墓主头戴 B 型帻加进贤冠。总之，通过图 8 可知进贤冠之下衬以帻的人物大都为文官阶层。

另外，主要由武官阶层佩戴的惠文冠，《晋书》卷 25《舆服志》有如下记载：

> 武冠，一名武弁，一名大冠，一名繁冠，一名建冠，一名笼冠，即古之惠文冠。或曰赵惠文王所造，因以为名。亦云惠者蟪也，其冠文轻细如蝉翼，故名惠文……天子元服亦先加大冠，左右侍臣及诸将军武官通服之。

惠文冠，亦称武冠，因形如蝉翼，故得名，可知惠文冠外观作网状。图 9 为考古学上的汉至晋代进贤冠之具体面貌。

图 9：1 为扶沟县的西汉末期画像砖墓出土画像砖上的人物图像，两人相背而立，手持长戟树于胸前，人物上方阳文隶书“亭长”二字，得以确认其具体身份，头戴网纹惠文冠（武冠）。[⑨] 图 9：2 为河南南阳军帐营汉画像石墓（东汉初）前室墓门两侧柱所绘门吏，其头戴帻加武冠。[⑩] 图 9：3 为山西离石马茂庄东汉画像石墓（东汉桓、

---

① 《中华人民共和国汉唐壁画展》，图版 11。
② 〔日〕林巳奈夫：《汉代的神神》，临川书店 1989 年版，附图 15。
③ 冯永谦等：《辽阳旧城东门里东汉壁画墓发掘报告》，《文物》1985 年第 6 期。
④ 李文信：《辽阳发现的三座壁画古墓》，《文物参考资料》1955 年第 5 期。
⑤ 王增新：《辽阳市棒台子二号壁画墓》，《考古》1960 年第 1 期。
⑥ 华东文物工作队山东组：《山东沂南汉画像石墓》，《文物参考资料》1954 年第 8 期。
⑦ 高至喜：《长沙两晋南朝隋墓发掘报告》，《考古学报》1959 年第 3 期。
⑧ 〔日〕林巳奈夫编：《汉代的文物》，图版 2—54。
⑨ 郝万章：《扶沟吴桥村发现汉代画像砖》，《中原文物》1984 年第 3 期。
⑩ 南阳博物馆：《河南南阳军帐营汉画像石墓》，《考古与文物》1982 年第 1 期。

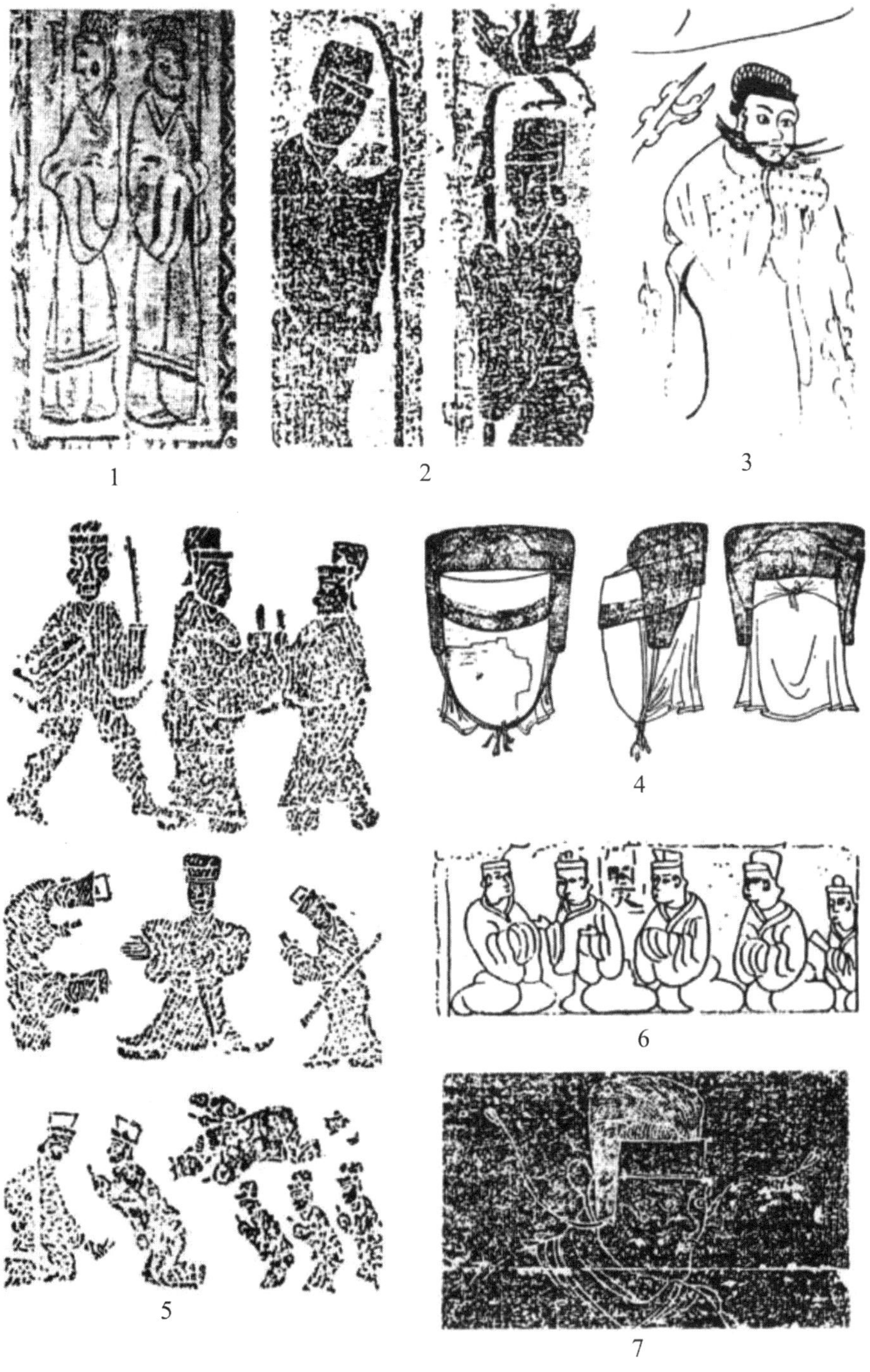

图9　惠文冠（武冠）

灵帝时期）门楣石所刻门吏。[①] 图9：4为在甘肃省武威县王莽时期土洞墓中发现的武冠考古学实例。[②] 图9：5为河南省唐河汉郁平大尹冯君孺人画像石墓拜谒图，图中包括墓主在内的人物头戴帻加武冠。[③] 因有墓志出土，墓主身份得以确认，其为郁平大尹冯君孺人，死于王莽在位时期的天凤五年（18）。大尹为王莽时期的官职，相当于太守级。图9：6刻于在江苏省邳县发现的彭城相缪宇画像石墓中。墓主死于东汉桓帝和平元年（150），该墓后室墓门左侧5人物间刻有"守閤吏"可知人物的大体身份，其中一人头戴武冠。[④] 安徽省亳县东园村2号墓墓道两侧分别绘有文官、武官像，图9：7为武官像之一。[⑤] 武官像头戴黑帻加网状文冠（惠文冠）。[⑥] 墓主与曹操宗族有关，其年代约为2世纪后期。除此之外，有关武冠的考古学资料在中国画像石中比比皆是。[⑦] 综观图9，惠文冠，即武冠，虽然不能完全排除文官阶层佩戴，但主要还是由武官阶层使用。

在中国，武冠除上述官吏以外，鼓吹乐队亦有佩戴，图10为汉画像石中鼓吹乐队头戴武冠的资料。

图10：1为河南新野汉代画像砖墓（东汉末）出土的鼓舞砖，击打建鼓的2人周围见有4人，皆戴帻加武冠（惠文冠）。[⑧] 图10：2为河南方城东关汉画像石墓中合奏排箫的画面，所刻绘人物均头戴帻加武冠。[⑨] 图10：3为河南方城东关汉画像石墓南门鼓舞图。站立在建鼓两侧击鼓者头戴帻加网状武冠。[⑩] 图10：4为刻于彭城相缪宇画像石墓中的画像石之一，该墓墓主死于东汉桓帝和平元年（150）。在椭圆形兽形座大建鼓左右伐鼓的2人及踞坐于其后的6个吹奏排箫乐人，均头戴武冠。[⑪] 除此之外，

---

① 刘永生等：《山西离石马茂庄东汉画像石墓》，《文物》1992年第4期。

② 甘肃省博物馆：《武威磨咀子三座汉墓发掘简报》，《文物》1972年第12期。

③ 黄运甫等：《唐河汉郁平大尹冯君孺人画像石墓》，《考古学报》1980年第2期。

④ 龙振尧等：《东汉彭城相缪宇墓》，《文物》1984年第8期。

⑤ 李灿：《亳县曹操宗族墓葬》，《文物》1978年第8期。

⑥ 亳县博物馆：《安徽亳县发现一批汉代字砖和石刻》，《文物资料丛刊》1978年第2期。

⑦ 列举若干相关资料如下：王步毅：《安徽宿县褚兰汉画像石墓》，《考古学报》1993年第4期；沈宜阳：《湖北当阳刘家冢子东汉画像石墓发掘简报》，《文物资料丛刊》1977年第1期；周到、李京华：卢德佩：《唐河针织厂汉画像石墓的发掘》，《文物》1973年第6期；吕品：《河南汉代画像砖的出土与研究》，《中原文物》1989年第3期；卢德佩：《湖北当阳半月东汉墓发掘简报》，《文物》1991年第12期；郝万章：《扶沟吴桥村发现汉代画像砖》，《中原文物》1984年第3期；南阳地区文物工作队：《唐河针织厂二号汉画像石墓》，《中原文物》1985年第3期；李常松等：《山东平邑东埠阴汉代画像石墓》，《考古》1990年第9期；南阳市博物馆：《南阳市散存汉画像石选汇》，《中原文物》1985年第3期；赵成甫：《新野樊集汉画像砖墓》，《考古学报》1990年第4期；上海市戏曲学校中国服装史研究组编：《中国历代服饰》，学林出版社1984年版，第38—40页；〔日〕林巳奈夫：《汉代的神神》，附图16、18。

⑧ 王褒祥：《河南新野出土的汉代画像砖》，《考古》1964年第2期。

⑨ 孙机：《汉代物质文化资料图说》，图27，第381页转引；华东文物工作队山东组：《山东沂南汉画像石墓》，《文物参考资料》1954年第8期。

⑩ 南阳市博物馆、方城县文化馆：《河南方城东关汉画像石墓》，《文物》1980年第3期；孙机：《汉代物质文化资料图说》，第377页。

⑪ 龙振尧等：《东汉彭城相缪宇墓》，《文物》1984年第8期。

1

2

3

4

图 10　武冠（鼓吹乐队）

在安平东汉壁画墓所绘人物[①]、唐河汉郁平大尹冯君孺人画像石墓所刻绘鼓舞图[②]、四川省成都出土画像石[③]等中亦有发现。不仅如此，部分高句丽壁画墓中也有类似图像。例如，平壤驿前壁画墓前室南壁所绘鼓吹乐手中的击鼓者头戴武冠。[④]

以上述对冠的综合考察为基础，下面就安岳3号墓中出现的冠做一探究。安岳3号墓的人物非单戴冠，而是以帻加冠的形式出现。事实上，在中原地区虽然也单戴冠，但通常以帻加冠形式组合佩戴。安岳3号墓的人物头戴冠，大都为在黑色系帻后部施以白色系冠（图11）。

1. 主人公的正面像[⑤]　　2. 主人公的侧面像[⑥]　　3. 鼓吹乐队像[⑦]

图11　安岳3号墓中的“冠”

安岳3号墓中头戴冠之人物如下：

前室西侧室：墓主正面像（图11：1）；

行列图：墓主出行侧面像（图11：2）；

行列图：墓主车后鼓吹乐队中，击马上鼓的骑手1人、吹箫骑手1人、吹小角骑手1人、持铙骑手一人（图11：3）。

可以看出，安岳3号墓中戴冠者可概括为墓主及鼓吹乐队之马上人物。行列图之

① 河北省文物管理所编：《安平东汉壁画墓》，文物出版社1990年版，图版49。

② 黄运甫等：《唐河汉郁平大尹冯君孺人画象石墓》，《考古学报》1980年第2期。

③ 王伯敏编：《中国美术通史》，山东教育出版社1987年版，第311页。

④ 〔朝〕朝鲜遗迹遗物图鉴编纂委员会编：《朝鲜遗迹遗物图鉴》第5辑，第228页。

⑤ 〔日〕东潮、田中俊明：《高句丽的历史和遗迹》，中央公论社1995年版，第423页。

⑥ 〔日〕东潮、田中俊明：《高句丽的历史和遗迹》，第423页。

⑦ 〔朝〕朝鲜遗迹遗物图鉴编纂委员会编：《朝鲜遗迹遗物图鉴》第5辑，第31页。

墓主及前室西侧室所绘墓主头戴冠为同一冠的正面图和侧面图。墓主头戴黑帻之上施以透明的白色系冠，且帻中部上方覆有白屋。这与前述中原之黑帻加武冠的型式极为相似（图9）。再者，以侧面像出现的鼓吹乐队之马上击鼓者、吹箫者、吹小角者、持铙者等马上人物亦戴与墓主相同型式的冠。① 以上鼓吹乐队中的乐器及冠帽，在中原画像石或壁画墓及高句丽壁画墓等中亦有出现（图10）。

（三）巾

巾，防止头发散乱、用于裹头的布帛。《释名》载：

> 巾，谨也，二十成人，士冠，庶人巾。

据《释名》可知，巾主要由庶民阶层使用。相反，据《晋书》卷25《舆服志》记载，巾的佩戴人群不分贵贱。

> 巾，以葛为之，形如帢而横著之，古尊卑其服也。

安岳3号墓中，扎巾者均以黑色系布帛将头发完全包裹，巾结的两端长沿于脑后。安岳3号墓中扎巾者有：

（1）行列图：墓主车后鼓吹乐队中，击鼓骑手的马夫，1人；

（2）行列图：墓主车前鼓吹乐队中，持鼓者及击鼓者，6人；

（3）行列图：墓主车前鼓吹乐队中，持钟者及敲钟者，3人；

（4）行列图：主人公马前，持红色长幅旗手，1人；

（5）行列图：行于行列前方三列中的数人。

可以看出，安岳3号墓中扎巾者的身份等级并不高。

三、对安岳3号墓墓主冠帽的分析

以上，为准确把握安岳3号墓墓主冠帽，与中原冠帽进行了比较。概括之，安岳3号墓人物所著冠帽有帻、冠及巾，而这些都可以在中原壁画墓或画像石中找到类似的实例。说明安岳3号墓与中原墓葬息息相关。那么，我们可以将此理解为安岳3号

---

① 〔朝〕全畴农：《高句丽古墓壁画乐器研究（Ⅰ）》，《文化遗产》1957年第1期。

墓墓主冠帽并非该墓独有，而是继承中原之传统的产物。这将成为正确理解安岳 3 号墓墓主冠帽问题的重要端绪。

（一）对墓主冠帽的比较史检讨

下面，让我们具体了解一下安岳 3 号墓墓主所戴武冠（图 12：1）。与安岳 3 号墓墓主头戴冠帽类似的冠饰，不仅在中原，在高句丽壁画墓及辽西地区前燕慕容氏壁画墓中亦有发现。

1. 朝阳袁台子壁画墓

1982 年 10 月，在今中国辽宁省朝阳市袁台子发现。[①] 墓葬系石室墓，墓室主体呈长方形，石板、石条构筑。墓室前宽 3 米、后宽 1.8 米、进深 4 米。墓中绘有丰富的壁画，主要内容有墓主图、出行图、四神图、甲士、门吏、俸食、庭园、牛耕、侍女及墨书题记。其中，墓主图最引人注目。墓主图绘于前室右龛室，为独坐图像，画幅长 85 厘米、高 69 厘米。画面上方帷幕高悬，帷帐挽结，下垂朱带。墓主坐于帐下方榻之上，戴黑帻，面长圆，浓眉大眼，高鼻，红唇，大耳，留须。身着右衽红袍，黑领，广袖。左手端杯于胸前，右手执麈尾于右肩前。墓主左右各立二侍女，画面较墓主略小。

墨书题铭记于西壁前部所绘奉食图中，字迹漫漶不清，现只可识出“二月己……子……殡背万……墓……墓奠”等楷书字样。因有干支出现，有学者认为其应与墓志有一定关联。

若细细观察戴黑冠墓主图（图 12：2），可发现黑色帻上面有一道明显的白线。这一白线其实就是黑帻之上加冠的痕迹。也就是说，墓主头戴黑帻加武冠。笔者认为，这与安岳 3 号墓墓主所戴武冠无异。

另，西壁前部绘有奉食图。奉食图，一列 7 人。其中，左起第一人右手执环首大刀，其所头戴冠帽与 A 型帻类似。

2. 德兴里壁画墓

德兴里壁画墓于 1976 年在南浦直辖市江西区域德兴里发现。墓葬系双室墓，由墓道、前室及后室构成。墓主图绘于前室北壁与后室北壁。前室北壁之墓主图为墓主在室内处理政务的政事图。墓主周围绘侍从 9 人。墓主左右各 2 人，后面两侧分别 2 人和 3 人。墓主头戴黑帻加网状透明笼冠（图 12：3），右手握麈尾，左手置于胸前，威严端坐于方榻之上。墓主前方，即前室西壁绘拜谒墓主的 13 郡太守来朝图。

后室北壁西半部绘有墓主室内生活图。墓主西后侧有侍从 4 人，画幅相对墓主图

---

① 李庆发：《朝阳袁台子东晋壁画墓》，《文物》1984 年第 6 期。

图 12　朝阳袁台子壁画墓与德兴里壁画墓墓主冠帽之比较

[1] 原文标为“安岳 3 号墓”，应为“朝阳袁台子壁画墓”。——译者注

[2] 原文标为“朝阳袁台子壁画墓”，应为“德兴里壁画墓”。——译者注

像较小。墓主图与前室北壁相似，墓主右手握麈尾，戴黑帻加网状透明笼冠。

十三郡太守来朝图中，各郡太守均戴A型帻或B型帻。不仅如此，墓主身旁的部分侍从亦有戴B型帻者。此外，前室南壁及东壁所绘行列图及幕府图中也有戴A型帻或B型帻之人物。这些都与安岳3号墓中所见帻之情况基本相同，可知安岳3号墓与德兴里壁画墓密切相关。

3. 龛神墓

龛神墓，位于平安南道龙冈郡（今南浦市卧牛道区域新灵里）。墓葬系双室墓，由墓道、长方形前室、前室左右长方形龛室、甬道、方形墓室构成。墓葬留有部分壁画。其中，前室东龛室绘墓主坐于方榻之图像。关于这一墓主像有如下介绍：

> 墓主头戴冠帽。此冠下半部为黑色，上半部如药水里壁画墓墓主所著笼冠，为网状白色。后部无高云头、上部趋于平面的这种冠，在高句丽是只有王才能佩戴的白罗冠……着朱色上衣，饰黑襈，腰束白带。肥脸宽额，高眉细眼，长鼻小嘴，蓄八字须。双手抄袖，端坐于方榻之上，酷似神像。①

可知，墓主头戴黑帻加白色笼冠（图12：4）。但单凭上述描述，还无法确定其是否佩戴与安岳3号墓相同的后部突尖的白色笼冠。

墓主身后绘侍从2人，画幅较墓主像小了许多。其中，左侍从头戴A型帻。此外，在西龛室所绘诸人物周围站立着的画幅较小侍从图像中，亦有戴A型帻者。

4. 台城里1号墓

台城里1号墓，位于江西郡台城里，西南距平壤32公里。②墓葬系双室墓，由墓道、长方形前室、前室左右龛室、墓室构成。壁画内容以风俗图为主，墓主像绘于西龛室。调查报告对墓主图像的描述如下：

> 西壁绘有这一古墓壁画中最为重要的画面，图像保存状态较为完好。壁面绘满一肖像，画中人端坐于坐床之上，而这种带足坐床在东壁壁画中亦有出现。袖端用不同颜色衬以窄襈，领襈亦用相同颜色修边。两手置于胸前，右手持扇，似为孔雀羽扇；左手五指向右伸张。头戴冠，冠略宽于脸宽。从所绘式样大小来看，此人所戴冠似为内冠覆外冠的二重冠。③

---

① 〔韩〕金基雄：《韩国的壁画壁》，同和出版公司1986年版，第66—71页。

② 〔朝〕社会科学院：《台城里古墓群发掘报告》遗迹发掘报告5，科学院出版社1959年版，第1页。

③ 〔朝〕社会科学院：《台城里古墓群发掘报告》遗迹发掘报告5，第98页（西侧室）。

以上引文中值得关注的是，墓主头戴内冠覆笼冠的官帽。此笼冠与图 12：5 安岳 3 号墓墓主所著笼冠类似。

5. 八清里壁画墓

八清里壁画墓位于平安南道大同郡八清里所在地。该墓系双室墓，由墓道、矩形前室、前室与后室间的甬道、方形后室构成。除墓道外，墓室各壁面都绘有壁画，壁画题材为人物风俗图及四神图。其中，前室西壁及东壁绘有墓主图像。下面，通过调查考古资料，了解一下墓主的具体形象。

> 各壁面中此幅壁画保存最好，壁面满绘一间作隅进阁屋顶的深宅大院，屋内绘墓主支使侍从的场面。墓主著后部略高的黑帻加高耸白色笼冠，坐于平床，向外望去。[①]
>
> 绘有墓主出行图，墓主著与西壁出现白色笼冠相同的官帽。墓主乘上覆外翻伞盖的车舆，车舆为简略图，细部被省略，其结构与“下墓”（安岳 3 号墓。——作者注）及药水里壁画墓中出现的出行图之车舆大同小异。[②]

也就是说，墓主所著官帽为黑帻加白色笼冠。仔细观察图 12：6 就可以发现八清里壁画墓被葬者之官帽与安岳 3 号墓类似。

另一方面，东壁所绘行列图中墓主身前有护卫骑手数人。不难看出，其中 2 人头著 A 型帻。

6. 药水里壁画墓

药水里壁画墓位于平安南道江西郡药水里（原行政区划为南浦市江西区域药水里）。该墓系双室墓，由墓道、带左右龛室的前室（侧室）、前室与后室之间的甬道、方形后室构成。壁画题材为人物风俗图及四神图，墓壁满绘壁画。就调查当时的墓主图像，调查者介绍道：

> 墓主夫妇同坐于一平床之上，男左女右。男墓主头戴黑帻加笼冠，身着黄袍，袍饰有紫褉及镶边。[③]
>
> 后室北壁左侧屋内绘有男墓主及侍从 6 人，其画法与后室北壁人物图一致。墓主头戴黑帻，身着合衽紫袍，独坐于坐床之上。[④]

---

① 〔朝〕全畴农：《大同郡八清里壁画墓》，《考古学资料集》1963 年第 3 期。
② 〔朝〕全畴农：《大同郡八清里壁画墓》，《考古学资料集》1963 年第 3 期。
③ 〔朝〕朱荣宪：《药水里壁画墓发掘报告》，《考古学资料集》1963 年第 3 期。
④ 〔朝〕朱荣宪：《药水里壁画墓发掘报告》，《考古学资料集》1963 年第 3 期。

墓主头戴黑冠，身着合衽白袍。[①]

可以看出，药水里古墓墓主著黑帻加笼冠。从图12：7亦可确认墓主头戴黑帻加白色透明笼冠。另一方面，前室东壁与西壁所绘墓主行列图中，墓主左右有著A型帻或著B型帻护卫数人，其型式与安岳3号墓中出现的官帽（帻）相同。

7. 水山里壁画墓

水山里壁画墓位于平安南道江西郡水山里（今南浦市江西区域水山里）。该墓系单室墓，由墓道及方形墓室构成。壁画题材为人物风俗图，墓主绘于墓室西壁。调查报告对发掘当时墓主图像的介绍如下：

游艺图一侧绘有男墓主图像。男墓主站在侍从们撑起的曲柄蝙蝠状黑色阳伞下，观看游艺。头著黑冠，身着领、袖、衣边各饰有黑襈的黄色上衣。从绘有八字胡及下巴须的迹象来看，墓主应为年岁较高之人物。[②]

文中指出，墓主头戴黑冠。事实上，从图12：8中亦不难看出墓主所著官帽很接近武冠。另一方面，墓室东壁绘有拜谒墓主的官吏，官吏图像较墓主要小。墓主及其官吏均著A型帻。

综上，与安岳3号墓墓主所著官帽样式类似的官帽，在辽西地区及高句丽壁画墓中亦得以确认。首先是似为前燕慕容氏系墓葬的朝阳袁台子壁画墓。这与安岳3号墓墓主冬寿原为前燕官职较高的人物有一定关联。又从该墓的相对年代约当4世纪中叶前后[③]，与安岳3号墓（357年）息息相关。若从两者之间的这种相关性考虑，就可以发现两者间的诸多具体的类似性。具体来讲，从墓主形象及服饰、左手所持麈尾[④]、墓主左右所绘侍从2人、前室西壁墨书铭等诸多要素，可对两者的类似性进行比较。

其次是与高句丽壁画墓的类似性。第一，与台城里1号墓的类似性。台城里1号

① 〔朝〕朱荣宪：《药水里壁画墓发掘报告》，《考古学资料集》1963年第3期。

② 〔朝〕金宗赫：《水山里高句丽壁画墓发掘中期报告》，《考古学资料集》1974年第4期。

③ 就墓葬年代学界尚存在不同见解。调查报告书指出其相对年代为4世纪初至中叶，东潮则认为其为4世纪前半期至中叶（〔日〕东潮：《辽东和高句丽壁画——墓主图像的系谱》，《朝鲜学报》第149辑，1993年，第22页），穴泽和光指出其年代相当于前燕龙城时代（342—357）（〔日〕穴泽和光：《五胡十六国的考古学》，《古代学评论》1988年创刊号），千贺久则认为其晚于安岳3号墓（357年）（〔日〕千贺久：《高句丽的马具和马装》，《考古学和移住·移动》，同志社1985年版，第107页），永岛晖臣慎则提出其年代或相当于安岳3号墓或稍早于安岳3号墓（〔日〕永岛晖臣慎：《高句丽古坟的流れと影响》；〔日〕载岸俊男编：《日本的古代6——围绕王权的斗争》，中央公论社1982年版，第310页）。由此看来，袁台子墓的年代应为4世纪中期或接近中期的后半期早段。（〔韩〕李熙濬：《庆州皇南大塚的年代》，《岭南考古学》第17辑，1995年）

④ 麈尾流行于晋代上流社会。墓主手持麈尾，端坐于平床，是魏晋时期上流社会中流行的一种风俗（刘中澄：《关于朝阳袁台子晋墓壁画的初步研究》，《辽海文物学刊》1987年第1期）。

墓墓主像与安岳 3 号墓相同，同样绘于前室西侧室，这说明两者墓葬结构类似。关于墓主像的具体形象，就连调查当事人朝鲜学者也指出其酷似安岳 3 号墓：

> 这一西壁肖像，与安岳 3 号墓西侧室西壁所绘肖像在构图及内容上如出一辙。坐床、坐姿、手的位置、扇之形状、合衽状态、脸型、冠之形式等与安岳 3 号墓完全一致，就连身边站立人物的配置也具有一定的相似性。①

再者，该墓的相对年代亦接近安岳 3 号墓。

第二，与德兴里壁画墓墓主像的类似性。德兴里壁画墓墓主像亦着黑帻加透明网状笼冠，可以看出其与安岳 3 号墓墓主头戴官帽类似。不仅如此，在行列图中，墓主左右的护卫与安岳 3 号墓一样，同样著 A 型帻和 B 型帻。再者，前室绘有拜谒墓主的 13 郡太守来朝图，图中按身份的不同分别著 A 型帻或 B 型帻，由此自然会联想到其与安岳 3 号墓的类似性。这种迹象在药水里壁画墓中亦可发现。这表明安岳 3 号墓、德兴里壁画墓、药水里壁画墓的修墓集团之社会观念相通。还有，德兴里壁画墓、龛神墓、八清里壁画墓、药水里壁画墓、水山里壁画墓的各人物所著帻的样式与安岳 3 号墓为同一样式，可知此等壁画墓之间的关联性。

（二）对墓主冠帽的解释

应如何解释安岳 3 号墓墓主所著官帽呢？以往主张高句丽王陵说的学者们将其解释为高句丽王所著“白罗冠”。有关白罗冠《旧唐书》卷 199 上《东夷·高丽列传》载：

> 唯王五彩，以白罗为冠，白皮小带，其冠及带，咸以金饰。官之贵者，则青罗为冠，次以绯罗，插二鸟羽，及金银为饰。

也就是说，高句丽王身着五彩绸缎服，头戴金饰白罗冠；大臣根据官阶不同或著青罗冠或著绯罗冠。持高句丽王陵说的学者正是依据这一史料，认为安岳 3 号墓墓主所戴冠帽为白罗冠，以此主张被葬者为高句丽王。仔细观察安岳 3 号墓墓主头著冠，也不能排除其为白色系罗冠的可能性。但将高句丽王所著金饰白罗冠与安岳 3 号墓墓主头戴冠帽混为一谈是值得商榷的。要论证安岳 3 号墓墓主头戴冠帽到底是不是高句丽王所白罗冠，需要有证明其事实的实证材料。而事实上，目前还未曾出现有关白罗冠的考古资料。这里，我们需要注意的是，对高句丽王头著白罗冠的史料首次出现于

---

① 〔朝〕社会科学院：《台城里古墓群发掘报告》遗迹发掘报告 5，第 98 页。

《旧唐书》。若考虑作为记载唐代历史的《旧唐书》的编撰时期在后晋高祖年间（936—942），至《旧唐书》才对白罗冠有所记载，是不是有些奇怪呢。中原唐代（618—907）相当于高句丽历史上的七世纪初以后。也就是说，在揭示 4 世纪中叶的考古学资料（安岳 3 号墓）时，运用主要记载数世纪以后历史的史料，是件值得慎重考虑的事。为进一步严谨分析此问题，表 1 摘录了《三国志》、《魏书》至《新唐书》有关高句丽服饰的史料。

从表中可以看出，随着时代的推进，有关高句丽服饰的记载也愈发详尽。即《北史》及《隋书》记载高句丽贵族着以金银装饰的红绸苏骨冠，而至《旧唐书》记载高句丽王身着五彩绸缎服、头戴金饰白罗冠。这也许是从唐的视角所看到的高句丽王的服饰。又从《新唐书》可知，高句丽王著白罗冠，大臣则根据身份不同或戴青罗冠或戴绛罗冠。据《旧唐书》、《新唐书》的有关记载，可以推测冠帽依据身份佩戴约在唐代前后时期。那么，在揭示安岳 3 号墓被葬者所戴冠帽问题上，以《旧唐书》相关记载进行解释是不妥当的。归根结底，相当于安岳 3 号墓同一时期的《晋书》或《魏书》等史料中不见有关白罗冠的相关记载。

表 1　中国正史所载高句丽冠帽史料一览表

史料	内容
《三国志》	大加、主簿头著帻，如帻而无余，其小加著折风，形如弁。
《魏书》	头著折风，其形如弁，旁插鸟羽，贵贱有差。
《周书》	丈夫衣同袖衫、大口裤、白韦带、黄革履。其冠曰骨苏，多以紫罗为之。
《南史》	大加、主簿头所著似帻而无后，其小加著折风，形如弁。
《北史》	人皆头著折风，形如弁，使人加插二鸟羽。贵者，其冠曰苏骨，多用紫罗为之，饰以金银。服大袖衫、大口袴、素皮带、黄革履。
《隋书》	人皆皮冠，使人加插鸟羽。贵者冠用紫罗，饰以金银。服大袖衫，大口袴，素皮带，黄革屦。
《新唐书》	王服五采，以白罗制冠，革带皆金扣。大臣青罗冠，次绛罗，珥两鸟羽，金银杂扣。

如果非要提出安岳 3 号墓墓主所著冠帽可能为白罗冠的话，让我们从另一角度对其进行考证。在第二部分中笔者已提及与安岳 3 号墓被葬者所著冠帽类似的实例在中原汉代画像石中多有发现。又通过对安岳 3 号墓被葬者以外人物头戴冠帽（帻、冠、巾）的全面分析，得出其与中原有一定关联。不仅如此，与其样式类似的冠帽在同高句丽进行角逐的前燕壁画墓中亦有发现。这说明高句丽与前燕有一定关联。冬寿原为前燕慕容氏官吏，后流亡至高句丽[1]，从这一事实可以看出，此等推论相当具有说服力。

① 《资治通鉴》卷 95，“晋成帝咸康二年（336）”。

这种认为安岳3号墓与中原及辽西地区壁画墓存在关联的主张，其实是与辽阳地区石椁墓在考古学上同安岳3号墓存在关联的观点[①]是一脉相承的。另一方面，与安岳3号墓墓主冠帽类似的冠帽，在平壤地区四至五世纪的高句丽壁画墓中亦有发现。由此可推定安岳3号墓对高句丽壁画墓的影响。

如果安岳3号墓与周边地区壁画墓存在上述关联的话，将安岳3号墓被葬者冠帽解释为高句丽王所著白罗冠是行不通的。这一认识从同安岳3号墓墓主所著冠帽类似的冠帽在墓主周边人物鼓吹乐队中亦有发现可得以进一步验证。那么，为对此问题从另一侧面进行考证，将第二部分得出的结论概括说明的话，安岳3号墓被葬者所著冠帽为黑帻加白色网状冠，即武冠（惠文冠）。对这类武冠，《晋书》卷25《舆服志》载：

> 武冠，一名武弁，一名大冠，一名繁冠，一名建冠，今人名曰笼冠，即古惠文冠也……天子元服亦先加大冠，左右侍臣及诸将军武官通服之。

可知武冠主要由武官阶层佩戴。将其与安岳3号墓联系起来考虑，我们可推出安岳3号墓被葬者大体属于武官阶层。那么，能够著这种武冠的人应为何等身份阶层呢？下面，通过晋代的具体情况，对此进行考证。即《晋书》卷24《职官志》载：

> 三品将军秩中二千石者，著武冠，平上黑帻，五时朝服，佩水苍玉……
>
> 大司马、大将军、太尉、骠骑、车骑、卫将军、诸大将军，开府位从公者为武官公，皆著武冠，平上黑帻。

史料明确指出黑色平上帻覆武冠者为三品将军，是俸禄达中二千石的阶层或诸大将军或部分将军阶层。这里所说平上帻如第二部分所述，是为便于佩戴武冠而设计的短耳帻。

值得注意的是，通过对冬寿官职的考察，可知他事实上就是可佩戴平上帻加武冠的三品将军。即冬寿的具体官职为“使持节、都督诸军事、平东将军、护抚夷校尉、乐浪相、昌黎玄菟带方太守、都乡候”。冬寿官职达三品将军（平东将军）及太守级（乐浪相、昌黎玄菟带方太守）。[②]也就是说，作为安岳3号墓被葬者所著冠帽的身份，冬寿是符合的。那么，这就意味着安岳3号墓的被葬者是冬寿。

---

① 关于这一问题主要有以下论著：宿白：《朝鲜安岳所发现的冬寿墓》，《文物参考资料》1952年第1期；〔韩〕金元龙：《高句丽壁画墓的起源研究》，《震檀学报》第21辑，1960年；〔日〕冈岐敬：《安岳3号墓（冬寿墓）的研究》，《史渊》第93辑，1964年。

② 〔韩〕孔锡龟：《安岳3号坟墨书铭考察》，《历史学报》第121辑，1989年。

四、结语

本文全面分析了安岳 3 号墓人物所戴冠帽。安岳 3 号墓所绘人物分别头戴帻、冠、巾，其中帻可分为几种类型（A 型帻、B 型帻、赤帻）。与此类似的用例可在中原汉代以后的壁画墓中得以确认。特别是，在中原王朝文官和武官分别佩戴不同样式的帻，而据身份不同佩戴不同帻的基准在于耳的不同样式。安岳 3 号墓同中原的情况类似，文官及武官分别佩戴不同样式的帻。德兴里壁画墓或药水里壁画墓等亦出现这种现象，进一步证实了这种推论的可能性。不仅如此，安岳 3 号墓中将帻以身份阶层区分的基准与中原相同，同样在于耳的样式。这种情况表明了安岳 3 号墓与中原的关联性。总之，安岳 3 号墓被葬者所著冠帽为黑帻将网状白色武冠的形态。武冠是汉代以来主要由武官阶层佩戴。

类似安岳 3 号墓墓主冠帽的样式，在与高句丽处于对峙关系的前燕慕容氏壁画墓中亦有发现。这也是揭示安岳 3 号墓被葬者问题的重要端绪。这是因为，在安岳 3 号墓留下墨书墓志铭的冬寿，曾在前燕任较高官职，后流亡至高句丽。另一方面，与安岳 3 号墓墓主所著冠帽类似的情况，在平壤地区的德兴里壁画墓、龛神墓、台城里 1 号墓、八清里壁画墓、药水里壁画墓、水山里壁画墓等高句丽壁画墓中亦有发现。特别是，台城里 1 号墓的相似性，朝鲜学者曾多次提及。

基于这种对安岳 3 号墓墓主冠帽的客观认识，进一步考证了冠帽的解释问题。主张高句丽王陵说的大多学者认为安岳 3 号墓被葬者所著冠帽为高句丽王佩戴的白罗冠，进而指出被葬者是高句丽王（美川王、故国原王）。为辨析有关白罗冠的史料，具体分析了《三国志》、《魏书》至《新唐书》对高句丽服饰的记载情况。事实上，这一记录最早见于《旧唐书》，此为从唐的视角所视的高句丽王的服饰。也就是说，在揭示 4 世纪中叶（357 年）的安岳 3 号墓相关问题时，运用主要记载 7 世纪以后历史的《旧唐书》，是行不通的。

在对以往白罗冠解释问题提出疑问点的基础上，提出了另一对安岳 3 号墓墓主所著冠帽的认识。总的来说，安岳 3 号墓墓主所著冠帽为黑帻之上覆白色武冠的形式。又从《晋书》得知，黑帻加武冠的阶层主要是包括三品将军在内的部分武官阶层。冬寿的官职相当于三品将军。那么，冬寿正好符合安岳 3 号墓被葬者头戴冠帽的身份地位。

至此，通过对安岳 3 号墓墓主所著冠帽的分析，得出了能够佩戴此冠的人物即为冬寿的结论，进而明确了安岳 3 号墓的墓主为冬寿的观点。

（责任编辑：潘博星）

《三国史记·高句丽本纪》的原典与撰述
——以长寿王之后的记录为中心*

〔韩〕全德在 著　潘博星 译**

摘　要： 本文考察了《三国史记》长寿王以后《高句丽本纪》记录的原典与编撰情况。这一时期《高句丽本纪》的记录约有80%是引自中国史书，这部分史料中关于使臣派遣与册封的内容被引入《高句丽本纪》。其中，高句丽与中原王朝之间战争和交涉相关的记录主要来源于《资治通鉴》，高句丽与新罗和百济战争和交涉的内容很大程度上是以《新罗本纪》和《百济本纪》为原典，还有一部分是来源于高句丽自身传承的记录。长寿王之后的《高句丽本纪》中以《旧三国史》为原典的有110余处，其中灾异和天变相关记录约为40%，对外交涉的记录约为25%，而国王、王室以及政治相关记事约为25%。因长寿王之后的史料缺乏或不详，《三国史记》利用《资治通鉴》和其他中国史书等新资料进行补充，重新撰写。除此之外，《三国史记》对王名与王讳异说、人名的不同表记、中国史书中的错误做了补注，另外，立足于本身的历史观追加了史论，对史实加以褒贬，完成了长寿王之后《高句丽本纪》的记录。

关键词： 三国史记；原典；高句丽本纪；长寿王；旧三国史

一

《三国史记·高句丽本纪》中记录了李文真于婴阳王十一年将国初编纂的古史，即删修《留记》100卷，修订成5卷《新集》的事件。关于《留记》编纂的时间众说纷纭①，而其于4世纪后期即小兽林王时期编纂的可能性比较大②。目前《三国史记·高

---

* 本文系国家社会科学基金重大项目“壁画视角下的高句丽文化研究”（17VGB014）子课题“壁画视角下的高句丽宗教思想研究”、长春师范大学人才引进启动项目资助的阶段性研究成果。

** 作者全德在，韩国檀国大学史学系教授；译者潘博星，长春师范大学东北亚历史文化研究所讲师。

① 申采浩先生认为“国初”为东明王时期或大武神王时期。(〔韩〕申采浩著，李万烈译：《译注朝鲜上古史（上）》，丹齐申采浩先生纪念事业会，1983年，第38页），现在部分学者同意此说法（〔韩〕赵仁成：《三国与统一新罗时代的历史叙述》，载《韩国史学史的研究》，乙酉文化社1985年版，第13页）。部分学者主张为广开土王时期（〔韩〕高宽敏：《〈高句丽本纪〉的国内原典》，载《〈三国史记〉原典的研究》，雄山阁1996年版，第131—138页），还有部分学者认为《留记》从政权建立初到婴阳王编纂《新集》为止一直在编写，记录高句丽的历史（〔韩〕郑求福：《〈三国史记〉原典资料与史料批判》，《韩国古代史研究》第42辑，2006年；〔韩〕曹凡焕：《三国的历史编纂与王权》，《韩国史研究》第168辑，2015年）

② 李基白先生认为4世纪后期小兽林王时期前后编纂了《留记》(〔韩〕李基白等：《如何看待我们的历史（韩

句丽本纪》的底本是《旧三国史》，它利用《新集》和以《新集》为底本编纂的史书为典据记录了高句丽初期的历史。因此，也可以说《三国史记》小兽林王之前的《高句丽本纪》的记录原典就是《留记》。小兽林王以后《高句丽本纪》记录的基本原典不得而知，只能推测从小兽林王开始到高句丽后期存在着某种记录高句丽历史的史书或古记。

迄今为止，陆续有一些关于小兽林王以后《高句丽本纪》记录依据资料的研究成果得以发表①，一定程度上可以了解小兽林王以后《高句丽本纪》记录的原典。但由于以往过于重视从中国史书和《新罗本纪》、《百济本纪》中引用的资料，对于小兽林王之后《高句丽本纪》记录原典的综合性、体系性研究和高句丽自身传承记录的史料性质未予重视，对这部分史料引用的态度和随时间推移的变化没有进行细致的分析。本文将对此问题裨补阙漏，力求有所增益。

笔者之前曾对广开土王之前《高句丽本纪》记录的原典进行过考察②，本文将继前文对长寿王之后的《高句丽本纪》记录原典进行集中考察。首先，第二部分将考察长寿王以后《高句丽本纪》记录中对中国史书的引用。先阐明《三国史记》将中国史书中的使臣派遣、册封和与中原王朝的交涉、战争的内容加入《高句丽本纪》的事实，然后细致地分析引用中国史书的态度以及随时间的变化情况。其次，第三部分中将指出长寿王以后的《高句丽本纪》中引用《新罗本纪》、《百济本纪》内容的部分并对其性质做出解释，然后详细地分析高句丽本身传承记录的性质，并指出《三国史记》新著的内容和所作补注、史论等，最后完成对长寿王以后《高句丽本纪》记录的考察。特别是长寿王以后《高句丽本纪》记录中高句丽自身的传承记录极少，所以《三国史记》积极地利用了《资治通鉴》、《册府元龟》中的内容来撰写《高句丽本纪》，本文将对此做特别的说明。不足之处容日后增补，敬请批评指正。

（接上页）国史大讨论1）》，三星文化财团，1976年，第19—21页）；附议此论的还有以下学者的著述：〔日〕井上秀雄：《神话中体现出的高句丽王的性格》，《朝鲜学报》第81辑，1976年；〔韩〕李基东：《古代的历史认识》，《韩国的史学家与史学思想（上）》，创作与批评社1994年版，第30页；〔韩〕朴成熙（音译）：《再论古代三国的史书编纂》，《震檀学报》第88辑，1999年；〔韩〕全德在：《〈三国史记·高句丽本纪〉的原典与完成——以广开土王时期之前的记录为中心》，《东洋学》第64辑，2016年。

① 〔日〕田中俊明：《〈三国史记〉中国史书引用记录的再检讨》，《朝鲜学报》第104辑，1982年；〔韩〕申东河：《关于〈三国史记·高句丽本纪〉的引用资料的考察》，载《〈三国史记〉的原典探讨》，韩国精神文化研究院1995年版；〔韩〕李康来：《〈三国史记〉典据论》，民族社1996年版；〔韩〕高宽敏：《〈三国史记〉原典的研究》，雄山阁1996年版；〔韩〕林起焕：《〈高句丽本纪〉典据资料的系统与性质》，《韩国古代史研究》第42辑，2006年。

② 〔韩〕全德在：《〈三国史记·高句丽本纪〉的原典与完成——以广开土王时期之前的记录为中心》，《东洋学》第64辑，2016年。

二、中国史书的引用及特征

（一）使臣派遣与册封记录的引用

《高句丽本纪》中从长寿王到宝臧王时期的记录中引用了大量向中原王朝派遣使臣的记事，这些记事中有相当一部分与中国史书中关于高句丽向中原王朝派遣使臣的记录在年度与月份上都一致。① 统一新罗时期新罗使臣从金城（庆州）出发经过唐恩浦（党项津）、路过登州到达唐都城长安大概需要3个月，渤海使臣从上京龙泉府经过西京鸭渌府，再从鸭绿江河口经登州到长安需要100多天。② 一般来说，中原以外邦使臣进入首都谒见皇帝的时间为标准进行记叙。据此，《高句丽本纪》中记录的使臣派遣记事与中国史书记录年度和月份一致的应看作是《三国史记》对中国史书的直接引用。这种情况下《三国史记》将“遣使朝献”、“遣使献方物”、“遣臣朝贡”、“遣使来贡”、“遣使来朝”等中国史书的用语用“遣使入（如）+国名+朝贡”进行了统一置换。

也有一些史料没有记录明确的月份，年度也不一致。③《高句丽本纪》中记载了长寿王十三年与二十三年秋、文咨明王十一年十二月、安臧王五年十一月、安原王三年二月，高句丽向北魏派遣使臣，安臧王二年九月与安原王二年四月，高句丽向梁派遣了使臣，平原王二十五年冬，高句丽向隋派遣了使臣，但这些内容在中国史书中却找不到。所以，这些派遣使臣记录的原典应来自高句丽自身传承的资料。

现将《高句丽本纪》与中国史书中记录不一致的事例整理如下：

---

① 《高句丽本纪》中与中国史书记录年度与月份都一致的有长寿王二十三年六月，二十五年二月，二十七年十一月，五十年三月，五十四年三月，五十五年二月，五十六年四月，五十七年二月，五十八年二月，六十年二月、七月，六十一年二月、八月，六十二年三月、七月，六十三年二月、八月，六十四年二月、七月、九月，六十五年二月、九月，六十七年三月、九月，七十二年十月，七十三年五月、十月，七十四年四月，七十五年五月，七十六年二月、四月，七十七年二月、六月、十月，七十八年七月、九月，七十九年五月、九月；文咨明王元年三月、六月、八月、十月，三年正月、七月，四年二月、五月，七年八月，九年八月，十年正月、十二月，十三年四月，十五年九月，十六年十月，十七年五月、十二月，十八年五月，十九年闰六月，二十一年三月、五月，二十二年正月、五月、十二月，二十三年十一月，二十四年十月，二十五年四月，二十六年二月、四月、五月；安臧王二年正月，八年三月，九年十一月；安原王二年六月、十一月，五年二月，九年五月，十一年三月；阳原王六年六月，七年五月，十一年十一月；平原王三年十一月，八年十二月，十二年十一月，十六年正月，二十三年十二月，二十四年正月、十一月，二十五年正月、四月，二十七年十二月；婴阳王二年正月、五月，三年正月，十一年正月；荣留王四年七月，六年十二月，七年二月、十二月，十一年九月，十二年九月，二十五年正月；宝臧王二年正月，三年正月，五年五月，六年十二月，七年正月，十一年正月，十五年十二月等。

② 〔韩〕权悳永：《古代韩中外交史：遣唐史研究》，一潮阁1997年版，第214—227页。

③ 没有明确月份，只标识年度，与中国史书一致的事例有长寿王元年、六十九年，文咨明王五年，安原王六年，阳原王三年、四年、五年，平原王六年、七年、十五年、十七年，荣留王五年、八年等。

表1 长寿王以后《高句丽本纪》中记录的使臣派遣事例（年月不一致的情况）

年代	《高句丽本纪》	中国史书
长寿王四十三年（455）	遣使入宋朝贡	十一月己巳，高丽国遣使献方物（《宋书》卷6《孝武帝本纪》，孝建二年）世祖孝建二年，琏遣长史董奉表慰国哀再周，并献方物（《宋书·高句丽传》）
长寿王五十三年（465）	二月，遣使入魏朝贡	三月丁丑，高丽遣使朝献（《魏书》卷5《高宗纪》，高宗和平六年）
长寿王六十二年（474）	七月，遣使入宋朝贡	十月丙戌，高丽国遣使献方物（《宋书》卷9《后废帝本纪》，后废帝元徽三年）
长寿王六十六年（478）	遣使入宋朝贡	十二月戊子，高丽国遣使献方物（《宋书》卷10《顺帝本纪》，顺帝昇明二年）
长寿王六十八年（480）	四月，南齐太祖萧道成策王为骠骑大将军，王遣使余奴等聘南齐魏光州人于海中得余奴等送阙	时，光州于海中，得琏所遣诣萧道成使余奴等（《魏书·高句丽传》）
长寿王七十六年（488）	闰八月，遣使入魏朝贡	闰九月乙丑，高丽国遣使朝贡（《魏书》卷7《高祖纪》，高祖太和十二年）
文咨明王十九年（510）	十一月，遣使入魏朝贡	十二月己卯，高丽国遣使朝献（《魏书》卷8《世宗纪》，世宗永平三年）
安原王四年（534）	遣使入魏朝贡	四月丙子，高丽国遣使朝贡（《魏书》卷11《废出三帝纪》，孝武帝永熙三年）
安原王六年（536）	遣使入东魏朝贡	是岁，高丽国遣使朝贡（《魏书》卷12《孝静纪》（东魏）孝静帝天平三年）
安原王七年（537）	十二月，遣使入东魏朝贡	是岁，高丽国遣使朝贡（同上篇，天平四年）
安原王十年（540）	十二月，遣使入东魏朝贡	是岁，高丽国遣使朝贡（同上篇，兴和四年）
安原王十二年（542）	十二月，遣使入东魏朝贡	是岁，高丽国遣使朝贡（同上篇，兴和四年）
安原王十三年（543）	十一月，遣使入东魏朝贡	是岁，高丽国遣使朝贡（同上篇，武定元年）
安原王十四年（544）	十一月，遣使入东魏朝贡	是岁，高丽国遣使朝贡（同上篇，武定二年）
阳原王元年（545）	十二月，遣使入东魏朝贡	是岁，高丽国遣使朝贡（同上篇，武定三年）
阳原王二年（546）	十一月，遣使入东魏朝贡	是岁，高丽国遣使朝贡（同上篇，武定四年）
阳原王三年（547）	遣使入东魏朝贡	是岁，高丽国遣使朝贡（同上篇，武定五年）
阳原王四年（548）	遣使入东魏朝贡	是岁，高丽国遣使朝贡（同上篇，武定六年）
阳原王五年（549）	遣使入东魏朝贡	是岁，高丽国遣使朝贡（同上篇，武定七年）
平原王六年（564）	遣使入北齐朝贡	是岁，高丽国遣使朝贡（《北齐书》卷7《武成帝纪》，武成帝河清三年）
平原王七年（565）	遣使入北齐朝贡	是岁，高丽国遣使朝贡（《北齐书》卷8，天统元年）
平原王十三年（571）	二月，遣使入陈朝贡	五月辛亥，辽东、新罗、丹丹、天竺、盘盘等国，竝遣使献方物（《陈书》卷5《宣帝本纪》，宣帝太建三年）

续表

年代	《高句丽本纪》	中国史书
平原王二十六年（584）	春，遣使入隋朝贡 四月，隋文帝宴我使者于太兴殿	四月丁未，宴突厥、高丽、吐谷浑使者于大兴殿（《隋书》卷1《高祖帝纪上》，文帝开皇四年）
婴阳王二年（591）	正月，遣使入隋，奉表谢恩进奉。因请封王，帝许之 五月，遣使谢恩	正月辛丑，高丽遣使朝贡 五月甲子，高丽遣使贡方物（同上篇，开皇十一年）
婴阳王八年（597）	五月，遣使入隋朝贡	开皇十七年六月，高丽遣使贡方物（同上篇）
荣留王二年（619）	二月，遣使如唐朝贡	四月丁未，宴突厥、高丽、吐谷浑使者于大兴殿（《隋书》卷1《高祖帝纪上》，文帝开皇四年）
荣留王二十三年（640）	二月，遣世子桓权入唐朝贡，太宗劳慰，赐赉之特厚	十二月乙卯，高丽世子相权来朝（《旧唐书》卷3《太宗本纪下》，太宗贞观十四年） 贞观十四年，是年，高丽王遣其太子桓权来朝并献方物（《册府元龟》卷970《外臣部·朝贡》）
宝臧王二十五年（666）	王遣太子福男入唐，侍祠泰山	八月壬子，会祠泰山，高丽亦遣太子福男来侍祠（《资治通鉴》卷201《唐纪十七》，高宗麟德二年） 十月癸亥，高丽王高藏，遣其子福男来朝（《旧唐书》卷4《高宗本纪上》，高宗麟德二年） 乾封元年，藏遣子男福，从天子封泰山还（《新唐书》卷220《高丽传》）

根据上表统计，《高句丽本纪》中记载，荣留王二年二月，高句丽向唐派遣了使臣。但在中国史书中只显示了这一年高句丽使臣来朝的记录，并没有写明具体的月份。因此，不能认为《三国史记》是引用中国史书中的内容来记录荣留王二年二月的事件，这个记录的原典应是高句丽本身传承的记录。[①] 另外，《高句丽本纪》记录了长寿王五十三年二月、七十六年闰八月，文咨明王十九年十一月向北魏派遣使臣的事件，而《魏书》中将这些事件分别记录为长寿王五十三年三月、七十六年闰九月，文咨明王十九年十二月高句丽使臣的北魏来朝。除此之外，《高句丽本纪》还记录了婴阳王八年五月向隋派遣使臣的情况，但《隋书》中记为同年六月高句丽使臣来朝。造成这种现象的原因，可能是《三国史记》在引用中国史书时将月份标错。

《高句丽本纪》记录了长寿王六十二年七月向南朝宋派遣使臣的事件，《宋书》中记为同年十月丙戌高丽国遣使贡方物。还有一个相似的事例，《高句丽本纪》记录了平原王十三年二月高句丽向南朝陈朝贡的事件，而《陈书》中则记为同年五月辛亥，高丽国遣使贡方物。[②]《宋书》中记录了大多数高句丽向宋派遣使臣的事件，但《高句丽本纪》中几乎没有引用。考虑到高句丽使臣从平壤城出发到达宋首都建康（今南京）所需时间，长寿王六十二年七月记录的原典也应看作是高句丽传承资料。平原王十三

① 〔日〕田中俊明：《〈三国史记〉中国史书引用记录的再检讨》，《朝鲜学报》第104辑，1982年。

② 《册府元龟》卷969《外臣部·朝贡》，“陈宣帝太建三年五月”条也有相同内容。

年二月的记录也是如此。

另外，还有一些事例是中国史书中明确地标示了月份，但《高句丽本纪》中只写明了年度。《宋书》本纪中记录了长寿王四十三年十一月辛亥、长寿王六十六年十二月戊子高丽国遣使贡方物的事件，但《高句丽本纪》中只记录了同年向宋派遣使臣的事实。还有《魏书》记录了安原王四年四月丙子高句丽来朝北魏的事件，《高句丽本纪》只记录了同年向北魏遣使的事实。《宋书·高句丽传》与《册府元龟》卷970《外臣部·朝贡》没有标示月份，只是记录了孝建二年高句丽向宋派遣使臣的事件，而且后者只记录了昇明二年高句丽向宋派遣使臣的内容。据此，《三国史记》应是将《宋书·高句丽传》和《册府元龟》的记录引用到《高句丽本纪》之中。但《宋书·高句丽传》和《册府元龟》卷970《外臣部·朝贡》中记录的使臣派遣事件并不全见于《高句丽本纪》，因此，这样的推论也不能说完全正确。安原王四月的事件在中国史书中有明确标示出月份，却没有直接被引用。所以，与其说这些记载是引用了中国史书的内容，倒不如说来源于高句丽自身传承的记录，长寿王四十三年与六十六年的记录也是同理。

《魏书》记录周边政权向东魏派遣使臣朝贡的事实时，通常不标明月份，而是代以“是岁”，即“是岁”高丽国等遣使朝贡，这是《魏书》的特征。《三国史记》将《魏书》记录中以十一月结束的情况变成该年的“十一月”条、以十二月结束的情况变成“十二月”条来记叙，一部分根本不标示月份，在该年的记录或记录的结尾记上遣使的内容[①]，平原王六年与七年向北齐派遣使臣的记录也是类似的例子。

《高句丽本纪》长寿王六十八年四月的记录包含了南齐太祖萧道成册封长寿王为骠骑大将军的内容，以及北魏军将高句丽向南齐派遣的使臣余奴一行在光州沿海逮捕押送宫阙，高祖（孝文帝）斥责高句丽王的内容。《南齐书》本纪中记录了南齐高帝（萧道成）在建元二年夏四月丙寅册封长寿王为骠骑大将军的内容。[②]余奴等在光州沿海被北魏军抓获，高祖斥责长寿王记录的原典是《魏书·高句丽传》。[③]但是，此处并没有标示具体的时间。《三国史记》可能是先引用了《南齐书》（又作《南书》）中建元二年四月封高琏（长寿王）为骠骑大将军的内容，后又引用了《魏书·高句丽传》的内容。

《高句丽本纪》中记录了平原王二十六年春高句丽向隋派遣使臣及同年四月隋文

---

① 安原王六年的记录中记有是岁秋八月。阳原王三年的记录中有是岁秋七月。阳原王四年的记录中有是岁秋九月向东魏派遣使臣的事件。同年《魏书》帝纪记录中分别以十二月、十月记事作为结尾。一般来说不明确标示月份的情况就置入该年度记录的末尾处。这些派遣使臣的记事均位于该年度的末尾。因此这几处也应看作是《三国史记》编纂者因不知具体月份而将其放置末尾来处理。

② 夏四月两寅，进高丽王乐浪公高琏号骠骑大将军。（《南齐书》卷2《高祖本纪下》）

③ 时光州于海中得琏所遣诣萧道成使余奴等，高祖诏责琏曰：“道成亲杀其君，窃号江左，朕方欲兴灭国于旧邦，继绝世于刘氏，而卿越境外交，远通篡贼，岂是籓臣守节之义！今不以一过掩卿旧款，即送还籓，其感恕思衍，只承明宪，辑宁所部，动静以闻。”（《魏书·高句丽传》）

帝在大兴殿宴请高句丽使臣的事件，但《隋书》中并没有这年高句丽向隋派遣使臣的内容，只有四月丁未在大兴殿宴请高丽与突厥使臣的内容。《三国史记》可能是以《隋书》开皇四年四月丁未在大兴殿宴请高句丽使臣的记录为依据，推测出这年春高句丽向隋派遣使臣，并添加到《高句丽本纪》当中。下列记录也是《三国史记》参考中国史书进行撰述的代表性事例。

①春正月，遣使入隋，奉表谢恩进奉，因请封王，帝许之。

②三月，策封为高句丽王，仍赐车服。

③夏五月，遣使谢恩。（《三国史记·高句丽本纪》第八，婴阳王二年）

《隋书》卷2《高祖帝纪下》中记录了隋开皇十一年，即婴阳王二年正月与五月高句丽向隋朝贡进献文物的事件。[①]①中“遣使入隋”应是以此为根据进行的记叙。（1）中的“奉表谢恩进奉，因请封王，帝许之”的原典不是《隋书》而应是《资治通鉴》卷178《隋纪二》，“文帝（高祖）开皇十七年是岁”条。[②]另外，中国史书中没有记录该年三月，册封婴阳王为高句丽王并赐予车服的事件。因此②的原典应是高句丽自身传承的资料。还有《隋书》中有该年五月高句丽向隋派遣使臣的记录，但是完全没有使臣三月谢恩的内容。《三国史记》的编纂者可能是参考了②的内容，掌握了五月向隋派遣谢恩使的事实，再记录写③的文字。上面这些记录，可以看作是《三国史记》的编纂者同时参考中国史书和高句丽自身传承资料撰述而成的事例。

《高句丽本纪》中记录了荣留王二十三年二月，高句丽派王世子桓权向唐朝贡的事件。但是《旧唐书》贞观十四年“十二月乙卯”条记录了高丽世子相权（桓权的误记）来朝的事件，《旧唐书·高丽传》和《册府元龟》卷970《外臣部·朝贡》，“太宗贞观十四年”没有标示月份，只记载了贞观十四年高句丽太子桓权来朝的事实。还有《新唐书·高丽传》中也没有记录具体的年度，只言及了高句丽太子桓权入朝的事实。综上可知，高句丽派桓权出使唐的时间是贞观十四年二月，但此内容不见于中国史书。因此，荣留王二十三年二月的记录原典为高句丽自身传承的资料。

《高句丽本纪》“宝臧王二十五年”条，记录了太子福男入唐参加泰山祭祀大典的事件。与之对照，《资治通鉴》中记录了福男于高宗麟德二年八月入唐，《旧唐书》本纪中记录了该年十月高句丽派太子福男入唐的事件。另有《新唐书·高丽传》中，则

---

① 同一内容在《册府元龟》卷970《外臣部·朝贡》，“开皇十一年”条中也有记载。

② 是岁，子元嗣立，上使使拜元为上开府仪同三司，袭爵辽东公，元奉表谢恩，因请封王，上许之。（《资治通鉴》卷178《隋纪二》）此处开皇十七年应为597年，婴阳王于开皇十年，即590年即位。《资治能鉴》的编纂者误判了年度。婴阳王上表谢恩应是在婴阳王二年（591），即开皇十一年。

记录了建封元年宝臧王将儿子“男福”（福男的误记）派往唐的事件。《三国史记》的编纂者在引用《资治通鉴》的同时没有依其年月，而是接受了《新唐书·高丽传》中记录的年代，将福男入唐的时间记录为建封元年，即666年。

还有一些事例是只见于中国史书，不见于《高句丽本纪》的使臣派遣事件。[①]这一特点在《宋书》高句丽向南朝的宋派遣使臣的记事中尤为突出，但《三国史记》的编纂者几乎没有引用这些内容。同样的，《宋书》中与百济相关的朝贡、册封记事有很多也没有反映在《百济本纪》里。[②]因此，《三国史记》的编纂者没有采用《宋书》本纪的记事，而是以国内所传的资料为基础撰述了《高句丽本纪》，这也就可以理解为什么向宋派遣使臣的事例没有出现在《高句丽本纪》中了。[③]不可否认的是《三国史记》的编纂者的确是参考了以《资治通鉴》为主的大量中国史书撰述的《高句丽本纪》，但《高句丽本纪》的记录中几乎没有以《宋书》为原典的情况。[④]可以推测《三国史记》的编纂者故意没有引用《宋书》本纪的内容来撰述《高句丽本纪》。这样的推测，可以从《百济本纪》中也没有引用《宋书》本纪的内容这一现象来证实。《三国史记》的编纂者之所以不引用《宋书》本纪的原因现在还不得而知，这个问题只能留待后查。另外，见于中国史书，但不见于《高句丽本纪》向北朝和隋唐派遣使臣的事例是否可以单纯地看作是《三国史记》编纂者的失误呢？

至此，《高句丽本纪》中使臣派遣的记录中大部分引用自中国史书的问题已经考察完毕。同时，在《高句丽本纪》中还有一些册封的记录，也主要引自中国史书。现将《高句丽本纪》中出现的册封相关的记录与中国史书的记录对照整理如下：

---

① 《宋书》记载了长寿王十一年三月、十二年正月、二十四年六月、二十七年、二十九年、三十一年、三十九年十月、四十一年十一月、四十三年十一月、四十四年十一月、四十九年七月、五十年六月、五十五年十一月、五十八年十一月、六十年十一月、六十三年十月、六十六年十二月高句丽遣使献供物的情况。只是《高句丽本纪》长寿王四十三年和六十六年的记录中没有具体的月份，只有该年向宋遣使的记录。《册府元龟》卷970《外臣部·朝贡》中也没有明确的月份，只有高句丽遣使入宋的事实。除了长寿王五十年的记录以外，这些记录都与《宋书》一致。此外，中国史书中有高句丽于长寿王五十五年九月向北魏遣使；七十二年向南齐遣使；七十三年十二月和文咨明王二年六月，八年五月、十一月，十九年三月向北魏遣使；安原王五年春、八年七月、十一年向东魏遣使；婴阳王二十年四月向隋遣使；荣留王二十二年，宝臧王五年正月、六年十二月向唐遣使的事件。而这些内容在《高句丽本纪》中全然不见（参见〔日〕田中俊明：《〈三国史记〉中国史书引用记录的再检讨》，《朝鲜学报》第104辑，1982年，第86—87页表9：高句丽遣使朝贡记事所见［南朝］与第90—95页表10：高句丽遣使朝贡记事所见［北朝］；第96—97页的表11：高句丽遣使朝贡记事的所见［唐］）。

② 参见〔日〕坂元义种：《〈三国史记·百济本纪〉的史料批判——以与中国诸王朝的交涉记事为中心》，《韩》第4辑第2号，1975年，表1：关于百济·中国交涉关系史书对照表。

③ 〔日〕田中俊明：《〈三国史记〉中国史书引用记录的再检讨》，《朝鲜学报》第104辑，1982年。

④ 虽然有部分内容与《宋书》本纪的内容一致，但《南书》本纪中有相同的内容，所以也不能说《高句丽本纪》的记录原典一定是《宋书》本纪。

表 2 长寿王以后《高句丽本纪》与中国史书中关于册封的记录

年代	《高句丽本纪》	中国史书
长寿王元年（413）	遣长史高翼入晋奉表，献赭白马，安帝封王高句丽王乐安郡公。[1]	高句丽王高琏，晋安帝义熙九年，遣长史高翼率表，献赭白马，以琏为使持节都督营州诸军事征东将军高句丽王乐浪王。（《宋书·高句丽传》）义熙九年，高丽国王高琏，遣长史高翼奉表，献赭白马，以琏（一作高连）为高丽王乐浪郡公。（《册府元龟》卷 963《外臣部·封册》）
长寿王二十三年（435）	夏六月，王遣使入魏朝贡，且请国讳。世祖嘉其诚款，使录帝系及讳以与之。遣员外散骑侍郎李敖，拜王为都督辽海诸军事征东将军领护东夷中郎将辽东郡开国公高句丽王。	世祖时，钊曾孙琏，始遣使者安东奉表贡方物，并请国讳，世祖嘉其诚欵，诏下帝系名讳于其国，遣员外散骑侍郎李敖，拜琏为都督辽海诸军事征东将军领护东夷中郎将辽东郡开国公高句丽王。（《魏书·高句丽传》）
长寿王五十一年（463）	宋世祖孝武皇帝策王为车骑大将军开府仪同三司。	（大明）七年诏曰使持节散骑常侍督平营二州诸军事征东大将军高句骊王乐浪公琏……可车骑大将军开府仪同三司，持节常侍都督王公如故。（《宋书·高句骊传》）
长寿王六十八年（480）	夏四月，南齐太祖萧道成策王为骠骑大将军。	建元二年，四月，使持节散骑常侍都督营平二州诸军事车骑大将军开府仪同三司乐浪公高丽王高琏进号骠骑大将军。（《册府元龟》卷 963《外臣部·封册》）
长寿王七十九年（491）	冬十二月，王薨。年九十八岁，号长寿王。魏孝文闻之，制素委貌、布深衣，举哀于东郊。遣谒者仆射李安上，策赠车骑大将军太傅辽东郡开国公高句丽王，谥曰康。	太和十五年，琏死，年百余岁，高祖举哀于东郊，遣谒者仆射李安上，策赠车骑大将军太傅辽东郡开国公高句丽王，谥曰康（《魏书·高句丽传》）十二月，高丽王琏卒，寿百余岁，魏主为之，制素委貌布深衣，举哀于东郊，遣谒者仆射李安上，策赠太傅，谥曰康，孙云嗣立。（《资治通鉴》卷 137《齐纪三》，武帝永明九年）
文咨明王元年（492）	春三月，魏孝文帝遣使，拜王为使持节都督辽海诸军事征东将军领护东夷中郎将辽东郡开国公高句丽王，赐衣冠服物车旗之饰。又诏王遣世子入朝，王辞以疾，遣从叔升千，随使者诣阙。	又遣大鸿胪，拜琏孙云，使持节都督辽海诸军事征东将军领护东夷中郎将辽东郡开国公高句丽王，赐衣冠服物车旗之饰。又诏云遣世子入朝，令及郊丘之礼，云上书辞疾，惟遣其从叔升于随使诣阙严责之，自此岁常贡献。（《魏书·高句丽传》）
文咨明王三年（494）	齐帝策王为使持节散骑常侍都督营平二州征东大将军乐浪公。	高琏年百余岁卒，隆昌元年，以高丽王乐浪公高云为使持节散骑常侍都督营平二州诸军事征东大将军高丽王乐浪公。（《南齐书·高句丽传》）
文咨明王十七年（508）	梁高祖下诏曰，高句丽王乐浪郡公某，乃诚款著，贡驿相寻，宜丰秩命，式弘朝典，可抚军（一作东），大将军开府仪同三司。	天监七年，诏曰，高骊王乐浪郡公云，乃诚款著，贡驿相寻，宜隆秩命，式弘朝典．可抚东大将军开府仪同三司，持节常侍都督王并如故。（《梁书·高句骊传》）
文咨明王二十八年（519）	王薨。号为文咨明王。魏灵太后举哀于东堂，遣使策赠车骑大将军。时，魏肃宗年十岁，太后临朝称制。	神龟中，云死，灵太后为举哀于东堂，遣使策赠车骑大将军领护东夷校尉辽东郡开国公高句丽王。（《魏书·高句丽传》）
安臧王二年（520）	二月，梁高祖封王为宁东将军都督营平二州诸军事高句丽王，遣使者江注盛赐王衣冠剑佩，魏兵就海中执之，送洛阳。魏封王为安东将军领护东夷校尉辽东郡开国公高句丽王。	普通元年二月，以高丽王世子安为宁东将军都督营平二州诸军事，袭爵高丽王。（《册府元龟》卷 963《外臣部·封册》）又拜其世子安为安东将军领护东夷校尉辽东郡开国公高句丽王。正光初，光州。又于海中执得萧衍所授安宁东将军衣冠剑佩，及使人江法盛等，送于京师。（《魏书·高句丽传》）

续表

年代	《高句丽本纪》	中国史书
安原王元年（531）	安藏在位十三年薨，无嗣子，故即位。梁高祖下诏袭爵。	普通七年，安卒，子延立，遣使贡献，诏以延袭爵。（《梁书·高句骊传》）
安原王二年（532）	春三月，魏帝诏策使持节散骑常侍领护东夷校尉辽东郡开国公高句丽王，赐衣冠车旗之饰。	安死，子延立。出帝初，诏加延使持节散骑常侍车骑大将军领护东夷校尉辽东郡开国公高句丽王，赐衣冠服物车旗之饰。（《魏书·高句丽传》）
安原王四年（534）	东魏诏加王，骠骑大将军，余悉如故。	天平中，诏加延侍中骠骑大将军，余悉如故。（《魏书·高句丽传》）
阳原王六年（550）	秋九月，北齐封王为使持节侍中骠骑大将军领护东夷校尉辽东郡开国公高句丽王。	九月癸丑，以散骑常侍车骑将军领东夷校尉辽东郡开国公高丽王成为使持节侍中骠骑大将军领护东夷校尉，王公如故诏。（《北齐书》卷4《文宣帝纪》，文宣帝天保元年）
平原王二年（560）	春二月，北齐废帝封王为使持节领东夷校尉辽东郡公高句丽王。	废帝乾明元年二月以高丽王世子高汤为使持节领东夷校尉辽东郡公高丽王。（《册府元龟》卷963《外臣部·封册》）[2]
平原王四年（562）	春二月，陈文帝诏授王宁东将军。	闰二月己酉，以百济王余明为抚东大将军，高句骊王高汤为宁东将军。（《陈书》卷3《世祖本纪》，世祖天嘉三年）
平原王十九年（577）	王遣使入周朝贡，周高祖拜王为开府仪同三司大将军辽东郡开国公高句丽王。	建德六年，汤又遣使来贡，高祖拜汤为上开府仪同大将军辽东郡开国公辽东王。（《周书·高丽传》）
平原王二十三年（581）	十二月，遣使入隋朝贡，高祖授王，大将军辽东郡公。	十二月壬寅，高丽王高阳遣使朝贡，授阳大将军辽东郡公。（《隋书》卷1《高祖帝纪上》，高祖开皇元年）
婴阳王元年（590）	王薨，太子即位。隋文帝遣使拜王为上开府仪同三司，袭爵辽东郡公，赐衣一袭。	会病卒，子元嗣立，高祖使使拜元为上开府仪同三司，袭爵辽东郡公赐衣一袭。元奉表谢恩，并贺祥瑞，因请封王高祖优，册元为王。（《隋书·高丽传》）
婴阳王二年（591）	春正月，遣使入隋，奉表谢恩进奉，因请封王，帝许之。三月，策封为高句丽王，仍赐车服。	
荣留王七年（624）	春二月，王遣使如唐，请班历。遣刑部尚书沈叔安，策王为上柱国辽东郡公高句丽国王。	武德七年，遣前刑部尚书沈叔安，往册建武为上柱国辽东郡王高丽王。（《旧唐书·高丽传》）二月丁未，高丽王建武，遣使来，请班历，遣使册建武为辽东郡王高丽王。（《资治通鉴》卷190《唐纪六》，高祖武德七年）
宝臧王二年（643）	闰六月，遣使持节备礼册命，诏曰，宜加爵命，允兹故实，可上柱国辽东郡公王高句丽王。	（贞观）十七年，闰六月，诏曰，宜加爵命，允兹故实，可上柱国，封辽东郡王高丽王，遣使持节，册命姓高名藏。（《册府元龟》卷964《外臣部·封册》）
宝臧王二十七年（668）	十二月，帝受俘于含元殿。以王政非己出，赦以为司平太常伯员外同正。以泉男产为司宰少卿，僧信诚为银青光禄大夫，泉男生为右卫大将军。	十二月丁巳，上受俘于含元殿。以高藏政非己出，赦以为司平太常伯员外同正以泉男产为司宰少卿，僧信诚为银青光禄大夫，泉男生为右卫大将军。（《资治通鉴》卷201《唐纪十七》，高宗总章元年）

[1] 乐安郡公应为乐浪郡公的误记。

[2]《北齐书》卷5《废帝本纪》“乾明元年”条中记有该年正月册封高丽王世子汤为使持节领东夷校尉辽东郡公高句丽的事件。

由表2可知，关于册封的记录大部分引自中国史书。《册府元龟·外臣部·封册》中也记录了册封高句丽王的一些事件，内容直接引用中国正史《高句丽传》或《高丽传》。长寿王五十一年、文咨明王三年、阳原王六年、平原王二年、平原王四年二月、平原王二十三年、婴阳王元年、宝臧王二年闰六月、宝臧王二十七年的记录分别出自《宋书·高句丽传》、《南齐书·高句丽传》、《北齐书》帝纪、《册府元龟·外臣部·封册》、《陈书》本纪、《隋书》帝纪、《隋书·高丽传》、《资治通鉴》。[①]

《高句丽本纪》长寿王元年的记录与《宋书·高句丽传》的记录在爵号上略有差异，前者与《册府元龟》一致，而《三国史记》则引用了《册府元龟》的内容。长寿王二十三年六月记录的原典为《魏书·高句丽传》，只是其中没有具体标示年月。《资治通鉴》中记录了元嘉十二年六月丙午册封长寿王的事件[②]，《三国史记》也参考了此内容。《南齐书·高句丽传》中记录了建元元年太祖册封长寿王为骠骑大将军的事件，但没有确切地表明是该年四月，而《册府元龟》中明确标示了年月，长寿王六十八年四月的记录原典应是后者。

长寿王七十九年十二月的记录结合了《魏书·高句丽传》和《资治通鉴》的内容。《三国史记》全盘引用了《魏书·高句丽传》的内容，但同时插入了《资治通鉴》中的“魏主为之制素委貌布深衣”[③]一条。还有一个相似的事例，荣留王七年二月的记录原典为《旧唐书·高丽传》。但是其中缺失了“二月”与“请班历”等内容。《资治通鉴》卷190《唐纪六》“高祖武德七年”条中记有该年二年丁未高丽王建武遣使请班历，高祖派使臣册封建武辽东郡王高丽王的内容。《三国史记》以《旧唐书·高丽传》为典据撰述了荣留王七年二月的记录，同时也参考了《资治通鉴》。只是将沈叔安的官职“前刑部尚书”改为了“刑部尚书”。安臧王二年二月的记录也与此类似。前半部分的原典是《册府元龟·外臣部·封册》“普通元年”条的记录。《梁书·高句丽传》中虽然也有同样的内容，却没有标示具体的月份。安臧王二年二月记录中从“遣使者”以下的原典为《魏书·高句丽传》。此处虽将时间记为“正光（520—524年初）”，但《资治通鉴》中不仅将时间记为普通元年二月癸丑，也将“京师”标记为“洛阳”。[④]《三国史记》以《魏书·高句丽传》为记录典据撰述了安臧王二月的记录，同时也参考了《资治通鉴》。[⑤]

---

① “文咨明王三年”条中记录将《南齐书·高句丽传》与《册府元龟·外臣部·封册》爵号中的“诸军事”、“高丽王（高句丽王）”省略了。

② 六月丙午，高句丽王琏，遣使入贡于魏，且请国讳，魏主使录帝系及讳以与之，拜琏都督辽海诸军事征东将军辽东郡公，高句丽王，琏钊之曾孙也。（《资治通鉴》卷122《宋纪四》，文帝元嘉十二年）

③ 《三国史记》中将“魏主为之”改为“魏孝文闻之”。

④ 普通元年，春，正月……高句丽世子安遣使入贡，二月，癸丑，以安为安东将军高句丽王，遣使者江法盛，授安衣冠剑佩，魏光州兵就海中执之，送洛阳。（《资治通鉴》卷149《梁纪五·高祖武皇帝五》）

⑤ 《高句丽本纪》将使者名字记为“汪注盛”，而中国史书中记为“江法盛”，《三国史记》应是将“法”误记为了“注”。

文咨明王元年三月记录的原典为《魏书·高句丽传》，此处不见月份的标示情况。《魏书》卷7《帝纪》第七，“高祖（孝文帝）太和十六年”条与《册府元龟·外臣部·封册》“太和十六年”条都记录了该年三月北魏册封长寿王（高琏）的孙子云（文咨明王）为高句丽国王的事件。《三国史记》以《魏书·高句丽传》为原典，参考大量中国史书撰述了文咨明王元年三月的内容，在这个过程中高句丽向北魏派遣的从叔升于被误记为“升千”。

文咨明王十七年记录的原典为《梁书·高句丽传》，但是《三国史记》将“抚东大将军”改写为“抚军大将军”，又为其做了补注。[①]《陈书》卷3《世祖本纪》，“世祖天嘉三年闰二月”条中记录了将百济王余明（圣王）册封为抚东大将军的内容。中国史书中只记录了赐予了文咨明王和圣王抚东大将军的爵号。从三国时代到唐朝时期，只有过抚东大将军的将军号。但是在中原王朝找不到设置抚东大将军这一将军号的证据。南朝的梁和陈可能赐予过高句丽文咨明王与圣王抚东大将军的爵号，取意“安抚东方的大将军”，《三国史记》的编纂者应是已经认识到中原一直没有设置“抚东大将军”的将军号，因此，在《高句丽本纪》中将“抚东大将军”改为“抚军大将军”，又为其做了补注。

文咨明王二十八年记录引用了《魏书·高句丽传》，只是这个记录下划线的部分是《三国史记》新加进去的。安原王元年记录的原典为《梁书·高句丽传》，但安臧王死亡，其子延（安原王）[②]即位的时间记为大通七年。安臧王是梁大通三年死亡的，《三国史记》在“安臧王十三年夏五月”条的补注中称这是《梁书》的错误。安原王二年三月的记录引用了《魏书·高句丽传》，同样的内容在《册府元龟·外臣部·封册》中也有体现。但中国史书只记录了该年将安原王册封为高句丽王，所以“三月”的内容是《三国史记》编纂者通过国内传承资料获得的。《魏书·高句丽传》中记录了天平年间（534—537）东魏授予安原王侍中骠骑大将军爵号的事件，并提到爵号如前。但《高句丽本纪》提到安原王四年还从东魏获得了骠骑大将军的将军号，而且爵号如前。《三国史记》将《魏书·高句丽传》中爵号中的“侍中”省略，将东魏向安原王授予爵号的天平年号初年记为534年，撰述了安原王四年的记录。

最后，《周书·高丽传》中建德六年北周册封平原王为“上关府仪同大将军辽东郡开国公辽东王”，《高句丽本纪》平原王十九年记为“开府仪同三司大将军辽东郡开国公高句丽王”，略有差异，前者将“辽东王”改写为“高句丽王”。之前591年三月册封婴阳王为高句丽王的记录无法在中国史书中找到。因此，婴阳王二年三月的记录原典

---

① 此外，《三国史记》还将中国史书中的“王云”、“宜隆秩命”改为了“王某”、“宜丰轶命”。

② 《高句丽本纪》中将安原王记为安臧王的弟弟。

应是高句丽自身的传承资料。此外，《高句丽本纪》“荣留王二十五年十一月”条记录了唐太宗得知荣留王被弑于苑中举哀，下诏赠予礼物300段，派遣使臣前往吊唁的内容，此内容的原典为《册府元龟·外臣部·褒异》“贞观十六年十一月”条。[①]

《高句丽本纪》中关于使臣派遣和册封的内容大体引自中国史书，这些记录之外，从《高句丽本纪》长寿王至宝臧王的记录中也有不少是引自《资治通鉴》，特别是高句丽与中原王朝的交涉和战争相关记录中这样的倾向性更加鲜明。

（二）与中原王朝的交涉、战争记录的引用与推移

《三国史记》在撰述《高句丽本纪》时除了使臣派遣和册封相关记录之外，还从中国史书中引用了与中原王朝交涉和战争的内容。《高句丽本纪》从长寿王到宝臧王的记录中引自中国史书和《新罗本纪》、《百济本纪》的字数和比例整理如下：

表3　《高句丽本纪》（长寿王至宝臧王）引用中国史书和《新罗本纪》、《百济本纪》的字数与比例[②]

王名	总字数	引用字数	引用字数比例
长寿王	1628	1380	84.8%
文咨明王	892	628	70.4%
安臧王	254	130	51.2%
安原王	261	62	23.8%
阳原王	377	141	37.4%
平原王	619	389	62.8%
婴阳王	3418	3262	95.4%
荣留王	885	690	78%
宝臧王	7391	7000	94.7%
合计	15725	13682	87%（平均）

通过表3的分析，对《新罗本纪》、《百济本纪》的引用大致可分为长寿王—文咨明王、安臧王—平原王、婴阳王—宝臧王三个时期。《高句丽本纪》文咨明王的记录中对中国史书的引用大部分是使臣派遣和册封相关问题。此外，还有一个事例是引用了《魏书·高句丽传》，关于北魏宣武帝（世宗）和高句丽使臣芮悉弗在东堂的对话。《魏书·高句丽传》中将芮悉弗访问北魏的时间模糊地记为“正始中”，《三国史记》又

① 甲申，帝为高丽王高武，举哀于苑中，诏赠物三百段，遣使持节，往弗祭焉。（《册府元龟》卷974《外臣部·褒异》，“贞观十六年十一月”条）

② 补注的字数不包含在总字数中。宝臧王时期只计算到高句丽灭亡的宝臧王二十七年（668）之前的字数。

将北魏访问时间的正始（504—507）初年记为504年。这一年，即文咨明王十三年记录的末尾记载了与芮悉弗相关的内容。在《高句丽本纪》中引用了《魏书·高句丽传》，并将“国王臣云，惟继绝之，义悉干于境内”省略，将“高丽”改为“小国”或“高句丽”，将“夫余”改为“扶余”。

与文咨明王时期不同的是，长寿王时期的记录除了使臣派遣与册封相关内容外，还引用了大量与中原王朝交涉和战争的内容，其中从《资治通鉴》中引用的内容最多。《魏书》的本纪和《高句丽传》各引用了一处。引自《资治通鉴》的内容中长寿王二十三年秋、二十四年、二十四年四月与五月、二十六年三月、七十二年十月等。长寿王二十三年到二十六年的记录为北魏攻北燕，面临危机的北燕王冯弘向宋和高句丽派遣使臣请求援助的事件、冯弘流亡高句丽，北魏欲攻高句丽又停止等事件。《三国史记》将《资治通鉴》中的部分内容省略后引用，将“高丽”改为“王”、“太祖”改为“上”。长寿王七十二年十月的记录体现了北魏认为当时高句丽的国力强盛，设置各国使者邸所时将高句丽置于南齐之后的第二位，此为直接引用《资治通鉴》的内容。

长寿王五十九年的记录中有高丽民奴各等投奔北魏的事件，同一内容也见于《魏书》卷7《高祖纪》，“高祖（孝文帝）延兴九月”条。只是后者将高丽民人名记为“奴久”，而前者记为“奴各”，《三国史记》应是把“奴久”误记成了“奴各”。长寿王五十四年三月的记录中有北魏文明太后以显祖（献文帝）六宫未备为由教高句丽荐王女和由此引发的高句丽与北魏之间不睦之事。[①] 此记录的原典为《魏书·高句丽传》。[②] 但是两个记录有些微差异，前者为“魏昔与燕婚姻，既而伐之，由行人具知其夷险故也”，后者为“朝廷昔与冯氏婚姻，未同而灭其国”。在此记录中登场的人物，《魏书》卷60《程骏列传》与《高句丽本纪》几乎相同[③]，据此，《三国史记》以《魏书·高句丽传》为典据撰述了长寿王五十四年三月的记录，同时参考了《程骏列传》的内容。但是此处存在一个问题，即《程骏列传》中文明太后要求高句丽王荐公主的

① 魏文明太后以显祖六宫未务，教王令荐其女，王奉表云，女已出嫁，求以北女应之。许焉。乃遣安乐王真、尚书李敷等至境送币。或劝王曰：“魏昔与燕婚姻，既而伐之，由行人具知其夷险故也。殷鉴不远，宜以方便辞之。”王遂上书称女死。魏疑其矫诈，又遣假散骑常侍程骏切责之，若女审死者，听更选宗淑。琏云，若天子恕其前愆，谨当奉诏，会显祖崩乃止。（《三国史记·高句丽本纪》第六）

② 后文明太后，以显祖六宫未备，敕琏令荐其女。琏奉表云，女已出嫁，求以弟女应旨，朝廷许焉。乃遣安乐王真尚书李敷等，至境送币。琏惑其左右之，说云，朝廷昔与冯氏婚姻，未同而灭其国，殷鉴不远，宜以方便辞之。琏遂上书妄称女死。朝廷疑其矫诈，又遣假散骑常侍程骏切责之，若女审死者，听更选宗淑。琏云，若天子恕其前愆，谨当奉诏。会显祖崩乃止。（《魏书·高句丽传》）

③ 延兴末，高句丽王琏，求纳女于掖庭，显祖许之，假骏散骑常侍，赐爵安丰男加伏波将军持节，如高丽迎女，赐布帛百，疋骏至平壤城，或劝琏曰：“魏昔与燕婚，既而伐之，由行人具其夷险故也，今若送女，恐不异于冯氏。”琏遂谬言女丧，骏与琏往复经年，责琏以义，方琏不胜其忿，遂断骏从者酒食，琏欲逼辱之，惮而不敢害，会显祖崩乃还。（《魏书》卷60《程骏列传》）

时间为“延兴末”①，延兴是从471—475年使用的年号。《三国史记》忽略了这个情况，于长寿王五十四年记录中加入了这个内容，至于理由也不得而知。虽然相关内容也有可能来自高句丽自身传承资料，但是补注中并未表明是来源于中国史书中的“延兴末”条，因此可能性也不是很大，此问题留待后日再做深入研究。

从安臧王至平原王的记录中，除了使臣派遣和册封相关内容，统一引用中国史书的事例就是平原王三十二年的记录，也就是高句丽得知陈灭亡的消息治兵积谷以应对隋的侵犯，隋文帝赐书责高句丽王的内容。隋文帝赐书全文具收入《隋书·高丽传》，《资治通鉴》卷178《隋纪》“高祖（文帝）”条，“开皇十七年十二月”条对其简要概括，被引入《三国史记》中。只是《隋书·高丽传》与《资治通鉴》中隋文帝向平原王赐书的时间为开皇十七年，这是一处谬误。《三国史记》的补注中指出了《隋书》和《资治通鉴》的错误，将时间纠正为开皇十年。《资治通鉴》将隋文帝向高句丽赐书的时间记为开皇十七年十二月，《三国史记》在引用时没有接受月份的信息。

婴阳王时期即位年和薨年的记录除了引用中国史书和《新罗本纪》的内容，纯粹取自高句丽自身传承资料的只有三处。②婴阳王时期记录引自《新罗本纪》的内容有两处（婴阳王十九年二月与四月记录），引用《百济本纪》的内容有一处（婴阳王十八年五月），其他均引自中国史书。使臣派遣和册封记录多处引自中国史书，其他高句丽与隋冲突和战争的内容取自《资治通鉴》。

婴阳王九年六月与九月的记录为高句丽攻辽西、隋派军与百济威德王遣使自请为军导，继而高句丽入侵百济的内容。这些记录将《资治通鉴》卷178《隋纪》高祖（文帝）开皇十八年二月、六月与九月记录的部分内容省略后加以引用。婴阳王十八年的记录为隋炀帝在突厥启民可汗的大帐中遭遇高句丽使臣的内容。此记录的原典为《资治通鉴》卷181《隋纪》“炀帝大业三年十二月”条。但前者为“勅牛弘宣旨曰，朕以启民诚心奉国，故亲至其帐，明年当往涿郡，尔还日语尔王，宜早来朝，勿自疑权”，后者为“勅牛弘宣旨曰，朕以启民诚心奉国，故亲至其帐，明年当往涿郡，尔还日语高丽王，勿自疑懼”。划线部分并未见于后者。《隋书·突厥传》与《册府元龟》也有相似内容，其中就包括划线的语句。③《三国史记》以《资治通鉴》的记录为典据撰述了婴阳王十八年的记录，参考并整理了《隋书·突厥传》与《册府元龟》的内容。

婴阳王二十二年二月到二十五年十一月的内容集中在高句丽与隋之间的战争。《三

① 作为参考，北魏的显祖，即献文商拓跋弘受冯太后厌恶，遭到了鸩杀。

② 册封婴阳王为高句丽王的婴阳王二年记录，太学博士李文真将100卷《留记》删修为5卷《新集》的婴阳王十一年记录，还有高句丽攻击新罗北汉山城失败的婴阳王十四年记录。

③ 先是，高丽私通使启民所，启民推诚奉国，不敢隐境外之交。是日，将高丽使人见。敕令牛弘宣旨谓之曰：“朕以其启民诚心奉国，故亲至其所。明年当往涿郡。尔还日，语高丽王知，宜早来朝，勿自疑惧。存育之礼，当同于启民。如或不朝，必将启民巡行彼土。”使人甚惧。启民仍扈从入塞。（《隋书·突厥传》）

国史记》大体引用了《资治通鉴》的内容，将几个月中发生的事件一起记述[①]或将其中部分摘录出来[②]。只是婴阳王二十三年正月的记录前段的“帝下诏曰……必胜而后战”是引用了《隋书》卷4《炀帝下》，炀帝大业八年正月的内容，婴阳王二十五年八月的记录“帝自怀远镇班师”是参考《隋书》卷4《炀帝下》，炀帝大业十年[③]进行的叙述。

婴阳王时期的大部分记录都是引自《资治通鉴》，而荣留王时期的记录引用了《资治通鉴》之外的很多史书。荣留王二十三年二月记录中王遣弟子“请入国家”的内容，其原典为《资治通鉴》卷195《唐纪》太宗贞观十四年二月的记录。[④]荣留王时期的记录中，有一些是以《册府元龟》和《新唐书·高丽传》为原典的。先是高句丽遣使入唐请佛道的教法，太宗应允。记录此内容的荣留王八年的原典为《册府元龟》卷699《牧守部二十九》（武德八年高丽遣人来学道佛法，诏许之）。百济与新罗遣使入唐，并上书言高句丽阻其入朝之路一事，唐太宗派朱子奢前往训谕，荣留王上表谢罪，求与两国和平共处。此为荣留王九年记录，原典应为《新唐书·高丽传》。[⑤]另外，《旧唐书·高丽传》与《新唐书·高丽传》、《册府元龟》卷970《外臣部·朝贡》，“太宗贞观二年九月”记录中也有高句丽荣留王向唐遣使祝贺太宗击败突厥颉利可汗，献上封域图的内容。荣留王十一年九月的记录是《三国史记》引用中国史书记录撰述而成的。

荣留王五年的记录为唐高宗向高句丽王下诏，要求释放被俘隋人，后高句丽将万余人遣送回唐的事件。同一内容还出现在《旧唐书·高丽传》和《册府元龟》卷170《帝王部·来远》“唐高祖武德五年”条中。虽然在用词上有些出入，但内容大同小异。《三国史记》应是同时参考两种记录撰述了荣留王五年的内容。

除此之外，荣留王十四年与二十四年的记录为参考中国史书和高句丽自身传承资料撰述的事例。为了便于论旨开展，将上述记录和相关中国史书记录整理如下：

---

① 婴阳王二十二年四月的记录包含了《资治通鉴》“大业七年四月”与“大业八年正月”记录中的内容。

② 婴阳王二十三年二月与五月、六月、七月的记录，二十四年正月与二月的记录都是摘录了《资治通鉴》的部分内容。

③ 秋七月，癸丑，车驾次怀远镇，乙卯，曹国遣使贡方物。甲子，高丽遣使请降，办送斛斯政上大悦。八月，己巳，班师。庚午右卫大将军左光禄大夫郑荣卒。冬十月，丁卯，上至东者。己丑，还京师。（《隋书》卷4《炀帝纪》，大业十年）

④ 二月丁丑，上幸国子临，观释奠……乃至高丽百济新罗高昌吐蕃诸酋长，亦遣子弟，请入国家，升讲筵者，至八千余人。（《资治通鉴》卷195《唐纪十一》，太宗贞观十四年）

⑤ 新罗、百济遣使于唐，上言，高句丽闭道，使不得朝，又屡相侵掠，帝遣散骑侍郎朱子奢，持节谕和，建武谢罪，请与二国平。（《三国史记·高句丽本纪》，荣留王九年）明年，新罗、百济上书言，建武闭道，使不得朝，且数侵入，有诏散骑侍郎朱子奢，持节谕和，建武谢罪，乃请与二国平。（《新唐书·高丽传》）

表 4 《高句丽本纪》荣留王十四年、二十四年记录与中国史书记录

年代	《高句丽本纪》	中国史书
荣留王十四年（631）	唐遣广州司马长孙师，临瘗隋战士骸骨，祭之，毁当时所立京观。春二月，王动众筑长城，东北自扶余城，东南至海千有余里，凡一十六年毕功。	（贞观）五年，诏遣广州都督府司马长孙师，往收瘗隋时战亡骸骨，毁高丽所立京观，建武惧伐其国，乃筑长城，东北自扶余城，西南至海千有余里。（《旧唐书・高丽传》） 七月甲辰，遣使毁高丽所立京观，收隋人骸骨，祭而葬之。（《旧唐书》卷 3《太宗本纪下》，太宗贞观五年）
荣留王二十四年（641）	①帝以我太子入朝，遣职方郎中陈大德答劳。②大德入境，所至城邑，以绫绮厚饷官守者曰，吾雅好山水，此有胜处，吾欲观之。守者喜导之，游历无所不至。③由是，悉得其织曲，见华人隋末从军没留者，为道亲戚存亡，人人垂涕，故所至士女夹道观之，王盛陈兵卫，引见使者。④大德因奉使，觇国虚实，吾人不知。⑤大德还奏，帝悦。⑥大德言于帝曰：其国闻高昌亡，太惧，馆候之勤，加于常数。帝曰：高句丽本四郡地耳，吾发卒数万攻辽东，彼必倾国救之。别遣舟师出东莱，自海道趋平壤，水陆合势，取之不难。但山东州县凋瘵未复，吾不欲劳之耳。	久之①遣太子桓权，入朝献方物，帝厚赐赉，诏使者陈大德持节答劳，且观衅，大德入其国，厚饷官守。②悉得其织曲，见华人流客者，为道亲戚存亡，人人垂涕，故所至士女夹道观，建武盛陈兵，见使者。③大德还奏帝悦。大德又言，闻高丽灭，其大对卢三至馆有加礼焉，帝曰高丽地止四郡，我发卒数万攻辽东，诸诚必救，我以舟师，自东莱帆海趋平壤，固易，然天下甫平，不欲劳人耳。（《新唐书・高丽传》） 五月……上遣职方郎中陈大德，使高丽。八月，己亥，自高丽还大德。④初入其境，欲知山川风俗，所至城邑，以绫绮遗其守者曰，吾雅好山水，此有胜处，吾欲观之。守者喜守之，游历无所不至。往往见中国人，自云家在某郡，隋末从军，没于高丽，高丽妻以游女，与高丽错居，殆将半矣。因问亲戚存没，大德绐之曰："皆无恙，咸涕泣相告数日，后隋人望之而哭者，偏于郊野。⑤大德言于上曰："其国闻高昌亡，大惧，馆候之勤，加于常数。"上曰："高丽本四郡地耳，吾发卒数万攻辽东，彼必倾国救之。别遣舟师出东莱，自海道趋平壤，水陆合势，取之不难。但山东州县彫瘵未复，吾不欲劳之耳。（《资治通鉴》卷 196《唐纪十二》，太宗贞观十五年）

如表 4 所示，荣留王十四年记录是依据《旧唐书・高丽传》的典据撰述而成的。但是《旧唐书・高丽传》中缺少长孙师为战死者祭祀的内容。此内容出现在《旧唐书》卷 3《太宗本纪下》和《资治通鉴》卷 193《唐纪九》"太宗贞观五年八月"条。《三国史记》参考了《旧唐书》本纪和《资治通鉴》的记录。[①] 荣留王十四年二月中筑造千里长城的内容与《旧唐书・高丽传》中的相关内容几乎一致。只是后者缺少划线的部分，筑造开始的时间也没有记录，前者为"东南至海千有余里"，后者为"西南至海千有余里"。考虑这样的情况，荣留王十四年二月的记录是《三国史记》以国内传承资料为典据并参考《旧唐书》撰述而成的。

荣留王二十四年的记录，是综合《新唐书・高丽传》和《资治通鉴》撰述而成的。此记录的①是参照《新唐书・高丽传》记述而成的。②引用了《资治通鉴》，只是前者省略了"欲知山川风俗"部分内容。虽然没有采用"由是"一词，但③分明是引用了《新唐书・高丽传》。《三国史记》应是将"见华人流客者"改写为了"见华人隋末从军没留者"。④在中国史书中未见，应理解为引自高句丽自身传承资料。⑤引用了《新唐

① 《新唐书・高丽传》与《新唐书・太宗本纪》"贞观五年八月"条也有相似内容。

书·高丽传》，⑥引用了《资治通鉴》，将“建武”记为“王”，将“上”作为“帝”，“高丽”改为“高句丽。荣留王二十四年的记录是根据需要，综合了中国史书和高句丽自身传承资料对《高句丽本纪》进行撰述的。

644—645年宝臧王时期，唐太宗亲征高句丽；666—668年，唐再攻高句丽并灭之。宝臧王时期的高句丽历史应不是高句丽人直接记录的，由中原人或新罗人记录的可能性较大。《三国史记》的《新罗本纪》和《金庾信列传》中有新罗与高句丽交涉和战争的内容，《资治通鉴》和大量中国史书中含有唐与高句丽交涉和战争的内容。众所周知，宝臧王时期的记录分为2卷，远远超出其他时代。这其中宝臧王元年和宝臧王二十年五月的内容引自《新罗本纪》[①]，此外宝臧王时期《高句丽本纪》的记录完全引自中国史书。现将宝臧王时期的记录具体引自哪部中国史书整理如下：

表5 《高句丽本纪》宝臧王时期记录引用中国史书的情况

《高句丽本纪》	中国史书	备注
宝臧王二年（642）闰六月	《资治通鉴》卷197《唐纪十三》，太宗贞观十七年闰六月；《册府元龟》卷964《外臣部·封册》，贞观十七年闰六月	前半部分引自《资治通鉴》，后半部分引自《册府元龟》
二年九月	《资治通鉴》卷197《唐纪十三》，太宗贞观十七年九月	
三年正月	《资治通鉴》卷197《唐纪十三》，太宗贞观十七年九月与十八年正月与二月；《册府元龟》卷995《外臣部·交侵》，贞观十七年	以《资治通鉴》为原典，中间加入《册府元龟》记录
三年七月	《资治通鉴》卷197《唐纪十三》，太宗贞观十八年四月与七月	省略部分记录后引用，将四月和七月的内容合写成七月的记录
三年九月	《资治通鉴》卷197《唐纪十三》，太宗贞观十八年九月；《新唐书·高丽传》	以《资治通鉴》为原典，中间加入《新唐书》记录
三年十月	《新唐书·高丽传》	无法得知月份
三年十一月	《资治通鉴》卷197《唐纪十三》，太宗贞观十八年十一月与十二月	十一月与十二月发生的事件都置于十一月记录中
四年正月	《资治通鉴》卷197《唐纪十三》，太宗贞观十九年二月	月份存在差异
四年三月	《资治通鉴》卷197《唐纪十三》，太宗贞观十九年三月	省略部分内容后引用
四年四月	《资治通鉴》卷197《唐纪十三》，太宗贞观十九年四月；《新唐书·高丽传》	以《资治通鉴》为原典，中间加入《新唐书》记录，用语存在一定差异

① 此内容相关分析见于后文。

续表

《高句丽本纪》	中国史书	备注
四年五月	《资治通鉴》卷197《唐纪十三》，太宗贞观十九年五月与卷198《唐纪十四》，太宗贞观十九年六月、七月、八月、九月；《新唐书·高丽传》	简要概括了《资治通鉴》中贞观十九年五一九月内容记述了五月的内容，中间加入了《新唐书》的记录，“对卢高正义”为引用高句丽自身传承内容
四年十月	《资治通鉴》卷198《唐纪十四》，太宗贞观十九年十月；《旧唐书·高丽传》	将《资治通鉴》中部分内容省略后引用，中间加入《旧唐书》记录，必写部分词语
五年二月	《资治通鉴》卷198《唐纪十四》，太宗贞观二十年三月	月份存在差异
五年五月	《资治通鉴》卷198《唐纪十四》，太宗贞观二十年五月；《新唐书·高丽传》；高句丽自身传承资料	以《资治通鉴》为原典，中间加入《新唐书》与高句丽自身传承记录
六年	《资治通鉴》卷198《唐纪十四》，太宗贞观二十一年二月、三月、五月	没有引用月份相关信息
六年七月	《资治通鉴》卷198《唐纪十四》，太宗贞观二十一年七月、八月	七月与八月发生的事件均记于七月记录中
六年十二月	《资治通鉴》卷198《唐纪十四》，太宗贞观二十一年十二月；《册府元龟》卷970《外臣部·通好》，贞观二十一年十二月	以《资治通鉴》为原典，“第二子”引自《册府元龟》
七年正月	《资治通鉴》卷198《唐纪十四》，太宗贞观二十二年正月	
七年四月	《资治通鉴》卷198《唐纪十三》[1]，太宗贞观二十二年四月、六月	四至六月发生的事件均记于四月记录中
七年七月	《资治通鉴》卷198《唐纪十四》，太宗贞观二十二年七月	
七年九月	《册府元龟》卷985《外臣部·征讨》，贞观二十二年六月；《旧唐书·高丽传》	以《册府元龟》为原典，月份存在差异[2]，末尾引用《旧唐书》
八年四月	《资治通鉴》卷199《唐纪十五》，太宗贞观二十三年四月	
十三年十月	《资治通鉴》卷199《唐纪十五》，高宗永徽五年十月	
十四年正月	《资治通鉴》卷199《唐纪十五》，高宗永徽六年正月	
十四年二月	《资治通鉴》卷199《唐纪十五》，高宗永徽六年二月	
十四年五月	《资治通鉴》卷199《唐纪十五》，高宗永徽六年五月	
十七年六月	《资治通鉴》卷200《唐纪十六》，高宗显庆三年六月；《新唐书·新罗传》	将《资治通鉴》中内容概括后引用，末尾加入《新唐书》内容“不能克”[3]
十八年十一月	《资治通鉴》卷200《唐纪十六》，高宗显庆四年十一月	
十九年十一月	《资治通鉴》卷200《唐纪十六》，高宗显庆五年十二月	省略部分内容后引用，月份存在差异

续表

《高句丽本纪》	中国史书	备注
二十年正月	《资治通鉴》卷200《唐纪十六》，高宗龙朔元年正月	
二十年四月	《资治通鉴》卷200《唐纪十六》，高宗龙朔元年四月；《新唐书·高丽传》	前半部分引自《资治通鉴》，后半部分（蔚州刺史以下）引自《新唐书》
二十年八月	《新唐书·高丽传》[4]	将“虏兵”改写为“我军”
二十年九月	《资治通鉴》卷200《唐纪十六》，高宗龙朔元年九月	“鸭绿”改写为“鸭渌”、“度”改写为“渡”、“高丽”改为“我军”
二十一年正月	《资治通鉴》卷200《唐纪十六》，高宗龙朔二年正月；《旧唐书·新罗传》	以《资治通鉴》为原典，末尾将《旧唐书》改写后引用（“前后讨之皆无大功而还”改写为“凡前后之行，皆元大功而退）[5]
二十五年	《资治通鉴》卷201《唐纪十七》，高宗乾封元年五月；《旧唐书·高丽传》	以《资治通鉴》为原典，末尾的“使其子献诚诣唐求哀”引用《旧唐书》记录“其子献诚诣阙求哀”[6]
二十五年六月	《旧唐书·高丽传》	没有交代月份信息[7]
二十五年九月	《资治通鉴》201《唐纪十七》，高宗乾封元年九月	
二十五年十二月	《资治通鉴》卷201《唐纪十七》，高宗乾封元年十二月；《旧唐书·高丽传》	引用《资治通鉴》记录。将李勣记为“辽东道行军大总管兼安抚大使”应是参考了《旧唐书·高丽传》[8]
二十六年九月	《资治通鉴》卷201《唐纪十七》，高宗乾封二年九月；高句丽自身传承记录	引用《资治通鉴》记录，改写部分用语，参考了高句丽自身传承记录[9]
二十七年二月	《资治通鉴》卷201《唐纪十七》，高宗总章元年二月；《新唐书·高丽传》	前半部分引自《资治通鉴》，后半部分（“帝间”以下）引自《新唐书》记录
二十七年四月	《旧唐书》卷5《本纪第五》，高宗总章元年四月；《资治通鉴》卷201《唐纪十七》，高宗总章元年四月	前半部分（彗星见于毕昴之间）引自《旧唐书》，后半部分（“唐许敬宗曰”以下）引自《资治通鉴》
二十七年九月	《资治通鉴》卷201《唐纪十七》，高宗总章元年九月	以《资治通鉴》为原典，追加了高句丽自身的传承记录（信诚与小将乌沙饶苗等）
二十七年十月	《资治通鉴》卷201《唐纪十七》，高宗总章元年十月	
二十七年十二月	《资治通鉴》卷201《唐纪十七》，高宗总章元年十二月	
总章二年（669）四月	《资治通鉴》卷201《唐纪十七》，高宗总章二年四月	
咸亨元年（670）四月	《资治通鉴》卷201《唐纪十七》，高宗咸亨元年四月	
二年七月	《资治通鉴》卷202《唐纪十八》，高宗咸亨二年七月	
三年十二月	《资治通鉴》卷202《唐纪十八》，高宗咸亨三年十二月	以《资治通鉴》为原典，末尾引用《新唐书》（虏获二千人）
四年闰五月	《资治通鉴》卷202《唐纪十八》，高宗咸亨四年闰五月	

续表

《高句丽本纪》	中国史书	备注
仪凤二年（677）以下	《资治通鉴》卷202《唐纪十八》，高宗仪凤二年二月； 《旧唐书·高丽传》； 《新唐书·高丽传》； 《册府元龟》卷998《外臣部·奸诈》，仪凤二年二月； 高句丽自身传承记录	综合了多部中国史书，参考了国内的传承记录（天耀元年）。

[1] 应为"《唐纪十四》"。——译者注

[2]《资治通鉴》卷199《唐纪十五》，"太宗贞观二十二年九月"条记有薛万撤等征高丽班师的事件。关于月份的信息应是取自此条。

[3]《旧唐书·新罗传》中记为"未能克"。

[4] 同一内容也见于《资治通鉴》卷200《唐纪十六》，"高宗龙朔元年七月"条。

[5] 同一内容见于《册府元龟》卷135《帝王部·愍征役》。

[6]《资治通鉴》中记为"使其子献诚诣阙求救"。此外，《高句丽本纪》将"男生走保别城"改为"男生走据国内城"。

[7] 同一内容见于《旧唐书》卷5《高宗本纪下》，高宗麟德三年六月记录，"六月"的信息应是由此获得。

[8]《资治通鉴》中记为"辽东道行军大总管"。《新唐书·高丽传》中也有与此相关内容。

[9]《资治通鉴》中记为"郝处俊在高丽城下，未及成列，高丽奄至，军中大骇，处俊据胡床，方食干粮，潜简精锐，击败之，将士服其胆略"，《高句丽本纪》中记为"郝处俊在安市城下，未及成列，我军三万掩至，军中大骇，处俊据胡床，方食干粮，简精锐，击败之"，存在些许差异。划线部分应引自高句丽自身传承记录。

从中国史书引用的宝臧王时期的《高句丽本纪》的记录大致可分为五种类型。第一种是直接引用《资治通鉴》的记录或摘录部分内容加以引用的类型，占到从中国史书引用记录的50%。《三国史记》在引用《资治通鉴》时，改写了部分文字表达，关于月份的信息有时完全省略①，还有些情况是引用时发生错误②。

第二种是《三国史记》将《资治通鉴》的记录作为典据加以利用，根据撰述《高句丽本纪》的需要，中间和末尾还引用了《册府元龟》和《旧唐书》、《新唐书》等内容作为补充的类型。例如宝臧王三年正月、三年九月、四年四月、四年十月、六年十二月、七年九月、十七年六月、二十一年正月、二十五年、二十五年十二月、咸亨三年十二月等相关纪录。

第三种是《三国史记》将《资治通鉴》和其他中国史书中的内容综合起来加以撰述的类型。如宝臧王二年闰六月的记录中，唐太宗与长孙无忌对话的前半部分出自《资治通鉴》，太宗派遣使臣册封宝臧王为高句丽王的内容是来自《册府元龟》。宝臧王二十年四月的记录中，介绍唐军在征服高句丽之前出发的场面的部分出自《资治通鉴》，高宗亲自指挥唐军，蔚州刺史李君求挽留进言的内容引自《新唐书·高丽传》。

① 例如：《高句丽本纪》省略了月份，引用了《资治通鉴》中贞观二十一年（647）二月、三月、五月记录。

② 与《资治通鉴》的记录月份出现出入的情况有宝臧王四年正月、五年二月、七年九月、十九年十一月等。应看作是《三国史记》的编写者在引用《资治通鉴》时的失误。

宝臧王二十七年四月的记录也与此相似，李勣和薛仁贵等征讨高句丽的内容来自《资治通鉴》，前往辽东后回朝向高宗报告征讨高句丽战况的侍御使贾言忠进言的内容引自《新唐书·高丽传》。最后，宝臧王二十七年四月记录的前半部分来自《旧唐书》，后半部分来自于《资治通鉴》，对其记录进行了简略地引用。

第四种是以《资治通鉴》为原典进行撰述，再参照国内传承记录的类型。宝臧王四年四月、二十六年九月、二十七年九月的记录即为这样的例子，这些记录中引用国内传承资料的内容较为片断化。因此，《三国史记》在编纂的过程中虽然使国内传承资料得以流传，但其内容与中国史书中的内容相比非常疏略。《三国史记》应是以中国史书记录为典据，撰述《高句丽本纪》的同时，将中国史书中缺失的部分予以追加。第五种是引用《资治通鉴》以外其他中国史书的类型。宝臧王三年十月与二十年八月的记录即是以《新唐书·高丽传》为原典，二十五年六月的记录是以《旧唐书·高丽传》为原典的。以《册府元龟》的记录为原典进行撰述，末尾引用《旧唐书·高丽传》，在此基础上又加以补充的宝臧王七年九月的记录可包含在此种类型中。

另外，仪凤二年以下的记录是网罗中国史书和国内传承资料进行撰述的例子。

①仪凤二年，丁丑岁，春二月，以降王为辽东州都督，封朝鲜王，遣归辽，安辑余众。东人先在诸州者，皆遣与王俱归，仍移安东都护府于新城以统之。②王至辽东，谋叛，潜与靺鞨通。③开耀元年，④召还仰州，以永淳初死，赠卫尉卿，诏送至京师。⑤葬颉利墓左，树碑其阡，⑥散徒其人于河南，陇右诸州，贫者留安东城傍旧城。⑦往往没于新罗，余众散入靺鞨及突厥。高氏君长遂绝，⑧垂拱二年，以降王孙宝元为朝鲜郡王。⑨至圣历初，进左鹰扬卫大将军，更封忠诚国王，赐统安东旧部，不行。明年，以降王子德武为安东都督，后稍自国。至元和十三年遣使入唐献乐工。（《三国史记·高句丽本纪》第十，仪凤二年）

上述记录中①引自《资治通鉴》卷202《唐纪十八》“高宗仪凤二年二月”条的内容，《三国史记》将其中的“工部尚书高藏”改为“降王”、将“高丽”改为“东人”，省略了扶余隆相关的内容。②与③引用了《旧唐书·高丽传》的内容，在其中加入了国内传承资料中纪年的信息④；⑤和⑥，还有⑨是引自《新唐书》；⑦和⑧引自《旧唐书·高丽传》。可见，仪凤二年以下的记录是《三国史记》的编纂者将《资治通鉴》、《旧唐书》和《新唐书》高丽传的内容加以编辑记录而成的，即揣度这些编写意图进行撰述的代表性事例。

如前所述，《三国史记》的编纂者将中国史书中记录的高句丽与中原王朝之间交涉、战争相关的内容引到《高句丽本纪》当中。除此之外，《三国史记》的编纂者还引用了《新罗本纪》和《百济本纪》等国内资料的内容，另外，又追加了新的内容、补注和史论，完成了《高句丽本纪》中长寿王至宝臧王时期的内容。关于此种情况将在下一章予以详述。

三、国内资料的引用与《高句丽本纪》记录的完成

（一）对《新罗本纪》、《百济本纪》的引用与性质

根据对《新罗本纪》原典的追溯，发现有很多引用了《杂志》和《列传》的情况。[①] 但是在《高句丽本纪》中却没有发现以《杂志》为原典的情况。一方面，从长寿王时期到宝臧王时期的高句丽人物，如乙支文德、渊盖苏文、泉男生、泉献诚等均已在列传中立传。虽然在用语上有一些出入，但在列传中找不到超出《高句丽本纪》与中国史书记录的内容。那么，《高句丽本纪》中引用的国内资料中能追溯原典的只有《百济本纪》和《新罗本纪》。首先，将高句丽与新罗间的战争、交涉记事整理如下：

表6　高句丽与新罗战争和交涉记事一览（长寿王时期之后）

年代	《高句丽本纪》	《新罗本纪》
长寿王十二年（424）	二月，新罗遣使修聘，王劳慰之特厚。	二月，遣使高句丽修聘。（讷祇麻立干八年）
长寿王二十八年（440）	新罗人袭杀边将，王怒将举兵讨之，罗王遣使谢罪，乃止。	七月，高句丽边将猎于悉直之原，何瑟罗城主三直出兵掩杀之。丽王闻之怒，使来告曰："孤与大王，修好至欢也。今出兵杀我边将，是何义耶。"乃兴师侵我西边，王卑辞谢之，乃归。（讷祇麻立干三十四年）
长寿王四十二年（454）	七月，遣兵侵新罗北边。	八月，高句丽侵北边。（讷祇麻立干三十八年）
长寿王五十六年（468）	二月，王以靺鞨兵一万，攻取新罗悉直州城。	春，高句丽与靺鞨北边悉直城。（慈悲麻立干十一年）
长寿王七十七年（489）	九月，遣兵侵新罗北边，陷孤山城。	九月，高句丽袭北边至戈岘。十月陷孤山城。（炤知麻立干十一年）
文咨明王三年（494）	七月，我军与新罗人，战于萨水之原，罗人败保犬牙城，我兵围之。百济遣兵三千援新罗，我兵引退。	七月，将军实竹等与高句丽战萨水之原，不克。退保犬牙城，高句丽兵围之。百济王牟大遣兵三千，救解围。（炤知麻立干十六年）
文咨明王四年（495）	八月，遣兵围百济雉壤城，百济请救于新罗，罗王命将军德智，率兵来援，我军退还。	八月，高句丽围百济雉壤城，百济请救。王命将军德智率兵以救之。高句丽众溃，百济王遣使来谢。（炤知麻立干十七年）

① 〔韩〕全德在：《〈三国史记·新罗本纪〉中古期记录的原典与完成》，《历史学报》第226辑，2015年；〔韩〕全德在：《〈三国史记·新罗本纪〉中晚期记录的原典与完成》，《大邱史学》第120辑，2015年。

续表

年代	《高句丽本纪》	《新罗本纪》
文咨明王五年（496）	七月，遣兵攻新罗牛山城，新罗兵出击泥河上，我军败北。	七月，高句丽来攻牛山城，将军实竹出击泥河上破之。（炤知麻立干十八年）
文咨明王六年（497）	八月，遣兵攻新罗牛山城，取之。	八月，高句丽攻陷牛山城。（炤知麻立干十九年）
阳原王四年（548）	正月，以濊兵六千攻百济独山城，新罗将军朱珍来援，故不克而退。	二月，高句丽与秽人攻百济独山城，百济请救。王遣将军朱玲领劲卒三千击之，杀获甚众。（真兴王九年）
阳原王六年（550）	正月，百济来侵，陷道萨城，3月，攻百济金岘城，新罗人乘间取二城。	正月，百济拔高句丽道萨城，3月，高句丽陷百济金岘城。王乘两国兵疲，命伊飡异斯夫出兵击之，取二城增筑，留甲士一千戍之。（真兴王十一年）
阳原王七年（551）	新罗来攻，取十城。	王命居柒夫等侵高句丽，乘胜取十郡。（真兴王十二年）
婴阳王十四年（603）	王遣将军高胜攻新罗北汉山城，罗王率兵过汉水，城中鼓噪相应，胜以彼众我寡，恐不克而退。	八月，高句丽侵北汉山城，王亲率兵一万以拒之。（真平王二十五年）
婴阳王十九年（608）	二月，命将袭新罗北境，虏获八千人。四月，拔新罗牛鸣山城。	二月，高句丽侵北境，虏获八千人。四月，高句丽拔牛鸣山城。（真平王三十年）
荣留王十二年（629）	八月，新罗将军金庾信来侵东边，破娘臂城。	八月，王遣大将龙春舒玄，副将军庾信，侵高句丽娘臂城，丽人出城列阵，军势甚盛，我军望之惧，殊无斗心。庾信曰……斩杀五千余级，其城乃降。（真平王五十一年）
荣留王二十一年（638）	十月，侵新罗北边七重城，新罗将军阏川逆之，战于七重城外，我兵败衄。	十月，高句丽侵北边七重城，百姓惊扰入山谷。王命大将军阏川安集之。十一月，阏川与高句丽战于七重城外，克之，杀虏甚众。（善德女王七年）
宝臧王元年（642）	新罗谋伐百济，遣金春秋乞师，不从。	冬，王将伐百济以报大耶之役，乃遣伊飡金春秋于高句丽以请师。初大耶之败也……便诣王曰："臣愿奉使高句丽请兵以报怨于百济。"王许之。高句丽王高臧……入高句丽南境。丽王闻之，放春秋以还。（善德女王十一年）
宝臧王二十年（661）	五月，王遣将军恼音信领靺鞨众，围新罗北汉山城。浃旬不解，新罗饷道绝，城中危惧。忽有大星落于我营，又雷雨震击，恼音信等疑骇引退。	五月九日（一云十一日），高句丽将军恼音信与靺鞨将军生偕合军，来攻述川城，不克。移攻北汉山城，列抛车飞石。所当陴屋辄壞。城主大舍科陁川使人掷铁蒺于城外，人马不能行。又破安养寺廪廥，输其材，随城坏处，即构为楼橹，结絙网，悬牛马皮棉衣，内设弩炮以守。时，城内只有男女二千八百人，城主冬陁川能激励少弱以敌强大之贼，凡二十余日。然粮尽力疲，至诚告天。忽有大星落于贼营，又雷雨以震，贼疑惧，解围而云。王嘉奖冬陁川，擢位大奈麻。（太宗武烈王八年）

在广开土王时期之前的《高句丽本纪》中，发现了多处以《新罗本纪》为原典的事例。[①] 长寿王之后的《高句丽本纪》也表现出同样的倾向，《高句丽本纪》记录比《新罗本纪》的内容还少的情况有阳原王六年正月、荣留王十二月、荣留王二十一年十月、

① 〔韩〕李康来：《论〈三国史记〉本纪间的共有记事》，载《〈三国史记〉典据论》，民族社 1996 年版；〔韩〕林起焕：《〈高句丽本纪〉典据资料的谱系与性质》，《韩国古代史研究》第 42 辑，2006 年；〔韩〕全德在：《〈三国史记·高句丽本纪〉的原典与完成——以广开土王时期之前的记录为中心》，《东洋学》第 64 辑，2016 年。

宝臧王原年、宝臧王二十年五月等。这些《高句丽本纪》中的记录，找不到在《新罗本纪》中没有的信息，因此，可以判断为这些内容是《三国史记》引用了《新罗本纪》撰写的，其中阳原王六年正月的记录在《百济本纪》（圣王二十八年正月记录）中也有相同内容，但是此处摘掉了百济将军达已率领军士万名攻打高句丽道萨城的记录。《新罗本纪》和《百济本纪》中并没有关于达已的信息，《百济本纪》的记录应是以百济自身传承资料为原典的。

另一方面，《高句丽本纪》中有新罗人袭击高句丽、杀害高句丽边将，和针对此事两国矛盾升级的事件，记录于长寿王二十八年，但在《新罗本纪》中则记于讷祇麻立干三十四年七月的记录中。将《新罗本纪》和《百济本纪》的记录比较来看，尽管是同一历史事件，但前者与后者的纪年大概存在 10 年的差距。[①] 还有前文提及的《三国史记》将中国史记的记录引至《高句丽本纪》的过程中出现过多次未直接接受月份信息的情况，这与《新罗本纪》讷祇麻立干三十四年七月的记录内容更多的事实综合分析来看，长寿王二十八年记录的原典为《新罗本纪》的可能性更大。[②]

长寿王十二年二月记录比讷祇麻立干八年二月记录的信息更丰富。长寿王五十六年二月的记录与慈悲麻立干十一年春的记录比较来看，前者记录了高句丽王派一万靺鞨兵攻打新罗的事件，而后者关于此事的记录全然不见。《高句丽本纪》关于两次事件的记录应都是来自于高句丽自身的传承资料，而且《新罗本纪》与《高句丽本纪》中的内容大同小异，不知《新罗本纪》记录的原典是否为《高句丽本纪》。婴阳王十四年与真平王二十五年八月的记录都是关于高句丽攻击北汉山城的，但是前者传达了高句丽铁将军的名字为高胜的信息，但此信息并示出现在后者中。相反后者记录了新罗真平王亲率大兵一万抵抗高句丽军的事件，但前者并未记录此事。像这样二者记录内容存在的差异，也说明二者的原典为各自的传承资料。

与此相似的事例还有一处。阳原王四年正月与真兴王九年二月的记录比较来看，前者记为“濊”、“朱珍”，后者记为“穢”、“朱玲”，前者记录了高句丽派濊兵六千攻打百济独山城，后者全然不提此事，与之相反，后者记录了新罗接受百济求助，新罗将军朱玲领军三千与高句丽军相抗之事。《百济本纪》圣王二十六年正月的记录中也有同一内容，但在此处，不仅言及独山城位于汉水以北，还记录了新罗将军朱珍不分昼夜在独山城下与高句丽军厮杀大破敌军这一与《高句丽本纪》完全不同的

---

① 《新罗本纪》中新罗人阿飡吉宣谋反事发流亡百济的事件和由此引发的新罗和百济间冲突的事实被记录在“阿达罗尼师今十二年（165）十月”条中，而在《百济本纪》中则是出现在“盖娄王二十八年（155）十月”条中。还有百济侵略新罗腰车城的事件记录在《新罗本纪》“奈解尼师今十九年（214）七月”条中，《百济本纪》则在“肖古王三十九年（204）七月”记录了此事。

② 〔韩〕郑好燮：《论〈三国史记·高句丽本纪〉4—5 世纪的记录》，《新罗文化》第 38 辑，2011 年。

内容。[①]《高句丽本纪》、《百济本纪》、《新罗本纪》中的信息各不相同，这也应是各本纪将本国记录作为原典的结果。

除此之外，长寿王四十二年七月与讷祇麻立干三十八年八月的记录，长寿王七十七年九月与炤知麻立干十一年九月、十月的记录，文咨明王三年七月与炤知麻立干十六年七月的记录，文咨明王四年八月与炤知麻立干十七年八月的记录，文咨明王六年八月与炤知麻立干十九年八月的记录，阳原王七年与真兴王十二年的记录，婴阳王十九年二月、四月与真平王三十年二月、四月的记录在信息的量上相仿。但是“炤知麻立干十六年七月”条记有新罗将军实竹与百济牟大王（东城王）派军士三千的事件，反之，虽然在内容上大同小异，《高句丽本纪》文咨明王三年八月记录中未提实竹与牟大王之事。《百济本纪》东城王十六年七月记录中记有同一事件，但此处并未言及实竹。综上，《新罗本纪》的记录具有最为丰富的信息量，同时反映出《高句丽本纪》和《百济本纪》在此事件上应是引用了《新罗本纪》。

文咨明王四年八月与炤知麻立干十七年八月的记录中均包含了将军德智的相关内容。同一事件出现在“百济本纪东城王十七年八月”条，但此处没有关于德智的信息。而且《新罗本纪》言及了百济王派遣使臣表示谢意的内容。综合这些信息，《高句丽本纪》与《百济本纪》的原典为《新罗本纪》应确凿无疑。《新罗本纪》真兴王十二年记录是原典是《居柒夫列传》，《三国史记》将《居柒夫列传》和以此为典据的传承记录整理成了真兴王十二年条的内容。因为无法得知居柒夫攻打高句丽的准确月份，所以将此内容置于该年份的末尾处。[②]《高句丽本纪》应是将《新罗本纪》的纪录重新凝缩后加以引用的，只是《三国史记》并没有传达关于高句丽实行与新罗不同的郡制的明确资料，因此，只能推测是将“郡”改书为“城”。由于可追溯的资料不足，余下的记录难以确定以何资料为原典，但通过对以上信息的考察，《三国史记》引用《新罗本纪》撰写《高句丽本纪》大致是合理的。[③]

以上考察了《高句丽本纪》中以《新罗本纪》为原典的事例。但有部分情况是虽与新罗相关，却没有引用《新罗本纪》而是引用了中国史书。《高句丽本纪》“荣留王九年”条中描写了百济与新罗遣使赴唐上言朝廷，高句丽阻其入朝，唐太宗派朱子奢前往高句丽训谕的内容，引用了《新唐书·高丽传》的记录。同一内容也现于《新罗本纪》，但“真平王四十七年十一月”条记录了新罗遣使赴唐告高句丽阻其入唐通路、

---

① 高句丽王平成与濊谋，攻汉北独山城。王遣使请救于新罗，罗王命将军朱珍，领甲卒三千发之。朱珍日夜兼程至独山城下，与丽兵一战，大破之。(《三国史记·百济本纪第四》，圣王二十六年正月)

② 〔韩〕李康来：《〈三国史记·列传〉的资料谱系》，《韩国古代史研究》第42辑，2006年；《〈三国史记〉形成论》，新书院2007年版，第273—274页。

③ 长寿王四十二年七月与讷祇麻立干三十八年八月关于月份的信息略有差异，《三国史记》编纂过程中失误的可能性比较大。

侵略新罗的内容，“真平王四十八年七月”条记录了唐高宗派朱子奢前往新罗训谕其与高句丽和亲的内容。《三国史记》的编纂者似乎是同时参照了中国史书和新罗自身传承资料撰述了《新罗本纪》的相关内容。① 荣留王九月的记录是《三国史记》在进行《高句丽本纪》的撰述过程中未参照新罗传承资料的例子。

“宝臧王二年九月”条记录了新罗派遣使臣入唐告百济与高句丽阻其进唐通路的内容，应是直接引用了《资治通鉴》。同一内容可见于《新罗本纪》“善德女王十二年九月”条，并且更为详细。但此条内容是将《册府元龟》卷991《外臣部·备御》“贞观十七年九月”条的部分内容改写而成。②《高句丽本纪》“宝臧王三年正月”条记录了唐派遣的使臣相里玄奖与渊盖苏文对话的内容，是以《资治通鉴》卷197《唐纪十三》，太宗贞观十七年九月与十八年正月、二月的记录为原典，同时插入了部分《册府元龟》卷995《外臣部·交侵》，唐太宗贞观十七年中的“盖苏文谓玄奖曰：‘我与新罗怨隙已久……其城邑皆据有之’”的内容。同一事件也现于《新罗本纪》“善德女王十三年正月”条中，其前半部分中的“太宗遣司农丞相里玄奖赍玺书……明年当出师击尔国矣”引自《册府元龟》卷991《外臣部·备御》“太宗贞观十七年”条，后半部分“盖苏文谓玄奖曰……苏文竟不从”引自《册府元龟》卷991《外臣部·备御》“唐太宗贞观十七年九月”条。如前所述，《高句丽本纪》记录中有相当程度是引自《资治通鉴》，与之相较，《新罗本纪》撰述的过程中比较多地利用了《册府元龟》。③ 以上两个例子也表现出了这样的倾向性。另一方面，记录高句丽与百济、靺鞨入侵新罗，新罗向唐遣臣寻求救援内容的《高句丽本纪》宝臧王十四年正月、二月，《新罗本纪》太宗武烈王二年正月、三月记录的原典为《资治通鉴》卷199《唐纪十五》“高宗永徽六年正月与二月”条。④

高句丽灭亡后，其遗民动向相关《高句丽本纪》的内容大部分引自中国史书。但“总章二年二月”条宝臧王庶子安胜率4000余户投降新罗内容的原典应是新罗的传承记录，中国史书中“安胜”被记为“安舜”，为宝臧王的外孙。但是同一内容并不见于《新罗本纪》，《三国史记》的编纂者应是参照了新罗的某处古记。《新罗本纪》中也有与安胜相似的高句丽遗民动向记录，与唐交战的记录也相对详细。但是《三国史记》全然不参照《新罗本纪》，只引用了中国史书的内容撰述了《高句丽本纪》。比起国内的传承记录，《高句丽本纪》的撰述主要是引用了中国史书的资料。

---

① 中国史书中无全法找到真平王四十八年七月朱子奢来新罗的内容，因此相关内容应是引自新罗自身传承记录。

② 〔韩〕全德在：《〈三国史记·新罗本纪〉中古期记录的原典与完成》，《历史学报》第226辑，2015年。

③ 〔韩〕全德在：《〈三国史记·新罗本纪〉中古期记录的原典与完成》，《历史学报》第226辑，2015年。〔韩〕全德在：《〈三国史记·新罗本纪〉中晚期记录的原典与完成》，《大邱史学》第120辑，2015年。

④ 《新罗本纪》在撰述的过程中将二月误记为三月。

广开土王时期之前的《高句丽本纪》记录中有不少内容是引自《百济本纪》[①]，长寿王时期以后的情况也大体相同，现将高句丽与百济之间战争和交涉的记事整理如下：

表 7　高句丽与百济战争和交涉相关记事一览（长寿王时期以后）

年代	《高句丽本纪》	《百济本纪》
长寿王五十七年（469）	八月，百济兵侵入南鄙。	八月，遣将侵高句丽南鄙。（盖卤王十五年）
长寿王六十三年（475）	九月，王帅兵三万，侵百济，陷王所都汉城，杀其王扶余庆，虏男女八千而归。	九月，丽王巨琏帅兵三万来围王都汉城……至是，高句丽对卢齐于再曾桀娄古尔万年（再曾古尔皆复姓）等帅兵，来攻北城，七日而拔之。移攻南城，城中危恐。王出逃，丽将桀娄等见王下马拜已，向王面三唾之，乃数其罪，缚送于阿且城下戕之。 桀娄万年本国人也，获罪逃窜高句丽。（盖卤王二十一年）
长寿王六十六年（478）	百济燕信来投。	春，佐平解仇与恩率燕信聚众，据大豆城叛。王命佐平真男以兵二千讨之，不克，更命德率真老，帅精兵五百，击杀解仇，燕信奔高句丽，收其妻子，斩于熊津市。（三斤王二年）
文咨明王三年（494）	七月，我军与新罗人，战于萨水之原，罗人败犬牙城，我兵围之。百济遣兵三千援新罗，我兵引退。	七月，高句丽与新罗战萨水之原。新罗不克，退保犬牙城，高句丽围之，王遣兵三千救解围。（东城王十六年）
文咨明王四年（495）	八月，遣兵围百济雉壤城，百济请救于新罗，罗王命将军德智，率兵来援，我军退还。	八月，高句丽来围稚壤城，王遣使新罗请救，罗王命将军德智帅兵救之，丽兵退归。（东城王十七年）
文咨明王八年（499）	百济民饥，二千人来投。	夏大旱，民饥相食，盗贼多起。臣寮请发仓赈救，王不听，汉山人亡人高句丽者二千。（东城王二十一年）
文咨明王十一年（502）	十一月，百济犯境。	十一月，遣兵侵高句丽边境。（武宁王二年）
文咨明王十二年（503）	十一月，百济遣达率优永，率兵五千来侵水谷城。	十一月，遣达率优永，帅兵五千，袭高句丽水谷城。（武宁王元年）
文咨明王十五年（506）	十一月，遣将伐百济，大雪，士卒冻皲而还。	七月，靺鞨来侵，破高木城，杀虏六百余人。（武宁王六年）
文咨明王十六年（507）	十月，王遣将高老与靺鞨谋，欲攻百济汉城，进屯于横岳下，百济出师逆战，乃退。	十月，高句丽将高老与靺鞨谋，欲攻汉城，进屯于横岳下，王出师战退之。（武宁王七年）
文咨明王二十一年（512）	九月，侵百济陷加弗圆山二城，虏获男女一千余口。	九月，高句丽袭取加弗城，移兵破圆山城，杀掠甚众，王帅勇骑三千，战于苇川之北。丽人见王军少，易之，不设阵，王出奇急击，大破之。（武宁王十二年）

---

① 〔韩〕李康来：《论〈三国史记〉本纪间的共有记事》，载《〈三国史记〉典据论》，民族社 1996 年版；〔韩〕林起焕：《〈高句丽本纪〉典据资料的谱系与性质》，《韩国古代史研究》第 42 辑，2006 年；〔韩〕全德在：《〈三国史记·高句丽本纪〉的原典与完成——以广开土王时期之前的记录为中心》，《东洋学》第 64 辑，2016 年。

续表

年代	《高句丽本纪》	《百济本纪》
安臧王五年（523）	八月，遣兵侵百济。	八月，高句丽兵至涢水，王命左将志忠，帅步骑一万出战退之。（圣王元年）
安臧王十一年（529）	十月，王与百济战于五谷城，克之，杀获二千余级。	十月，高句丽王兴安躬帅兵马来侵，拔北鄙穴城。命佐平燕谟领步骑三万，拒战于五谷之原，不克，死者二千余人。（圣王七年）
安原王十年（540）	九月，百济围牛山城，王遣精骑五千，击走之。	九月，王命将军燕会，攻高句丽牛山城，不克。（圣王十八年）
阳原王四年（548）	正月，以濊后六千攻百济独山城，新罗将军朱珍来援，故不克而退。	正月，高句丽王平成与濊谋，攻汉北独山城。王遣使请救于新罗，罗王命将军朱珍，领甲卒三千发之。朱珍日夜兼程至独山城下，与丽兵一战，大破之。（圣王二十六年）
阳原王六年（550）	正月，百济来侵，陷道萨城。三月，攻百济金岘城，新罗人乘间取二城。	正月，王遣将军达己，领兵一万，攻取高句丽道萨城。三月，高句丽兵围金岘城。（圣王二十八年）
阳原王十年（554）	冬，攻百济熊川城，不克。	十月，高句丽大举兵来攻熊川城，败衄而归。（威德王元年）
婴阳王十八年（607）	五月，遣师攻百济松山城，不下，移袭石头城，虏男女三千而退。	五月，高句丽来攻松山城，不下，移袭石头城，虏男女三千而归。（武王八年）

如前所述，文咨明王三年七月与东城王十六年七月、文咨明王四年八月与东城王十七年八月，阳原王六年正月记录的原典为《新罗本纪》，阳原王四年正月记录来自高句丽自身传承记录，《百济本纪》圣王二十六年正月与二十八年正月的记录是以百济自身传承记录为原典的。将长寿王六十六年与三斤王二年春条，文咨明王八年与东城王二十一年条，安臧王五年八月与圣王元年八月条，安臧王十一年十月与圣王七年十月条，阳原王十年冬与威德王元年十月条加以比较，发现《百济本纪》不仅比《高句丽本纪》的信息丰富，《高句丽本纪》无法找到超出《百济本纪》的内容。因此，此处言及的《高句丽本纪》记录应是对《百济本纪》加以凝缩予以引用的事例。

另一方面，将“长寿王六十三年九月”条与“盖卤王二十一年九月”条，“文咨明王二十一年九月”条与“武宁王十二年九月”条比较来看，后者的信息显然比前者丰富。但是《高句丽本纪》的两条记录中出现了《百济本纪》中不存在的内容。例如：“长寿王六十三年九月”条中记录了长寿王杀害扶馀庆（盖卤王），俘虏男女八千的事件，但“盖卤王二十一年九月”条中并没有提及此事。“文咨明王二十一年九月”条记录了高句丽攻打百济加弗与圆山二城，俘虏男女一千的事件，但“武宁王十二月九月”条中也不见关于此事的信息。因此，上述《高句丽本纪》的内容并不是引自《百济本纪》，而应看作是来自于高句丽自身的传承记录。除此之外，“安原王十年九月”条中记录了百济包围牛山城，王派精骑五千追击的事件，“圣王七年十月条”中记录了王命将军燕会攻打高句丽牛山城未果的内容。两条记录关于同事件的记述各异，应是分别来自各自的传承记录。《百济本纪》中没有与“文咨明王十五年十一月”条相对应的内容[①]，因此，此条也应是以高句丽自身传承记录为原典的。

“长寿王五十七年八月”条与“盖卤王十五年八月”条、“文咨明王十一年十一月”条与“武宁王二年十一月”条、“文咨明王十二年十一月”条与“武宁王元年十一月”条、“婴阳王十八年五月”条与“武王八年五月”条的信息量不相上下，其中“文咨明王十二年十一月”条中记有百济将军的名字达率优永。这个是值得一提的情况，此条的原典应是《百济本纪》“武宁王元年十一月”条。只是《三国史记》将《百济本纪》引入《高句丽本纪》的过程中将纪年误记了。另外，“文咨明王十六年十月”条与“武宁王七年十月”条均出现了高句丽将军高老，前者可看作是后者的原典。但问题是名为横岳的地名仅现于《高句丽本纪》“文咨明王十六年十月”条，余下的内容均仅现于《百济本纪》。[②]考虑到“横岳”为百济地名，在《高句丽本纪》中几乎不见的情况，“文咨明王十六年十月”条不是“武宁王七年十月”条的原典，后者为前者原典的说法更具合理性。余下的《高句丽本纪》与《百济本纪》内容中以何为原典难以判断，前者引用后者的情况更多些，因此推测《百济本纪》为原典的可能性更大。[③]

《高句丽本纪》中还有一些情况是虽然与百济相关，但并未引用《百济本纪》的内容，而是引用了中国史书。百济昌王（武德王）遣使入隋请作军导的内容记于婴阳王九年，是引用了《资治通鉴》卷178《隋纪二》“高祖开皇十八年九月”条的内容。同一事件也出现在《百济本纪》威德王五年九月，引自《隋书·百济传》。“阳原王二十三年七月”条记录了百济貌似协助隋军，实际上却是脚踩两只船的内容，是直接引用了《资治通鉴》卷181《隋纪五》“炀帝大业八年七月”条。《百济本纪》中同一内容分述于“武王十二年二月”条与“武王十三年”条。[④]与“武德王五年九月”条一样，均引自《隋书·百济传》。

前文曾提及“荣留王九年”记录的原典为《新唐书·高丽传》，反映同样内容的《百济本纪》武王二十七年记录[⑤]同时参考了《旧唐书·百济传》和《新唐书·百济

---

① 《三国史记·百济本纪》“武宁王六年七月”条中记录了靺鞨侵略高木城的内容，很难看出与“文咨明王十五年十一月”条的直接联系。

② 例如：《三国史记·百济本纪》“多娄王四年九月”条、“己娄王十七年八月”条、“辰斯王七年八月”条、“阿莘王十一年”条中出现了地名“横岳”。

③ 《三国史记·百济本纪》从东城王时期开始到圣王时期的内容记录汉城、雉壤城、水谷城、五谷之原等汉江流域与黄海道地区百济与高句丽交战的情况。当时汉江流域由高句丽占据，因此应对这些记录进行批判性分析。日后有计划对《三国史记·百济本纪》的原典进行探讨，关于《三国史记·百济本纪》的相关内容请容日后再述。

④ “武王十二年”条记录了百济派国智牟入隋请军期，炀帝派席律前往百济与其谋议的内容，“十三年”条记录了百济脚踩两只船的内容。

⑤ 遣使入唐献明光铠，因讼高句丽梗道路，不许来朝上国。高祖遣散骑常侍朱子奢来，诏谕我及高句丽，平其怨。（《三国史记·百济本纪》第五，武王二十七年）

传》。[①]“宝臧王九年九月”条，如前所述，引用了《资治通鉴》的内容，同一内容也可在“义慈王三年十一月”条中发现。义慈王三年十一月，百济与高句丽谋议攻打党项城，出兵攻城的内容并未出现在中国史书中。因此义慈王三年十一月记录的原典应为百济自身传承记录，宝臧王三年正月记录以《资治通鉴》为原典，中间加入了《册府元龟》的内容。描述同样内容的义慈王四年正月记录引用了《资治通鉴》的内容。[②]如表5所示，“宝臧王十四年正月”条的原典为《资治通鉴》。记录与此相同内容的“义慈王十五年八月”条的前半部分“王与高句丽靺鞨侵攻破新罗三十余城”引自《旧唐书·新罗传》，后半部分“新罗王金春秋遣使如唐，表称‘百济与高句丽靺鞨侵我北界，没三十余城’”引自《旧唐书·百济传》。[③]但《资治通鉴》中关于百济与高句丽、靺鞨一同侵略新罗的时间被记为644年正月，发生于该年八月的记录并未现于中国史书。此处《三国史记》在记述此内容应是参照了百济自身的传承记录。

综上，考察了从长寿王时期到宝臧王时期《高句丽本纪》引用《百济本纪》的情况。虽然大量引用了《百济本纪》，但在与百济相关的记录中可以发现不少以高句丽自身传承记录为原典的例子。广开土王以前与百济相关的记录大部分以《百济本纪》的记录为原典，前后形成对比。[④]另外，《三国史记》在撰述《高句丽本纪》时主要引用了《资治通鉴》，与《新罗本纪》相同，在撰述《百济本纪》时参照了《资治通鉴》以外的一些史书。这一点体现了《三国史记》在引用中国史书时的态度，是很值得注意的。

（二）《旧三国史》的内容与《高句丽本纪》记录的完成

前文已考察了长寿王以后《高句丽本纪》中引用中国史书和《新罗本纪》、《百济本纪》的情况。如表3所示，这一时期《高句丽本纪》的记录约有87%引自中国史书或《新罗本纪》和《百济本纪》。剩下记录的原典大部分是来自高句丽自身传承记录。

---

① 七年又遣大臣，奉表朝贡，高祖嘉其诚欸，遣使就册为带方郡百济王，自是岁，遣朝贡高祖，抚劳甚厚，因讼高丽闭其道路，不许来通中国，诏遣朱子奢往和之。（《旧唐书·百济传》）后五年，献明光铠，且讼高丽梗贡道，太宗贞观初，诏使者平其怨。（《新唐书·百济传》）《资治通鉴》卷192《唐纪八》“高祖”条与《旧唐书·百济传》都记录了武德九年唐将朱子奢派往高句丽等国的内容。《旧唐书·百济传》中记为武德七年（624）派遣朱子奢。另外，《新唐书·百济传》将唐派遣使臣的时间记为贞观初年。《三国史记》的编纂者接受了《资治通鉴》与《旧唐书·百济传》记录的年份，内容上则是综合了《旧唐书·百济传》和《新唐书·百济传》的记录，撰述了武王二十七年的内容。

② 但“义慈王四年正月”条中“王奉表陈谢”的内容并未出现在中国史书中。

③ （永徽）六年，百济与高丽靺鞨率兵，侵其北界攻陷三十余城，春秋遣使上表求救。（《旧唐书·新罗传》）（永徽）六年，新罗王金春秋，又表称，百济与高丽靺鞨侵其北界，已没三十余城。（《旧唐书·百济传》）

④ 相关内容参见〔韩〕全德在：《〈三国史记·高句丽本纪〉的原典与完成——以广开土王时期之前的记录为中心》，《东洋学》第64辑，2016年。

众所周知，《三国史记》在撰述《高句丽本纪》时主要以《旧三国史》为典据[①]，应该说高句丽自身的传承记录大部分是来源于《旧三国史》的。因此，对高句丽自身传承记录的考察应该是归结到探究《旧三国史》长寿王以后的高句丽记录具有什么性质的问题。

表8是将长寿王以后《高句丽本纪》记录中以高句丽自身传承资料为原典进行分类整理的情况。如表3所示，安原王与阳原王时期来自国内传承记录占压倒性的比重，其次是安臧王与平原王时期，长寿王、婴阳王、宝臧王时期的记录更多地引用中国史书。特别是婴阳王时期，如前所述，除了其即位年和薨年的记事，来自高句丽自身传承记录的内容不过3处。

另外，高句丽自身传承记录为原典的安原王时期记录共有17处，其中灾异记事7处，疫病记事1处，灾异记事2处。除即位和薨年记事外，灾异等记事所占比例约为66.7%，除此之外，太子册封记事1处，中原王朝的遣使记事3处，与百济进行战争的记事1处。宝臧王时期国内传承记录所占比例不过5.3%，这其中关于变故的记事8处，灾异记事1处，天变记事1处。除即位年记事外，占全部国内传承记录的58.8%。与百济义慈王时期相同，高句丽因在宝臧王时期灭亡，将高句丽灭亡合理化的说法在统一新罗时代被采录，反映在国内传承资料中。

长寿王之后的《高句丽本纪》中有13处记录来源于高句丽自身或国内传承记录。除了形式上必须予以记述的即位年与薨年以外的记录有114处，可以说这些构成了《旧三国史》长寿王时期之后高句丽记录的基础。长寿王时期之后，《高句丽本纪》中以高句丽自身或国内传承记录的情况涉及国王与王室相关记事、灾异与天变相关记事、对外交涉记事、政治相关记事、宗教与学术记事和其他记事。其中比例最大的是灾异与天变记事，占40.4%；其次是对外交涉，占25.4%；此外，国王与王室、政治相关记事较少，各占14.9%和10.5%。通过分析，长寿王以后《旧三国史》高句丽记录中灾异与天变及对外交涉约占三分之二，政治与宗教、文化、学术等占的比重较小。以《留记》作为基本原典的故国原王之前《高句丽本纪》中国王与王室及官吏任命等政治相关记事约占50%，与长寿王之后的情况形成对比。[②]

① 〔韩〕全德在：《〈三国史记·高句丽本纪〉的原典与完成——以广开土王时期之前的记录为中心》，《东洋学》第64辑，2016年。

② 〔韩〕林起焕：《〈高句丽本纪〉典据资料的谱系与性质》，《韩国古代史研究》第42辑，2006年，《高句丽本纪》国内记事内容构成表中故国原王之前的记录中王与王室相关的记事有96处、政治关系记事25处，灾异与天文记事73处，对外关系记事39处。虽然根据来源于高句丽自身传承记录与否各类型的数量略有出入，但这样的统计结果对理解以《留记》为基本原典的故国原王之前的《高句丽本纪》记录的性质没有太大的问题。

表 8 《高句丽本纪》（长寿王至宝臧王）的国内传承记录构成一览 1

国王	国王 / 王室相关记事							灾异 / 天灾记事			对外交涉记事		
	即位薨年	太子王室	祭祀	田猎	巡幸	宴会	赈恤赦免	灾异饥馑疫病	天变	祥瑞变异	遣使修聘	册封	战争
长寿王	2			1		1		2		1	6		2
文咨明王	2	1		1	1			5		1	1		2
安臧王	2		1	1			1	2			2		
安原王	2	1						8		2	3		1
阳原王	2	1				1		1	2	4			3
平原王	2	1	1	1			1	5	1	1	2		
婴阳王	2											1	1
营留王	1		1						1		3		
宝臧王	1	1						1	1	8			1
合计	16	5	3	4	1	2	2	24	5	17	17	1	11

说明：本表只计算了未引用中国史书或《新罗本纪》或《百济本纪》，仅以高句丽自身传承记录为原典的记事，灾异、饥馑以及相关的慰问、赈恤、修省等。筑城与宫室修理记录作为与政治相关的内容，唐派陈大德前往高句丽属于遣使记事。除此之外，荣留王二年四月与五月的记录包含于始祖庙祭祀，宝臧王时期的记录仅限于高句丽灭亡前（668 年）。

表 9 《高句丽本纪》（长寿王至宝臧王）的国内传承记录构成一览 2

国王	政治相关记事					宗教、学问记事			其他	合计
	官吏任命	迁都	筑城修宫	叛乱弑害	投降	史书编纂	佛教	道教		
长寿王		1								16
文咨明王					1		1		1（梁高祖即位）	18
安臧王										9
安原王										17
阳原王			3	1						18
平原王		1	1						1（劝农）	18
婴阳王						1				5
营留王			2	1				1		10
宝臧王	1						1	1	3[1]	19
合计	1	2	6	2	1	1	2	2	5	130

[1] 此处网罗了宝臧王四年五月记录中"对卢高正义"相关的内容、宝臧王二十七年正月记录中将郝处俊和金仁问任命为辽东道副大总管刘仁轨副将的内容、二十七年九月记录中"信城与小将乌沙饶苗等"相关内容。

引用中国史书的记录中，出现了一些中国史书中没有记载的人物和特定的事实。[①]在这些内容里出现了一些未见于中国史书的用语、字句和人名，应是出自国内传承记录，之所以未作为原典，可能是由于其信息量与中国史书相似或较少。《三国史记》主要以中国史书为原典撰述《高句丽本纪》的同时，将仅存于高句丽自身传承记录的用语和字语摘录到其中。除此之外长寿王时期以后《高句丽本纪》的记录中，人物的逸话、历史事件的始末等比较详细的长文很难在高句丽的自身传承记录中找到，同时，以高句丽自身传承记录为原典记录中原王朝与王室、政治关系的内容不过25%，可以认为，虽然婴阳王十一年太学博士李文真将100卷《留记》删修编撰成6卷的《新集》，但《留记》编撰后历史整理的实录或史书应不曾存在，或者是即便曾经存在，在统一新罗时期也已经亡失了，在《旧三国史》中全然没有体现。

通过《东明王篇》中传达的内容可知《旧三国史》中记录了大量的关于高句丽建立神话的内容。据推测，以《留记》为基本原典的美川王时期之前的记录应是比较丰富的。前文已疏略地言及了《旧三国史》长寿王时期之后《高句丽本纪》的记录，如前所述，《旧三国史》长寿王时期之前与之后的高句丽记录的编纂相差悬殊，因此，《三国史记》的编纂者积极地引用了新得的《资治通鉴》与《册府元龟》，对《旧三国史》进行了补充，重新撰写了《三国史记》。[②]

《三国史记》将《旧三国史》高句丽的记录大体引用后，又直接引用了中国史书、《新罗本纪》和《百济本纪》的内容，一部分内容进行了适度的摘录，成为《高句丽本纪》的框架，然后追加部分新的内容，或对中国史书记录的错误、官职与人名的不同标记做补注，进而针对部分事件立足本身的历史观发表或褒或贬的史论，最终完成了长寿王时期之后《高句丽本纪》。以下是《旧三国史》或《三国史记》的编纂者可能追加的记录。

> 民奴各等奔降于魏，各赐田宅。<u>是魏高祖延兴元年也</u>。（《三国史记·高句丽本纪》第六，长寿王五十九年，秋九月）
>
> 王薨，号为文咨明王，魏灵太后举哀于东堂，遣使策赠车骑大将军。<u>时，魏肃宗年十岁，太后临朝称制</u>。（《三国史记·高句丽本纪》第七，文咨明王二十八年）

---

① 例如：荣留王二十四年记录中有中国史书中未见的内容“大德因奉使，觇国虚实，吾人不知”，宝臧王四年五月记录出现了中国史书中未见的对卢的名字“高正义”，宝臧王二十七年九月记录中有中国史书中未见的“信诚与小将乌沙饶苗等”。

② 相关内容请参见〔日〕田中俊明：《〈三国史记〉中国史书引用记录的再检讨》，《朝鲜学报》第104辑，1982年，指出《资治通鉴》的传入为修编《三国史记》提供的契机。

> 帝受俘于含元殿，以王政非己出，赦以为司平太沉伯员外同正……以右威卫大将军薛仁贵检校安东都护，总兵二万人以镇抚之，是高宗总章元年戊辰岁也。（《三国史记·高句丽本纪》第十，宝臧王二十七年十月）

除以上记录之外，还发现了于末尾处标示中国纪年的情况，大武神王十五年十二月、故国川王十一年记录便是如此。《东明王篇》引用了《旧三国史》的记录，在《东明王篇》中就出现了标明中国纪年的情况[①]，据此可推论最早标明中国纪年的就是《旧三国史》。大武神王十五年二月记录的原典是《后汉书·高句丽传》，故国川王十九年与东川王十一年记录是以高句丽自身传承记录为原典的。与之相较，长寿王五十九年九月记录的原典为《魏书》卷7《高祖纪》“高祖（孝文帝）延兴元年九月”条，宝臧王二十七年十月的记录以《资治通鉴》卷201《唐纪十七》“高宗总章元年九月”记录为主要原典。以高句丽自身传承记录为原典的内容末尾加标中国纪年的现象，虽然不能排除是《旧三国史》作者所为的可能性[②]，但引用中国史书再加标纪年的行为应理解为《三国史记》的作者更为合理。另外，文咨明王二十八年记录的末尾划线部分无法在中国史书中找到，应看作是《三国史记》在《高句丽本纪》中追加内容的代表性事例。《旧三国史》或《三国史记》可能改书的例子还有一处。

> 王以靺鞨兵一万，攻取新罗悉直州城。（《三国史记·高句丽本纪》第六，长寿王五十六年，春二月）

《新罗本纪》“慈悲麻立干十一年春”的记录也有同一内容，但不见长寿王派一万名靺鞨兵的内容，前文言及以上记录是以高句丽自身传承记录为原典的。《新罗本纪》中表明了高句丽攻打的地方叫悉直城，上述记录中标示作“悉直州城”。《新罗本纪》中表明智证王六年二月设置了悉直州，以异斯夫为军主。但新罗中古期设置的州分为上州、下州和新州，因此智证王六年设置悉直州的说法有待判断，应该理解为6停军团在悉直地区驻军，将异斯夫任命为指挥官军主。[③]根据以往的研究，《新罗本纪》从真兴王到真德女王时期关于“州”的记录，应是从神文王五年至景德王十六年被全面改动过。[④]因此，“悉直城”作“悉直州城”应是新罗中期以后的事，统一新罗人对高

---

① “汉神雀三年壬戌岁”条、“神雀四年癸亥岁夏四月”条、“前汉鸿嘉四年夏四月”条等也是同样的情况。

② 〔韩〕林起焕：《〈高句丽本纪〉典据资料的谱系与性质》，《韩国古代史研究》第42辑，2006年，指出《海东古记》即指《旧三国史》，是《海东古记》的作者加标的中国纪年。

③ 〔韩〕全德在：《异斯夫的家系与政治地位》，《史学研究》第115辑，2014年。

④ 〔韩〕全德在：《〈三国史记·新罗本纪〉中古期记录的原典与完成》，《历史学报》第226辑，2015年。

句丽相关记录作系统整理的可能性较小，将“悉直城”改为“悉直州城”的应是《旧三国史》或《三国史记》的编纂者。现在虽然不能断言，但与新罗的传承资料中发现“悉直州”和“悉直城”的现象相较，找不到“悉直州城”的字样，可能是参照了新罗古记中高句丽相关记录将其记为“悉直州”或“悉直城”。《三国史记》的编纂者发现《新罗本纪》中“悉直城”以外还有“悉直州”，因此将“悉直城”或“悉直州”改为了“悉直州城”。

《三国史记》将新的内容加入《高句丽本纪》，追加了补注和史论，完成了《高句丽本纪》，长寿王时期以后的《高句丽本纪》的补注中除王名与王讳相关内容整理如下：

表 10 长寿王之后《高句丽本纪》中的补注一览（不包括王名与王讳）

年代	补注
文咨明王十七年（508）	可抚军（一作东）大将军开府仪同三司。
安臧王十三年（531）	夏五月，王薨，号为安臧王。（是梁中大通三年，魏普泰元年也。《梁书》云，安臧王在位第八年普通七年卒，误也。）
安原王十五年（545）	春三月，王薨，号为安原王。（是梁大同十一年，东魏武定三年也。《梁书》云，安原以大清二年卒，以其子为宁东将军高句丽王乐良公，误也。）
平原王三十二年（590）	王在位三十二年冬十月，薨。号曰平原王。（是开皇十年，《隋书》及《通鉴》书，高祖赐玺书于开皇十七年，误也。）
宝臧王二十五年（666）	王遣太子福男（《新唐书》云男福）入唐，侍祠泰山。
咸亨元年（670）	夏四月，剑牟岑欲兴复国家，叛唐，立王孙安舜（罗纪作胜）为主，唐高宗遣大将军高侃为东州道行军总管，发兵讨之。

王名与王讳相关的补注之前已经探讨过，此处不再赘述。[①] 文咨明王十七年记录的补注中的“抚军大将军”在其他记录中作“抚东大将军”，关于此处前文已作详细说明。宝臧王二十五年记录引用了《资治通鉴》卷 201《唐纪十七》“高宗乾封元年五月”条，大量中国史书均记为“福男”，只有《新唐书·高丽传》记为男福，补注的内容对此进行了说明。咸亨元年记录的补注中高新罗投降的“安舜”在《新罗本纪》中记为“安胜”，余下的补注均指出了关于安臧王与安原王、平原王的薨年信息中国史书说存在的错误。

最后，长寿王时期之后的《高句丽本纪》中金富轼撰写的史论有三处。第一处在宝臧王四年十月后，内容是对打败唐军的安市城城主的称赞，哀叹其无法名垂青史；第二处位于“宝臧王八年四月”条后，此条记录了随着唐太宗的死亡，朝廷下诏停止辽东征战的事实，史论批判了唐太宗对高句丽的征伐；第三处在《高句丽本纪》的末

① 〔韩〕林起焕：《高句丽王号的变迁与性质》，《韩国古代史研究》第 28 辑，2002 年。

尾，金富轼因高句丽不以大国事中原，妄图对抗导致灭亡，给予了否定性的评价。金富轼通过史论不仅强调了事大名分论，对无名分的对外战争亦持否定的意识。

四、结语

本文考察了长寿王时期之后《三国史记·高句丽本纪》的原典和编纂过程，结语部分将重新综合以上内容概论之。长寿王时期之后的《高句丽本纪》中约87%引用了中国史书、《新罗本纪》和《百济本纪》。安臧王与安原王记录中以高句丽自身传承资料为原典的分别占76.2%和62.6%，对中国史书、《新罗本纪》和《百济本纪》的引用较少，而长寿王、文咨明王、荣留王时期对中国史书、《新罗本纪》和《百济本纪》的引用达到70%—80%，婴阳王与宝臧王时期达到了95%。

《三国史记》主要在中国史书中引用了使臣派遣与册封、高句丽与中原王朝的战争和交涉相关内容，大体摘录了《南齐书》、《魏书》、《北齐书》、《隋书》、《旧唐书》、《册府元龟》的内容。与中原王朝战争和交涉相关的记录主要引自《资治通鉴》。但荣留王时期的内容除了《资治通鉴》之外，主要引用了《册府元龟》、《旧唐书》和《新唐书》。《三国史记》在引用中国史书时大体采用直接引用或部分摘录的方法，除此之外，还有部分情况是将《资治通鉴》与其他中国史书的内容做适度的编辑来撰述《高句丽本纪》，另外，还有一些是以中国史书为原典，同时参考高句丽本身传承资料撰写而成。《三国史记》在引用中国史书时将部分用语和内容进行了改写，如“遣使献方物”改为“遣使入+国名+朝贡”，“上”改为“帝”，“高丽”改为“高句丽”，“工部尚书高藏”改为“降王”等。

在长寿王时期之后的《高句丽本纪》中，高句丽与新罗和百济之间战争、交涉相关内容的绝大多数是以《新罗本纪》和《百济本纪》为原典的。与广开土王时期之前的记录相比，以高句丽自身传承记录为原典的事例并不少见。关于高句丽与新罗之间、高句丽与百济之间的相关记录引自以《资治通鉴》为主的中国史书，即便同样的记录也存在于《新罗本纪》和《百济本纪》当中，《三国史记》也选择引用《资治通鉴》的记录，与《新罗本纪》和《百济本纪》中主要引用了《旧唐书》、《新唐书》和《册府元龟》不同。

长寿王时期之后的《高句丽本纪》中，除了形式上必须予以记述的即位年与薨年之外，完全以高句丽自身传承记录为原典的事例为114处。114处记录中灾异与天变记录占40%，对外交涉记录占25%，国王与王室、政治相关记录分别占了15%和10%。笔者认为《三国史记》在撰述《高句丽本纪》时主要以《旧三国史》为典据资料，因此，高句丽或国内传承记录中大部分引用了《旧三国史》的判断应该是合理的，如果这个推论无误的话，长寿王时期之后《旧三国史》中高句丽的记录非常疏略，这其中三分之二是关于灾异和天变还有对外交涉的内容，关于国王与王室、政治相关内容不过25%。

通过《东明王篇》判断《旧三国史》中有相当程度的关于高句丽建立神话的内容，推测以《留记》为基本原典的小兽林王之前的《高句丽本纪》的记录是比较丰富的。与之相较，《旧三国史》中长寿王之后高句丽记录不仅非常零碎，关于国王与王室、政治相关内容也是非常稀少的。由此可知，《旧三国史》成书的高丽初期之前并没有将《留记》成书之后的历史实录或史书传承下来，《旧三国史》长寿王之前和之后的高句丽记录编纂差距是非常大的，《三国史记》积极地利用了新得的《资治通鉴》和《册府元龟》等中国史书，补充了《旧三国史》的缺陷，重新撰述了《三国史记》。

《三国史记》以疏略的《旧三国史》为基本框架，引用了中国史书、《新罗本纪》和《百济本纪》，对部分新内容和王名王讳的异说、人名的不同表记、中国史书记录的错误进行了补注，最后又立足于本身的历史观对历史事件进行了褒贬评说，完成了《高句丽本纪》。这样的编纂态度不仅反映在《高句丽本纪》中，也存在于《新罗本纪》的撰述过程中。《百济本纪》的撰述极有可能也反映出了同样的规律，此可留待日后慢慢探究。

（责任编辑：黄为放）

《关东州乡土志》（节选）

〔日〕福田收作 著　张晓刚　邹圣婴 译*

摘要：《关东州乡土志》一书作者为日本乡土学学者福田收作（Fukuda Syusaku），发行于1934年。该书介绍了作者在“满洲”和“关东州”旅行考察中的所见所闻，对读者了解日本占领时期辽东半岛地区的地理地貌及风土人情等具有一定的参考价值。为了便于读者了解当时的社会背景，我们对一些历史名词做了必要的注释，谨供参考。鉴于作者站在殖民主义者的立场上来诠释日本人与旅大地区的关系，我们应持评判的态度来看待书中出现的“支那”、“满洲国”等带有歧义的历史名词以及日本在“关东州”的所谓“建设”问题。

关键词：《关东州乡土志》；福田收作；日本殖民时期；旅大地区；旅行见闻

序言——拙作的撰写

自从19岁时西渡满洲，能再次踏上这片土地成为笔者的夙愿。大正十五年（1926），笔者终于如愿以偿再次来到这片土地，并且此次有幸在此扎根。再度来到满洲后，因居住地区被确定在关东州，故将自己地理研究课题的重心也放在了这里，而将相关研究成果汇总编纂的便是拙作。可成书之后，不禁感觉此书中尚有大量值得补充之处，且对于笔者来说，拙作在编纂过程中没能有效体现出原先所预定的图版丰富之特色。因此即便在成书后，笔者对拙作的完成度依旧有所不满。笔者认为，拙作中仍有鲁鱼亥豕之处，记载上也存在尚待研讨之点，且图版亦有补充的必要，故在此恳请各位专家对拙作予以批评和斧正。

正如前述所示，本书内容包括大正十五年以来的研究成果，其内容如下：

1. 昭和二年（1927）国定教科书《教材集录》中的关东州教材解说，并在此基础上针对以下两地进行了地志研究。

昭和四年旅顺师范学堂附属公学堂发行，昭和五年在《满蒙》上发表论文《老铁山附近的自然地理研究》；

---

* 作者福田收作，日本战前乡土学学者，长期旅居中国。译者张晓刚，长春师范大学东北口述史研究中心主任、教授；译者邹圣婴，中国社会科学院研究生院博士研究生。

昭和四年在《满蒙》上发表论文《大和尚山地形初探》；

2. 昭和五年在《爱儿与家庭》上发表论文《关东州乡土地理学习》（中小学校儿童学生用），上述内容的编纂沿用了第 1 条研究中的内容，并且在此基础上还于昭和五年编写了《关东州乡土地理》（旅顺附公用）。

此外，笔者在汇总精选材料后，在下述两专著中负责编撰了同关东州相关的教材。

昭和七年《现代学生的日本地理》（东京）

昭和七年《现代学生的世界地理》（东京）

3. 编纂地方志。

昭和五年在《满蒙》上发表论文《品味旅顺鹑》；

昭和五年发表《地理学上的大和尚山》（大连大和尚山）；

昭和六年发表《小平岛记载》（弥生）

《夏家河子附近的自然地志》

4. 将上述 3 条成果汇总编辑出下述两稿。

于昭和七年誊写《关东州乡土地理志稿》；

于昭和八年誊写《中等教育关东州乡土地理》；

而通过编纂以下关于地方志研究的文章，撰写了拙作。

于昭和八年在《满蒙》发表《旅大一日游历》；

于昭和八年誊写《关东州地志之研究》。

5.《关东州乡土地理学习》又对以下两本著作产生了影响。

《我们的村落》（佐贺县西松浦郡外尾小学校编纂）；

《乡土地理书的事例及其运用》（秋田县师范学校附属小学校柴田良一氏编）。

笔者在研究并撰写以上文章的过程中，有幸得到了三位导师的启发与指点，在此表示感谢。

1. 旅顺工科大学教授、理学博士小仓勉先生。笔者有幸拜读先生所著《南满地区旅顺郊外老铁山地层中片麻岩及正长岩起到的接触变质作用》（Contact-metamorphism by syenite-gneiss in the Lao-Tieh-Shan district near Ryojun South Manchuria），并得到了先生指点。

2. 满铁地质调查所教授新带国太郎先生。先生向笔者提供了环太平洋科学大会（Pan Pacific Science Congress）的报告书，以及关于满洲南部地区地壳变动（Crustal movement in South Manchuria）等研究材料，以供笔者进行参考。

3. 京都帝国大学助教授、理学学士松下进先生。先生不仅向笔者提供了《中生代第三纪时期南满关东州地区的地壳变动》（On the Mesozoic and Tertiary Crustal movement in the Kuan-tung Province, South Manchuria）等研究成果作为参考，还讲解了关于瓦尔特·彭克（W. Penck）的“地貌形态分析”（Die Morphologische Analyse）理论，使笔者从中获得了宝贵的知识。

除以上三位专家以外，笔者还得到了奈良女高师（奈良女子高等师范学校）的西田、帷子两位教授的指导；从大连图书馆岛田好先生那里的《辽东史话》、《热河史话》中获得了启发，而且图书馆馆长柿沼先生也向笔者提供了大量的帮助与支持。

可以说，本书得以完成，都归功于诸位专家的悉心指导和帮助。在这里再次由衷地感谢诸位专家。

昭和九年三月 家严忌辰执笔

著者识

第一节　大连市

一

大连市是位于大连湾的一个港口城市，相传这里自古便有人居住，并且与此相关的生活痕迹也有所保留。但即使到了清代，该地区也只是坐落着黑咀子（后来的俄罗斯街）、东青泥洼（后来的东公园街）及西青泥洼（后来的中央公园）等几个寒酸的村落而已。

（一）大连市的位置

大连处于北纬 38° 56′ 、东经 121° 36′ 的位置，其纬度大致同宫城县的石卷（38° 26′ ）相吻合，而经度则与台北（121° 31′ ）相差无几。出于以上地理特点，大连在时间上与台北、在气候上与宫城县有一定的关系。

（二）大连市的沿革一

在伏见台、滨町以及中央公园中仍保留着古时的遗迹。从滨町遗迹中出土过彩色的陶片；在中央公园进行工事时发现了贝冢[①]，据考证该贝冢距今约有1700—1800 年之久，从中我们可以了解到当时人们的生活状况。在上述遗迹当中，还包含了足利时代日本人在海外活动的印记，其中也包括踏上关东州的足迹。相传古时因慑于日本人[②]的骚扰，当地人于现在的沙河口及青泥洼等地修建了高台以做警戒。

清王朝统治时期，黑咀子有居民十余户、东青泥洼十七户、西青泥洼则有二十余户，而在老虎滩一带也坐落着拥有相近规模人口的渔村。

1859 年，英国船只看中这里良好筑港环境，开始在大连湾内进行测量，该海湾后

① 贝冢：史前时代人们捕食的贝类堆积遗址。—— 译者注

② 原文未提到“相传”古时的具体时间，但联系后面内容，可能是指倭寇。—— 译者注

来一度被英法联军的舰队所占领。

沙俄于1898年从清国租借关东州，便开始着手在旅顺修建军港、在大连建设贸易港口以及市区的计划，并将市区命名为“达里尼”[①]。达里尼在俄文中有远大、尽头的意思，整个市区的设计参考了巴黎的城市规划。此外，沙俄还投入巨资在沿海地区进行填埋造地，修筑了道路与码头。明治三十六年（1903）一月达里尼市的人口达到41,216人，其中还包括了307名日本人。

（三）大连市的沿革二

英国船只在大连湾进行测量的情报惊动了清王朝，李鸿章上奏得到批准后，清朝开始着手在大连湾内建设军港，但其具体位置却是在柳树屯而并非现在的大连。沙俄最初也计划在柳树屯建设市区，但由于那里地方狭小转而将大连作为了市区开发的目的地。沙俄动用了四万苦力开拓出近5000亩的平地，并投资3000多万日元修建了码头和道路等基础设施，随后正当沙俄着手建设商业区的时候，日俄战争爆发。

除设计并完成了当时号称拥有东洋第一高度的滨町发电所大烟囱，使俄国人为之惊叹的工学学士佐藤政教先生外，还有许多来自日本的志者居士落户于此。

沙俄的城市建设因日俄战争的爆发而中断，皇军（日军）[②]先头部队于明治三十七年五月二十七日进入该市，并从当天开始向电灯供电。虽然沙俄军队原先制定了破坏该市主要设施的计划，但最终没能实施便撤退，为此日军得以接收这里的码头和发电厂。

明治三十八年二月十一日佳节到来之际，该市被改名为“大连”，市内的街道名称也被修改。从此，这里经过进一步的码头道路建设、市区扩张、水道增设以及各类文化设施的添加后，今日不论是从城市功能上，还是美观程度上都呈现出了国际化都市的新面貌。原先沙俄时期设计的可容纳4万人口的达里尼市，在经过进一步开发后目前的市内人口大约为31万（截至昭和八年十二月末）；根据相关预测，未来这里有望成为可容纳上百万人口的大型城市，而为达到这一目标，目前有关部门已经开始计划对下水道等设施进行新一轮的扩建。

图1 俄国统治时期的日本桥

（四）日本的经营

明治三十七年五月二十六日金州南山被攻陷，翌日上午十点骑兵第一

① 达里尼：大连市的俄文名称，文章中关于沙俄统治时期的大连沿用“达里尼”，日本统治时期则用“大连”表示。——译者注

② 皇军：文中关于日军的称呼，因文章原作者为日本人，因此习惯将本国军队称为“皇军”，翻译后将其改为“日军”。——译者注

联队大野上等兵率部进入达里尼市内后，巧妙地击退了沙俄残留部队。（引自《关东州事情》）

日军占领达里尼市后，因当地的码头及发电所尚未遭到破坏，因此进驻的当晚便开始了给电灯供电。随后于这里的码头上卸载了后来在旅顺战役中发挥重要作用的28厘米榴弹炮。

1. 街区名称的修改、市区的扩建

自日本接管大连之后，市里的街道名称被修改，而市区也开始进一步的扩建。

表1　日本、俄国经营大连时期的街区名表

现在的名称	沙俄时期名称	现在的名称	沙俄时期名称
山县路	莫斯科夫斯基大道	大山路	维特大街
大广场	尼古拉斯卡	奥　町	阿列克谢大街
监部路、寺内路	基辅大街		

在修改的市街名中，有的取自日俄战争时期的日军将领，也有像土佐町（原名弗拉基米尔斯基街）、伊势町（原名戈贝奇街）等采用藩国名的。日军占领之初，市区中除了有少数俄式建筑外，其余地区还尚未进行开发。在战后的市区扩建中，沙俄时期的老虎滩郡、沙河口郡被编入大连市区当中。

随着市区的扩建，新的道路也在不断铺设，新的街町名中有些来于树木名，如桂树、樱花树、柳树、枫树、杨桐、楠树等；另有的街道取自花草名，诸如紫罗兰、黄刺玫、菖蒲、若叶、多花紫藤、胡枝条以及葵花等；有一定命名规律的地名还有桃源台、秀月台、樱花台、向阳台、松风台、和平台等；在西岗子方面的满洲人街区中，也有象征着吉祥如意的得胜街、永乐街、久寿街、德政街、不老街、长生街以及回春街等的地名。

2. 工学博士仓冢良夫先生的功绩

大连市得以发展归功于官民双方的不懈努力，尤其是从大正十二年开始持续了18年的军政管理时期，仓冢良夫先生为大连市街道建设做出了不可磨灭的贡献。仓冢先生首先制定了《大连市建筑条令》，于王家店修建首座大型贮水池，而后又在龙王塘建造了贮水池。此外，还策划并实施了新式道路。（运用煤焦油碎石路工法）的铺设。现在的湾家屯贮水池以及旅大公路也是由先生设计的（引自《大连新闻》，昭和七年十月二十六日）

3. 大连水道的扩建

为配合大连市的不断发展，最要紧的便是扩充水道。

原先沙俄时期的水道水源是依靠井水来供给的，分别是：

（1）马兰河的八口水井涌水1000吨。

（2）东公园町的两个口水井涌水100吨。

水从这两处地点被注入位于高约60米（190尺）的伏见台净水厂，并从此处流入市区。但实际上仅靠当时的水道无法满足正常用水的供给，故在市中还有多处使用着井水。根据昭和元年的调查显示，在整个市内有573口水井，其中362口的水质不适于直接饮用，但却有日本人和满洲人共计3359户（日本人312户）19,578人（其中日本人1398人）在使用。（引自《满洲日报》，昭和六年九月十八日）

日本统治以来的水道扩建事业：

（1）第一期扩建工事的施工预算为106万日元，于明治三十九年动工，明治四十三年三月完工。

（2）大正元年十二月至大正二年七月为止，于小岗子进行钻井，开凿深度到达177米（585尺），其间虽然贯穿了由闪长岩、硅岩、石灰岩、板岩构成的积累地层，但最终并没能涌水。

（3）第二期扩建工事的施工预算为181.9万日元，大正三年开始修筑王家店贮水池及其周边的辅助设施，于大正十年三月末完工。

（4）在第二期扩建工事实施过程中，因人口出现大幅的增长而导致供水严重不足，出于应急措施，大正五年十一月于栾家屯开始修建辅助水源地，该工事于大正六年四月完工。

（5）第三期扩建工事的施工预算约为468万日元，大正九年八月工事启动，对位于龙王塘的贮水池及其周边设施进行扩建，于昭和二年三月完工。随后的第二次扩建工事耗资约161万日元。

（6）第四期扩建工事耗资515万日元，于昭和二年开始在大西山（湾家屯）修建贮水池设施，该工事于昭和八年九月十二日竣工。

（7）第五期扩建工事计划在大连以西19公里处的牧城子附近（二道河子）建设贮水池，该工事于昭和八年七月十二日启动，目前仍在施工，投入预算约为125万日元，该项目预定于昭和九年九月完工。

从上述介绍中不难看出，大连市在水道建设方面投入了大量的经费（至第四期扩建工事完成为止，总费用已达1517.6万日元），以上的水利设施除了适应人口的增加之外，还将用于工业生产。

4. 大连水道的水源及给水能力

目前的大连市水道的水源及供水能力可参照下表（数据摘自《关东州要览》、《满洲的文化》以及各大新闻）：

表 2　水道的水源及供水能力表

水源及贮水池名	集水面积	储水量	集水面积 1 立方米的储水量	日均供水量	其他补充
马兰河水源	水井 4 口	涌水 6,000 吨		3,000 吨	在马兰河修筑了横断该河的堰堤
王家店	2.02 方里 [1]	5,375,569 吨	26,600,000 吨	10,000 吨	池底沉有 30 户，最大水深达到 22 米（73 尺），储水面积约为 204,300 坪 [2]（674,190 平方米）
栾家屯	水井 3 口			700 吨	将已有的三口水井连在一起后，另在位于上游约 1,563 米处开凿了一口新水井
龙王塘	2.20 方里	16,032,200 吨	近 72,900,000 吨	12,000 吨	储水面积 480,000 坪，水深近 23 米（75 尺）
湾家屯（大西山）	1.92 方里	15,950,000 吨	近 83,100,000 吨	12,000 吨	储水面积 576,000 坪，平均水深 20 米，最大深度 23.5 米
王家屯及湾家屯的总和	3.94 方里	21,325,000 吨	54,100,000 多吨	22,000 吨	
二道河子	1.35 方里	4,250,000 吨	近 31,500,000 吨		储水面积 216,300 坪，采用复式储水池，池水供应给龙冈净水厂和王家店储水池

[1] 方里：日本的面积单位，主要用于表示田地、山林等地区面积。包括町、反、亩（亩）、步（坪）等单位，1 町 =10 反 =100 亩 =3,000 步，一般面积大于町则称为“方里”，1 方里 =1555.2 町≈ 15.423 平方公里。——译者注

[2] 坪：日本的面积单位，主要用于表示住宅用地以及房屋面积。包括坪、合、勺等单位，1 坪（步）=10 合 100 勺≈ 3.305 785 平方米。——译者注

大连市计划采用多种渠道获得水源，预计未来能达到的日供应量可提高至 13.8 万吨。若抛开工业用水量的话，推算下来，日供应量 13.8 万吨的自来水足以维持 138 万人的生活。在夏季，人均日用自来水消耗量中，日本人为 0.1679 吨，满洲人为 0.0636 吨，而据昭和八年夏季的数据显示，七月十五日的自来水总消耗量一度达到了 30.650 吨。（数据取自昭和八年七月二十三日《满日》①）

（五）大连市的人口增长

大连市的人口增长形势如下表所示：

表 3　人口增长趋势表

年度	总人口数	日本人数	满洲人数	外国人数	日满人口比例（以日本人为 100 为准）
明治三十九年	18,872	8,248	10,601	23	128.5

① 《满日》，《满洲日日新闻》的简称。1907 年 10 月，该报由星野锡于大连创刊，是满铁的机关报，1927 年 11 月与《辽东新报》合并改名《满洲日报》，1935 年 8 月恢复报名《满洲日日新闻》，1938 年报社总部移至奉天，在大连发行的报纸改名为《大连日日新闻》。——译者注

续表

年度	总人口数	日本人数	满洲人数	外国人数	日满人口比例（以日本人为 100 为准）
明治四十三年	45,844	26,022	19,755	89	75.9
大正四年	81,020	38,438	42,466	116	110.5
※大正九年	159,188	52,967	105,989	232	200.1
※大正十四年	202,921	77,040	125,434	447	162.8
※昭和五年	292,552	97,922	193,802	828	197.9
昭和八年末	307,871	117,463	188,003	726	160.0

说明：至大正四年的人口统计数据参照筱崎嘉郎先生所著《大连》，※数据取自国势调查结果。目前昭和八年十二月末的数据摘自关东州调查，人口比例根据数据由笔者计算得出。

目前的市内人口共计 31 万，但加上周边村落以及老虎滩、岭前屯、台山屯、黑礁屯等地区的话，总人口已达到36 万。根据昭和八年的人口增长数据显示，内地人[①]、朝鲜人、满洲人的增加数目分别为 12,077 人、279 人、10,249 人。此外，据国势调查计算，将女性定为 100 的男性比例如下：

表 4　大连市人口性别比例

年度	内地人	朝鲜人	满洲人	外国人	总计
大正九年	122.1	124.7	610.4	337.7	309.5
大正十四年	196.4	87.1	344.7	208.3	208.8
昭和五年	106.3	127.4	269.8	189.8	192.3

（六）大连市居住的日本内地人出生、死亡情况

在大连市内居住的日本内地人出生、死亡数据按照月份进行归纳如下（数据引自昭和六年、昭和七年关东厅人口动态统计，括号内为整个满洲地区）：

表 5　大连市内居住的日本内地人出生、死亡数据表

	昭和六年出生	昭和七年出生	昭和八年出生	昭和六年死亡	昭和七年死亡	昭和八年死亡
1 月	343（827）	409（910）		111（256）	139（251）	
2 月	285（674）	314（693）		106（201）	111（251）	
3 月	297（776）	331（749）		116（223）	110（279）	

① 内地人：原文作者对日本人的称呼，泛指原先居住在日本，后来移居到海外的日本人。——译者注

续表

	昭和六年出生	昭和七年出生	昭和八年出生	昭和六年死亡	昭和七年死亡	昭和八年死亡
4月	193（496）	233（528）		99（212）	109（262）	
5月	176（506）	223（528）		123（240）	78（224）	
6月	167（466）	206（504）		100（220）	93（227）	
7月	181（475）	226（290）		101（257）	99（245）	
8月	193（549）	218（274）		101（229）	107（269）	
9月	211（522）	218（257）		102（220）	100（219）	
10月	207（490）	181（220）		79（187）	83（217）	
11月	207（474）	194（228）		79（179）	98（214）	
12月	155（377）	159（205）		71（174）	128（264）	

根据上述数据，可以看出大连市健康水平最高的月份。大连市的年均最高、最低气温以及降水量等数据如下（数据引自《昭和七年满洲气象报告》）[①]：

表6　天气状况表

	年均气温最高值	历年平均气温	年均气温最低值	年降水量	最高气温	最低气温
1月	-1.2	-4.9	-8.9	12.4	10.6	-19.9
2月	0.4	-3.5	-7.1	8.2	13.0	-19.3
3月	6.1	1.9	-1.7	18.2	17.1	-12.4
4月	14.2	9.3	5.1	24.6	28.1	-4.0
5月	20.1	15.3	11.0	42.8	30.9	1.4
6月	24.9	20.3	16.5	44.2	33.3	10.9
7月	27.2	23.5	20.6	169.7	35.2	15.0
8月	28.2	24.6	21.5	129.5	34.0	15.0
9月	24.0	19.8	16.3	100.5	31.0	5.8
10月	18.1	13.6	9.6	27.9	27.4	-1.9

① 因原文表述完“大连市健康水平最高的月份”后，就接着叙述“大连市的年均最高、最低气温以及降水量等数据”，所以译文亦如此。原文中没有标出单位，所以表中没有标注单位。——译者注

续表

	年均气温最高值	历年平均气温	年均气温最低值	年降水量	最高气温	最低气温
11月	9.2	5.1	1.1	24.5	23.0	-11.6
12月	1.7	-2.1	-6.0	11.8	13.0	-18.9
年	14.4	10.2	6.5	614.4		

说明：如表所示，最大值为昭和三年七月二十七日记录的35.2度，最小值为昭和六年一月十日记录的-19.9度，此外大连的年均水蒸发量约为1494毫米。

二

大连市具有得天独厚的地理条件，该市的东方隔海便是工业大国日本，而在内陆环绕该市的则是拥有3000万人口，且面积相当于日本1.7倍的伪满洲国。[①]此外，大连市在金融投资、劳动力吸收以及工业发展等方面的优势也非常突出。正是通过人们细致的筹划、合理的经营以及不懈的努力，大连才发展成一大工商业城市的。

在连接大连与内地的铁道当中，南满洲铁道连京线发挥着大动脉般的作用，而从金州分岔的金福铁道在驶往终点城子疃站后，便能与铁道总局运营的城安巴士衔接。

南满洲铁道原为沙俄修建，于1902年1月开始试运行的该铁路，作为当时东清铁道的一部分发挥作用。日俄战争结束后，日本将其接管，并于明治三十九年六月颁布敕令，公布设立南满洲铁道株式会社的各项章程，该公司于明治四十年四月一日正式开始运营。

（一）南满洲铁道

沙俄当时铺设的铁道原本采用了轨道宽幅五尺的宽轨，但随着日俄战争的爆发以及战后局势变化的影响，转而改用了幅度三尺六寸的窄轨，满铁在此基础上将幅度调整为四尺八寸的同时，也开始增设沿线的工事。

最初经营期限被定为25年，但到大正四年便被延长至99年。安奉线原本是日俄战争时期的军用轻型铁道，战后其规格也进行了修改，且租用年限亦从15年续至为99年。

1. 铁道的联结

（1）奉山线联结奉天，并于山海关同北宁线相接，当奉山线延续至锦州之后，便由该地分出支线，其支线与通往热河省的铁道相接。

（2）在奉天，另有潘海线、安奉线两铁道交汇于此，其中安奉线还与朝鲜铁道相接。

（3）四洮线于四平街分岔，其支线分别同洮南、洮昂、北齐、滨北、北黑、讷河线相接。

---

① 伪满洲国：原文作者写作“满洲国”，翻译中加以修改。——译者注

（4）北满铁路与京图线在新京交汇，前者向欧洲延伸，而后者则成为驶往日本海岸并联结日本与伪满洲国首都的最捷陆径。

2. 满铁所控制的铁路总长度：

满铁直接管辖（主线、支线总和）	1,125 公里
铁路总局（委托经营）	3,367 公里（机动车公路 510 公里、北满水上航路 4,648 公里）
北鲜铁道局（委托经营）	330 公里

（二）水路

与大连港相关的主要航线有：

（1）大连—大阪航线；（2）大连—上海航线；（3）大连—天津航线；
（4）大连—营口航线；（5）大连—安东航线；（6）大连—仁川航线；
（7）大连—芝罘航线；（8）大连—龙口航线；（9）九州岛—鲜满航线等。

在以上固定航线中，隔日班的大连—大阪航线拥有最多的运行次数。

（三）空路

在目前开设的固定航班中，大连—朝鲜—内地（日本本土）、大连—奉天以及朝鲜—内地（日本本土）的航线由日本航空输送会社负责运营，其中大连—奉天航线由满洲航空会社直接经营。除上述航线外，未来还望开通飞往青岛、上海、天津以及北平的航线。

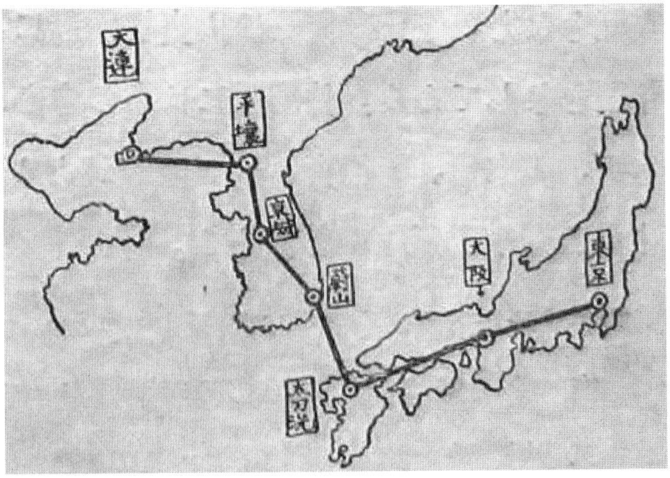

图 2　定期航空图

大连—天津航线的距离为370公里（用时2小时18分）、大连—青岛航线的距离为340公里（用时2小时7分）、天津—北平航线的距离为100公里（用时37分）、青岛—上海航线的距离为540公里（用时3小时23分）。

表7　航空线路表

距离	票价	内地（日本本土）时间	地点	满洲时间
0km	日元	5：30	起飞 大连 着陆	4：50
273	19	8：10 8：30	着陆/起飞 新义州 起飞/着陆	4：10 4：00
433	27	9：30 9：40	着陆/起飞 平壤 起飞/着陆	3：00 2：50
633	40	10：40 10：50	着陆/起飞 京城 起飞/着陆	1：40 1：30
948	62	12：40 12：50	着陆/起飞 蔚山 起飞/着陆	11：40 11：30
1183	80	2：40 2：60	着陆/起飞 福冈 起飞/着陆	9：40 9：30
1683	115	5:40	着陆 大阪 起飞	6：30
		满洲时间		
0 355	0 27	8：00 10：00	起飞 大连 着陆 着陆 奉天 起飞	15：20 12：50
0 275	0 18	11：10 11：50	起飞 奉天 着陆 着陆 新京 起飞	12：40 11：10

说明：昭和九年四月改定。

三

大连市内拥有大量厂房，其中油厂数量最多。此外，还有机械厂、制窑厂、化工厂等。在上述厂房中最著名的是位于沙河口的满铁大连铁道工厂，据说满洲化学工业会社也正在甘井子建设工厂，一旦该厂竣工，将成为同铁道工厂并列的大连工业的主要象征。市内的工业区主要分布在东部的寺儿沟、西部的北岗子、沙河口西岗子之间的三春町、云井町、秋月町一带以及台山町、裾野町方向。

大连市东部的商业区主要由大山街、浪速町、伊势町、连锁街组成；西部的商业区围绕大正街分布；银行及政府机构位于大广场、伏见台；谭家屯一带构成了校区。住宅区主要位于远离市中心的南山麓、老虎滩、谭家屯、圣德街、星浦等地区。市内主要休闲设施有中央公园和电力游乐园等。

（一）市面积统计

大连市全境面积为2,955方里（1方里=15.42347平方公里）。

表8　全市区域面积分布表

商业区域	529,375 坪	住宅区域	1,375,000 坪
工厂区域	878,750 坪	混合区域	1,912,500 坪
沙俄时期住宅区域	59,985 坪	码头占地	1,225,000 坪
铁道线路占地	180,566 坪	公园区域	1,550,839 坪
区外地	3,449,202 坪	山地	2,095,386 坪
总计	13,789,628 坪	1 坪 =3.30578 平方米	

（二）大连市的工业职能

大连市作为一大工业城市，拥有得天独厚的优势。第一，该市交通发达。拥有良好的海港使得大连在海运方面具有极大优势，海运班次繁多及运输成本低廉的优势也降低了工业生产的成本。第二，是重要的原材料集散地。伪满洲国出产的资源主要偏向大豆、玉米、高粱、小麦、木材、盐、石炭（煤）、铁矿石等方面，而大连在从世界各地进口资源原料方面发挥着不可替代的作用。第三，产品的销路广泛。若仅将销路局限于满洲的话，则会阻碍工业的发展并制约市场的扩大，为克服此类弊端必须将销路推广至世界，而大连工业恰好具有这一潜力。第四，燃料、能源价格低廉。虽然石炭价格高于奉天，但较日本内地而言依旧廉价。第五，劳动力成本低廉，且能够吸收大量劳动者就业。第六，在关税制度上占有优势。大连及关东州作为自由贸易地区在商业方面具有较多优势，且根据《关东州特惠关税法》，在关东州内生产的物资输入日本内地时可以免除关税。此外，在针对伪满洲国的贸易中大连也具有类似优势，进而促进了当地工业的发展。第七，适于金融投资，且当地治安条件好，社会秩序稳定。

1. 大连的油坊工业

满洲自古便有生产自家用油的小型油坊存在，日清战争（甲午中日战争。——编者注）后满洲出产的大豆及豆粕开始向日本输出，为此油坊规模也有所扩大。尽管该产业因日俄战争的爆发而一度衰落，但战后再次兴盛。尤其是利用营口的辽河水路运输，进一步促进了大豆的外销以及油坊规模的扩大。位于营口的小寺油坊（小寺壮吉氏经营）在日俄战争结束后，利用大阪中岛铁工所制造的水压机进行榨油，且在此基础上进行改良，制作出了目前被广泛使用的水压榨油机。明治三十九年十二月，双和栈油坊①成为中国人在大连开设的首家油坊，随后同行企业开始连年增加，受满铁制定的运费政策影响，大连成为物资的集散地，使得营口的油坊产业自明治四十二年、四十三年后开始走向没落，其地位被大连所代替。

① 双和栈油坊：由邵尚忠开设，位于小岗子街。——译者注

此外，随着大豆种植力度加大，在北满地区，尤其是以哈尔滨为中心的地区，榨油产业开始兴盛起来。目前大连市内的油坊数总计48处，此外另有10处处于停工状态。（昭和五年调查）在上述工厂中，三泰、日清、丰年等工厂由日本人经营，其中日清油坊采用了最新的水压机，用于制造长方形的板状豆粕；而丰年制油会社旗下的工厂则利用石油醚提炼豆油。据说自昭和二年以来，经过满铁中央实验所实验研究，预计在未来能采用以酒精提炼豆油的方法，而与之配套的工厂设备也在筹划设计当中。

豆粕除作为肥料运往日本本土及台湾等地之外，作为家畜饲料也受到重视，利用酒精提炼豆油之后剩下的豆粕还可作为生产味精、酱油以及味增（黄酱）的原料。此外，豆粕还被用于制作其他食品、涂料及药物等。

豆油除食用以外，还作为原材料被广泛运用于肥皂、火药、人工石油的生产上，以上产品主要向欧洲出口。

大豆、豆粕、豆油对各国家和地区的出口额如下表所示（昭和七年的实际期限为同年10月至翌年9月、单位以吨计算，数据引自满洲重要物产组合调查）：

表9　大豆、豆粕、豆油出口额表

		日本	欧洲	南洋	“支那”	其他	总计
大豆	昭和六年	264,324	922,964	73,189	358,268	109	1,618,854
	昭和七年	398,660	1,434,727	54,320	23,112	—	1,910,819
豆粕	昭和六年	609,655	64,589	477	215,970	21,545	912,326
	昭和七年	605,174	70,779	461	10,797	30,454	717,665
豆油	昭和六年	115	35,893	4	64,760	221	100,993
	昭和七年	103	33,753	0	23,016	2,187	59,059

2. 大连的机械、冶金工业

在机械工厂中，规模最大的是位于大连西部的满铁铁道工厂。该厂于明治四十一年七月动工，明治四十四年竣工投产。建设费用共计约626万日元，拥有员工2000余人，年均生产能力为火车头12辆、客车车厢24辆、货车600辆。年均修缮能力达到火车头300辆、客车车厢420辆、货车3600辆。

在其他机械工厂中，较著名的有大连机械制作所、大连铁工所。造船及船舶维修方面有满洲船坞会社大连工厂以及西森造船所。炼钢方面主要是大华电气冶金公司，该公司负责生产特殊钢材，向日本输出的粗钢经过加工后供应给海军省以及铁道省。其他产品主要有不锈钢、高速钢、涡轮叶片、耐酸钢、镍铬合金线。除上述产品外，该厂还开发出了被称为钨锆合金（W-Zr）的高硬度合金材料。据称，近期该公司的经营者上岛庆笃先生在安奉线牛心台附近发现了埋藏量约58,000万吨的铁矿（其铁含量为 89%—74%，鞍山铁矿则为 79%—51%）。

3. 其他各类工业

窑业主要以玻璃制品及烧瓦为主，知名的有大连窑业、昌光玻璃、南满玻璃等企业，其产品质量优秀，远销至南支①、南洋印度以及澳大利亚（大洋洲）。化工业方面，肥皂、火柴、染涂料、制药、骨粉制作等方面表现突出。食品加工业方面，酿造、大米精磨、饮料水加工、点心制作等领域发展迅速。印刷业以及其他制造业如木材加工、家具制作、烟草、制冰等也很盛行。在上述各类产业当中，目前正在甘井子兴建的满洲化学工业会社的工厂规模最大。该厂投入的初期资本为 2,500 万日元，占地 15 万平方米，工程费用达 2,000 万日元，可容纳员工千余人。该厂主要通过以石炭为原料的伍德合成氨技术②生产硫酸铵，为此该厂还专门修建了长 125 米的栈桥，用于协助生产。

上述工厂的建立使得甘井子一跃成为拥有 5,000 名居民的工业地区，今后当地的发展前景值得关注。

此外，以关东州所获盐为原料的苏打生产；利用当地矿产推动的铝工业、镁工业；以农产品为原料的豆油、淀粉、酒精制造业；由畜牧业带动的皮革、羊毛以及凝胶加工等新兴产业，均具有足够的发展潜力。

（三）连锁街

大连市拥有在日本较为罕见的连锁街③，占地 15,000 坪（其中建筑面积约 12,400 坪）。该街区昭和三年得到官方认可，于昭和五年五月正式开始商业活动，但其经营并非一帆风顺。整个街区的供暖仅依靠一处锅炉房维持，电力则是依靠电力公司的特别供给。

（四）市场

大连市经营的市场包括 1 处集散市场、5 处零售市场。集散市场设立于昭和三年五月，同年六月二十七日开始正式营业，从事水果蔬菜类的进货与批发。水产则由关东州水产会经营的鱼市负责经销，地点位于乃木町海岸。

零售市场过去受关东厅管辖，但大连市于大正十五年四月后接管其经营，并向零售商提供店铺及仓库的出租，这一措施保证了新鲜的日用必需品能以低廉的价格被大量供应。

（五）住宅区

从大连市的街区形状来看，以大广场为中心构成了环绕扩散式的建筑群，从中能

① 南支：即南“支那”，泛指中国华南地区。——译者注

② 伍德合成氨技术：工业合成氨制法的一种，由德国人费德烈·伍德于 1925 年研发。——译者注

③ 连锁街：在火车站附近形成的站前商店街。——译者注

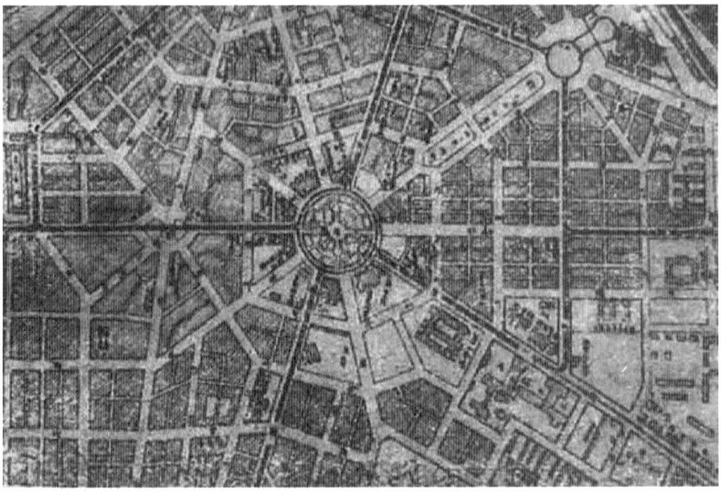

大广场

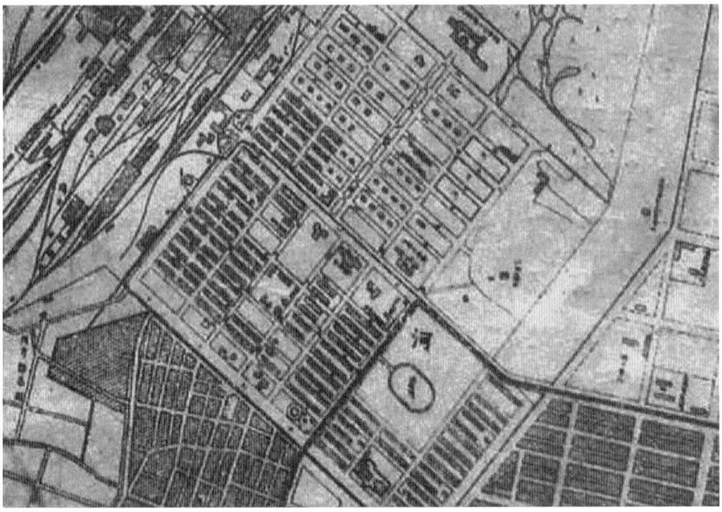

沙河口

图3　大连市街的一部分

看出其设计理念效仿巴黎。在沙河口、霞町一带以及圣德街谭家屯一带的住宅区则井然有序，按长方形排列。但桃源台、文化台地区的住宅区则显得杂乱无章，其街道也错综复杂。由此向南延续至静浦方面则又表现出合理的规划性，这也从整体上体现了城市建设中住宅区膨胀过程的有机变迁。

大连市的不断扩大使得住宅区也随之膨胀，现已延伸至傅家庄、老虎滩方面以及西山会方面。此外，出于地理及气候等原因，在距离市中心地区较近的南山、转山（山体能遮挡西北风）一带也修建了住宅区。

（六）中央公园和电气游园

中央公园过去叫西公园，因曾经在西青泥洼有处地方饲养禽兽，其中还包括老虎，所以又被称为虎公园。作为公园电气游园建于明治四十二年，其中包括动物园、花园、温室以及儿童游乐场等设施。

此外，大连市知名的公园及游乐设施还有北公园、南山麓公园、星浦公园等景点，为市民提供休闲场所。

伪满洲国的建立虽然给大连带来了更多的发展机遇，但也有人指出因京团线的开通将导致大连同罗津港发生竞争。但大连除作为海外贸易港口具有得天独厚的优势条件以外，在工业、商业等方面仍有深厚的发展潜力。即使罗津及葫芦岛开港后会导致商业中心发生转移，也不会阻碍大连本身进一步的发展。

四

大连自沙俄统治时期开始修建港口，第一期修建工事完成了大码头（第一码头）和系船码头（第二码头）；第二期扩建工事计划将码头规模扩大四倍。在第一期施工过程中完工的小码头（俗称海军栈桥）总长约 134.5 米（63 露间[①]），该码头和铁路相连。1903 年 3 月已有蒙古号、满洲号两艘渡轮在达里尼与长崎、上海之间分别往返。沙俄在码头建设上投入的资金共计 1080 万卢布。

日俄战争爆发后，在达里尼停泊的布雷艇叶尼塞号两天内在大连湾入口处投放了约 700 颗水雷，但该船于明治三十七年二月十一日（俄历 1 月 29 日）触碰铺设的水雷爆炸，15 分钟后沉没。同年 3 月中旬巡洋舰博雅林号也被该区域的水雷炸沉。

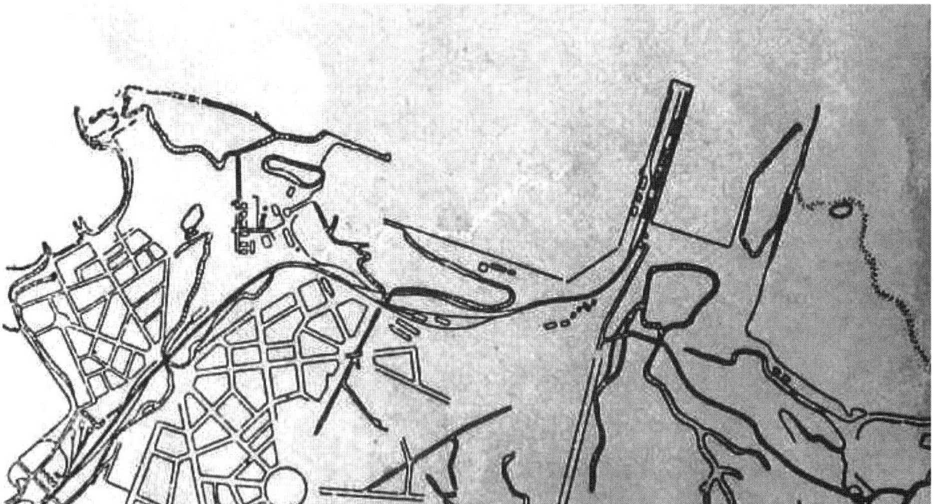

图 4　日俄战争时期的达里尼（大连）港图

① 露间：沙俄的长度单位，1 露间 =2.15 米。——译者注

（一）日本的投入

日本接管大连港后开始排雷，事后投入近6,000万日元用于码头的扩建，使其从沙俄时期仅可停靠千吨级汽船25艘的小港口，变成了现拥有可容纳5,000吨级汽船37艘、每年可卸载货物900万吨的东洋知名贸易港。

（二）大连港的各类数据

港口内的蓄水面积为311万平方米（区域限定于东、西、北三面的防潮堤坝以内）；系船码头被延长至4,625米（可停泊3,000吨级船只39艘，且能停靠2万吨级的大型船只）。港内拥有货棚、仓库共72座，可存放货物481,000吨；物资堆放地322,000平方米，可容纳货物335,000吨。

豆油储藏罐六座（容量9,000吨）、重油储藏罐六座（容量9,000吨）、蜡油储藏罐两座（容量1,500吨）、客轮等候室可容纳5,000人。

（三）大连港口贸易的发展

（中国政府）于明治四十年七月首次在此设立了海关，是年的贸易额度受其影响有所减少。

表10　进出口额贸易表

年份	明治四十年	昭和六年	昭和七年	昭和八年
出口	5,105,209	188,449	302,191	327,113
进口	17,160,119	97,519	206,919	373,571
总计	22,265,328	285,968	509,110	700,684
差值	入超2,054.910	出超90,930	出超95,271	入超46,458

说明：单位以千日元计算，数据取自关东厅发表以及《大连》记载。

表11　主要进出口物资　（单位以千日元计算）

主要进口物资				主要出口物资			
年份	昭和七年	昭和八年	昭和九年		昭和七年	昭和八年	昭和九年
大豆	122,380	142,175		纺织物	27,767	43,693	
豆粕	50,966	24,993		面粉	16,012	36,666	
煤	18,468	24,769		金属建材	10,366	30,974	
豆油	19,238	14,590		车辆类	3791	17,198	
钢铁	6868	9608		器具类	13,244	15,663	
花生	5792	8568		纺丝	8426	15,078	
纺丝	7319	7908		纸质类	8387	12,844	
小豆	5015	5868		油脂腊	5017	12,416	

大连港进口的商品中有近六成直接运往伪满洲国，大连主要的贸易对象如下图所示（单位以千吨计算）：

表12　主要贸易对象国的进出口额

	进口			出口		
	昭和七年	昭和八年	昭和九年	昭和七年	昭和八年	昭和九年
日本	3,293,722	4,248,800		844,136	1,565,635	
中国（包括伪满洲国）	1,132,456	670,910		269,132	290,364	
欧洲	1,508,193	1,681,715		56,931	94,867	
美国	41,791	65,989		25,454	79,567	
其他	230,126	206,323		72,767	139,374	
共计	6,206,288	6,873,737		1,268,420	2,169,807	

根据上述数据显示，昭和八年日本的总进出口额为5,814,435千吨，占总额的64%，其中出口占64%，进口占72%，相比昭和七年而言，对日出口增加了29%，对日进口增加了85%。

（四）大连港来港船舶

1902年的来港船只中，汽船总计717艘，戎克船[①] 1,418艘。到了明治四十年，汽船数量增至1,143艘，近期的入港数据如下（单位以吨计算）：

表13　大连港汽船、帆船总吨位表

汽船总吨位			帆船总吨位		
昭和七年	昭和八年	昭和九年	昭和七年	昭和八年	昭和九年
10,884,566	12,416,233		71,138	57,371	

进入昭和八年，因对戎克贸易管制力度的加强而导致帆船数量有所减少，而汽船数量相比前年则增加了15%。

表14　来港船舶国别吨位：汽船总吨位

	昭和七年	昭和八年	昭和九年		昭和七年	昭和八年	昭和九年
日本	7,178,905	8,178,943		中国	1,082,873	1,135,983	
英国	1,152,836	1,353,156		德国	472,679	511,735	
美国	284,498	331,304		荷兰	268,503	284,623	

① 戎克船：西方人对于中国帆船的称呼，通过中国帆船运输的海上贸易称为戎克贸易。——译者注

表 15　来港船舶国别吨位：帆船总吨位

	昭和七年	昭和八年	昭和九年		昭和七年	昭和八年	昭和九年
日本	6146	9544		中国	64,992	47,827	

在来港的汽船当中，日本船只占 66%，英国船只则占 11%。

（五）大连港与其他港口的竞争

大连港先后经历了对西面俄罗斯街、西岗子、香炉礁海岸的填埋，第四码头的修建计划，在甘井子修建专门装卸石炭的栈桥（该处可同时停泊一万吨级船只四艘），并将旅顺作为辅助港口纳入其下的发展过程。但是，受“满洲事变”（九一八事变）爆发前张学良筹划并实施的葫芦岛港口建设刺激，目前罗津港也成为大连港的新竞争对手，但也有人对这一形势的前景抱以乐观态度。

1. 葫芦岛筑港工事

张学良统治时期，除推行包围满铁的铁路建设计划外，考虑到海港的重要性，开始筹划在葫芦岛修建港口，以达到同大连港竞争的目的。葫芦岛位于奉天西南侧的连山湾处，奉山线在经过连山时分出支线。连山湾有南北两处海湾，张学良计划于南湾处修建港口，在昭和五年同荷兰签约并于同年 7 月 2 日正式动工。据推测，该港竣工后的年装卸货物量可达 200 万吨，通过进一步扩建后其装卸能力可提升至 450 万吨。单从数据来看，相当于每年从大连港夺走大豆 50 万吨、谷物 40 万吨、石炭 50 万吨、杂货 35 万吨，总计 175 万吨的货物。据说葫芦岛一带的初期修筑费用约为 300 万日元，而其港口正式建成所需经费尚不得估量。南湾虽然可以作为不冻港使用，但此处尚需修建防潮堤，且防潮堤竣工有可能导致冬季这里和北湾一样结冰。

辽西、热河地区（面积约为 12,500 方里，即 192,800 平方公里，拥有人口 750 万）位于葫芦岛腹地，这里的局势因“满洲事变”的爆发以及随后伪满洲国的成立出现了变化，原先大连港的竞争对手如今却成为该港的辅助港口，而在葫芦岛的扩建工事也因局势变化被叫停。

2. 罗津港筑港工事

罗津港位于朝鲜半岛北部咸镜北道庆兴郡，在位于新安面新安洞、踰岘洞、明湖洞之间约 203,500 平方米的范围内进行填埋作业。第一期工事耗资 1,121 万日元，第一期工事后的港口可停靠 8,000 吨级船只 4 艘、7,000 吨级船只 7 艘、4,000 吨级船只 4 艘。整个筑港工事计划分为三个工期，总耗资约 3,683 万日元，预计竣工后该港可停靠 8,000 吨级船只 12 艘、7,000 吨级船只 24 艘、4,000 吨级船只 12 艘。该港实际投入使用是从昭和十二年开始的，最初装卸货物能力被设定为 340 万吨，后来被修改为 700 万吨，最终预计可达 1,000 万吨（引自大连商工会议所编《经济都市大连》）。罗津港所在的罗津湾东西长3.22公里，南北长4.83公里，其总面积非常广阔，湾内有大草、小草二岛存在，两岛可以遮挡从4月持续至8月的强南风，而整个罗津港背后耸立的海拔500米的山地则有效遮挡了从9月肆虐至翌年3月的北风。

港内平均水深为11—13米，货船及军舰均可停靠并自由行驶，相比大连港而言，这里涨潮退潮的影响不大，可以说是天然的优良港口。日俄战争时期，为了牵制沙俄的浦盐舰队①，日本一度在此处停泊了军舰。随着罗津港的建成，这里将成为京图线的终点，能由此驶向位于日本海岸的新潟，并从这里乘上越线直达东京，形成联结伪满与日本两国首都的最短路程。罗津港的建成无论从经济还是军事上，均对海参崴形成了有效的打击和制约。

（六）满洲三海港的距离比较

满洲地区原先的海港位于满洲北部的海参崴港以及南满洲的大连港这两处，但随着罗津港的出现，以往固定的距离关系出现了变化，主要变化如下：

哈尔滨—海参崴（经由北满铁路）	785公里
哈尔滨—罗津（经由拉宾、京图线等）	723公里
哈尔滨—大连（经由新京）	945公里

以大阪为起点，驶入各港的距离：

大阪—海参崴（经由敦贺）	1,069公里（敦贺—大阪之间的铁道1.61公里，需换乘）
大阪—罗津（经由敦贺）	1,063公里
大阪—大连	1,618公里（无须换乘）

从以上数据可以看出，经由罗津运往北满哈尔滨市场的距离比经由海参崴要短，且上岸后既不必担心受到北满铁路费用上升带来的不良影响，也无须考虑经由海参崴时上交的高额税金。

新京至罗津的距离为689公里，罗津至新潟的距离为900公里，而从新潟至东京的距离，乘坐信越线或上越线分别为430.3公里和332.1公里，其最短路途总长1921.1公里。显然，罗津港的出现使得作为满洲海港之一的海参崴逐渐丧失作用。

---

① 浦盐舰队：泛指沙俄海参崴巡洋舰队，是沙俄波罗的海舰队分队，因驻扎于海参崴而得名，1903年组成，1906年解散。——译者注

（七）满洲交通建设工作

1. 以大连港为出口的交通线路

满铁主线及沿线，包括潘海、四洮、洮昂、北齐（齐克）、北黑等线路。另外，还有与松花江及嫩江水运为一体的贯穿型干线路径。

2. 以罗津港为出口的交通线路

由罗津港驶往日本的航道最为便捷、安全。除了京图、图宁、拉滨、滨北、吉海及其支线，洮索及其支线以外，还可由此联结豆满江（这里的记述存在问题，河流应该是指牡丹江运河），从而形成西向满洲里、北至鹤立岗，横断北满地区的交通干线。

3. 以葫芦岛为出口的交通路线

铁路有奉山、打通、锦朝各线以及开往赤峰、林西、承德的线路，连接葫芦岛与承德的各线路已构筑起一定规模的交通网络。从以上分布状况中可以看出，三座港口各具特色，且均享有自身可覆盖的经济区，进而促进港口周边地区经济的发展。南、北满洲的平原地区，大连在经济上发挥着核心的作用。罗津港除了作为东满洲地区的门户，还具有在欧亚交通上取代海参崴的潜在作用。葫芦岛港将成为辽西、热河、蒙古的门户，进而可以同天津港展开竞争。安东、营口则作为大连港经济区的一部分，共同发挥贸易港口的作用。

（八）大连港的长处及前途

大连港作为港口，尤其受益于其制度（自由贸易港），而且常年积累形成的以销售满洲地区特产为主的市场已得到国际社会的认可。实际上，除以下理由外，仅得到国际社会认可这一点就可保证大连港未来的蓬勃发展。

1. 满洲的人口主要分布于南满地区，这也导致南满的物资消耗量高于其他地区，作为南满出口的大连港必然在大量物资需求下获得进一步发展。

2. 向满洲出口的日本货物主要从大阪和神户两地装船出发，而将其运往大连港，只需一次装卸便可完成运输，非常便捷。

3. 大部分进口物资主要被居住在满铁沿线以及城市的日本侨民和满洲人消费。

4. 管理进出口的机关均坐落于大连。

5. 自由贸易港制度有助于进出口贸易的发展。

6. 大连在贸易习惯及历史传统方面具有先天优势。

7. 北满铁路收买伪满洲国铁路后，运营制度将被统一，经由大连的陆路运输将更加便利。

8. 大连除了港口外，还逐渐展现出工业城市的特征，因此该港除贸易职能外，还将与生产工业联系在一起，从而形成工业与商业的双赢发展。

9. 在其他条件中，通过人为的努力也将维持当地的持续性发展。

第二节 大连市周边

一

大连市郊外的度假地主要有黄海沿岸的老虎滩、静浦、傅家庄、星浦、黑石礁以及位于西面小平岛的胜地。

（一）老虎滩

老虎滩是南向大海的度假地，地名取自于当地村落附近的一块形似老虎的礁石。在沙俄统治之前，这里仅有零星的几户渔民居住，且此地尚无通往大连的道路。由于周围一带的海湾中仅有该地适宜船只停泊，因此古人在此修建了天后宫并得到了当地渔民的信奉。

（二）静浦

静浦位于从大连方向流淌而来的紫河下游洪涵地，经过填埋造地后这里变成了郊外住宅区，还拥有海水浴场以供休闲。渡过千鸟桥便能看到俗称稻荷山麓的十余棵樱花树，当地是春夏景色优美的知名旅游景点。这里的樱花是大连地区开放最晚的，除樱花外还种有杜鹃花。

（三）傅家庄

傅家庄位于大连不远处的东西两座小岛之间，古时便有渔村存在，海产维持着当地 200 户，共计 1,240 人的生活。现在为躲避城市的喧嚣，每逢夏季，游客们便乘坐定期巴士到此闲游。

（四）湾家屯、王家店水源地

沿着流经断层谷的马栏河河畔修建了两座水源地，这里均设有庭院并种了樱花树，适合春季到此游玩修养。

（五）星浦[①]、黑石礁

星浦、黑石礁位于大连西南，这里是背靠大山面向大海的风景胜地，海岸处有奇形山崖耸立，还有大片沙滩。“星浦”由关东都督大岛大将命名的，取自海中岩石天降的典故。明治四十二年满铁会社开始管理该地区，沙滩被命名为曙滨、黄昏滨，山岗包括月见丘、雾冈、霞冈，桥梁则有云井桥存在。

（六）小平岛

古时称为平岛，大连港修建之前是进行戎克贸易的港口。地理上称其为“陆连

---

① 星浦：系日本人所起的名称，也称“星之浦”，即现在的星海公园。——译者注

岛”，在原来部落居住的砂石地上形成了城镇。此处虽有东西两处港湾，但船只主要停泊于东湾处，西湾则作为渔场使用。南满保养院修建于此，位于从旅大公路驶入该地时右侧的山丘上。

（七）凌水寺

凌水寺位于大连市西南约 12 公里的程家屯庙沟，属于金州老爷寺的分寺。据说寺院是唐代开山的，寺内供奉的石佛是从凌水河口附近发掘出来的，每逢庙会便有大量香客来此朝拜。因日俄战争时的砍伐，周边山上老树所剩较少。

（八）小平岛

老懒山山地以南有一条由东西向西南延伸的断层，横断了大炮子等岛屿。立有玉皇顶等五座山峰的岛屿因饱受黄海海浪的侵蚀，又遭潮水搬运的砂石的长年堆积，与大陆连成一体。小平岛上有部落，东边海湾深浅适中，但西部海湾则深度骤增。此地港口的历史可以追溯至元明时期，当时这里便作为航线上的中间港发挥作用（引自《满洲历史地理》、《考事撮要》、《通文馆志》）。

虽然半岛地区的集落形成较晚，但通过地理考察可以看出在半岛附近存在更早的集落生活痕迹。诸如老懒山的高丽城遗址，以及至今仍保有高丽城残垣断壁的玉皇顶等，均是证明此地区存在集落的证据。在沙俄统治时期，当地作为戎克贸易港发展兴盛，为此沙俄官方在此征收高额的税金，一艘大型戎克船每年需缴纳墨银 88 弗[①]的船舶税，对于交易的盐鱼等水产则每 1000 斤征收 33 弗 90 仙[②]的税金。到了捕捞鳕鱼、白带鱼的时段便对此水产征收 3 万卢布的定期税。然而，随着戎克贸易在大连俄罗斯街的兴起，小平岛地区逐渐衰落。日俄战争时期日本海军在此构筑瞭望塔。半岛顶端以及海岛南面的悬崖因海水的长期冲刷形成了海蚀洞，使得小平岛成为了知名的垂钓及旅游景点，也使得这里独特的海港集落受到关注。

（九）周边的日俄战争痕迹

日俄战争时期，丸龟第十一师团作为围攻旅顺的最左翼部队，对旅大海岸线展开攻势。明治三十七年六月二十五日，时任师团长的土屋光春中将将师团司令部设立在凌水寺附近的栾家屯，部队驻扎于此。至同年七月三日，沙俄军的先锋部队第二十五连队由东方狙击兵第四团基雷宁中校指挥。俄军将部队布置在了可以俯瞰日军的磨盘山，但通过旅顺围攻的第一轮攻势，驻扎于此的俄军被击退，而且战后剑山、歪头山相继被日军攻占，战斗期间土屋中将休寝的房屋被保存至今。（《满日》，昭和八年十一月二十四日）

---

① 墨银：泛指墨西哥银圆，单位采用“dollar”，符号用作“$”。“弗”同“$”。——译者注

② 仙：旧时日本对美分的称呼，其发音接近于原音“cent”。——译者注

二

位于大连市西北的周水子是靠交通工业兴起的地区。此地原本被称为“臭水子”，由此向东的大连湾北岸处便是甘井子。甘井子不仅是新兴工业区，而且还是配备了最新式设施的石炭装卸港。甘井子以东则是柳树屯，李鸿章曾在柳树屯修建军港，此外当地还保留了以前的兵营以及无线电信所等设施。

（一）周水子

原来写作“臭水子”，相传在该驿站的西北方向曾经有片大水池，而且在日俄战争时期绘制的地图上也可以找到。虽不知道“臭水”一名是否取自于此，但战时乃木将军曾在这里露营。现在当地的工业设施主要有小野田水泥会社以及满洲福纺株式会社的工厂。另外，周水子还是重要的交通枢纽，这里是满铁旅顺线的分岔口。此外，还有飞往内地以及伪满洲国的固定航班的机场。除工业交通设施外，这里广阔而平坦的土地还用于种植高粱和玉米以及栽培苹果等农作物。

（二）甘井子

甘井子因当地出产甘甜的饮用水而得名。饮用水得益于当地的石灰岩地层的净化作用。原本这里只有面向海岸的小渔村，但经过昭和元年开始实施的四年开发，在这里修建了专门装卸石炭的码头。据说该码头配备的新式设备胜过纽约的诺福克码头，日均装载能力约为1万吨，年均装卸能力可达300万吨。

目前，满洲化学工业会社正在该码头以西地区修建硫化铵工厂，专门用于装卸硫

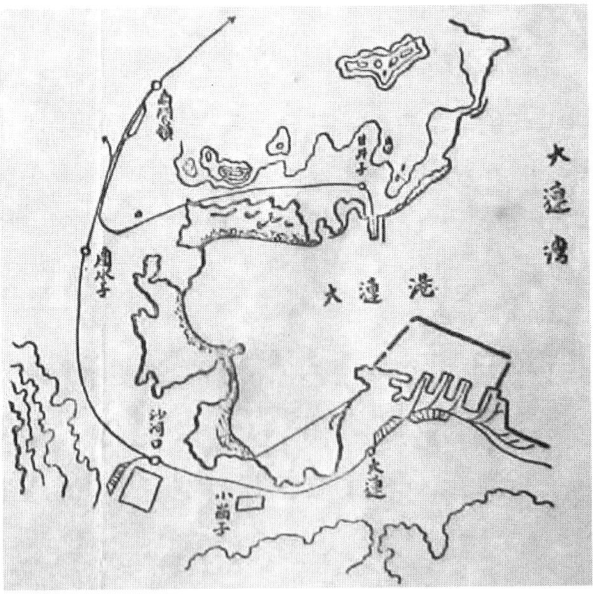

图5　大连及其附近（北部）

化铵原料以及相关化工产品的码头也正在建设，预计投入经费107万日元。今后这里将成为大连郊外重要的工业地区，包括苏打厂在内的其他工厂均会在此设置厂房。未来甘井子同南岸香炉礁的共同发展值得期待。受海运因素的影响，甘井子将主要沿着海岸线由西向东发展。清朝统治时期在甘井子附近的老龙头、黄山等地修筑了炮台，并由此瞭望大海，其中老龙头早在明代便设有“倭寇瞭望台”。

（三）柳树屯

在柳树屯地区发现过古人类生活留下的贝冢（位于稻荷神社的后面），但随后很长时间并没有人在此居住，所以当地荒无人烟仅有数棵柳树存在，而地名也取自那些柳树。但相传该柳树已在距今一百年前（清朝道光年间）枯萎了。唐军与高丽军曾在附近进行过战斗，最终唐军获胜。清王朝统治时便开始在此设立军事设施，而沙俄统治时期则将此地设为军队的驻扎地。

清朝于光绪十三年（1887）在此地修筑防御设施，包括设立水雷营、建造铁栈桥、建造兵营及炮台。是时当地由刘盛休统领管理，他在大连湾防御工事建成后，依照传统重修了当地的关帝庙，并立碑刻字记述建设之事，以作纪念，但后来该石碑不幸被截断。炮台旧址位于和尚岛及徐家山等地，虽然现在这几处地方已被用于植树造林，但水雷管的痕迹尚存。

匾额上写有“光绪庚寅年孟秋月水雷营铭军建之刘铭传”的文字。此外，在无线电信所以西还有为提防倭寇而修筑的烽火台。原先这里有驻军，不过现在部队已经撤出，街市也随之萧条。现在大连无线电信局在此设有发信局（接收局位于沙河口水源地附近）。

（四）大房身

该驿站附近曾设有沙俄的军营，这座军营在明治四十三年被作为隔离所使用，因当时鼠疫在整个满洲地区肆虐，为了隔离病毒携带者以及从鼠疫流行地区归来的底层中国人而启用了该兵营。现在这里是天照园移民团的满洲移民练习所，这里拥有149公顷的实习农场，长期从事大陆农业的研究，其研究成果被投放到位于满洲内地四洮线沿线的钱家店的农场。在这里工作的国人具有吃苦耐劳、积极上进的精神，可谓是满洲农业移民的先驱。除了农田以外，当地海岸还设有108.1公顷的实验性盐田，该盐田由关东厅的盐业试验所负责运营，盐业是关东州的主要产业之一，因此有关部门非常重视与盐业有关的研究。

（五）南关岭

古时南关岭附近有名为“哈思冠”的关口并建有土城，如今已无法考证该城修建的具体时代，土城长约15里，此关与驿道相连。相传在明代，南关岭也被称作为“南关铺”或“南关岛”。如今土城墙还有一部分被保留，其周边还有城子岗、土城子等地名存在。目前关于这座土城的沿革以及职能仍存在争论。在地理学上，有观点认为金州地峡过去应该是海峡，明代以后逐渐变为陆地，连接着旅大地块。

清代南关岭附近曾设有名为“李营”的兵营，但如今早已荒废。

第三节　关东州北部地区

关东州以金州南端的南山（高 116.5 米）为界，被划为南部地区与北部地区。北部地区包括金州、普兰店、貔子窝等地方，主要产业有农业、渔业以及盐业。地形上，由小黑山、大和尚山等丘陵构成的山岭地区位于偏西方向，东部的平原地带主要是由花岗岩等岩石类物质构成的，平原整体则呈现出波浪状。由于东部有碧流河、大沙河、登砂河、青云河等流过，而西部也有三十里堡河流淌，因此关东州地区沙地较多。东北地区的海岸多为平浅海滩，位于东面的海上坐落着长山群岛，而南部黄海海岸处则有盐大澳、大窑湾、小窑湾以及大孤山半岛等地区。

西部海岸除普兰店湾、金州湾以外，还有若干小海湾以及小岛，海岸以西还有五岛存在。

一、地形及地质

丘陵以东有由花岗岩及变质岩构成的片麻岩地带，小窑湾附近则有呈现二叠纪、石炭纪特征的地带。在北部普兰店以东的地层中，中生层位于上部寒武纪和其他岩石混杂地层的中间。包括小黑山、大和尚山等在内的丘陵实际上属于残留山丘（Monad nock），东部形成的波浪状平原是因长年侵蚀而形成，而残留山丘则是由侵蚀力量未能波及到的地区残留的岩石形成的。东海岸以南及西部海岸因海水的侵蚀形成了沉降海岸地形，并分割了附近岛屿，而东部貔子窝附近的海岸则因近期地质运动而隆起。（《南满洲的地壳变动》［K. Niinomy, Crustal Movements in South Manchuria］）另外，以往认为关东州的地质构造属于单斜构造，但在该地区西南部的金州周边从事地质考察的松下先生的研究显示，当地除有复杂的褶皱地层外，还包含地层重叠（Deck falten）及逆掩断层（Over thrust）等地质结构。（《南满关东州中生代和第三纪时期的地壳变动研究》［S. Mstsushita, On the Mesozoic and Tertiary Crustal Movements In the Kuan-tung Province.South Manchuria］，松下进《关东州金州周水子地区的地质研究》）

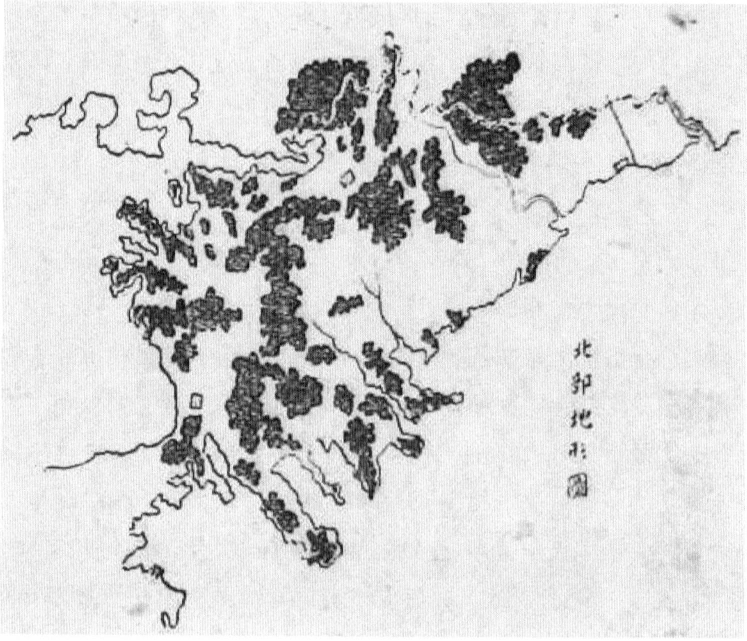

图6　北部地形图

二、金州及其周边地区

金州曾经被称为“苏州”，后来因置金州营而得此名，营城内设有掌管地方的官衙。现在的新街市区则设有民政署。在其附近种植了蔬菜及苹果，还饲养着牛等牲畜；城内则手工业盛行，其中还包括内外绵的纺织厂，位于驿道以东靠近新街市的地方。西部海岸一带地势平坦，据说这里曾有过港口，但海水正在逐年退降。西部海岸周边则有南山、大和尚山以及三崎山等山岭。

(一)金州的沿革

推测在汉代之前，这里的地貌应不同于现在，至少过去是位于海底的。从辽代开始有人在此定居，因为交通往来，所以在此设置苏州以进行管理。金朝时期这里改名为化成县，元代则又称为苏州。明代这里成为金州营，原先虽有土城存在，但后来的城墙估计是在明朝之初修建的。清代在此设置宁海县，后又改名金州厅，作为管理当地行政的中心。

此地在日清战争期间由第二军[①]负责进攻，在后来的日俄战争时期，仍由第二军[②]对该地展开攻势。

---

① 第二军：日清战争时期组建的日军第二军，1894年9月25日—1895年5月31日存在，司令官为大山岩。——译者注

② 第二军：日俄战争时期组建的日军第二军，1904年3月6日—1906年1月12日存在，司令官为奥保巩。——译者注

日清战争时期，有被称为六志士的间谍从业人员，其中山崎羊（羔）三郎、藤崎秀、钟崎三郎三人被清军俘获并处以极刑。在三崎山上立有纪念碑，其碑文由大山大将题字，该石碑现收藏于东京高轮的泉岳寺当中。

志士的谍报活动（摘自向野坚一的遗稿）：

> 日本于明治二十七年（1894）八月一日对清国宣战，之后六人接到总参谋部的指示，为执行“重要任务”于同年十月二十三日在花园口登陆。进行伪装后，六人决定分批出发，其中猪田、大熊二人负责大孤山方向；山崎负责侦查旅顺要塞；钟崎、藤崎二人负责探查金州城以及和尚岛（柳树屯）炮台；向野坚一则去往普兰店、复州方面。山崎、钟崎、藤崎三人在碧流河下游的渡船场被抓获，也有观点认为三人是在被追赶一里后才被抓的。十月三十日，三人于西门外刑场被斩首，但并没能及时发现三人的遗体。明治二十八年（1895）二月七日，向野坚一找到了三人的遗体，进而弄清了事情的始末，相传三人最后从容就义，钟崎始终面向东方。另外，大熊鹏以及猪田正吉下落不明，唯有向野坚一幸存。向野于昭和六年（1931）九月十七日，即九一八事变爆发的前一天在奉天去世，享年64岁。

（二）南山

南山又名南扇岛或扇子山，高116.5米，是地峡部地区的要害之地。日俄战争时期，这里由霍克将军指挥的东部西伯利亚狙击步兵第四师团驻守，日军则由奥保巩大将指挥的第二军，配合筑紫、平辽、赤城、岛海四艘战舰对此地展开攻势，并于明治三十七年五月二十六日攻下南山。可以说南山的攻克加速了旅顺的陷落，但日军也为此付出了伤亡4,387人的代价。战后，日本人在山顶竖立纪念碑，并由伏见宫贞爱亲王亲笔撰写《南山战绩》一文。此外，在南山修建的石碑还有吹山警部补纪念碑、昭忠碑、俄军阵亡将士公墓碑等。乃木希典也在金州南山作诗以纪念南山会战：

> 山川草木转荒凉，十里风腥新战场。征马不前人不语，金州城外立斜阳。
>
> 乃木希典

（三）大和尚山

大和尚山又名大黑山、大赫山、老虎山，位于金州以东约4公里处，高664米，是州内最高的山峰，英国人将其称为Mount-Sampson（桑普森山）。山体中原生代以上的部位被称为大和尚山统[①]，以硅岩及板岩为主。响水寺统则以片麻岩及斑粝岩（辉长岩）为主，是由石灰岩、板岩、云母片岩及花岗岩变质而形成的。地层中，硅岩层有明显的褶曲，呈现涟漪状。大和尚山论高度只属于山丘，从形成时间上看也只是一座进入老年期的残留山丘而已。但是，构造其山体的岩石种类繁杂，且山上保有水源并长有丰富植被。山体中发生过河流袭夺现象，并由此形成了400—500米平坦地段，此地段形成后又经过隆起扭曲，最终演变为辽东准平原地带（侵蚀轮回说[②]）（松下进著《关东州大和尚山构造研究》、关山胜三编《大和尚山》）。

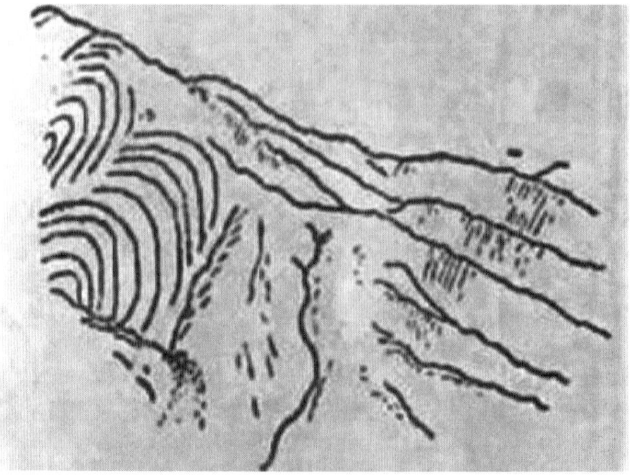

图7　响水寺东300米高地

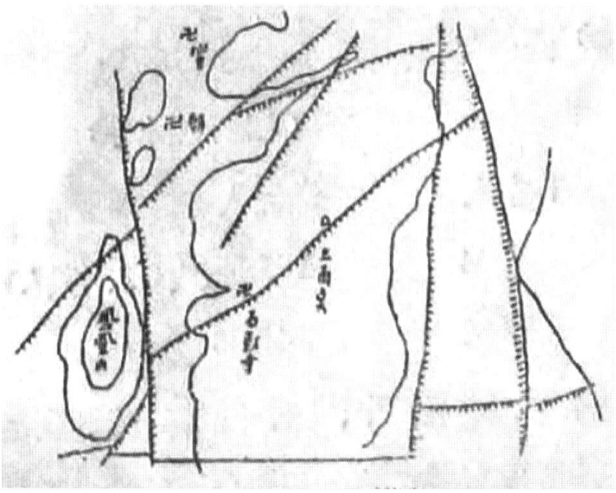

图8　大和尚山的断层网

① 统：底层时期单位之一。——译者注

② 侵蚀轮回说：在河流作用下，地貌形成与发展经历幼年期、壮年期和老年期阶段，以后该区再次经历构造抬升，地貌演变又重复上述过程的学说。又称地貌轮回说、地理轮回说。1889年由美国W. M. 戴维斯提出。——译者注

山中有狐狸、雕等动物，昭和八年秋还发现了满洲赤腹蛙（林蛙）的生息。这里的雕过去被作为贡品，由金州副都统进贡于奉天将军。

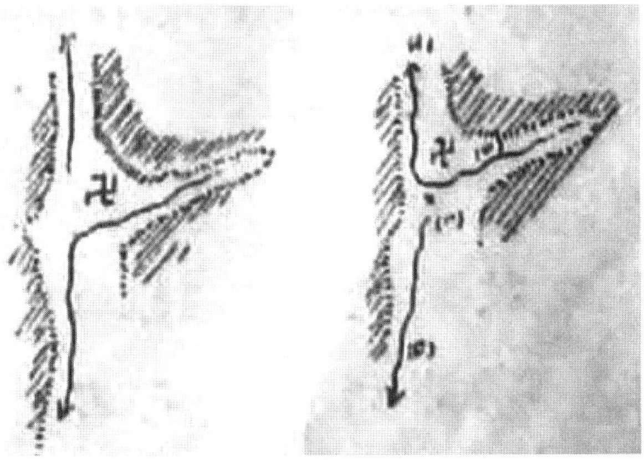

图9 朝阳寺前的貔子窝

此外，由于大和尚山在纬度上同国际重要观测站之一的水泽纬度观测所（北纬39° 8′6″ —39° 8′7″ ）几乎一致，因此曾经也有人建议在这里修建天文观测台。高句丽时期在大和尚山上建有城寨，名卑沙城，该城曾被隋朝军队攻陷，而后又被唐朝军队（由水军将领张亮率领）攻陷，俘虏男女千余人。此城是作为避难所而建设的，当时的石墙仍有所保存，又被称作“唐王殿”，民间流传着不少关于此城的趣闻。后来在该城设置了烽火台，称为“大黑山台”，山中还坐落着胜水寺、朝阳寺、石鼓寺、响水寺等寺院。

图10 大和尚山响水寺[1]

① 照片下方的题字“大尚和响水寺”有误，应为“大和尚山响水寺”。——译者注

其中，胜水寺又名“观音阁”，是清朝一位三品官的出家之地，该官员是参加过日清战争的将领。朝阳寺则一度成为第一师团长伏见宫贞忧亲王的驻扎营。响水寺则是道教的道观，因被称为“瑶琴洞”（并非石灰岩洞）的洞口流淌的潺潺水声而得名。

（四）金州人口及产业现状

金州分为城内和新街市两个地区，总人口为21,883人（昭和五年人口普查），其构成如下：

表16　金州城内和新街市人口构成

	总人口数	日本人	满洲人
城内	16,586	534	16,052（含3名外国人）
新街市	5,297	1,031	4,266

金州的主要产业有苹果及樱桃等水果类、蔬菜、猪牛鸡等农畜业；农畜产品加工业、纺织业、酿造业等；其中，果树栽培及纺织的产量比重最大。纺织业由内外绵的工厂负责经营，该企业于大正十三年十月创建，经营金州纺织时期其资本已达200万日元，昭和七年的产品价值超过了423万日元。另外，在城内还有生产袜子的小型工厂，用于满足当地及周边的需要。据说，新金州萝卜咸菜年产量为3万桶，价值已突破20万日元，这一数据表明其价格已经高于苹果的售价。

（五）金州城

金州城东西宽792.7米（436间[①]），南北长936.4米（535间），总面积为7421.5121公亩。金州城有四座城门，按东西南北顺序分别为春和门、宁海门、承恩门、永安门。城内有处被改建的孔子庙，元代被作为副都统衙门，现在则被当作警察署利用。北门外坐落着永庆寺及天齐庙；西门外则建有玉皇庙，庙前置有铁牛。所谓铁牛即用铁铸造的牛像，用于栓系船只。相传铁牛会朝岸上前进，但实际上只是因为海岸线下降而造成的错觉。因为水的位置下降，使得位于岸上的铁牛与水面的距离相对增加，进而导致出现了铁牛前行的视觉错误。当地的老口岸至今仍同周边五岛保持着密切的贸易来往。

在金州以北的地区，建有从事农业移民的日本人部落爱川村，这里主要进行水道耕作以及养蚕。金州东南方向处则有古时用于停靠船只的红土崖口岸，该口岸附近还有龙目（龙眼）水源地。于此继续朝东南前进便会看到耸立着大孤山的大孤山半岛，大孤山半岛北部的小窑湾海岸还有董家沟古迹和石炭开采场。

1. 爱川村。爱川村位于金州以北16公里处，距离二十里台驿站以西约11公里的

① 间：长度单位，1间≈1.8米。——译者注

地方，过去曾是制盐厂。大正元年农商务省技师到此考察，发现当地适合于种植水稻，后因很多人希望租用此地，于是官方将273公亩（275町步①）的土地分为六个区域下放给民间经营。但在大正二年春，福岛都督视察这里之后，决定在这里建设日本人移民模范农村（实验村、试点村），并因此收回了四个区域的土地。模范村于大正四年四月正式竣工，用在回收土地、土木费、住房建造等方面的投资约21,000圆。最初预定安置移民共计21户，但实际上有19户入住，其中18户共46人来自山口县，一户2人来自新潟县。山口县的移民主要从玖珂郡爱宕村级川下村招募，所以从上述两村各取一字组成“爱川”，作为新村村名。此次移民计划后来失败，到了大正五年村民仅剩下山口县两户和新潟县一户。后来虽然继续招募新的移民入住，但到目前为止村人口只有10户45人（昭和五年人口普查）。因耕种水稻需要大量用水，供水不足的问题一度困扰爱川村，直到后来开凿出了日涌水7,000吨的水井，才使困境得以解决。在克服关键问题之后，该村的兴衰取决于村民们的智慧与努力，期待该村的进一步发展。据说在这里种植的水稻、栗子等农作物每年被作为贡品献给日本皇室。

2. 龙目水源。龙目水源是位于小孤山会西马桥子屯海岸的大型水源，形成水源的石灰岩洞穴巨大，其深度约为12米，水底则有岩盘分布，日涌水量达到1—3万吨。龙目水源的发现有效缓解了工业用水的不足。据说岩盘上的沉积层属于陆地成层，经过地壳变动而沉入水底。

3. 董家沟。由于当地发现过汉代的古城遗址并出土了大量文物，原金州南金书院院长岩间德也先生推测，汉代的沓氏县应该在这里。然而，同属南金书院的三宅俊成先生对以上观点提出了异议。三宅先生在董家沟以东发现的大岭屯大型古城遗址进行考古调查，根据这里出土的大量文物，认为沓氏县的位置应该在大岭屯一带（《汉代沓氏县考证》，《满洲学报》第一期1932年。三宅俊成《大岭屯城遗址》）。

位于董家沟东南煤窑屯附近的二叠纪地层结构发达，并且在此发现了无烟炭粉层，但调查发现其可开采量并不多。在煤窑屯以北、大和尚山以东地区则可以开采石棉（昭和七年的年产值为23,039日元）。

三、普兰店及其周边

普兰店是地方的中心，其北部有被称为“孛兰铺”的旧址。普兰店周边的盐业和花生种植业非常兴盛；西南方向有以种植苹果而闻名的三十里堡、古迹石河；南部则有大石棚的古遗址；东面的刘家屯出产古莲子。

普兰店以西的五岛出产优质的食盐。

---

① 町步：计算土地、山林等面积时使用的单位，1町步≈99.18公亩。——译者注

图 11　普兰店内大石棚史前墓葬遗迹

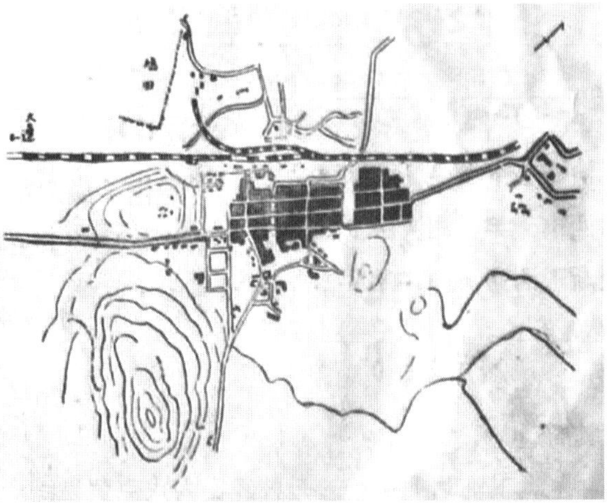

图 12　普兰店市街略图

（一）孛兰铺

尽管曾有“孛兰店墩”这一地名存在，但在史书（《辽东志》、《盛京通志》）中并未提到此地有城寨名称。但相关叙述提到此城建于明万历十一年（1583），在长五百间的地段有一城门，今城墙已垮，仅东南尚有残垣留存（引自《金州管内概况》）。

（二）三十里堡

在驿站西南有一丘陵，该丘陵被公路横断，而在公路旁边（右侧）则有结构发达的寒武纪板岩地层，从中出土了大量三叶虫化石。附近除了出产苹果和花生外，还种植水稻。地名中的“堡”字源自城寨，而“三十里”则是指由金州到此的距离。

（三）花生种植业

金州各地根据自身土地性质种植不同的农作物，其中普兰店地区的产量最为突出。在东南地区的砂地大量种植花生，到秋季收割后，将猪撒到地里吃残留的花生。花生

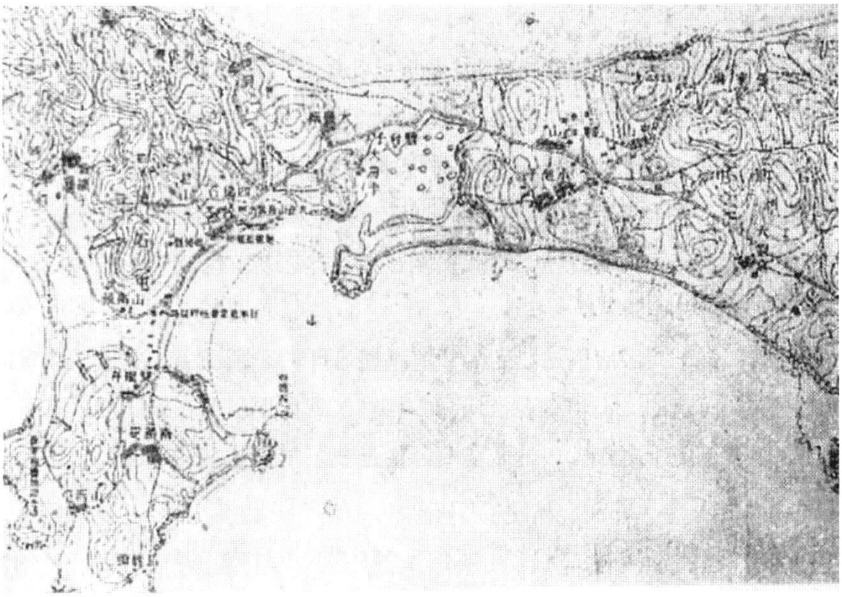

图 15　大长山岛主要部分

第四节　结语

日清、日俄两场战争，日本均在关东州参战，并在两役中付出了巨大的代价。这片地区面积仅 3460 平方公里，土地贫瘠，平原甚少，也没有大型河流。出于以上客观条件的限制，在当地只能发展制盐、水产以及工业。但同时，关东州作为伪满洲国南面的门户，在工业及商业上具有很大的发展潜力。

（责任编辑：李晓光）